华中科技大学自主创新基金资助

国家社会科学基金项目（06BJY011）研究成果

中国股票市场一体化演进问题研究

唐齐鸣◇著

中国社会科学出版社

图书在版编目（CIP）数据

中国股票市场一体化演进问题研究/唐齐鸣著．—北京：中国社会科学出版社，2015.4
ISBN 978－7－5161－5959－0

Ⅰ.①中…　Ⅱ.①唐…　Ⅲ.①股票市场—研究—中国　Ⅳ.①F832.51

中国版本图书馆 CIP 数据核字(2015)第 075091 号

出 版 人	赵剑英
责任编辑	卢小生
特约编辑	林　木
责任校对	刘　娟
责任印制	王　超
出　　版	中国社会科学出版社
社　　址	北京鼓楼西大街甲 158 号
邮　　编	100720
网　　址	http：//www.csspw.cn
发 行 部	010－84083685
门 市 部	010－84029450
经　　销	新华书店及其他书店
印　　刷	北京市大兴区新魏印刷厂
装　　订	廊坊市广阳区广增装订厂
版　　次	2015 年 4 月第 1 版
印　　次	2015 年 4 月第 1 次印刷
开　　本	710×1000　1/16
印　　张	19
插　　页	2
字　　数	321 千字
定　　价	60.00 元

凡购买中国社会科学出版社图书，如有质量问题请与本社发行部联系调换
电话：010－84083683

国家社会科学基金项目（06BJY011）研究成果

中国股票市场一体化演进问题研究

唐齐鸣◇著

中国社会科学出版社

图书在版编目（CIP）数据

中国股票市场一体化演进问题研究/唐齐鸣著 . —北京：中国社会科学出版社，2015. 4
ISBN 978 - 7 - 5161 - 5959 - 0

Ⅰ. ①中… Ⅱ. ①唐… Ⅲ. ①股票市场—研究—中国 Ⅳ. ①F832. 51

中国版本图书馆 CIP 数据核字(2015)第 075091 号

出 版 人　赵剑英
责任编辑　卢小生
特约编辑　林　木
责任校对　刘　娟
责任印制　王　超

出　　版　中国社会科学出版社
社　　址　北京鼓楼西大街甲 158 号
邮　　编　100720
网　　址　http：//www. csspw. cn
发 行 部　010 - 84083685
门 市 部　010 - 84029450
经　　销　新华书店及其他书店

印　　刷　北京市大兴区新魏印刷厂
装　　订　廊坊市广阳区广增装订厂
版　　次　2015 年 4 月第 1 版
印　　次　2015 年 4 月第 1 次印刷

开　　本　710 × 1000　1/16
印　　张　19
插　　页　2
字　　数　321 千字
定　　价　60. 00 元

凡购买中国社会科学出版社图书，如有质量问题请与本社发行部联系调换
电话：010 - 84083683

目　录

第一章　绪　论

第一节　研究背景及问题提出

中国股票市场开始于20世纪90年代初，截至2013年年底，上市公司总数为2489家，发行总股本33822.04亿股，沪、深股市累计成交46.8万亿元，同比增长48.8%，日均成交1967亿元，同比增长52.3%。其中，创业板累计成交5.1万亿元，同比增长119.6%。年末，沪、深股市流通市值20万亿元，同比增长9.9%；创业板流通市值为8219亿元，同比增长146.4%。股票市场筹资额同比基本持平。2013年各类企业和金融机构在境内外股票市场上通过发行、增发、配股、权证行权等方式累计筹资3867亿元，同比多筹资5亿元。其中，A股筹资2803亿元，同比少筹资325亿元。①

中国股市发展过程中，存在着一种同股、同权但不同价的现象，即市场分割。市场分割运行阻碍了信息的相互传递，使价格信号作用混乱，不利于资本市场均衡价格的形成，从而影响了金融市场的资源配置效率。

市场分割是针对市场一体化而言的，而市场一体化指的是打破某个市场的界限，建立统一的经济空间，以实现社会资源在整个市场范围内的最优配置，其最终结果将会是跨市套利机会的消失，使得同一资源的价格或者通过风险调整后的收益在不同市场中是相同的，表现为同一资源的统一价格。市场分割是指由于市场之间的直接壁垒或间接壁垒而使得相同资源

① 中国人民银行货币政策分析小组：《2013年4季度中国货币政策执行报告》，2014年2月18日。

的价格或者通过风险调整后的收益在不同市场中是不同的，虽然存在跨市套利机会却不能兑现的情形。市场分割和一体化在证券市场上具体表现为投资限制造成的各种壁垒和证券市场国际化之间的矛盾。

由于投资限制、所有权限制以及市场间的流通障碍等导致的同质产品在不同市场上的各种差异，是世界上许多国家的资本市场都会面临的问题，尤其是股票市场这一问题更加具有普遍性。资本市场的分割表现为多种形式，既有交易地点之间的分割，也有证券类型之间的分割，但这些分割都表现为资产价格和收益率上的差异，这也是市场分割之所以受到广泛关注的原因。对于发展中国家来说，由于国内资本市场不完善，一方面许多本地公司选择到发达国家股票市场上市，另一方面为了规避国际金融市场的风险，许多发展中国家在国内设立不同类型市场，就像中国股票市场的 A 股、B 股市场，两类市场对于投资者和上市公司有不同的要求。这种市场分割从狭义来讲是由于投资限制或所有权限制以及股票市场间的物理差异造成的，因此可以称为“硬分割”。除“硬分割”外，学者们在对双重上市公司价格差异的实证过程中发现了其他因素也导致分割的股票市场上资产价格的差异，这些因素主要是一些由主观因素所导致的市场障碍和差异，如市场间的信息不对称、流动性差异、投资者偏好和心理的差异等，这些因素被称为“软分割”。正是由于市场分割的存在，导致对现金流和选举权拥有同样索取权的股票在分割市场上出现了价格差异，也就是“同股同权不同价”。

在中国股票市场发展的初期 1990 年年底中国共有 10 只 A 股交易，到了 1992 年 2 月 21 日，中国第一只 B 股（真空 B 股）在沪市上市交易，1992 年 2 月 28 日，深南玻 B 在深上市，从而宣告我国 B 股市场诞生。1993 年，国内首只 H 股青岛啤酒在港发行和交易，从此中国境内形成了 A 股、B 股和 H 股三足鼎立的局面，市场分割也由此形成。三个市场对投资者和上市公司都有不同的要求，这些要求包括外国投资者购买股票的份额、会计披露标准、资金限额等。许多研究表明，在市场分割条件下，一个国家股票市场的外资股价格一般会高于内资股，然而，与国外许多股票市场不同的是，我国的 B 股和 H 股价格普遍低于 A 股，这一价格差异现象很是令人费解，被称为“怪现象”（Bailey，1999）。

随着中国加入世界贸易组织后股票市场国际化进程的加快，各种金融创新、政策创新和制度创新不断推出，中国股票市场分割的原有格局、结构、表现等也处于不断演进的过程中。2001 年之前，B 股只是对境外投资者开放，包括港澳居民和外国投资者，上海证券交易所只允许境外居民用美元购买 B 股股票，深圳证券交易所只允许境外居民用港元购买 B 股股票。从 2001 年 2 月 18 日开始 B 股市场对境内居民的开放，允许境内投资者购买 B 股。A 股市场在 2002 年 12 月之前只是对境内投资者开放，并用人民币购买。从 2002 年 12 月 1 日开始在 A 股市场实施 QFII（境外合格投资者）制度允许境外投资者（港澳台投资者和外国投资者）购买股票，这两个重要举措使得 A 股逐渐与 B 股向一体化的方向演进。中国经济的持续快速发展以及越来越多的 H 股公司回到国内股市发行 A 股并作为权重股记入大盘指数，一方面使得 A 股、B 股、H 股市场联动性逐渐增强，CDR 和 QDII 等金融创新将进一步影响和改变现有市场分割格局；另一方面使得内地股市与香港股市的联系越来越紧密，而香港股市作为全球成熟的证券市场之一，与世界上规模最大的成熟市场——美国股市之间一直有着密切的联系，这也使得中国股市与国际股市的联动性增强。

中国股票市场一体化的演进路径具有什么特征？双重上市公司股票存在差异的原因何在？中国大陆与中国香港以及美国等国际主要股票市场之间是否具有彼此的长期关联性和股价波动的短期相关性？不同股票市场之间的信息传导机制特征为何？重大制度变革如何影响中国股市以及中国股市与中国香港、美国等国际股市之间的关系？中国香港股市在连接美国和中国内地股市的波动溢出和动态相关性方面起着什么样的作用？这些问题的研究不仅能全面了解同一个国家不同股票市场以及一个国家股市与国际股市两个层面的股市一体化演进的特征，引导全球资金的跨国流动和资源配置，更对市场的融资功能、投资策略、监管机制等问题具有重要的指导作用。

第二节 中国股票市场发展概括

一 中国股市发展的国内与国际市场背景

国际金融市场一体化进程中的一个突出表现是证券市场国际化。证券市场国际化不仅指融资方式从通过金融中介的间接融资向通过国际证券市场的直接融资方式转移的趋势，而且还指以证券形式为媒介的资本融通超越国界的限制，证券发行、证券投资、证券交易以及证券市场结构实现国际间的自由化。它的理论基础在于使投资者在超越国界的空间内选择投资对象，以此最大限度地降低各种证券之间的相关性来分散资产组合的风险，从而提高证券投资收益。20 世纪 80 年代以前，由于各国金融管制程度较高，证券资本流动的规模、速度、来源、流向等方面受到很大限制，因此证券市场国际化程度不高。80 年代以来，世界经济一体化和区域化迅速发展，金融全球化和自由化趋势日益加强，各国尤其是许多新兴市场国家纷纷开放本国证券市场，并逐渐加大证券市场国际化力度，使国际证券融资比重越来越高。

但在股票市场国际化过程中，各国政府尤其是新兴市场国家也都采取了审慎保护国内市场的措施：一是限制国内资本外流，因为发展中国家需要大量资本发展国内经济，如中国居民不允许自由兑换外币，也不能投资外国资本市场；二是控制国外投资者对国内企业的投资，防止本国企业的控制权落入国外投资者之手，尤其是在战略上对国家利益至关重要的企业。许多国家在持有股票数量上都对外国投资者予以限制。比如，法国与瑞典等国规定外国人最多被允许购买本地公司公开发行股份的 20%；印度与墨西哥等国此限制为 49%。瑞士、芬兰、墨西哥与菲律宾等国，一个本地公司可以发行两种不同的股票——“受限制的”股票与“不受限制的”股票，前者仅供国内投资者购买，后者国内外投资者都可以投资，这样有效地控制了外国拥有该国股份的最大百分比。在新加坡、马来西亚和泰国等国的证券市场上，国外投资者原则上可以购买市场流通的任何股票，但是当国外投资者持有某只股票的总量达到法定国外投资者持有本国企业股票的比例上限时，国外投资者就被限制到国外板块交易。这两种资本限制形式都导致了新兴市场与国际资本市场一定程度的分割。

中国证券公司的产生和发展，是随着中国改革开放的不断深入，以及证券业务的发展和证券市场的扩大而产生发展的。改革开放以后，伴随经济发展和人民生活水平的提高，中国的国债发行逐年增加，企业股份制改革开始试点，由此证券市场逐渐发展起来，证券公司应运而生。成立证券公司的初衷，一是配合、支持企业股份制改革；二是解决国库券发行和流动问题。证券公司的证券交易发展到一定程度客观上需要一个不以盈利为目的，为证券的集中和有组织交易提供场所、设施，并履行相关职责，实行自律性管理的会员制事业法人，沪、深证券交易所因此应运而生。证券交易所的成立标志着中国证券市场开始形成。最初中国证券交易所只发行A股，其中一部分不能流通，后来扩大到B股，以及在境外发行H股、红筹股、S股、N股、L股等。对这些股票的交易，中国政府还相应设置了交易数量和交易人资格方面的限制。这种股票发行和交易的制度安排是中国从计划经济向市场经济转轨过程中的一种无奈选择，一方面企业发展需要更多的资本融资，另一方面资本融资又不能对中国尚不成熟的资本市场产生较大的冲击，采用新兴市场国家的经验做法对资本流入和流出进行限制就成为必然，于是中国股票市场分割现象形成。

市场分割给国内和国际资本的自由流动造成了许多壁垒。这些壁垒大致可分为两类：一类是直接的，即法律上规定的，如持股比例限制、对不同投资者征收差别个人所得税等；另一类是间接的，是由市场结构和社会环境差异形成的，如流动性差和外汇管制造成交易成本太高、会计准则不同增大获取信息的难度等。

二 股票类型与股市分割特征

（一）股票类型

中国股票市场建立以来，沪、深交易所已逐渐成为中国企业重要的融资渠道，为企业的做强、做大提供了重要的发展平台。除了发行A股和B股外，中国公司还在境外发行H股、N股、S股、L股、红筹股。在中国证券市场上，国内投资者最初只能投资于A股（类似于国外的受限制股份），后来扩大到B股；而国外投资者最初只能投资于专门供国外投资者交易的特殊股票品种（类似于国外的非限制股份），包括B股、H股、N股、S股、L股、红筹股，后来扩大到能够限额购买A股。这些股票区分的主要依据是股票的性质、上市地点和所面对的投资者类型。

A股的正式名称是人民币普通股票，标价与交易都以人民币计价。大多数A股是由国有企业发行的，根据所有权类型不同分为三个系列：(1)国有股，由政府通过一个指定的政府代理机构持有；(2)法人股，由中国法人（即企业或其他经济实体而非个人）持有；(3)公众股，由普通公民持有。按照证券法，仅有公众股才能在交易所交易，这些公众股也称为可交易股票；国有股与法人股在公司成立时发行，但不能交易。这种特殊的制度安排是为了保证政府对上市公司的控股权。

B股市场是在人民币不能自由兑换、中国企业又急需引进外资、国有企业海外融资渠道不畅的情况下，为通过证券市场引进外资而建立起来的，从而既能避免外资给处于起步阶段的国内证券市场造成冲击，又能实现从国外筹集资金。B股又称人民币特种股票，是指中国上市公司发行的境内上市外资股，股东享有权利与承担的义务同A股股东相同。它以人民币标明面值，以外币认购和买卖，在境内上海和深圳证券交易所上市交易。其中，在上海上市的B股以美元结算，在深圳上市的以港币结算。个人投资者最多允许持有一家公司B股股份的25%，所有外国股权（通过持有发行的B股）不能超过一家公司所有股份的49%。从2001年2月19日起，中国证监会已允许境内居民以合法持有的外汇开立B股账户，交易B股股票，但仅限于自然人。B股的交易机制与A股相似，A股通过国内券商作为中介报价，B股交易可以通过国内券商或国外券商进行报价，所有报价通过计算机撮合。

相对于B股的境内融资，中国企业在境外上市筹资可以采取两种方式进行：一是直接上市，即境内企业作为境内法人，直接申请到境外证券交易所发行股票并上市，如H股、N股、S股和L股；二是间接上市，即境内企业利用境外设立公司名义在境外发行股票上市，如红筹股。

中国概念股是相对于海外市场来说的，同一个公司可以在不同的股票市场分别上市，所以，某些中国概念股公司也可能在国内同时上市。总体来说，中国概念股就是在国外上市的中国注册的公司，或虽在国外注册但业务和关系在大陆的公司的股票。

H股又称国企股，是指在中国内地注册成立、香港上市的公司股票。香港的英文是Hong Kong，取其字首就称为H股。依次类推，纽约的第一个英文字母是N，新加坡的第一个英文字母是S，伦敦的第一个字母是L，因此纽约、新加坡和伦敦上市的股票就分别叫N股、S股和L股。H股以人民币标明面值，专供香港及海外投资者以港元认购及交易，在香港联合交易所上市。它克服了B股市场远离投资者的缺陷。H股市场的建立，一方面作为国有企业筹集资金的有效方式，将从根本上改变国有企业的管理方式，提高其国际知名度；另一方面也使香港作为内地企业通过一、二级市场在国际上融资的窗口地位变得更加重要。

按照投资主体不同，中国上市公司的股权关系就被人为划分为几个特征不同的部分，出现了一家公司多种股权形式并存的现象，这些公司也被称为双重上市公司（Dual listing company）或交叉上市公司（Cross - listing company），为了叙述方便，本书统一称为双重上市公司。在中国境

表 1－1　　中国 A、B 股市场状况

年份	上市股票总数	上市 A 股总数	上市 B 股总数	流通股本（亿股）	流通 A 股（亿股）	流通 B 股（亿股）	流通 H 股（亿股）	总市值（亿元）	流通 A 股市值（亿元）	流通 B 股市值（亿元）
1990	8	8	0	0. 469	0. 469	0. 000	0. 000	23. 822	9. 824	0. 000
1991	13	13	0	2. 580	2. 580	0. 000	0. 000	120. 316	52. 933	0. 000
1992	71	53	18	20. 965	11. 180	9. 785	0. 000	1060. 050	196. 635	
1993	218	177	41	105. 557	59. 456	24. 552	21. 550	3657. 076	655. 779	
1994	345	287	58	225. 467	143. 547	41. 391	40. 529	4052. 384	811. 251	154. 544
1995	381	311	70	301. 275	180. 520	56. 046	64. 709	3939. 275	797. 467	145. 112
1996	599	514	85	425. 005	268. 369	78. 052	78. 585	10904. 486	2525. 812	344. 281
1997	821	720	101	674. 252	445. 770	117. 328	111. 154	18995. 029	4882. 159	345. 435
1998	932	826	106	864. 323	610. 710	133. 958	119. 654	20918. 273	5586. 121	195. 460
1999	1031	923	108	1080. 411	814. 236	141. 925	124. 250	28155. 500	7970. 511	276. 636
2000	1174	1060	114	1365. 597	1085. 566	155. 780	124. 250	50755. 160	15619. 239	566. 753
2001	1248	1136	112	1819. 093	1319. 842	167. 310	330. 941	46328. 629	13401. 812	1131. 520
2002	1311	1200	111	2041. 733	1510. 299	171. 355	359. 079	40966. 160	11756. 634	764. 975

续表

年份	上市股票总数	上市 A 股总数	上市 B 股总数	流通股本（亿股）	流通 A 股（亿股）	流通 B 股（亿股）	流通 H 股（亿股）	总市值（亿元）	流通 A 股市值（亿元）	流通 B 股市值（亿元）
2003	1374	1263	111	2281. 116	1723. 368	179. 401	377. 347	45647. 312	12353. 284	877. 294
2004	1463	1353	110	2592. 197	1997. 414	197. 517	396. 265	39898. 422	11015. 473	690. 251
2005	1467	1358	109	2924. 327	2282. 524	218. 090	422. 712	34953. 616	10045. 816	602. 574
2006	1520	1411	109	5562. 090	3222. 210	228. 682	2110. 198	103524. 918	23697. 274	1270. 997
2007	1636	1527	109	10181. 627	4686. 668	249. 584	5244. 375	401296. 955	90733. 677	2509. 959
2008	1711	1602	109	12373. 680	6699. 450	265. 359	5407. 871	148383. 091	44551. 041	777. 045
2009	1804	1696	108	19719. 878	13929. 726	269. 512	5536. 917	290727. 179	149618. 174	1775. 395
2010	2149	2041	108	25226. 928	19157. 128	279. 401	6212. 072	305214. 865	191040. 634	2159. 730
2011	2428	2320	108	28554. 467	22194. 533	293. 032	6356. 447	250115. 896	163586. 446	1419. 164
2012	2579	2472	107	31321. 155	24501. 158	278. 894	6559. 463	267848. 811	180141. 839	1532. 803
2013	2574	2468	106	36709. 466	29723. 621	280. 624	6744. 187	272499. 639	197984. 813	1626. 691

资料来源：Wind 资讯。

内，有双重上市公司同时发行 A + B 股或者是 A + H 股的股票可以面向国内或者国际投资者开放。表 1 - 1 列出了 1990—2013 年我国 A 股、B 股、H 股的基本状况。截至 2013 年，在 A 股和 B 股同时上市的公司共有 86 家（见附录 1）、在 A 股和 H 股同时上市的公司共有 86 家（见附录 2）。可以发现，无论从上市公司数量来看，还是从总股本、成交额和成交量来看，B 股相对于 A 股市场要小得多，大部分发行 B 股的公司也发行 A 股。

红筹股这一概念诞生于 20 世纪 90 年代初期的香港证券市场。中华人民共和国在国际上有时被称为红色中国，相应的，红筹股是香港和国际投资者对在境外注册、在香港上市的那些带有中国大陆概念的股票的特称。早期的红筹股，主要是一些中资公司收购香港中小型上市公司后改造而形成的。后来出现的红筹股，主要是内地一些省市将其在香港的窗口公司改组并在香港上市后形成的。随着在美国、新加坡以红筹模式上市的公司越来越多，红筹股的概念便延伸为在海外注册、在海外上市，带有中国大陆概念的股票。

红筹股和 H 股既相互区别亦相互联系。它们同在香港上市，其根本区别是：红筹股在境外注册、管理，本质属于香港公司或者海外公司；H 股在内地注册、管理，本质属于中国大陆公司。红筹股股份可全部上市流通，国有 H 股股份则有部分不能上市流通；日后增发新股时，红筹股可能拥有更大的弹性和空间，而 H 股增发的风险可能较高，时间也可能相对较长。红筹股管理层持有的认股权可能与海外公司一样，管理层可享受全部认股权的所有权益；但 H 股则不同，管理层并未真正拥有上市公司认股权，即使拥有的也是模拟的认股权。在发行可换股债券和其他债券时，红筹股公司并不需要符合内地的法律程序和条件，但 H 股则需要内地的法律程序和条件、经国家有关部门批准。

1993 年 7 月 15 日，青岛啤酒作为第一支 H 股上市，开创了内地企业在香港资本市场筹资上市的先河。根据香港交易所资料，截至 2008 年 12 月 31 日，香港 H 股上市公司总数 150 家，红筹公司 93 家，非 H 股内地民营企业 222 家。在港上市内地企业全年总成交额 89773 亿港元，占市场总成交额的 71%。根据 Wind 资讯，截至 2013 年 12 月 30 日，香港 H 股上市公司总数 181 家，市值 5125298.530 百万港元，市值占比 20.43%；红筹公司 120 家，市值 5121278.440 百万港元，市值占比 20.08%，中资股合计占比 40.51%。

由于很多内地公司选择在香港上市，香港联交所特别针对中国企业编制了恒生中国企业指数（HSCEI）、恒生中国内地综合指数（HSMCI）和恒生香港中资企业指数（HSCCI）。该指数以所有在联交所上市的中国H股为成分股计算得出加权平均股价指数。设立恒生中国企业指数目的是为投资者提供一个反映在香港上市的中国企业的股价表现的指标。该指数的计算公式与恒生指数相同。国企指数于1994年8月8日首次公布，以上市H股公司数目达到10家的日期，即1994年7月8日为基数日，当日收市指数定为1000点。指数追溯计算至1993年7月6日，亦即首家中国企业在联交所上市的日期。

中国股票的基本情况见表1－2。

表1－2　　中国股票概况

股票类型	投资者	公司注册地	上市地点	交易货币	记账货币
A股	国内	境内	上海、深圳	人民币	人民币
B股	国外	境内	上海、深圳	美元、港币	人民币
H股	国外	境内	香港	港币	人民币
红筹股	国外	境外	香港	港币	港币

（二）股票市场分割的基本状况

由于中国股票市场是从计划经济体制向市场经济体制转轨这一大背景下产生和发展起来的，股票市场不可避免出现转轨经济所特有的问题，其中较为突出的是中国股市有流通股与非流通股之分，出现了A股与非A股之间同股同权不同价现象。

1. 流通股和非流通股的分割

在国外成熟的股票市场中，上市公司发行的所有股票均可自由交易、流动。在中国，由于公有经济一直占据主导地位，政府为了确保对国有企业的控制权，采用行政干预手段规定企业发行的股票一部分流通，另一部分则不能流通，不能流通的股票一般指国有股和法人股，占据公司所发行股票数额中的绝大部分，从而导致了流动股与非流通之间的分割。由此可见，中国流通股与非流通股之间的分割更多体现为一种制度壁垒，是一种政府行政直接干预的结果。

为了解决这一市场分割现象，中国政府于2005年4月29日发布《关于上市公司股权分置改革试点有关问题的通知》，宣布启动股权分置改革试点工作。所谓股权分置，是指中国股市因为特殊历史原因和特殊的发展演变中，中国A股市场上市公司内部普遍形成了“两种不同性质的股票”（非流通股和社会流通股），这两类股票形成了“不同股不同价不同权”的市场制度与结构。随着同年5月9日清华同方（600100）、金牛能源（000937）、紫江企业（600210）和三一重工（600031）等被中国证监会确定为股权分置改革试点单位，股权分置改革试点拉开序幕。6月10日三一重工股权分置改革方案获得通过，成为中国证券市场第一个通过股权分置改革实行全流通的上市公司。

到2007年2月28日止，中国股市股份总数为15339.74股，其中尚未流通9475.39亿股，已流通5864.35亿股。未流通股中，发起人股为7591.81亿股，定向募集法人股99.31亿股，内部职工股1.28亿股，基金配售股份5.96亿股，战略投资者配售股份89.26亿股，其余为1687.78亿股。已流通股中，境内上市人民币普通股3445.10亿股，境内上市外资股229.00亿股，境外上市外资股2190.25亿股。可见，虽然股权分置改革已取得了很大成就，但未流通股仍然占有相当大比例，流通股与非流通股市场分割现象依然存在。随着资本市场的进一步开放和股权分置改革的深入，未流通股占比已逐步下降。截至2013年12月30日，上市公司总股本40662.885亿股，其中尚未流通69.135亿股；已流通36759.073亿股。①

2. A股市场与非A股市场的分割

一般而言，股票的市场价值是用股东要求的收益率为折现率对企业的未来收益现金流折现以后得到的现值，所以，如果同一公司发行两种股票而两种股票对未来现金流又有同样的索取权，则理论上价值应该相同。但其他国家的实证研究都发现，在一些国家的股票市场上，由于限制国外投资者投资于本国股市以及限制本国投资者投资于国外股市的政策形成了市场分割，从而导致了对现金流和选举权拥有同样索取权的股票在分割的市场上出现价格差异，也就是常说的“同股同权不同价”的问题。这一现象在中国股票市场也是大量存在的，主要体现为A股与B股、A股与H股之间的价格差异。在国外，非限制股票的交易价格通常高于受限制股票

① Wind资讯。

的价格，即国外投资者持有的股票价格高于只有国内投资者持有的股票；而中国情况则刚好相反，A股价格高于B股和H股价格，B股和H股出现折价现象，从而形成了A股与非A股之间市场分割现象。

三 中国股票市场发展的重大举措

为了更深入地了解中国股票市场的发展，现将中国股市发展过程的重大举措作一简要概述。

1981年，中国国库券开始发行，新中国最早的证券市场是国债市场，国库券的发行标志着中国证券市场发展进入新的历史阶段。

1986年9月26日，上海建立第一个证券柜台交易点，开始接受委托，办理由其代理发行延中实业和飞乐音响两家股票的代购、代销业务。这是新中国证券正规化交易市场的开端。

1990年12月19日，新中国第一家经批准成立的证券交易所——上海证券交易所成立。1991年7月3日，深圳证券交易所正式开业。沪、深证券交易所的成立标志着中国证券市场开始形成。

1992年2月，上海真空电子器件股份有限公司B股股票，正式在上海证券交易所挂牌交易，新中国首次向境外投资者发行股票。

1993年6月，境内企业开始试点在香港上市，青岛啤酒股份有限公司在香港发行上市，成为中国内地首家在香港上市的H股。国际证券界、投资界对此反响强烈，投资踊跃。此后，不仅越来越多的中国内地企业到香港上市，还逐渐开始在美国、伦敦、新加坡等证券市场发行上市，1994年8月，山东华能发电股份有限公司在纽约证券交易所发行上市，成为中国内地首家在纽约上市的N股。1997年3月，北京大唐发电股份有限公司在伦敦证券交易所挂牌上市，成为中国内地首家在纽约上市的L股。1997年5月，天津中新药业在新加坡证券交易所发行上市，成为中国内地首家在新加坡上市的S股。海外上市不仅拓宽了中国境内企业的融资渠道，而且加速了国有大型企业转换经营机制，提高国际知名度和竞争力，更使中国证券界开始了解国际成熟资本市场的业务规则。在这一过程中，海外投资银行开始接触中国境内市场，国际投资者进一步了解了中国状况，增强投资中国的信心。

1996年12月16日，经中国证监会同意，上交所和深交所决定从即日起，对在该两所上市的股票、基金类证券的交易实行价格涨跌幅10%限制并实行公开信息制度。

2001年2月19日，经国务院批准，中国证监会决定，允许境内居民以合法持有的外汇开立B股账户，交易B股股票。从同年6月1日开始，境内投资者在“2·19”后存入银行的外币资金，将被允许进入B股市场，B股市场对投资者进一步扩容。

2001年3月17日正式实施股票发行核准制。新股发行核准制的正式启动，是新股发行市场化改革中重要一步，将彻底取消原来新股发行中的额度和指标，放开一级市场定价，定价由市场供求决定。

2002年11月8日，中国证监会与中国人民银行11月7日联合发布《合格境外机构投资者境内证券投资管理暂行办法》，允许合格的境外机构投资者，在一定规定和限制下通过严格监管的专门账户投资境内证券市场。并于2002年12月1日正式实施，标志着境内证券市场大门向境外机构投资者正式开放。QFII可在其获批额度范围内参与中国的债券和股票市场投资。2006年在总结试点经验基础上，中国证监会、中国人民银行和国家外汇管理局共同颁布《合格境外机构投资者境内证券投资管理办法》。2007年根据第二次中美战略经济对话成果，QFII额度从100亿美元增加到300亿美元。2011年5月，QFII亦被允许参与股指期货交易，但只能限于套期保值。公开数据显示，到2012年3月23日，QFII账户总资产规模达到2656亿元，其中股票、债券和银行存款占比分别为74.5%、13.7%和9.6%，QFII持股市值约占A股流通市值的1.09%，已批准的QFII资格达到150家。2012年4月3日，证监会宣布，新增合格境外机构投资者投资额度500亿美元，总投资额度达到800亿美元。增加人民币合格境外机构投资者投资额度500亿。根据Wind资讯，截至2014年7月30日，QFII总数达到268家，QFII总投资额度为578.98亿美元（见附录表3）。

2004年5月17日，经国务院批准，证监会正式发出批复，同意深圳证券交易所在主板市场内设立中小企业板块，并核准了中小企业板块实施方案，深交所获准设立中小企业板块。6月25日，中小企业板块正式登场、首批八只股票上市。中小企业板块出台不仅将使深交所乃至中国证券市场获得新的活力，更重要的，创立中小企业板块为规范中小企业治理结构、调整证券市场格局提供了有效方法，更有助于改变中小企业融资渠道单一的现状，相应降低银行风险。

2005年4月29日，经国务院批准，中国证监会发布《关于上市公司股权分置改革试点有关问题的通知》，宣布启动股权分置改革试点工作。到 2007 年年底，沪、深两市共 1298 家上市公司完成或者已进入股改程序，占应股改公司的 98%；未进入股改程序的上市公司仅 33 家，股权分置改革在两年的时间里基本完成。①

2006 年 4 月 13 日，被市场称为“QDII 开闸”的央行“五号公告”发布，这标志着 QFII 启动三年后，中国境内资本投资于境外金融产品的大门徐徐打开。QDII 是 Qualified Domestic Institutional Investors（合格境内机构投资者）的英文首个字母缩写，是指在人民币资本项下不可兑换、资本市场未开放条件下，在一国境内设立，经该国有关部门批准，有控制地允许境内机构投资境外资本市场的股票、债券等有价证券投资业务的一项制度安排。QDII 和 QFII 的最大区别在于投资主体和参与资金的对立。站在中国的立场来说，在中国以外国家发行，并以合法渠道参与投资中国资本、债券或外汇等市场的资金管理人就是 QFII，而在中国发行，并以合法渠道参与投资中国以外的资本、债券或外汇等市场的资金管理人就是 QDII。2006 年 8 月 3 日，建行和交行分别获得国家外汇管理局（简称“外汇局”）批准的 20 亿美元和 15 亿美元代客境外理财额度，至此 QDII 额度已达 83 亿美元，超过 QFII 的实际批准额 72.45 亿美元，QDII 已批额度超过 QFII。QDII 作为资本市场投资国际化的一种重要的制度安排，是一国资本市场国际化中后期阶段主要采取的措施，它将对于中国证券市场的国际化起到了极大的推动作用。2010 年，共批准 22 家 QFII 机构投资额度 30.5 亿美元、21 家 QDII 机构投资额度 83.2 亿美元。② 2010 年是 QDII 基金扩容年，当年新成立 QDII 基金数达到 18 只。在新发行的产品中出现了众多创新型品种，黄金、能源、奢侈品、不动产、房地产信托凭证等，主题丰富，且多数以“首只”著称。随着许多各具特色的主题基金不断涌现，QDII 基金开始凸显出投资范围广、产品差异化操作性强、产品创新能力强等方面优势。截至 2011 年 6 月 30 日，2011 年总共新发行 13 只 QDII 基金，几乎是之前已经成立的 QDII 数量的一半。QDII 产品主要分为保险系 QDII、银行系 QDII 及基金系 QDII。2013 年进一步拓宽合格境外机构投资者（QFII）的投资渠道，规范其投资行为，允许获得证监会核发

---

① 中国证券监督管理委员会编：《中国资本市场发展报告》，中国金融出版社 2008 年版，第 3 页。

② 中国人民银行网站：《2010 年第四季度中国货币政策执行报告》。

资格及外汇局核批投资额度的QFII向人民银行申请进入银行间债券市场。根据Wind资讯，截至2014年7月30日，QDII总数达121家，总投资额度为794.83亿美元（见附录表4）。

2009年10月，创业板市场正式启动，首批28家创业板公司上市交易，推出创业板是多层次资本市场体系建设和制度创新的基础工作，也是我国资本市场应对国际金融危机，服务经济发展的重要举措。经过长期的酝酿和精心准备，在创业板制度设计，发行审核，投资者适当性管理，市场监管等方面做出了一系列符合市场实际的制度安排。根据Wind资讯，截至2014年7月30日，创业板规模为383家，总市值为18229.407亿元。

2010年4月8日，推动资本市场改革发展的重大举措股指期货正式启动，标志着我国资本市场改革发展又迈出了一大步。这对于发育和完善我国资本市场体系具有重要而深远的意义。在美国次贷危机引起的国际金融危机极为复杂的经济形势下，推出股指期货，充分表明党中央、国务院推进资本市场改革发展的坚定决心。股指期货是国际上成熟的金融衍生产品，流动性强、透明度高，具备价格发现、风险对冲、稳定市场等重要功能。自诞生以来，经受了历次金融危机的考验，没有出现大的系统性风险。目前，股指期货已发展成为全球交易量最大的期货品种。随着稳步推进资本市场改革创新，2013年9月6日，国债期货正式上市交易。国债期货的推出，有利于完善国债发行体制，引导资源优化配置，增强金融机构服务实体经济的能力。

2011年12月16日，作为又一项资本市场开放的试点制度——人民币合格境外机构投资者（RQFII）业务应运而生。人民币合格境外机构投资者（RQFII）是指经主管部门批准，运用在香港募集的人民币资金开展境内证券投资业务的相关主体，首批试点机构为境内基金管理公司、证券公司的香港子公司。2011年8月，李克强副总理在香港举办的“国家‘十二五’规划与两地经贸金融合作发展论坛”上提出，“允许以人民币境外合格机构投资者方式投资境内证券市场”。2011年12月16日，证监会、中国人民银行和国家外汇管理局联合发布了《基金管理公司、证券公司人民币合格境外机构投资者境内证券投资试点办法》（第76号令，以下简称《试点办法》），RQFII试点业务正式启动，国务院批准首批试点共计200亿元人民币境内证券投资额度。RQFII试点业务借鉴了合格境外机构投资者（QFII）制度的经验，但又有几点变化：一是募集的投资资金是人民币而不是外汇，二是 RQFII 机构限定为境内基金管理公司和证券公司的香港子公司，三是投资的范围由交易所市场的人民币金融工具扩展到银行间债券市场，四是在完善统计监测的前提下，尽可能地简化和便利对 RQFII 的投资额度及跨境资金收支管理。为积极落实 RQFII 试点相关工作，证监会、中国人民银行和国家外汇管理局根据《试点办法》配套出台实施细则，明确了相关管理要求。到 2012 年 1 月 2 日，首批共计 200 亿元人民币的 RQFII 投资额度已分配完毕，共有 21 家符合条件的试点机构获得了首批试点资格。部分试点机构已在香港开展资金募集和产品发行工作，部分产品已开始投资境内证券市场及银行间市场。2012 年 4 月 3 日证监会宣布，增加人民币合格境外机构投资者投资额度 500 亿，允许试点机构用于发行人民币 A 股 ETF 产品，投资于 A 股指数成分股并在香港交易所上市。根据 Wind 资讯，截至 2014 年 7 月 30 日，RQFII 总数达 87 家，总投资额度为 2566.00 亿元（见附录表 5）。

RQFII 制度的实施，有利于促进跨境人民币业务的开展，拓宽境外人民币持有人的投资渠道，直接推动香港离岸人民币市场发展；有利于发挥香港中资证券类机构熟悉内地市场的优势，为香港投资者和香港中资证券类机构提供参与境内证券市场投资的机会；对促进中国资本市场的多层次、多角度对外开放也具有积极的意义。[①]

相对上海和深证证券交易所，香港市场更加开放，但对企业上市的要求也更高。由于香港市场不限制投资者的身份，这就使得更多的外国投资者有机会购买内地上市企业股票，由于投资者认知差异以及信息的不对称，导致 A + H 股双重上市公司表现出不同的行情序列。从经验上来判断，由于中国 A 股、B 股和 H 股市场上有不同的法律和制度规范，投资主体也有所不同，势必会导致三个市场股票价格和收益率的差异。同时，这也是本书判断中国股票市场分割的起点。

第三节 研究目的和意义

经过 30 多年的改革开放，中国市场经济体制已基本建立，经济发展

① 中国人民银行货币政策分析小组：《2011 年 4 季度中国货币政策执行报告》，2012 年 2 月 15 日。

更加注重质量的提高。其中，金融市场的市场化改革与一体化演进问题尤为突出。中国金融市场的最大特点就是市场不完善、不完整，存在分割，这种不完善性和分割性影响了金融市场资产定价的有效性，影响了金融市场的运行效率。国外对此问题研究始于20世纪70年代，研究的主题集中于分割与一体化的检验和分割导致股价差异的原因探寻两个方面。国内对此问题研究则相对不足，主要是分割性检验这一层次的分析，检验的方法和模型多有值得商榷之处；对股价差异的原因也是仁者见仁，智者见智，没有统一的定论；研究股市分割问题的核心和实质是资本市场的交易效率，促进交易效率提高的是股市一体化进程，而这与股权分置、QFII和QDII制度、RQFII制度、做空机制、外国战略投资者等诸多改革是紧密相关。

股票市场分割与一体化的检验是基础，股价差异的原因探询是延续，本书试图对股市分割与一体化问题的研究背景、研究线索、研究历程等进行全面、系统的梳理、归纳与分析，厘清股票市场分割与一体化的相关理论、检验方法，探讨中国股市的分割与一体化轨迹，找出影响不同股票市场价格差异的主要因素，研究不同证券市场之间的波动溢出效应和正反馈交易特征，试图对中国股市的演进过程提供一理论化、系统化的分析框架和视角，更好地刻画中国股市发展的轨迹特征。

从理论意义上说，作为新兴市场的代表，中国资本市场出现了许多传统经济和金融理论难以解释的问题和现象，传统经济和金融理论起源于西方发达国家，一般都基于西方国家的经济现实，界定经济环境、设定行为假设、给出制度安排、选择均衡结果、进行评估比较等，而对于像中国这样的新兴资本市场来说，金融和经济全球化给它带来了全新的问题，特别是制度变更使得中国股市具有不同于西方国家的演变路径。因此，探讨中国股票市场一体化的演进过程具有重要的理论意义。

本书的研究也具有重要的现实意义。中国A股市场与B股和H股市场的折价现象，究其原因，是我国证券市场独特的股权结构、上市机制、投资壁垒、所有权限制等法律、政策、制度等物理障碍导致的股票市场分割，严重的阻碍了外资对中国证券市场进行投资（韩德宗等，2001）。同时，随着我国经济实力的增强，越来越多的内地企业在海外上市融资，由于香港股市在中国资本市场中的独特地位，香港成为内地企业海外上市的首选。但是随之而来的一个问题是对于国内这些上市公司的股票，如何定价才更有效率，才不会导致国有资产的“低价转卖”。因此，如何在最大程度维护国家和国内投资者利益的前提下消除证券市场分割，也是摆在我们面前亟待研究的课题，有迫切的现实意义。

日益密切的国际联系和金融市场的开放，使得中国股市在逐步融入世界市场的同时，也带了新的问题，通过世界市场金融风险的溢出效应和传染效应，使得中国经济更易受外界的冲击。如 2007 年美国爆发的次级债危机引发了全球金融市场的波动。由于中国金融市场的开放程度以及与香港金融市场之间的联动效应逐渐增强，次级债危机的影响同样波及内地的上海和深圳股票市场。因此，研究中国股市与国际成熟证券市场之间是否存在风险的溢出效应、传染效应以及反馈交易特征，对于中国资本市场的一体化发展具有重要的现实意义。另外，研究不同证券市场之间的波动溢出效应和正反馈交易特征，不仅能为判断资金在不同市场之间的流动性，防止大规模投机性资金转移所带来的市场剧烈震荡提供重要的理论依据，而且对于市场理性投资以分散投资风险，政府制定正确的市场监管政策以防范金融风险提供重要指导。

第四节　研究内容和研究特色

一　研究内容和方法

本书以不确定性下的一般均衡理论为基础，通过实证和规范分析方法，借助计量经济学和数学分析工具，综合运用经济学、金融学、社会学等学科的基本原理来分析中国股市的分割与一体化演进问题。通过简要回顾中国股票市场的基本发展情况，为研究作必要的现实背景交代，是本书的现实逻辑起点。通过对国内外研究成果进行系统的归纳和总结，为理论阐述寻找借鉴和切入点，是本书研究的理论逻辑起点。通过构建模型分析中国股市分割与一体化的演进轨迹，分析中国股市与世界股市的相关性以及溢出效应和传染效应，剖析导致市场分割和双重上市公司股票价格差异的原因，探讨重大事件对中国股票市场一体化的影响，为进一步促进股市一体化而采取相应的政策和措施寻找理论和现实依据，是本书研究的展开和核心。研究的主要内容涉及四大问题：

（1）A 股与 B 股和 H 股市场的分割性检验。这是本书研究的基本立足点，如果市场本身就是高度一体化的，从市场分割的角度来解释价格差异也就无从谈起。立足于这一点，本书用什么模型才能更好地体现出分割市场之间资产定价的差异？双重上市公司的资产定价是否具有显著的差异？这些差异是通过哪些方面表现出来的？

（2）研究中国股市各子市场之间、中国股市与世界股市的相关性以及溢出效应和传染效应。本书主要从信息流动的角度以及动态相关的角度来研究市场之间的一体化进程。同时，还探讨重大事件或重大举措对股市一体化的影响。

（3）分析 A + B 股、A + H 股双重上市公司价格差异的原因。主要是从一级发行市场和二级交易市场分别研究分割市场之间的资产价格差异的原因。在一级发行市场上，主要研究双重上市公司 A 股与 B 股首日交易抑价率的差异。在二级交易市场上，主要研究双重上市公司 B 股和 H 股相对于 A 股折价（或称抑价）的原因，并分析各种因素影响折价率（抑价率）的机制。

（4）研究股市的相关性和“反馈交易”行为。以中国内地、中国香港、美国三个地区代表性股票指数收益率为研究对象，探究各个地区股市的溢出效应特征和“反馈交易”行为。本书把中国内地、中国香港、美国三个市场指数数据分为 2007 年金融危机前及危机后两个阶段，分析 2007 年美国次贷危机对我国股市交易者行为的影响。

本书分为九部分，第一章阐述本书研究的背景、目的、意义、研究方法和特色。第二章首先对国内外市场分割的有关理论和经验研究以及国内外股票价格差异的相关研究进行分析和评述。第三章借鉴贝克特和哈维（Bekaert and Harvey，1995）域变模型的思想，以是否遵循相同的定价模式作为市场分割与一体化的判断标准，对中国股票市场分割与一体化程度进行定量刻画，以期中国市场分割与一体化状况有更直观、更深入的了解。第四章从信息流动的角度，通过研究股票市场间收益和波动溢出效应，探讨中国股票市场间的信息流动与一体化的演进。首先研究中国 A 股、B 股市场之间的信息流动情况，进而探讨非 A 股市场，即 B 股与 H 股及红筹股之间的信息流动情况，以此反映中国各股票市场的“分割—一体化”特征。第五章从国际股票市场的层面出发，研究中国沪深股市与中国香港、日本、英国和美国等主要国际股市之间的联动效应，研究中国沪深股市与主要国际股市之间是否存在长期稳定的均衡关系、短期波动的相关性和溢出效应，以及各股市间的信息流和一体化演进过程。第六章基于双重上市公司的数据，对中国 A 股市场与 B 股市场、H 股市场的分割性进行检验。通过信息在不同市场间的对收益率均值和风险程度的“溢出效应”判断市场的分割性。第七章鉴于中国股票市场所具有的分割性特征，通过双重上市公司的数据，分别从一级市场、二级市场研究 A 股价格与相应 B 股和 H 股价格的差异。第八章从国际视角，基于“反馈交易”行为理论，以 2007 年国际金融危机前后中国内地、中国香港、美国三个地区代表性股票指数收益率为研究对象，利用股市的自相关性和交叉相关性，探究股市的溢出效应和“反馈交易”行为。第九章是全书结论。

二　研究特色

（一）厘清股票市场分割与一体化的相关理论、检验方法与股市分割根源分析

一是重新界定了股票市场分割的概念。基于中国股市发展的轨迹特征，我们认为，除了传统的所谓“硬分割”和“软分割”外，市场分割还应包括股市的非完善性（即对冲机制的缺失）所导致的分割。

二是构建了适合中国股票市场实际情况的检验模型，对股票市场一体化程度进行了定量的刻画。采用条件域变模型和信息滤波的思想，考虑了市场可能在分割与一体化两种状态间相互转化的情况。实证结果表明：不同于市场完全一体化、完全分割、部分分割的简单假定，中国 A 股、B 股市场一体化程度随着时间变化而变化。

三是从投资主体、客体和市场环境三个方面探寻市场分割的根源。股价差异的根源可从传统资产定价模型的基本假定修订入手。股市分割根源探寻包括基本假定的修改、股价差异的分析机理、投资障碍与股市分割根源等。

（二）从国内各个股市之间的相关性和溢出效应研究中国股市一体化进程

一是采用双变量模型，同时从股票收益和波动两个方面统一分析 A 股、B 股间的溢出效应，即采用双变量 GARCH－M 模型来联立分析收益和波动的溢出效应，克服了从股票收益或波动单方面来探讨 A 股、B 股市场一体化进程的局限性。另外，GARCH－M 模型较好地刻画了金融资产的收益与风险密切相关，且均值方程中的方差变量又通过方差矩阵方程将收益率与协方差，即市场相关性所包含的有效信息联系起来。

二是利用面板 TARCH 模型来研究中国双重上市公司 A 股与 B 股和 H 股的分割性。一方面，克服了仅用时间序列数据进行 GARCH 效应分析时数据短的局限性；另一方面，TARCH 模型可以描述投资者对于好消息和坏消息冲击的不对称反应，刻画了投资者相对乐观和悲观情绪对于资产价格的不对称性影响。

三是比较研究在同一国家内部两个市场间一体化程度，如上海和深圳市场一体化程度、道琼斯指数和标准普尔 500 指数的一体化程度。

（三）从国内与国际股市的相关性以及溢出效应研究中国股市一体化进程

一是通过运用 ARCH 类模型与向量自回归（VAR）模型，研究中国沪深股市与香港、日本、英国和美国等主要国际股市之间的关系，从股指价格和收益两个方面分析中国股市和国际股市间的联动效应，并将收益分为隔夜收益序列和当日收益序列两类，从而在考虑了市场间的交易时间差和地理位置远近的基础上，探讨是否存在长期稳定的均衡关系、短期波动的相关性和溢出效应，进而分析新生扰动在股市间的传播和蔓延。

二是把动态相关系数多元 GARCH 模型（DCC2MVGARCH）引入对中国内地沪深、中国香港和美国三地股票市场之间收益率和波动关系影响研究，将股市间的信息传导划分为报酬率（均值）和风险（方差）两个部分并分别加以考察，改进了将相关系数假设为不随时间变化的局限性，估计出时变的动态相关系数更加符合金融市场的现实情况。

三是运用面板平滑转换模型（PSTR）这一非线性转化的时间序列模型衡量市场间一体化的增加程度，并且能度量从一个体制向另一个体制（即从分割到一体化）之间的平滑转移速度。

四是在 SW 反馈交易行为理论模型的基础上，通过二元 GARCH－M 模型得到两个市场之间的股票收益率条件交叉相关系数以及相应的条件方差，来分析中、港、美股市之间的波动溢出效应与反馈交易行为，探讨中国股市、香港股市、美国股市之间的一体化程度。

（四）基于市场分割因素研究中国双重上市公司股票价格差异性

一是从市场分割因素导致股票价格差异的角度，研究一级发行市场资产价格差异的原因。在一级发行市场上，从投资者情绪和投资者认同的影响、信息不对称和不确定性的影响、上市公司本身特征三大类影响双重上市公司 A 股与 B 股 IPO 首日抑价率差异的原因出发，用 Spearman 相关系数法和截面回归方法分析首日抑价率，发现投资者情绪和信息不对称因素都会影响 A 股与 B 股首日抑价率的差异。

二是基于市场分割因素，研究二级交易市场资产价格差异的原因。在二级交易市场上，从信息不对称性、需求差异、流动性差异和投资者风险偏好差异四个方面出发，利用面板数据研究了双重上市公司 B 股和 H 股相对于 A 股折价（或称抑价）的原因，并分析各种因素影响折价率（抑价率）的机制。

（五）研究重大事件或重大举措对中国股市一体化的影响

一是基于中国股市兴起与发展的历史背景，通过分段双变量 GARCH – M 模型，研究政府重大举措对中国股市各子市场一体化的影响，如 1996 年 12 月 16 日开始实行涨跌停板制度，2001 年 2 月 19 日 B 股开始向境内居民开放，2002 年 12 月 1 日 A 股开始对国外合格机构投资者（QFII）开放，2004 年沪深市市场功能重新定位，2005 年开始实施股权分置改革，以及 QDII 制度推出等，从而为进一步促进中国股票市场一体化的相应政策的制定和措施的实施提供经验依据和启示。

二是基于美国 2007 年爆发的次级债危机为代表的重大事件，利用动态相关系数的多元 GARCH 模型系统性度量了中国内地、中国香港、美国三地股市间的收益波动冲击和动态相关性，对国际市场间关联程度的冲击进行了分析，进而分析新生扰动在股市间的传播和蔓延。

三是基于“反馈交易”行为理论，把中国内地、中国香港、美国三个市场指数数据分为 2007 年金融危机前及危机后两个阶段，分别研究三个市场的自相关性和交叉相关性，探究 2007 年美国次贷危机对证券市场一体化的影响以及对投资者行为特征的影响。

第二章　股票市场分割与一体化研究述评

本章对股市分割与一体化问题的研究背景、研究线索、研究历程等进行全面、系统的梳理、归纳与分析，厘清股票市场分割与一体化的相关理论、检验方法。

第一节　市场分割与一体化研究背景

一　股市分割与一体化含义

由于股票市场“分割”、“一体化”的含义广泛而不确切，因此在进行研究之前，有必要对这两个概念作一个清晰的界定。

股票市场分割与一体化的概念源自于市场投资障碍的大量存在。投资障碍的形成，既可能是政府和公司为达到某一目的而对市场进行干预的主观行为所致，也可能是市场自身条件不足的客观现实所为。投资障碍的存在破坏了金融市场基本资产定价模型即 CAFM 模型赖以成立的前提条件，使金融资产价格偏离理论价格成为可能。根据不同标准，投资障碍可以分为不同类型，因而对市场分割也就有不同说法。例如，市场分割是指市场投资限制及所有权限制而存在着物理意义上的分割，即所谓“硬分割”，以及由信息不对称、流动性差异、投资者偏好和心理差异等主观因素导致的分割，即所谓“软分割”。再如，市场分割造成两种壁垒：一种是法律上直接限制的，如持股比例限制；一种是间接的，如流动性差异、信息不对称。这些说法只是表达形式上存在差异，实质意义并没有什么不同，都强调要考虑市场壁垒对 CAPM 模型均衡定价的影响。不仅直接的市场壁垒影响了资产的均衡定价，而且间接的市场壁垒亦如此。在间接壁垒存在时，CAPM 模型的很多假设是不成立的。如 CAPM 要求市场环境是无摩擦的，但实际上外汇管制和交易成本是现实存在的；CAPM 要求所有投资者信息完全，都以相同的观点和分析方法来对待各种投资工具，即一致预期假设，但实际上国内和国外投资者掌握的信息是有差异的。大量金融文献都证实了这些间接壁垒对分割市场价格差异造成的影响。正因如此，研究股票市场分割与一体化是一个与现实生活联系非常紧密的问题，市场"分割"、"一体化"频繁出现在各种研究文献中就不奇怪了。

股票市场分割与一体化概念更为深刻的根源则在于世界经济一体化浪潮的掀起。随着社会劳动分工日益深化、科学技术不断进步提高，商品贸易、资金流动和人员往来在世界范围内日益频繁，世界经济正逐渐向经济一体化方向迈进。而世界经济一体化进程持续和深化的必然结果和突出表现就是国际金融一体化。国际金融一体化是指各国（或地区）在金融业务活动、金融政策等方面相互依赖、相互渗透及相互影响而形成一个整体。在这一整体中，任何一国金融领域的变动都会引起世界金融体系的联动反应。金融一体化具有阶段性，是一个从低到高的发展过程。在金融一体化发展初级阶段，主要以金融功能一体化为主。在金融一体化发展的高级阶段则会形成金融制度上的一体化。功能一体化是指国际金融领域中的各种壁垒及障碍的消除，在业务活动中各种交易工具、交易规则、资金价格、货币种类等趋于一致或具有较大的趋同性。制度一体化是通过契约或法律条文和一定的组织形式将功能一体化固定下来，形成各国必须遵守的制度。

国际金融市场一体化突出表现在金融市场的国际化、证券化和自由化三个方面。国际化表现为金融市场的增长速度超过了产品市场，离岸金融市场在世界各地发展迅猛。证券化是指融资方式从通过金融中介的间接融资向通过国际证券市场的直接融资方式转移的趋势。自由化体现为对金融资产交易价格和额度管制的不断放松，造成国内金融市场中国外资产的比重日益扩大，国与国之间资金流动日益增加，新型的金融工具不断涌现。

对国际金融市场一体化程度的定义，通常体现为一价定律在金融市场的运用。一价定律又可分为因用同种货币交易而不考虑汇率风险的名义利率平价、因用不同货币交易而考虑汇率风险的名义利率平价和真实利率平价。其基本思想是，同股同权应该同价，即有相同现金流、相似的风险特征和期限结构的资产应有相同回报。

鉴于以上"分割"、"一体化"的界定，本书认为，现有股票市场"分割"与"一体化"的含义广泛而不确切，除了传统的所谓"硬分割"

和“软分割”外，市场分割还应包括股市的非完善性（即对冲机制的缺失）所导致的分割，而这个特征是许多发展中国家股票市场发展初期所具有的。

二 市场分割与一体化研究背景

市场分割运行阻碍了信息的相互传递，使价格信号作用混乱，不利于资本市场均衡价格的形成，也不利于金融市场的资源效率配置。因此，自20世纪70年代就有了股票市场分割和一体化方面的研究。主要理论基础是“一价定律”，CAPM模型是研究的基石。早期的研究是试图通过两个市场指数之间的相关关系来区分两个市场是一体化的还是分割的，但Adler和Dumas（1975，1983）、Solnik（1974）的研究表明，市场指数之间的协方差不能证明市场是一体化还是分割的。尽管如此，由于这一方法简便易于理解，往往可以直观描述两个市场之间可能存在某种联系。Solnik（1977）认为，对市场分割的有效检验方法似乎应该是先假定一种引起市场分割的不完美的市场形态，然后研究这种形态对资产定价的特定影响。Stehle（1977）首次以CAPM模型为基础对市场分割与一体化检验方法进行革新，使市场分割性研究由以前分析指数相关性的方法向前推进了一大步，为后来学者的同类研究提供方法论指导。Vihang Errunza和Etienne Losq（1985）引入了中等程度市场分割假设，为后续研究开创了一个新起点。Jorion和Schwartz（1986）在理论模式上沿袭前人的成果，检验模式在Stehle的方法上有所推进，尤其改进了对交易不活跃股票的Beta系数的估计，其结论为后人研究提供对比基础。

20世纪80年代以来，世界经济一体化和区域化迅速发展，金融全球化和自由化趋势日益加强，世界许多新兴市场国家也纷纷开放本国证券市场，并逐渐加大证券市场国际化力度，使国际证券融资比重越来越高。但在证券市场国际化过程中，出于对国家经济安全、保护国内市场和其他方面考虑，各国政府（尤其是新兴市场国家）也都采取了审慎保护国内市场的措施：一方面是限制国内资本外流，如在中国，国内居民不允许自由兑换外币，未经政府批准不能投资外国资本市场；另一方面是控制国外投资者对国内企业的投资，在持有股票数量和类型上都对外国投资者予以限制，防止本国企业的控制权落入国外投资者之手，尤其是那些在战略上对国家利益至关重要的企业。如芬兰、瑞士、墨西哥和菲律宾等国证券市场，国内外投资者都可以持有外资股股份，而只有国内投资者可以持有内资股股份；新加坡、马来西亚和泰国等国证券市场，国外投资者原则上可以购买市场流通的任何股票，但是当国外投资者持有某只股票的总量达到法定国外投资者持有本国企业股票的比例上限时，国外投资者就被限制到外资股板块交易，这两种资本限制形式都导致了新兴市场与国际资本市场一定程度的分割。因此，在这样的背景下，随着现代金融理论和行为金融学的迅速发展，有关分割与一体化的研究大量涌现。

第二节　股票市场分割与一体化研究线索

国外有关股票市场分割问题研究主要从两个方面进行：一是对两个市场是分割还是一体化进行实证检验；二是研究市场分割状态与股价差异之间关系，即分析造成股价差异的原因，探寻市场分割的根源。贯穿这一问题探讨的逻辑路线是：市场分割与一体化的实证检验→市场分割根源的探寻→市场一体化政策的实施。其中，分割与一体化检验是问题研究的基础，市场分割原因探寻是研究的延续，市场一体化推进是研究的最终目标。

中国股票市场也存在分割现象，A 股、B 股、H 股之间存在明显的价格差异。本节主要梳理、归纳现有股市分割与一体化的研究成果，以期对中国股市一体化问题的研究有所借鉴和启发。

一　股票市场分割与一体化检验的研究轨迹

股票市场分割与一体化的检验是进行市场分割研究的前提和基础。国外学者对股市分割与一体化的检验方法可从如下几个方面进行归纳，从中可以看出国外学者研究的思路和存在的分歧。①

（一）市场分割与一体化的判断标准

对市场分割与一体化的判断主要依赖计量检验方法。在对市场进行分割检验之前，首先需要确定市场分割与一体化的判断标准。不同的判定标准，即便是同一研究对象、同一检验方法，也会导致不同的检验结果，因此判别标准至关重要。

---

① 此节部分内容参见胡新明、唐齐鸣《股票市场分割与一体化研究述评》，《金融研究》（实务版）2007 年第 4 期。

1. 相关系数

早期市场分割检验是通过两个市场指数之间的相关关系来判别两个市场是分割还是一体化。但是，市场指数之间的相关系数无法表征市场是分割还是一体化，因为即便是完全分割的市场，也可能由于工业结构与世界工业结构非常相似而导致相关系数不为零（Adler and Dumas，1983；Solnik，1974b），此为其一。其二，高波动性或下跌市场（down markets）的股票收益率往往呈现较高的相关系数（Boyer et al.，1999），以相关系数来度量市场的一体化，很可能由于市场的高波动而导致较高一体化程度的度量，而这种波动实际与市场一体化并不相关（Carrieri et al.，2005）。其三，市场间的相关系数还与市场地理位置有关。Chen 和 Zhang（1997）研究了不同市场间股票收益率和双边贸易的相互关系，发现在区域中居贸易中心地位国家的股票收益率与所在那一区域其他国家股票收益率的相关系数一般较大。

2. 市场障碍

关于市场分割与一体化检验标准的另一个直观想法是，以市场障碍的存在与否作为判断标准。如果市场存在诸如投资比例限制、差别税率等市场障碍，市场就意味着分割；若没有这些限制就意味市场是一体化的。但是，Jorin 和 Schwartz（1986）的研究表明，投资障碍的存在并不能说明市场一定是分割的，因为证券价格由边际投资决定，投资者可采用新的投资工具绕过管制。Carrieri 等（2005）也表明，市场障碍的撤销并不一定导致市场一体化程度的增加，市场一体化的程度主要依赖于市场替代资产的可获得性。贝克特（1995）还认为，国家实施管制政策所导致的法规性投资障碍与基于收益率的市场一体化程度的定量描述并不显著相关，因为市场一体化的演进还与国外投资者通过国家基金（CFs）、美国存托凭证（ARDs）对新兴国家进行投资的能力，以及国内投资者对国外进行直接投资和非法投资的能力相关。

3. 经济一体化

股市分割与否似乎与经济一体化程度密切相关。然而，Cho 等（1986）认为，不能基于经济的一体化来判断资本市场的一体化。因为，如果两个经济体的工业基础非常相似，且存在由于限制外国居民投资本国证券导致的摩擦，那么它们的资本市场就可能是分割的，是否分割得依赖于实证检验。

4. 内生断点

基于"让数据自己说话"的观点，还有的学者认为，在市场从分割向一体化转变过程中必定伴有相关金融数据显著的断点突变。因此，可以从几个金融时间序列数据生成过程中寻找时间的内生断点，以此判断市场的分割性（Bekaert et al.，2002）。

5. 定价模式

市场分割与一体化的判断标准，实质上是对市场分割与一体化内涵的界定。Jorion 和 Schwartz（1986）、Kearney 和 Lucey（2004）认为，一体化市场是指投资者在不同国家市场上从相似的金融工具中获得相同经风险调整后的预期回报的市场。相似的金融工具是指有相同的现金支付流、到期期限和投票权的金融资产。Gultekin 等（1989）认为，当收益率完全相关的资产具有相同的价格而与交易地点无关时，就称资本市场是一体化的。不难看出，他们的观点实质上是，要以不同市场的股价收益率是否受到同样的因素驱动来判定市场是分割还是一体化，如果市场是一体化的，则市场资产应遵循统一的定价模式，即以是否遵循相同的定价模式作为判断标准。基于这种逻辑，众多学者如 Stehle（1977）、Errunza 和 Losq（1985），Jorin 和 Schwartz（1986），Cho、Eun 和 Senbet（1986），Gultekin、Gultekin 和 Penati（1989），Hietala（1989），Mittoo（1992），Bekaert 和 Harvey（1995），Carrieri、Errunza 和 Hogan（2005）等对市场分割问题进行了探讨。这一观点得到国外研究者的普遍认同，现有文献中市场分割检验更多的是基于这一标准。

采用是否遵循相同定价模式作为标准对市场进行检验时，有学者认为要以股息收益替代预期收益率。因为通常的股票收益率数据中含有噪声交易，而股息收益率则代表股票的长期预期收益率，受噪声影响较小（Bekaert，Harvey and Lumsdaine，2002；Fama and French，2002）。

6. 信息流动

不同于遵循统一定价模型标准，也有些学者从信息流动角度判断市场分割与一体化。根据价格发现理论，股票价格变化是一个不断反映新信息而寻求均衡的过程，信息领先市场的收益率有助于预测信息落后市场的收益率，因而信息流动与收益率溢出效应有关（Schreiber and Schwartz，1986）。同时，Ross（1989）通过无套利定价模型证明了信息流动也与价格的波动密切相关。溢出效应和信息流动反映了市场分割与一体化状况，如果两个市场是完全一体化的，则彼此间溢出效应存在，信息在两个市场相互流动；如果两个市场是完全分割的，则相互间溢出效应不存在，信息互不流动。

（二）检验的假设前提

市场类型的假定是建立检验模型的基本前提，不同市场类型的假定会导致不同的检验模型。市场类型的假定实质上是对市场经济环境的界定。由于研究对象、目的和主观认识的不同，不同学者对市场经济环境界定并非一致，因而就会有不同的理论模型。

早期研究对市场类型的假设要么是完全分割的，要么是完全一体化的（Stehle，1977）。Solnik（1977）认为，对市场分割的有效检验方法似乎应该先假定一种引起市场分割的不完美市场形态。Errunza 和 Losq（1985）按照 Solnik（1977）的建议，引进了一种不完美的市场形态，即中等程度的市场分割，检验了世界资本市场“中等程度的市场分割”（mild segmentation）假定。这种形态的市场假定政府限制一部分投资者不能交易某些证券构成的证券子集，而其他投资者可以不受限制地投资任何证券，于是这一证券子集就拥有一个“超额的”风险溢价。受限制的投资者能投资的证券称之为合格证券；不受限制的投资者投资的证券称为非合格证券。

Basak（1996）考虑了一个包括两个国家、两种股票的经济体，国家 X 发行股票 1，国家 Y 发行股票 2，进一步将市场结构分为四种类型。（1）独立型：每个国家只交易本国发行的股票，且彼此间不能以无风险利率进行借贷。（2）分割型：每个国家只交易本国发行的股票，但彼此间可以以无风险利率进行借贷。（3）温和分割型：国家 X 只交易本国发行的股票 1，国家 Y 可交易股票 1 和股票 2，两国可以无风险利率相互借贷。（4）一体化型：两国均可以交易所有股票，均可以相互以无风险利率借贷。这种分类是将国际借贷利率内生化。

假定有两个国家、两个代理人、可以无风险利率自由借贷条件下，Bhamra（2005）则依市场结构将股票市场分为五种类型。（1）完全分割的股票市场：代理人 1 和代理人 2 仅能购买本国股票。（2）单向一体化的股票市场：代理人 1 能购买两国股票，而代理人 2 仅能购买本国股票。（3）完全一体化的股票市场：代理人 1 和代理人 2 均能购买两国股票。（4）单向部分分割的股票市场：代理人 1 能购买本国及一定比例国家 2

的股票，而代理人2仅能购买本国股票。(5) 双向部分分割的股票市场：代理人1、代理人2除了能购买本国股票外，还能购买一定比例对方国家股票。这种分类将国际借贷利率外生化。

除了市场类型的假定外，有的学者认为还应考虑其他假定。Cho等(1986)指出，任一市场分割性的资本资产定价模型检验均是联合检验。联合检验的原假设分为两种情况，一是在一国范围内，联合检验的原假设为市场有效、定价模型正确；二是在国际范围内，联合假设的原假设为市场有效、定价模型正确、市场是一体化的。拒绝原假设，可能是模型设定不正确，也可能是市场无效，还可能是市场一体化假设不成立。该文检验了国际套利定价理论(IAPT)有效性和国际市场一体化的假定。他们的实证结果表明，国际资本市场一体化和IAPT有效的联合假设被拒绝，但是不能排除APT理论在分割市场如一国内或区域范围内成立的可能性；不能判断联合原假设的拒绝是反映了资本市场的分割性，还是反映了APT在国际范围的无效性。

大量文献证实，发达国家和新兴国家股票市场与世界市场是部分分割的(Korajczyk and Viallet，1989；Dumas，Harvey and Ruiz，2003；Carrieri，Errunza and Hogan，2005；Carrieri，Errunza and Sarkissian，2004；Bekaert，Harvey and Ng，2005)，新兴国家股票市场的主要特征是部分分割(Carrieri，Errunza and Hogan，2005)。

(三) 检验的主要模型

根据市场分割与一体化判断标准以及对市场类型的假定，国外学者采用的检验模型大体分为如下几类。第一类方法运用均值—方差有效前沿的CAPM模型判断市场的分割性，包括Sharpe－Lintner CAPM模型、零—贝塔CAPM模型，以及由CAPM扩展的多因素定价模型(APT)等；第二类方法基本思想与CAPM相同，但这种方法是运用事件分析法研究双重上市公司国际市场上市交易对于国内资产预期收益率的影响。第三类方法通过信息流动性判断市场的分割性。前两种方法是比较传统的研究方法，都是基于资产定价模型来研究市场分割性特征的，主要关注资产的价格和收益的变化。而信息流动性方法则是一种更为新颖和全面的方法，它所利用的技术和模型比前两种方法更丰富，但其基本特征是考察市场之间的信息流动性特征，所考虑的不仅仅包括价格和收益率，还包括成交量以及波动率。

1. 资产定价模型方法

（1）单因素模型。单因素模型主要是传统的 Sharpe - Lintner CAPM 模型（$\lambda=0$）、Black CAPM 模型（$\lambda\neq0$）。Stehle（1977）以 Sharpe - Lintner CAPM 模型为基础，假定市场要么完全分割，要么完全一体化，推导出检验市场分割与一体化假设的两类模型，检验了美国市场与世界股票市场之间分割与一体化关系。对市场分割假设的检验，采用下面的模式：

$$E(R_i)-R_f=\beta_{iD}b_1+\gamma_i b_2 \tag{2-1}$$

当国内市场与国际市场组合收益正相关时，某只股票的收益率与国内市场组合收益率的协方差无论市场是分割还是一体化都代表系统风险，这一风险由 β_{iD} 度量。此外，一只股票的收益率可能与国际市场组合中与国内市场组合不相关部分相关，股票在国际市场上遇到的这种风险称为非国内的国际风险，由 γ_i 度量。利用包含两个解释变量 β_{iD} 与 γ_i 的回归，可以检验市场分割假设。而对市场一体化的检验，则采用下面模式：

$$E(R_i)-R_f=\beta_{iW}c_1+\delta_i c_2 \tag{2-2}$$

关于假设的检验，市场分割的原假设与备择假设是，H_0：市场分割，即 $b_2=0$，H_1：市场非分割，即 $b_2\neq0$；而市场一体化的原假设与备择假设是，H_0：市场一体化，即 $c_2=0$，H_1：市场非一体化，即 $c_2\neq0$。

Stehle（1977）首次以 CAPM 为基础对市场分割与一体化检验方法进行了革新，使市场分割研究由以前分析市场指数相关性方法向前推进了一大步。其不足之处是，对市场的假设要么是完全分割的要么是完全一体化的，没有在模型中设置一种中间状态，即中等程度的分割。此外，他的方法是传统的时间序列横截面回归两步估计方法，β 值与横截面回归系数不是同时估计，因而其估计效果并非理想（Gibbons，1982）。Jorin 和 Schwartz（1986）采用类似的检验模型，考察了加拿大股票市场与整个北美市场的一体化与分割问题。但他们在检验方法上有所推进，运用了极大似然估计方法同时估计 β 值和横截面系数。

Errunza 和 Losq（1985）推进了 Stehle（1977）的研究，检验了世界资本市场“中等程度的市场分割”假定。在此假定下，合格证券的定价等同市场一体化定价情形：

$$E(\tilde{R}_e-R_f)=(AM)Cov[\tilde{R}_e,\tilde{R}_M] \tag{2-3}$$

不合格证券拥有一个与条件市场风险成比例的超额风险溢价：

$$E(\tilde{R}_e - R_f) = (AM)Cov[\tilde{R}_e, \tilde{R}_M] + (A_u - A)M_I Cov[\tilde{R}_i, \tilde{R}_I | \tilde{R}_e] \quad (2-4)$$

基于以上定价模型，他们进一步演绎出下面的检验模式。

对于合格证券的市场分割情形采用如下回归模型：

$$\bar{R}_e = \alpha_E + \lambda_E \beta_e + \theta_E \gamma_e + u_e \quad (2-5)$$

对于不合格证券的市场分割情形采用如下回归模型：

$$\bar{R}_i = \alpha_I + \lambda_I \beta_i + \theta_I \gamma_i + u_i \quad (2-6)$$

假设检验的原假设和备选假设为：

H_0：$\{\alpha_E = \alpha_I = R_f;\ \lambda_I \geqslant \lambda_E \geqslant 0;\ \theta_E = 0\}$

H_1：上面括号内的表达式不完全成立。

从检验方法看，如果不拒绝 H_0，则可以认为股票市场是中等程度分割的。这种方法要求所选取的样本股的交易要非常活跃且成交量要大，因而限制了该方法广泛的实用性。

单因素检验模型的优点是，理论模型基于传统的 CAPM 模型，有理论依据且检验方法可行，但也存在不足。其一，单因素模型有一些限制性假定，即假定投资者有相同的对数效应函数（Adler and Dumas，1983），或者购买力平价定律成立（Grauer et al.，1982），或者汇率与股票收益率和通货膨胀率无相关性（Solnik，1974b）。如果购买力平价定律不成立，或其他类型的投资者比对数效用投资者有更大的风险厌恶，那么资产均衡收益率将决定于它与不同国家通货膨胀率的相关系数（Adler and Dumas，1983），结果纯国内因素具有解释力并不意味着市场分割。其二，单因素模型假定只有一个风险因子，主要实用于一国范围内。这未必符合实际情况，在国际范围内至少还应存在汇率风险。即便是在一国范围内，CAPM 检验需要知道市场证券组合的收益率，而这很难准确得到，通常只是以市场指数收益率代替，这存在很大的任意性。

此外，单因素模型不能解释市场分割是因为政府的政策作用还是由于市场失灵（Gultekin et al.，1989）。从理论上讲，可以设定两个资本资产定价模型，一个考虑国际投资障碍，另一个则不考虑，然后检验考虑投资障碍的模型是否得到数据的支持。然而不幸的是，资本资产定价模型因政府实施管制的类型不同而不同；从现实角度考虑，很难将不同国家的资本管制情况纳入同一个模型来进行分析（Stulz，1981b；Eun and Janakiramanan，1986）。

（2）多因素模型。不同于单因素模型，多因素模型假定不只存在一个风险因子，考虑多种风险源对股票收益率的影响（Solnik，1974a；Cho et al.，1986；Gultekin et al.，1989；Mittoo，1992 等）。检验模型分为两类：一是不考虑汇率风险，二是考虑汇率风险。汇率风险既可能是货币性的汇率风险（由通货膨胀引起），也可能是真实的汇率风险（与通货膨胀无关）。Gultekin、Gultekin 和 Penati（1989）认为，汇率的变动不是股票的系统性风险，因为股票持有者可以通过借入外国货币来完全对冲这种风险，但它可能是一个非直接的风险根源。多因素定价模型的分析一般采用预设因子方法和因素分析方法。

多因素模型一般基于套利定价理论（APT），CAPM 模型只是 APT 的指标数为 1 的特例，但是与 CAPM 相比，APT 模型存在一些明显的优点。其一，在股票收益率的数据生成过程中，APT 与 CAPM 相比，可以准许更多的风险因子进入模型。其二，与 CAPM 模型不同，APT 不需要知道市场证券组合的收益率，也不要求市场证券组合是有效的，同时还不受购买力平价定律成立与否的影响。其三，APT 不需要作有关资产回报率分布的假设，而 CAPM 要求资产回报率服从多元正态分布。其四，APT 没有对个人效应函数作更强的假设，而 CAPM 要求效用函数仅是股票收益率和风险的函数。但多因素模型也存在一些根本性的缺陷。首先，纳入多因素模型的因子的选取有很大的主观性，这势必影响研究结论的可靠性。其次，采用多因素模型的基本条件是风险因子均值为零且序列不相关，但在实际中往往存在多重共线性问题。最后，多因素模型也不能证实市场分割是源于政府政策还是市场失灵（Gultekin et al.，1989）。

（3）静态与动态模型。早期的研究，如 Black（1974）、Subrahmanyam（1975）、Stapleton 和 Subrahmnyam（1977）、Stulz（1981a）、Errunza 和 Losq（1985）、Eun 和 Janakiramanan（1986）等均为静态模型，假定波动、相关系数和风险价格为外生变量，没有把这些因子与可观察到的市场变量联系起来，因而不可能对波动和相关系数进行真正分析，从而不能对市场分割性进行有效检验。后期研究，如 Hardouvelis 等（2004）、Bhamra（2005）等，则视这些因子为内生变量，并与市场变量联系起来，运用动态模型对市场分割与一体化问题进行了研究。当固定某一时刻，模型则由动态变为静态，因此动态模型较静态模型更具有一般性。

（4）无条件定价与条件定价模型。早期研究采用无条件的经验检验，随着时间的推移，无条件检验逐渐转向条件检验，即考虑股票预期收益、方差和协方差的时变性，假定模型是逐期成立、资产收益的联合分布随时间动态变化。哈维（1991）运用条件 Sharpe – Lintner CAPM 模型探讨了17 个国家股票市场条件风险的定价问题。研究表明，如果全球金融市场是一体化的，那么来自某一国家证券组合的预期收益率应由这个国家的世界风险暴露程度决定；由协方差度量的每个国家的世界风险暴露程度是随时间变化的，风险价格也不是固定的，不同国家股票平均收益率不同是由于每个国家的世界风险暴露程度不同。随后，贝克特和哈维（1995）、Gérard 等（2003）等进一步引入域变思想，拓展了股市分割性条件定价模型的检验。

（5）消费定价模型。如果国家间消费篮子的差异对不同国家预期收益有重要影响，那么世界 CAPM 模型的解释力就可能较差。在这种情况下，基于消费的资产定价模型可能具有较好的解释力（Karolyi and Stulz, 2003），而消费资本资产定价模型可考虑不同国家的消费边际替代率。

Wheatley（1988）运用一个简单的消费资本资产定价模型分析了美国和其他 17 个国家资本市场的一体化问题，他的结论是，没有证据表明美国和其他 17 个国家资本市场是一体化和基于消费的资本资产定价模型是正确的这一联合假设成立。

2. 事件分析方法

Gultekin、Gultekin 和 Penati（1989）认为，对国际资本市场一体化检验可能没有一个一般的方法，主要基于两个原因：一是在一个开放经济中设定一个用于检验的资本资产定价模型是很困难的；二是很难辨别市场分割是源于对金融资产交易的限制还是因为投资个体的态度和非理性，即是主观原因还是客观原因导致资本市场分割。鉴于当前资本资产定价模型发展状况和政府资本管制情况的复杂性，对资本市场一体化采用一个一般的检验方法难以行得通，因此可采用类似于事件分析的方法进行研究。

从资产定价角度出发研究市场分割的一个特例是将双重上市公司在国际市场上市交易作为一个事件，研究在国外上市交易对国内股票收益率的影响。由于在分割的市场上投资者拥有不同的机会集，这就导致双重上市公司资产的价格或收益率不相同。因此，如果股票市场是分割的（完全分割和部分分割），在国外上市就会对公司在国内市场上的股票价格和异常收益率产生显著的影响，这是由于资产定价均衡关系发生了结构性变化

(Stapleton and Subrahmanyam, 1977; Errunza and Losq, 1985; Alexander et al., 1987)。相反，如果市场是完全一体化的，国外上市交易就不会对公司国内市场上股票价格产生显著的影响。这可以从 IPO 对股票价格和收益率的影响、上市交易对风险的影响两个市场的层面来分析。

当考虑国际市场上市交易对股票价格和收益率影响时，假设一个国家限制国外投资者购买国内上市公司股票的数量和份额，国内交易的证券就会被要求有一个高风险溢价来补偿投资风险，这就导致该公司未来预期高收益。但是，如果该公司在国外上市，随着股票价格的上升，这种风险溢价将会消失，所以双重上市后经过风险调整的国内预期收益率将会比上市前的低。因此，如果国外上市交易不影响股票价格，也不会改变双重上市公司的预期收益率，则说明市场就是一体化的；如果国外上市交易导致了股票当期更高的收益，并降低了上市后预期的收益，则说明市场是分割的。

当考虑国际市场上市交易对股票风险影响时，国际市场 CAPM 理论模型通常假设双重上市公司在海外上市时其所面临的国内外风险会变化，国外市场对于该公司股票收益率的影响可能上升，同时，国内市场对于该公司股票的收益率的作用可能会下降。如果两个市场不是完全一体化的，国外上市将会被看作多样化投资的行为，因此导致股票收益率标准差的下降。根据这个判断，可以发现，如果两个市场不是分割的，企业在国外上市将不会改变股票收益率的标准差；如果市场是分割的，国外上市交易就会导致国内市场收益率标准差的降低。

根据上面的理论，将国内上市公司在国际市场上市作为一个事件，通过比较事件发生前后该公司在国内股票市场的表现来判断市场分割性 (Alexander et al., 1988; Foerster and Karolyi, 1993)。假设国外上市导致上市后股票预期收益从 $\bar{R}^*$ 变化到 $\bar{R}$，则对股票预期收益应作出的基本假设为：

$$H_0: \bar{R}^* - \bar{R} = 0, \quad H_1: \bar{R}^* - \bar{R} > 0$$

检验这个假设的方法涉及估计公司在上市交易日前和上市交易日后的 $\bar{R}^*$ 和 $\bar{R}$。但是，由于流动性效应和信号效应的存在以及选择偏差的存在，在估计收益率时必须小心。由于双重上市公司在国外上市使得股票更容易以更低的买卖价差获得，导致股票的流动性增强，并且国外资本市场的有效程度越高，流动性就越高，这称为“流动效应”。同时，国外上市也反映了公司管理层对于公司未来满足国外股票交易所最低上市要求的信心，所以也有可能导致在国外上市交易日前后该公司国内股票价格的异常波动，这就是所谓的“信号效应”。考虑到这两个效应的存在，必须精确地确定国外上市交易日期才能有效地检验上述假设。另一个必须考虑的问题是选择偏差，如果在估计 $\bar{R}^*$ 的时候选择在国外上市交易日前的时间区间较短，选择偏差就有可能存在，导致高估 $\bar{R}^*$ 的值并产生 I 类错误。这是因为在这段时间内，国外市场未来股票收益率应该被先验地预期与国内市场股票收益率的变动相似，但是由于流动—信号效应存在，上市公告日前的收益可能上升。处理这个问题的方法之一是利用基于均值调整的收益率（Mean Adjusted Returns）方法进行残差分析（Brown and Warner，1980）。将双重上市公司在国际市场上市交易看作一个事件。利用残差分析识别上市后预期收益率的变化。假设资产 i 在 t 时期的收益率生成过程为：

$$\tilde{R}_{it} = \bar{R}_i + \tilde{\varepsilon}_{it},\ i = 1,\ 2,\ \cdots,\ N \tag{2-7}$$

式中，$\bar{R}_i$ 表示预期（或被要求）收益率，$\tilde{\varepsilon}_{it}$ 是残差，代表异常收益率。对样本中的每个公司来说，用国外上市日之前的τ期数据来估计$\tau + T + 1$ 期的收益率，其中 T 表示国外上市日后的时期。$\tau + T + 1$ 期的平均残差（Average Residual，AR）可以表示为：

$$AR_t = \left(\frac{1}{N}\right)\sum_{i=1}^{N}\hat{\varepsilon}_{it},\ t = -\tau,\ \cdots,\ T \tag{2-8}$$

式中，N 是样本中上市公司的数量，$t=0$ 为事件发生日（即国际市场上市日）。在特定时段内，对平均残差进行加总可以得到累积平均残差（*CARs*）：

$$CAR_{a,b} = \sum_{t=a}^{b} AR_t,\ -\tau \leqslant a < b \leqslant T \tag{2-9}$$

其中，a 和 b 分别是加总的开始日和结束日。运用 t 统计量可以检验 *CARs* 是否明显不等于 0，如果市场分割假设成立，即 *CARs* 明显不等于 0，则说明在国际市场上市对国内股票价格确实有显著的影响，即市场是分割的；否则说明市场是一体化的。

对于流动—信号效应以及选择偏差检验可以用 CAPM 模型生成的收益率序列来进行。假设存在无风险利率 R_f，则资产 i 在 t 时期的收益率生成过程为：

$$\tilde{R}_{it} - R_f = \alpha_i + (\tilde{R}_{mt} - R_f)\beta_i + \tilde{e}_{it} \tag{2-10}$$

式中，$\tilde{R}_{mt}$表示 t 时期市场组合或指数的名义收益率。利用 OLS 回归估计出 α_i 和 β_i，由于 α_i 通常被视为资产 i 在估计期间的平均异常收益率，如果 CAPM 模型有效，并且如果流动—信号效应以及选择偏差都不存在，则 α_i 不应该显著异于 0。

要检验双重上市公司在国外上市后的预期收益率变化，可以采取以下的步骤。首先假设国外上市导致公司普通股的预期收益从 $\bar{R}^*$ 变化到 $\bar{R}$，那么“真实”的累积异常收益率为：

$$CAR_{t_1,t_2} = \sum_{t=t_1}^{t_2}(R_t - \bar{R}) \tag{2-11}$$

如果用 $\bar{R}^*$ 计算观察期间的异常收益率，那么，观察到的累积异常收益率可表示为：

$$CAR^*_{t_1,t_2} = \sum_{t=t_1}^{t_2}(R_t - \bar{R}^*) \tag{2-12}$$

式中，t_1 表示上市事件后观察的起始日期，t_2 表示上市事件后观察的结束日期。观察到的累积异常收益率与“真实”累积异常收益之间的关系可以表示为：

$$CAR^*_{t_1,t_2} = CAR_{t_1,t_2} + (\bar{R} - \bar{R}^*)(t_2 - t_1) \tag{2-13}$$

上式说明，观察到的累积收益等于真实累计收益加上预期收益的变化乘以上市事件后观察的时间间隔。如果预期收益下降（$\bar{R}^* > \bar{R}$），观察到的累积预期收益率将会呈现下降趋势。鉴别预期收益变化的方法有两种，一种方法是当上市前用时期（t_{-2}，t_{-1}）内的数据来估计预期收益率时，考察上市后时期同样时间长度（t_1，t_2）内的累积收益率是否为负，如果为负，则说明市场是分割的，如果为 0，则说明国际市场上市没有对国内股票收益产生影响；第二种方法是配对差分的 t 检验或者 Wilcoxon 符合秩检验方法，首先需要计算出上市前和上市后同样长度的区间内股票的平均收益率 AR_{-1} 和 AR_{+1}。然后，检验两者是否相等，即：

H_0：$AR_{-1} = AR_{+1}$

通常，为了防止上市前时期（t_{-2}，t_{-1}）估计的预期收益率产生选择性偏差，可以通过下式估计上市前平均收益率 AR_{-1}：

$$AR_{-1} = \frac{1}{t_{-1} - t_{-2}} \sum_{t=t_{-2}}^{t_{-1}} (R - \hat{\alpha}) \qquad (2-14)$$

式中，$\hat{\alpha}$ 是通过方程（2 - 10）估计的异常收益率。

3. 信息流动性方法

在股票市场上，价格和收益率的变化是一个市场参与者不断对新信息作出反应并达到市场均衡的过程。不同的市场或投资者在信息获取和技术处理中处于不同的位置，因此对信息的掌握程度不一致，具有信息优势的投资者会利用专有信息获得趋额收益，而信息劣势的市场或投资者会追随具有信息优势的市场或公司的行为。按照 Schreiber 和 Schwartz（1986）的观点，价格发现能够将市场信息及时、有效地融入资产价格中，确定资产的市场均衡价格是金融市场的重要功能。从信息不对称来讲，市场之间的价格发现功能越弱，说明市场的不对称性越强，市场越具有分割特征；反之，价格发现功能越强，说明市场分割性越弱。各个市场上由于投资者掌握的信息质量和数量不同，导致各个市场股票价格的波动产生领先—滞后的效应（Lead - Lag Relationship）。因此，所谓的“价格发现”，它实际上反映了信息的不对称性程度。Stoll、Whaley（1990）和 Chan（1992）通过研究不同金融市场（或者不同金融工具）间的领先—滞后关系，能够分析金融市场的价格发现功能。Mech（1993）和 Hameed（1997）也认为，股票价格对信息的反应速度差异是导致领先—滞后关系的根本原因。

从信息传递角度研究市场分割性或一体化方法比较常见的是从向量自回归模型（VAR）中进行 Granger 因果关系检验，通过不同市场之间的领先—滞后关系发现各市场间信息的传递方向和强度。简单 VAR 模型主要缺点是难以判定内生变量的合适滞后阶数，没有考虑变量间的当期影响，并且还可能由于解释变量过多导致解释出现问题。鉴于此，可以考虑使用结构 VAR 模型。如果单个变量不是平稳的，但是能够产生协整，还可以考虑使用误差修正模型（ECM），以及在此基础上扩展的永久—暂时模型（Permanent - Transitory Model）（Gonzalo and Granger，1995）和信息份额模型（Information Share Model）（Hasbrouck，1995），这些模型较好地量化每个市场对于价格变动的影响，比通过 Granger 因果关系检验的领先—滞后更具有说服力，因为前者只是证明了不同市场之间信息传递的存在性，而没有量化信息量的大小。如果考虑风险的溢出，可以运用 GARCH（ARCH）模型以及均值—Granger 因果关系和方差—Granger 因果关系模型。

由 Harmo 等人（1990）提出的“波动模型”是研究不同市场间信息流动特征的一个方法，它主要是利用由 Engle（1982）、Bollerslev（1986，1987）和 Engle 等（1987）提出并发展的 ARCH（GARCH）模型来刻画股票市场价格的波动。为了反映市场的分割性，他们在 GARCH（1，1）-M 模型中加入一个外生变量，这个外生变量一般是来自其他市场均值方程回归残差的平方，或者在该市场的均值方程中加入其他市场上一期的收益率平方来反映收益率之间的“溢出效应”。波动模型只是反映了风险在市场之间的传递，虽然比较直观，但相对比较简单，一是模型包含的变量较少，所能反映的信息有限；二是成交量没有在模型中反映出来，所以，对模型加以适当的完善可以更好地反映信息的流动性特征。

基于市场风险的“溢出效应”来研究市场之间信息的流动还有另外一种方法，就是由 Granger（1969，1986）提出的均值—Granger 因果关系检验和方差—Granger 因果关系检验，以及在此基础上由张五常（1999）提出的 CCF（Cross - Correlation Function）检验方法。

相对于 CAPM 模型，从信息流动性角度来研究市场分割性的形式比较灵活，手段也比较丰富和多样化，更重要的是它比资产定价模型反映了更多的内容，既包括价格或收益率，也包括风险因素的作用。因此，这种方法也受到越来越多的研究者的重视。

（四）市场一体化的定量刻画

对市场分割与一体化检验的进一步深化，就是对市场分割或一体化程度的定量刻画。早期研究大多假定市场一体化程度是不变的，后来的研究表明，由于预期收益率、收益率的波动、风险的价格是时变的，因而市场一体化程度也是时变的。

1. 域变模型

Bekaert 和 Harvey（1995）运用域变模型提供了一种测量市场一体化程度的方法，研究了新兴国家股票市场一体化的演进。其主要思想是，如果一国股市与世界股市是完全一体化的，则其预期收益率主要由该国股票收益率与世界股票收益率的协方差解释；如果一国股市与世界股市是完全分割的，则其预期收益率主要由该国股票收益率的方差解释；如果市场既非完全分割又非完全一体化，或者市场分割程度不断变化，则该国股票预期收益率是上述两种极端情况的一种加权平均。其主要方程为：

$$E_{t-1}[r_{i,t}] = \varphi_{i,t-1}\lambda_{t-1}\mathrm{cov}_{t-1}[r_{i,t}, r_{w,t}] + (1-\varphi_{i,t-1})\lambda_{i,t-1}\mathrm{var}[r_{i,t}] \quad (2-15)$$

式中，$\varphi_{i,t-1} = prob\ [S_t^i = 1 \mid \Omega_{t-1}]$ 表示市场 i 基于 $t-1$ 时期信息变量的条件一体化水平（$0 \leqslant \varphi_{i,t-1} \leqslant 1$）。$S_t$ 为不可观察状态变量，$S_t = 1$ 表示市场在 t 时刻为完全一体化，$S_t = 2$ 为完全分割。状态变量遵循一阶马尔柯夫转移，转移概率分别为 $P = prob\ [S_t = 1 \mid S_{t-1} = 1]$，$Q = prob\ [S_t = 2 \mid S_{t-1} = 2]$。$\lambda$ 为时变的条件风险价格。上式将完全一体化与完全分割两个极端情况以时变的先验概率进行组合，$\varphi_{i,t-1}$表现了市场为一体化的可能性。方程不一定是市场均衡价格的准确描述，但是对均衡预期收益率的一种合理的近似表述，以用于推断某一市场是分割还是一体化。

某一市场与世界资本市场是分割还是一体化主要受这一国家或其他管理机构的经济和金融政策影响。投资障碍可表现为多种形式，但是，并不是所有的投资障碍必然导致某一国市场与世界市场分割。尽管存在直接、严重的外国证券所有权限制，但国家基金的市场引入和证券双重上市的实施可有效地促进一国与世界市场的一体化（Bekaert，1995）。因此，一般来讲，很难依据一国复杂的种种资本市场限制障碍的存在来推断某一时刻该国实际的市场分割程度。$\varphi_{i,t-1}$可解释为政策权重，随着影响市场一体化程度政策的变化而变化。

Hardouvelis 等（2004）在 Bekaert 和 Harvey（1995）的基础上还引入了货币风险升水。其方程为：

$$E_{t-1}[r_{i,t}] = \varphi_{i,t-1}(\lambda_{EU,t-1}\mathrm{cov}_{t-1}[r_{i,t}, r_{EU,t}] + \lambda_{C,t-1}\mathrm{cov}_{t-1}[r_{i,t}, r_{C,t}]) + (1-\varphi_{i,t-1})\lambda_{i,t-1}\mathrm{Var}[r_{i,t}] \quad (2-16)$$

上述模型包括三个风险升水：EU 市场风险升水、货币风险升水和本国风险升水。该模型引入了货币风险，这是每一个投资者所必须面对的，因为即使在一个完全一体化的全球资本市场，不同国家的购买力指数是不同的（M. Adler，B. Dumas，1983；B. Dumas，B. Solnik，1995）。

域变模型的方差方程动态过程均采用 BEKK 设定，涉及经济变量较多，对市场变动状况的刻画较为贴近现实。但由于模型待估计的参数较多，参数的初值选定至关重要，选取不当往往会导致估计时出现局部最优问题。

2. 受约束股票市值与总市值之比

Cooper 和 Kaplanis（2000）认为，市场一体化程度 $\varphi_{i,t-1}$可解释为市场 i 在全球市场总值中的相对权重。Carrieri 等（2005）、De Jong 和 De

Roon（2005）等建议，市场一体化程度可由仅能为国内投资者投资的股票市场价值与总股票市场价值比来度量，并证明分割程度是随时间和国家不同而变化的。这些学者的基本思想是，将市场一体化程度 $\varphi_{i,t-1}$ 解释为受约束证券和不受约束证券相对的市场资本化程度。但是，能在世界范围内定价的不受约束证券可能对与其存在关联的受约束证券产生溢出效应，$\varphi_{i,t-1}$ 依赖一国证券的协方差结构（Bekaert and Harvey，1995）。因此，用这种方法度量市场一体化程度不够准确。

3. 不合格证券与合格证券之间的替代性

Carrieri 等（2005）建议，市场一体化程度可用不合格证券与合格证券之间替代性来度量。这种替代性由市场条件风险即条件方差度量，市场一体化程度 Π 的测定方程为：

$$\Pi = 1 - \frac{Var\left[R_I \mid \overline{R_e}\right]}{Var\left[R_I\right]},\ Var\left[R_I \mid \underline{R_e}\right] = Var\left[R_I\right]\left(1 - \rho_{I,e}^2\right) \quad (2-17)$$

其中 R_I 为市场 I 的股票收益率，$\overline{R}_e$ 为能被所有投资者购买的股票收益率向量，$\rho_{I,e}$ 为 R_I 与 $\overline{R}_e$ 之间的相关系数。从实证角度看，Π 可视为 R_I 对 $\overline{R}_e$ 进行线性回归的 R^2，取值范围在［0，1］。完全一体化意味着 $\Pi=1$，$Var\left[R_I \mid \overline{R}_e\right]=0$，即市场存在着与不合格证券完全相关的合格证券。完全分割意味着 $\Pi=0$，$Var\left[R_I \mid \overline{R}_e\right]=Var\left[R_I\right]$，此时无条件方差与条件方差相等，合格证券与不合格证券不存在任何关系。$0<\Pi<1$ 度量了完全分割与完全一体化两个极端情况之间的市场一体化程度。在经验的测定中，合格证券 $\overline{R}_e$ 的选定并不容易，往往带有一定的主观性，这限制了该方法广泛的应用性。

4. 协整方法和误差纠正模型

Phylaktis（1997）采用协整方法和误差纠正模型，通过观察实际利率在受到一次冲击后的调整速度推测资本市场一体化程度，以此探讨了太平洋地区六个国家金融市场一体化程度。其结论是，20 世纪 80 年代，这些国家与美国和日本市场一体化程度在增加；日本在这些国家金融市场所起的主导地位还没有超过美国；新加坡、香港、台湾的金融市场与美国的一体化程度在增强，而日本则较少。实际利率是否是资本市场一体化程度唯一相关的关键变量，这是一个非常有争议的命题，因而这种方法并没有得到广泛认同。

此外，由于市场分割与一体化判定属于实证检验问题，即使检验模型相同，所采用数据处理和模型估计的方法不同，检验结果也会存在很大的差异。文献中主要方法包括 OLS 估计、极大似然估计、拟极大似然估计、工具变量法、似无关回归、GMM 估计、VAR、对交易不活跃股票的多期滞后估计方法、分组方法（group approach）、截面回归和时间序列回归等等。

二 探寻股票市场分割根源的研究轨迹

如果模型检验断定两个市场是分割的，则进一步探讨的是市场分割的根源。市场分割意味着股价存在差异，因此分析市场分割的根源就是探讨造成股价差异的原因。国外学者对这一问题的研究主要始于 20 世纪 80 年代末。总体来讲，现有的文献仍然大体上按照传统 CAPM 模型分析框架来探讨股价差异的原因，主要是根据投资障碍的具体形式，对资产均衡定价模型理想化假设进行修改来进行分析的。

（一）CAPM 模型基本假设的修改

CAPM 模型的基本假设主要涉及投资主体、投资客体和市场环境，因此 CAPM 模型基本假设的修改可从这三个方面进行。

1. 投资主体

CAPM 模型假定投资者是理性、信息完全和风险厌恶的。但是，由于主观和客观条件限制，投资者并非完全理性；又由于存在噪声交易，投资行为可能完全是非理性的，因此可用有限理性和非理性来代替完全理性假定。信息完全意味着所有的投资者具有相同的信息，而事实上国内投资者与国外投资者往往具有不同的信息集，因此可用非完全信息代替完全信息假定。由于证券市场发展初期可供投资的品种较少、投资者需求弹性较小，导致投机成分较大，投资者并非完全风险厌恶者，新兴国家证券市场往往会出现这种情况，因此对风险厌恶假定作出修订是必要的。正因如此，国外学者从这些方面修改了原有的基本假定，以探讨股市分割的根源（Merton，1987；Gultekin et al.，1989）。

2. 投资客体

为了模型估计的方便，CAPM 模型假定收益率具有无条件正态分布或对称稳定分布（Fama and Macbeth，1973）。而实际上股票收益率并非如此，常常具有厚尾、尖峰和波动集聚现象。因此，国外学者采用条件正态分布、学生 t 分布、广义误差分布（GED）等修订原有的假定。还有学者认为，预期收益率应以股息收益率替代通常的收益率数据，因为股息收益反映了股票价格的长期变化，而收益率数据尤其是新兴国家市场的通常含有噪声干扰（Bekaert et al.，2002；Fama and French，2002）。

3. 市场环境

CAPM模型假定所有投资者具有相同的投资机会集和消费机会集、可以无风险利率自由借贷，市场无摩擦、无汇率风险、存在卖空机制。而事实上，国际投资障碍的存在使所有投资者并非具有相同投资机会集；商品市场和金融市场并非完善，投资者在世界任何地方难以获得相同的最大终生预期效用，致使投资者通常不具有相同的消费集；市场存在差别税率、买卖差价、信息成本，市场摩擦不可避免；汇率变动无常，风险时时存在；新兴国家市场很多并不存在卖空机制；投资者可以无风险利率自由借贷的假定过于理想。有鉴于此，国外学者在这些方面对原有的假定进行了大量的修订（Stultz，1981a；Eun and Janakiramanan，1986；Hietala，1989；Domowitz et al.，1997）。

（二）股价差异的分析机理

尽管投资障碍和模型设定多有不同，但国外学者关于股价差异分析主要从两个方面进行。

1. 供给需求角度

同一般商品一样，股票价格同样受供给和需求因素影响。现有大量文献基于消费效用函数，从股票供给和需求角度分析了股市分割与股价差异之间的关系。其基本分析逻辑是：投资障碍的存在导致受限制股票相对稀缺，致使受限制和非受限制股票价格不同。投资障碍既可能是政府基于市场保护所致，也可能是公司为了追求利润最大化而采取价格歧视政策所为。受限制股票相对稀缺既可能是因为投资品种较少，也可能是因为投资替代品稀缺、需求弹性较小，还可能是因为投资者是风险偏好者，从而导致受限制股票需求大于供给造成的。股票相对需求通常经验表示为受限制股票发行额与市场发行总额之比。

2. 资产定价角度

资产定价是国外学者解释股价差异的另一个主要角度。资产定价模型尽管形式各异，但其基本思想相同：主要是从风险补偿和流动性补偿两个方面解释股票收益率，各种形式的障碍对股票收益率的影响最终归结为对这两个方面的影响。风险包括系统风险、货币风险、公司特定风险等。风险补偿的分析机理是：投资障碍的存在影响不同股票的风险导致不同股票的风险补偿不同使得股价存在差异。需要作出说明的是，风险偏好者要求的预期收益率相对较少，风险偏好也影响风险补偿；股票风险通常采用方差和协方差度量。流动性补偿的分析机理是：投资障碍的存在导致不同股票流动性不同使得不同股票流动性补偿不同导致股价存在差异。股票相对流动性通常表示为受限制股票交易量与市场总交易量之比，或受限制股票换手率与非受限制股票换手率之比。

（三）股票市场“分割——一体化”的影响

在现有文献中，股市分割问题研究关注的核心是市场交易效率和社会福利，包括股市分割对最优证券组合的选择、价格或收益率、收益率的波动、收益率的相关系数、福利和经济增长五个方面的影响。福利是指由于增加或减少了风险分散机会而对个体风险转移导致福利的增加或减少，以及跨期消费的熨平对个体效应的影响。研究分为两个层次：一是一体化的总体程度对 5 个方面的影响；二是各种具体因素对这 5 个方面的影响。这些问题彼此关联，价格差异的探讨只是其中一个方面。在具体的探讨中，视研究对象和目的不同，各有侧重。国际经济学家关注市场一体化对潜在福利收益（风险分散收益），发展经济学家分析金融市场一体化的投资和经济增长的影响。因此，在探讨股市分割与价格差异的问题时，要注意股价差异研究与其他方面的关系，注意区别内生变量与外生变量。

（四）股价差异与事件分析方法

有的学者认为股价差异根源的分析应采用事件分析方法。资本市场的分割对公司采取金融政策来有效减少分割导致的负面影响形成了激励，也促使政府采取措施以减少市场分割所导致金融市场交易效率的丧失。对于公司来讲，可采用直接投资或购买外国证券组合、与外国公司合并、在外国资本市场双重上市、发行 ADRs 等措施来规避投资障碍。对政府来讲，可实施 QFII 和 QDII 制度、发行国家基金等。而这些措施又作用于市场分割效应，对股价差异产生影响。例如，双重上市增强了市场流动性，扩大了投资者人数，增大市场的透明性，节约了任何因以他国货币交易产生的费用和信息费用，从而缩小了股价差异，促进了市场的一体化。

因此，对公司和政府的措施进行事件分析，既是市场分割根源的探寻，又是一体化政策具体实施效果的检验。

（五）投资障碍与股市分割根源

投资障碍实质是国内外投资者的投资机会集和消费机会集不同。投资障碍有不同说法，如资本控制、所有权限制、市场管制、投资保护、信息不对称、对资金返回投资国的限制及征税、差别税率等。根据不同的标准，可以把它们进行不同分类。从投资成本角度看，投资障碍是交易成本、信息成本、差别税率等，通常简化为只考虑征税（Black，1974；Stulz，1981a，b）。从投资所有权角度看，投资障碍即是持股比例限制，包括所有行业比例上限相同、不同行业上限比例不同、上限比例为零等情况（Eun and Janakiramanan，1986）。从限制性质角度看，投资障碍又可分为非法规性和法规性障碍。非法规性障碍是指获取外国股票信息的困难、由于会计披露要求不同造成的金融报告在深度上的差异、基于传统行为如不愿与外国打交道的阻碍、海外投资的其他成本等；法规性障碍是指国内与国外间司法状况和税率的差异、所有权限制等（Jorin and Schwartz，1986）。从对外部投资者限制的实施主体、对象、形式角度看，实施主体可能是政府或个体公司；实施对象可能是个人或机构组织、金融机构或一般公司、资本流出或资本流入（QFII、QDII 制度）；实施形式可能是直接障碍，包括差别税率、持股比例限制、汇率管制、利率管制等，或是间接障碍，包括信息不对称、投资者偏好和心理差异等。

根据投资障碍具体形式的分析，国外研究者得出不同的市场分割根源，包括法规性投资障碍和非法规性投资障碍（Stultz，1981a；Eun and Janakiramanan，1986；Hietala，1989；Domowitz et al.，1997）、政府对资本流动的管制或个体的态度和非理性行为（Gultekin et al.，1989）、股票的流动性差异（Amihud and Mendelson，1986）、信息不完全（Merton，1987）、公司为利润最大化所采取的价格歧视政策（Stulz and Wasserfallen，1995；Domowitz et al.，1997）等。

三　探讨中国股票市场分割的研究轨迹

中国股票市场也存在市场分割现象。根据现行政策规定，中国企业可发行两种股票：普通股票 A 股和外资股 B 股（H 股）；同时还可以海外独立发行红筹股、S 股、N 股和 L 股等。A 股只能被本国居民持有，类似于国外的受限制股份，B 股（H 股）只能被国外投资者持有并以外币进行交易，类似于国外的非限制股份。由于外汇管制，没有直接的套利机会使两种股票价格趋同，也同样存在同股不同价的问题。但与国外完全不同的是，通常 A 股价格高于 B 股（H 股）价格。折价比例的定义为：

B 股折价比例 =（A 股价格 − B 股价格）/A 股价格

H 股折价比例 =（A 股价格 − H 股价格）/A 股价格

其中 B 股和 H 股的价格都按照当日的即期汇率转换为人民币计算。

对于中国的这种特殊市场分割现象，国内外学者进行了大量研究。Bailey（1994）首先指出中国 B 股低于 A 股价格交易的现象，然后分析1992 年 3 月到 1993 年 3 月 8 家 B 股（2 家上海，6 家深圳）的情况，认为由于投资渠道太少、缺乏替代低回报率的银行存款的投资工具，中国居民对任何可获得的投资渠道需求都大于国外投资者的投资需求，从而造成对国内居民融资的资本成本较低。可以看出，该文主要是从股票供给与需求角度说明中国股价存在差异的原因，具有一定的说服力。但由于研究时间太早，文章没有足够数据进行实证检验，因而论证并非完美。

Ma（1996）发现 B 股折价程度与 A 股贝塔大小呈正相关，A 股贝塔值越高，价格就越高，由此说明中国投资者具有风险偏好特征。究其根源，是因为有限的投资渠道使国内投资者对 A 股的需求弹性很低，致使投机行为盛行，如在市场发展初期曾发生过认购新股的权证比股票价格本身还高的现象。所以，与其说是 B 股折价，还不如说是中国居民高度的投机行为推动 A 股价格上扬，导致 A 股溢价。此外，他也发现 B 股价格与其他国外证券有较高的相关性，不具有分散风险的价值，因此外国投资者不愿投资，导致 B 股需求低拉动价格下跌。最后，他还发现 B 股折价与宏观政策的变化有关，因为国内外投资者对政策变化的反应不同，使国内外投资者对未来收益预期不同，从而导致了股票价格存在差异。总体来看，Ma 是从资产定价和供给需求角度阐述 B 股折价现象的，其中，供给需求主要是引入需求弹性范畴进行说明，资产定价则主要是从投资者风险偏好和收益预期不同导致风险补偿不同角度进行阐述。

Chakravarty、Sartar 和 Wu（1998）认为 B 股折价是因为信息不对称造成的，并通过截面分析发现信息不对称变量能够解释 67% 的 B 股折价差异。中国是新兴市场，1990 年才开始进行股票交易，到 1992 年才有 B 股交易。中国股票交易所缺乏消除信息不对称的机制和保护投资者利益的法规，许多 B 股上市企业也没有意识到披露的重要性，不能完全和迅速地披露经营活动中的重大变化，财务报表也不符合国际会计准则。由于语言障碍、不同的会计准则、缺乏可靠信息来源等，国外投资者很难获得真实的公司信息。虽然这些问题对所有投资者都存在，但对国外投资者而言更严重，因为国内投资者可以通过非正式的渠道获得非本国居民无法获得的信息，所以价格操纵和内幕交易十分盛行。与此相对的是，Chui 和

Kwok（1998）却认为，内地媒体受到一定控制，国外投资者比国内投资者能够接受更多更快的信息，所以 B 股收益率应该先于 A 股收益率而动，他们用 A 股和 B 股的截面自相关模型得到了实证支持。这些研究最大的贡献是引入了信息不对称概念，认为信息不对称是中国股价差异存在的根源，其基本的分析逻辑是：信息不对称导致国内外投资者对 B 股风险大小评估不同，风险补偿也就不一样，从而形成股价差异。

Dongwei Su（1999）认为，从公司行为的角度来分析中国的情况不合适。因为证监会是通过配额来决定 B 股发行总量和发行 B 股的公司数，公司为了发行股票必须获得证监会和当地有关金融机构的许可，因此由公司最大化利润行为来决定 A 股和 B 股发行量不太可能。他认为，应该用资本资产定价模型来解释价格差异。B 股投资者都是国外投资者，与本国投资者相比，有不同的风险偏好，所以价格差异是由不同投资者不同的风险评估造成的。通过实证分析，他发现 A 股预期收益的风险补偿与 A 股贝塔值正相关，B 股预期收益的风险补偿与相对于 B 股市场贝塔值和相对于香港恒生指数的贝塔值正相关，而非贝塔的风险因素如 AB 股收益方差差异和公司市值大小都不显著，这说明 CAPM 模型是有效的，贝塔是决定风险收益的唯一因素。

秦宛顺、王永宏（2000）对 A 股、B 股价格差异进行了较为简单的实证研究。他们选取在上海交易所上市的 33 家上市公司 1996 年 6 月 30 日至 1999 年 6 月 30 日的日交易数据作为样本，拟合了一个回归模型，得出结论：造成中国 A 股、B 股价格差异的原因在于市场分割、信息不对称、投资理念差异等。

Sun 和 Tong（2000）认为，由于外国投资者面对更有弹性的需求曲线，而国内投资者则面对较小的需求弹性曲线，因而需求弹性差异是 B 股折价的一个重要根源。国外投资者所以拥有更有弹性的需求曲线，是因为国外投资者除了购买 B 股以外，还可以购买 H 股和红筹股，它们都是 B 股的替代品，同样可以达到分散风险的目的。由于不止一个市场，当离岸供应增加时，国外投资者对中国境内交易的 B 股的需求就大大降低。而国内投资者只能购买 A 股，其替代品只有需求弹性相对较低的银行存款和国债，所以国内投资者面对的需求曲线弹性较小。此外，他还认为，货币风险也是一个对 B 股折价影响很重要的因素。因为当中国逐步开放后，通过国际贸易和外国直接投资使国内经济与世界经济联系更紧密，使得货币的稳定性与宏观经济的稳定性紧密相关；而国外投资者对货币风险敏感，当通货膨胀上升、官方外汇储备下降时，认为人民币贬值风险可能性增大，从而导致 B 股折价。

Chen Lee 和 Rui（2001）辨识了影响 B 股折价的各种因素。其一是考察信息不对称的影响，采用了收益及其波动率的因果关系检验，通过 A 股和 B 股收益谁领先谁滞后判断信息传递方向。其二是分析 B 股折价与公司大小的关系，公司大小与信息透明度相关，大公司的信息更为透明些。其三是考察需求差异，用 B 股发行数占总股数的比例代表相对需求，发现相对需求与折价程度正相关，说明 B 股数主要由公司股票的供应而不是投资者的需求来决定的。其四是考察流动性，发现折价主要是由 B 股流动性差和交易成本高（B 股佣金成本高）造成的。此外，他还检验了未来现金流和股价的动态关系，通过 Campbell（1991）对数线性红利价格比例模型，发现 B 股价格更接近公司基本面，而 A 股更容易受非基本面的因素影响，后续研究应集中在辨识出导致 A 股溢价的非基本面因素。

邹功达、陈浪南（2002）以 Black CAPM 作为理论模型，修正国外市场分割检验模式，对中国 A 股、B 股市场的一体化（或分割性）进行了实证研究。其结论是，中国 A 股、B 股市场在很大程度上是一体化的。

吴文锋、朱云等（2002）从信息流动角度，研究了 B 股向境内居民开放前后的 A 股、B 股两个市场之间的分割程度，并与同期的 A 股和 H 股市场的分割程度作比较。其结论是，在 B 股向境内居民开放之前，A 股、B 股市场之间基本上处于完全分割状态，而开放之后两个市场趋于半分割状态；A 股和 H 股之间一直处于完全分割状态；投资主体的不同是造成 A 股、B 股市场分割的关键因素，B 股向境内居民开放一定程度上缓和了两个市场的分割局面，但离一体化还有相当差距。

赵留彦和王一鸣（2003）运用多变量 GARCH 模型研究了中国 A 股、B 股间的信息流动和波动溢出效应，其结论是：A 股的波动冲击会影响到以后 B 股的波动，B 股的波动冲击则不会对以后 A 股的波动产生明显影响；B 股对境内投资者开放事件加强了 A 股和 B 股两个市场的联系；此前 A 股和 B 股的波动相对独立，而此后则存在明显的 A 股向 B 股的波动溢出效应；每个时段 B 股向 A 股的波动溢出效应都不显著。

张人骥和贾万程（2005）从一般效用函数出发，在最简单的市场假设条件下，导出中国市场分割下的多贝塔资本资产定价模型。其结论是，A 股、B 股之间由于存在明显的市场分割，定价不统一。

四 探讨股市相关性和反馈交易行为的研究轨迹

国外学者对各市场间，特别是新兴市场间的自相关与交叉自相关研究相对成熟和完善，已经形成了较为全面和系统的理论框架。

早期，一些国外学者主要研究的是投资者非理性心理因素对正反馈交易行为的影响。Shiller（1984）提出，投资者在交易过程中存在着追逐市场潮流的非理性心理因素，以致其交易行为盲目跟随潮流，从而初步论证了非理性交易者的存在，并说明了非理性交易行为增加了股票市场的不稳定性。

Culter 等（1990）正式提出了“正反馈交易”模型，他认为非理性交易者的投资动机不是基于对未来预期的基本面信息，而是对市场历史收益率的反应，当收益增加时买入股票，收益下降时卖出股票的称为正反馈交易者。

Delong（1990）把投资者分为理性投资者、正反馈交易者以及消极交易者三个类型，创造了一个四阶段理论模型，描绘了股市泡沫从产生、膨胀到破裂的全过程，并论证了正反馈交易行为使得市场更加不稳定，而理性交易者可以利用正反馈交易行为加剧市场的波动来取得高额收益。

Shleifer（2000）沿用前面学者所提出的研究方法，并加入一个理性套利者，形成一个更复杂的正反馈交易行为模型，结果表明股票价格的波动性更大。

Sentana 和 Wadhwani（1992）在 Shiller（1984）的研究基础上，通过实证检验了美国市场股票收益率的条件方差与条件自相关系数之间的关系，发现当市场波动性（条件方差）较小时，股票收益率呈现一个正的自相关系数；反之，当市场波动性较大时，股票收益率的自相关系数非常低甚至为负数。

Harvey（1995）通过对一些新兴股票市场的实证研究，发现新兴股票市场国家在其工业结构的不断发展和整合过程所产生的风险溢价是其股票收益率自相关性的主要影响因素，并提出相对于发达股票市场而言，新兴市场呈现出更高的股票收益率自相关性。

Koutmos（1997）沿用了 Sentana 和 Wadhwani（1992）分析方法，改进了其尾分布假设，并利用美国、意大利、德国、澳大利亚、日本和英国六个发达国家股票市场数据进行分析，与 Sentana 和 Wadhwani（1992）的结论一致。他同样发现，正反馈交易导致股市收益率呈现负自相关性。

Koutmos 通过对新兴股票市场进一步的实证研究发现，股票收益率的条件方差与条件自相关系数之间的这种关系受到了非同步交易和买卖价差的极大影响。Koutmos（1999）指出，与发达股票市场一样，新兴市场的股票收益率条件方差与自相关系数之间呈负相关，如果投资者的风险厌恶程度越大，当市场波动率较大时，则相对于价格上升，其对坏消息的反应一定比利好消息快，这加大了坏消息对市场的波动性。

除此之外，Koutmos（2001）进一步对中国香港、中国台湾、新加坡、马来西亚、菲律宾和泰国六个亚太地区新兴股票市场的正反馈交易行为进行了实证研究，发现正反馈交易行为是造成这些市场收益率波动的重要原因。

Watanabe（2002）拓展了 Sentana（1992）和 Koutmos（1997）的模型，并对日本股票市场日收益进行实证研究，得到了与 Sentana（1992）和 Koutmos（1997）相同的结论，实证结果表明，相对于股票价格上升阶段，股票价格下降时股票市场收益率呈现更显著的自相关性，说明股票价格下降阶段，正反馈交易行为更加明显。

McKenzie 和 Faff（2003）不仅利用多元 GARCH 模型得到美国股票指数收益率的条件方差和条件自相关系数，并对它们之间的关系进行了实证研究，还对其与股票成交量、股票收益不对称、市场周期等因素之间的关系做了一定的研究，实证结果表明，除了条件方差外，股票成交量和股票收益率对于解释股票收益率自相关的时间序列模型也十分重要。

Faff、Hillier 和 Mckenzie（2005）也沿用了反馈交易行为与市场相关性的思想，通过对 19 个新兴股票市场进行分区，分别研究每个市场对其所在区域的交叉相关性，以此探讨反馈交易行为，研究结果发现新兴市场对其所在区域几乎不存在正反馈交易效应。这也说明各个市场的联动性较弱，还没有达到完成的一体化程度。

Hirshleifer（2006）研究表明，非理性交易者前期利用正反馈交易行为获得超额收益，随后的跟风者追随这种潮流的方向，使得价格更加偏离其基本价值，理性交易者围绕基本价值进行投资。

Bohl（2008）通过实证研究发达股票市场和新兴股票市场的反馈交易行为表明，正反馈交易行为在这两种股票市场中都存在，且在新兴股票市场表现得更加明显。

与国外相比，国内学者对反馈交易行为的研究大多是在国外关于反馈交易行为和股票收益率自相关性理论模型基础上，根据我国股票市场具体情况，对国外相关理论进行了补充和扩展。通过对中国股票市场数据的研究分析了 A 股市场的自相关性与正反馈交易行为。一些相关文献通过实证研究，验证了中国股票市场中存在着正反馈交易行为。

胡海鹏、方兆本（2002）利用 AR（m）－EGARCH（p，q）－M 模型，以 1996 年 12 月至 2001 年 9 月深圳成指与上证综指的收盘价为研究对象，这对中国股票市场波动性进行实证分析，结果表明，之前中国股市猛涨猛跌的现象得到了一定的改善，这说明近年来我国实施的交易机制以及风险传导机制起到了一定的作用。但我国股市依然存在着许多不足的方面，仍需进一步加强和完善。

沈悦（2008）在国外学者理论研究基础上，从正反馈交易行为的形成机制、心理学基础、作用原理、交易模型以及与证券价格变化的关系等方面对中国证券市场的正反馈交易行为进行了研究，这对中国股票市场风险管理具有指导意义。

汪孟海（2009）利用 Watanabe（2002）模型，把交易者划分为不同类型，对中国股市交易者的反馈交易行为进行了实证检验。结果表明，股票收益率自相关系数与股市的波动率之间具有负相关性；相对于股票价格上升阶段，当股市价格下降时具有更强的负自相关性；中国股市中存在着正反馈交易行为，且随着波动率的增大，正反馈交易行为越显著。

何剑（2009）在正反馈交易理论模型的基础上，通过构建 GARCH 模型，对美国股市与中国股市进行实证研究，结果表明，美国股市正反馈交易行为远远小于中国；中国机构投资者正反馈交易行为程度接近中国整体市场程度。

张漫子（2010）在 SW 理论模型的基础上，利用非对称 TGARCH 模型对中国股市波动率的变化与正反馈交易行为进行实证检验，结果发现，上证整体上表现为低买高卖，即负反馈的交易行为特征。而深证在股市波动率较低时，主要表现为正反馈交易特征，随着波动率的增加，负反馈交易行为占主导地位。

朱国枕（2011）利用 ARCH 模型实证检验我国股票市场是否存在正反馈交易行为，并通过与美国、英国、日本等发达证券市场作比较来进一步探讨我国股票市场的正反馈交易行为。实证结果表明，中国股票市场在2007年前后存在着较严重的正反馈交易行为。另外，相较于美国、英国、日本等发达证券市场，中国股票市场代表正反馈交易行为的参数绝对值更大，也就是说，在研究的这一阶段，正反馈交易行为在中国股票市场更明显。这可能是因为发达证券市场投资者比中国证券市场投资者更加理性，也可能是因为美国、英国、日本证券市场中机构投资者所占市场比例较大。

第三节　总结及启示

一　总结

从国内外学者对股票分割与一体化问题研究轨迹看，有以下基本共识：

（1）关于市场分割与一体化的检验。以是否遵循相同的定价模式作为市场分割与一体化的判断标准；假定市场尤其是新兴国家市场是部分分割更符合实际；单因素和多因素模型各有优劣，多因素模型可考虑汇率风险；条件和动态资产定价模型对数据拟合效果更好；域变模型对市场一体化程度有较好的度量。

（2）关于市场分割根源的探寻。股价差异的根源可从传统资产定价模型的基本假定修订入手，从投资主体、客体和市场环境三个方面进行；投资障碍以不同标准可分为不同类型，股价差异主要从供给需求和资产定价两个角度解释；投资障碍对股票预期收益的影响最终归结为风险补偿和流动性补偿，以及股票供给需求的对比关系；可采用事件分析方法探讨公司规避投资障碍的措施，以及政府为促进金融市场交易效率提高的政策对股票价格的影响。

（3）从探讨中国股票市场分割研究轨迹可以发现，大多数还是沿用传统的CAPM模型，分析框架建立在对资产均衡定价模型理想化假设进行修改的基础上。这种修改包括收益预期、流动性、风险补偿、信息不对称、风险偏好、需求弹性等；其中，前5个是从投资者（需求方）角度考虑，而需求弹性则是从股票发行者（供给方）角度考虑。

①对未来收益预期的差异。传统的资产定价模型假定国外投资者和国

内投资者对公司未来预期的现金流相同，但实际上国内与国外投资者对公司增长率预期可能存在差异。如果国内投资者对公司潜在增长率有不实际的看法，则会推动 A 股价格上升，B 股折价而不是溢价。

②风险补偿差异。资本资产定价理论除了反映国内投资者的资产溢价来自于相对于国外投资者而言的更高预期现金流外，还可能是更低的要求回报率造成的。一方面，当投资国内股票时，国外投资者能获得额外的分散风险收益，相对于国内投资者要求更低的风险补偿，但如果 B 股分散风险的效应不明显，则不会出现溢价现象；另一方面，国外投资者会面临更大的汇率风险、政治风险，中国的 B 股是以美元或港币计价交易的，股票交易环节几乎没有汇率风险，但 B 股企业分红派息以人民币计价，按照人民币兑美元即时汇率折算后以美元支付，因此 B 股投资者仍承担一定的汇率风险，最终导致 A 股、B 股价差的产生。

③流动性差异。CAPM 要求市场环境无摩擦，但交易成本实际是存在的。流动性指资产低成本地转变成现金的能力，它的好坏与二级市场发达程度有关。二级市场越发达，流动性就越好，交易成本越低。流动性差的股票具有较高的期望收益和较低的价格以补偿较高的交易成本。

④信息不对称差异。CAPM 假定所有投资者信息完全且一致预期，但国内外投资者之间存在着显著的信息不对称，掌握的信息多少、获取信息的能力以及对信息的理解都是不一样的。表现在：一是国内投资者拥有较多信息，国外投资者拥有较少信息，由于存在较大的信息搜寻成本，投资于该企业所面临的风险更大，所以 B 股投资者要求的收益会更高，愿意支付的价格更低；二是国内投资者先得到信息，国外投资者后得到信息；三是即使国内外投资者拥有同样信息，但理解有一定差异。如股权结构，国外投资者认为高度集中的股权安排不利于企业经营，对此心存疑虑，出价较低，而国内投资者认为企业非流通股份比例越高，流通股规模越小，股票可操纵性越强，越容易成为机构投资者或大户的操纵对象，从而使得“小盘股”成为竞相追逐的对象，维持相对较高的股票价格；国内投资者对于企业经营业绩的关心和对现金红利的热情远远低于国外投资者，而对于股票红利的认同远远高于国外投资者。

⑤风险态度差异。CAPM 假定所有投资者都是风险厌恶者，投资行为都是理性的。但国内市场缺乏充足的投资渠道，低回报率的银行存款促使国内投资者可以容忍高风险，追求短期获利。这种高度的投机行为推动 A

股价格上扬。从技术角度来解释，就是两者的风险厌恶系数不同，A 股投资者有着比 B 股投资者更低的风险厌恶系数，或者说前者更喜好风险。这样在获取相同收益的情况下，A 股投资者愿意冒更大的风险，即表现为愿意接受更高的价格。

⑥需求弹性差异。由于国内外投资者需求弹性有差异，公司股票的供应量及其替代品的数量多少都会影响股价高低。A 股相对于 B 股的溢价反映了国外投资者对 B 股的需求曲线较为水平，即弹性较大，而国内投资者对 A 股的需求曲线却有明显的向下倾斜的走势，即弹性较小。在中国股票市场，国内投资者的资产组合中 A 股占有重要地位，并且其他投资工具较少，所以国内投资者对 A 股的需求价格弹性较低，而国外投资者的资产组合中 B 股的份额并不高，而且他们的其他投资工具很多，所以国外投资者对中国 B 股的需求价格弹性较高。所以综合来看，A 股的供给所面对的是需求弹性较低的需求者，而 B 股的供给面对的是需求弹性较高的需求者。从垄断差别定价的角度看，需求弹性较低的需求者须付出更高的价格，从而造成了 A 股的价格要高于 B 股的价格。

二　启示

现有对股市分割的检验方法和模型多有值得商榷的地方，没有统一的定论。选择什么样的模型对中国股市一体化进程进行检验是本书研究的重点和难点。国内现有的文献仍然大体上按照传统 CAPM 模型分析框架来探讨中国市场分割现象，是对资产均衡定价模型理想化假设进行修改进行分析的。

对于中国而言，应根据中国股市具体情况界定市场经济环境、假定投资行为来构建中国股市一体化检验的方法。我们认为，可以将是否遵循相同的定价模式作为市场分割或一体化的判断标准，对于新兴市场国家而言，检验的假设前提为股票市场是部分分割的更符合实际；考虑到信息不对称是中国股价差异存在的主要根源之一，检验的主要模型可以采用条件和动态资产定价模型。而中国经济体制改革进程也使得研究中必须考虑结构的时变性，检验的主要模型可以采用域变模型或动态相关系数多元 GARCH 模型。对于中国股市双重上市股票价格差异的原因探索可以从市场分割因素、公司治理结构假说两个角度进行研究。从一级发行市场和二级交易市场分别研究分割市场之间的资产价格差异的原因能更好地解释中国双重上市公司折价率（抑价率）的现象。探讨中国股市与全球股市相关性和一体化程度，相关系数的度量是一个关键点，涉及静态或动态相关系数估计模型，可以采用多元 ARCH 类模型、向量自回归（VAR）模型等，重大事件的冲击将是研究结构性变化的重点。从这个意义上说，本书对这些问题的探讨扩展了国内的现有研究，具有一定创新性。

第三章　中国股票市场一体化程度的度量

鉴于上章对市场分割与一体化研究的评述，本章借鉴 Bekaert 和 Harvey（1995）域变模型的思想，以是否遵循相同的定价模式作为市场分割与一体化的判断标准，对 2007 年美国次贷危机发生之前的中国股票市场一体化程度进行定量刻画，以期对中国股票市场分割与一体化状况有更直观、更深入的了解。

第一节　模型设定及估计方法

一　模型设定

如果 A 股、B 股市场完全一体化，则 B 股市场的收益率由 B 股与 A 股的协方差解释，B 股的条件期望回报率为：

$$E_{t-1}[r_{B,t}] = \mu_1 + \mu_3 Cov_{t-1}[r_{A,t}, r_{B,t}], \tag{3-1}$$

式中，$E_{t-1}[\cdot]$和 $Cov_{t-1}[\cdot]$分别表示基于 $t-1$ 期信息 I_{t-1}的条件期望算子和条件协方差算子。

如果 A 股、B 股市场完全分割，则 B 股市场的收益率仅由自身方差解释，B 股的条件期望回报率为：

$$E_{t-1}[r_{B,t}] = \mu_2 + \mu_4 Var_{t-1}[r_{B,t}], \tag{3-2}$$

式中，$Var_{t-1}[\cdot]$ 表示基于信息集 I_{t-1}的条件方差算子。

假定市场并非完全分割或一体化，即市场趋向从分割状态向一体化状态转换，或反过来从一体化向分割过渡，那么 B 股的收益回报率所满足的随机过程也会发生相应改变。当市场投资者预期未来市场会从一体化转向分割，或者从分割转向一体化时，投资者就会对这种市场形态的转换作出对冲反应，因而 B 股的预期收益率体现了市场的这种转换。在这种情况下，方程（3－1）和方程（3－2）都不能对 B 股市场均衡预期收益率作出准确描述。需要作出说明的是，将市场的这种转换与市场投资障碍政策的存在联系起来是不正确的，因为投资障碍的存在并不意味着市场就是分割。

为了解决市场形态转换导致对B股预期收益率刻画的困难，本书根据Bekaert和Harvey（1995）的思想，采用域变转换模型来描述这种情况下B股的均衡条件回报率。设S_t是取值0或1的不可观测的两状态变量，其中$S_t=0$定义为市场为一体化状态，$S_t=1$定义为分割状态。S_t决定了B股收益回报率所处的不同域，在一体化状态下，B股的条件预期回报率由（3－1）式决定；在分割的状态下，则由（3－2）式决定。在任意时刻，B股回报率均值可在两状态之间转换，任一域以一种正的概率存在。因此，从计量统计的角度，当已知t－1时期的信息集I_{t-1}时，B股预期收益率可视为完全一体化和完全分割两种极端情况的一种加权平均，其方程为：

$$E_{t-1}[r_{B,t}]=\varphi_{t-1}(\mu_1+\mu_3 Cov_{t-1}[r_{A,t},r_{B,t}])+(1-\varphi_{t-1})(\mu_2+\mu_4 Var_{t-1}[r_{B,t}]) \tag{3-3}$$

式中，参数φ_{t-1}取值于［0，1］区间，表示对A股、B股市场一体化的时变可能性，可解释为市场处于一体化状态的条件预测概率，即$\varphi_{t-1}=pr[S_t=0 \mid I_{t-1}]$。

（3－3）式将完全一体化与完全分割两个极端情况以时变的先验概率进行组合，φ_{t-1}表示市场i为一体化的可能性。此方程不必一定是市场均衡价格的准确描述，但是对均衡预期收益率在域制转移情况下的一种合理的近似表述，以用于推断某一市场是分割还是一体化（Bekaert and Harvey，1995）。

为了推断出φ_{t-1}的值，本书采用标准的Hamilton（1989，1990）域变模型，即设定状态S_t服从一阶Markov过程，其转移概率为：

$pr[S_t=0 \mid S_{t-1}=0]=p$，$pr[S_t=1 \mid S_{t-1}=0]=1-p$

$pr[S_t=1 \mid S_{t-1}=1]=q$，$pr[S_t=0 \mid S_{t-1}=1]=1-q$

则相应的过渡矩阵为：

$$P=\begin{bmatrix} p & 1-q \\ 1-p & q \end{bmatrix}$$

这里的p、q值为常数，是模型待估计的参数。虽然转移概率p、q值是时不变的，但由于新信息改变了对市场为完全一体化和完全分割两个域相对可能性的计量推断，因此域概率 φ_{t-1} 是时变的，市场一体化程度随时间变化而变化。根据 Gray（1995）的结论，域概率 φ_{t-1} 遵循下列递归方程：

$$\varphi_{t-1}=\frac{p\varphi_{t-2}f(r_{B,t-1}|S_{t-1}=0,I_{t-2};\boldsymbol{\theta})+(1-q)(1-\varphi_{t-2})f(r_{B,t-1}|S_{t-1}=1,I_{t-2};\boldsymbol{\theta})}{\varphi_{t-2}f(r_{B,t-1}|S_{t-1}=0,I_{t-2};\boldsymbol{\theta})+(1-\varphi_{t-2})f(r_{B,t-1}|S_{t-1}=1,I_{t-2};\boldsymbol{\theta})}$$

$$=(1-q)+(p+q-1)\left[\frac{f_{1,t-1}\varphi_{t-2}}{f_{1,t-1}\varphi_{t-2}+f_{2,t-1}(1-\varphi_{t-2})}\right]$$

式中，f 为正态密度函数，$f_{j,t}$ 表示 t 时刻基于 t 时刻所处在的域 j（$j=0$，1）和时刻 $t-1$ 的信息集 I_{t-1} 的条件概率，$\boldsymbol{\theta}$ 为模型待估计参数的全体集合。

二　估计方法

为了对方程（3－3）进行估计，首先求出 B 股的条件方差和协方差二阶条件矩，然后计算全样本的对数似然值，选取适当参数初值对模型进行极大似然估计。

（一）二阶条件矩的计量设定

为了计算二阶条件矩，首先必须设定条件一阶矩，即资产的预期收益率。

早期的资产定价理论认为，资产的收益率与资产的风险呈线性关系，资产的风险和风险价格是时不变的（Sharpe，1964；Lintner，1965；Fama and Macbeth，1973），随着时间的推移，无条件定价理论逐渐转向于条件定价理论，即考虑资产预期收益、方差和协方差的时变性，假定模型是逐期成立、资产收益的联合分布是随时间动态变化的。条件资产定价模型的基本方程为：

$$E[r_{jt}|\Omega_{t-1}]=\frac{E[r_{mt}|\Omega_{t-1}]}{Var[r_{mt}|\Omega_{t-1}]}Cov[r_{jt},r_{mt}|\Omega_{t-1}] \qquad (3-4)$$

式中，r_{jt} 表示资产 j 在 t－1 到 t 时期的超额收益率，具体到本书，资产 j 为 A 股和 B 股；r_{mt} 是市场证券组合的超额收益率；Ω_{t-1} 为投资者的全部信息集。

在对方程（3－4）进行经验检验前，还必须作出附加的限制条件。具体来讲，就是首先需设定资产一阶条件矩的定价模型。本书采用 Harvey（1991）的方法，假定投资者对所获信息采用线性滤波方式处理，即：

$$u_{jt}=r_{jt}-Z_{t-1}\delta_j \qquad (3-5)$$

这里 u_{jt} 表示投资者利用已有信息对 j 股票收益率的预测误差。Z_{t-1} 是投资者所具有的信息变量，是投资者全部信息集 Ω_{t-1} 的一个子集。选择投资者全部信息的子集作为滤波信息变量，是因为真实的、全部信息集具有不可获得性，在实证中往往采用投资者可获得的全部信息集中的一个子集 Z_{t-1} 近似代替全部信息集 Ω_{t-1}。δ_j 是一组投资者用以推断条件预期收益率的权重，是不随时间变化而变化的待估参数。

设定资产的一阶条件矩后，可以将方程（3－4）重新改写为：

$$E[r_{jt}|Z_{t-1}]=Z_{t-1}\delta_j=\frac{Z_{t-1}\delta_m}{E[u_{mt}^2|Z_{t-1}]}E[u_{jt},u_{mt}|Z_{t-1}]$$

这里 u_{mt} 是利用方程（3－5）线性滤波得到的市场组合收益率的预测误差。因此，可以采用方程（3－5）对 A 股、B 股分别线性滤波，得到预测误差 u_{At} 和 u_{Bt}，将 $E[u_{Bt}^2 \mid Z_{t-1}]$ 定义为 B 股的条件方差 $Var_{t-1}[r_{B,t}]$、$E[u_{Bt}, u_{At} \mid Z_{t-1}]$ 定义为 B 股对 A 股的条件协方差 $Cov_{t-1}[r_{A,t}, r_{B,t}]$。

（二）模型的对数似然值

方程（3－3）实际表示的是给定信息集 I_{t-1} 时对 t 时刻 B 股期望回报率的一个估计。在具体对模型估计时，假设 B 股的回报率服从如下随机过程：

$$r_{B,t}=\mu_1(1-S_t)+\mu_2S_t+\mu_3Cov_{t-1}[r_{A,t},r_{B,t}](1-S_t)+\mu_4Var_{t-1}[r_{B,t}]S_t+e_t \tag{3-6}$$

$$e_t=(\sigma_1(1-S_t)+\sigma_2S_t)\varepsilon_t,\ \varepsilon_t\sim N(0,\ 1)$$

$$e_t=e_t^I(1-S_t)+e_t^SS_t,\ e_t^I\sim N(0,\ \sigma_1^2),\ e_t^S\sim N(0,\ \sigma_2^2),$$

式中，S_t 为不可观察的状态变量，市场完全一体化取值为 0，完全分割取值为 1；e_t^I 和 e_t^S 分别表示一体化和分割状态下的随机干扰项，扰动项的标准差构成 B 股回报率不确定性的一个重要来源；σ_1 和 σ_2 分别为一体化和分割状态下的随机干扰项的标准差；扰动项均假定服从正态分布。将 $r_{B,t}$ 基于 S_t 和信息集 I_{t-1} 的条件密度记作向量 η_t，即：

$$\eta_t=\begin{bmatrix}f(r_{B,t}|S_t=0,I_{t-1};\theta)\\ f(r_{B,t}|S_t=1,I_{t-1};\theta)\end{bmatrix}$$

$$=\begin{bmatrix}\dfrac{1}{\sigma_1\sqrt{2\pi}}exp\left(\dfrac{-(r_{B,t}-\mu_1-\mu_3Cov_{t-1}(r_{A,t},r_{B,t}))^2}{2\sigma_1^2}\right)\\ \dfrac{1}{\sigma_2\sqrt{2\pi}}exp\left(\dfrac{-(r_{B,t}-\mu_2-\mu_4Var_{t-1}(r_{B,t}))^2}{2\sigma_2^2}\right)\end{bmatrix}$$

式中，$\theta=(\mu_1, \mu_2, \mu_3, \mu_4, \sigma_1, \sigma_2, p, q)$ 代表总体参数向量。

设向量 $\xi_{t|t}$ 为基于 t 期信息集 I_t 和总体参数对 S_t 的推断概率，向量 $\xi_{t|t-1}$ 为基于 $t-1$ 期信息集 I_{t-1} 和总体参数形成的对 S_t 的预测概率，即：

$$\xi_{t|t}=\begin{bmatrix} pr(S_t=0|I_t;\theta) \\ pr(S_t=1|I_t;\theta) \end{bmatrix}, \xi_{t|t-1}=\begin{bmatrix} \varphi_{t-1} \\ 1-\varphi_{t-1} \end{bmatrix}=\begin{bmatrix} pr(S_t=0|I_{t-1};\theta) \\ pr(S_t=1|I_{t-1};\theta) \end{bmatrix}$$

则 $r_{B,t}$ 和 S_t 的条件联合密度函数向量可表示为：

$$\begin{bmatrix} pr(r_{B,t}, S_t=0 \mid I_{t-1};\theta) \\ pr(r_{B,t}, S_t=1 \mid I_{t-1};\theta) \end{bmatrix}=\begin{bmatrix} \varphi_{t-1}f(r_{B,t} \mid S_t=0, I_{t-1};\theta) \\ (1-\varphi_{t-1})f(r_{B,t} \mid S_t=1, I_{t-1};\theta) \end{bmatrix}$$

$$=\xi_{t|t-1} \circ \eta_t$$

式中，符号°表示两个向量的元素对元素乘积。关于时期 t 的最优推断概率和预测概率可通过下面两个方程的迭代求得：

$$\xi_{t|t}=\frac{\xi_{t|t-1} \circ \eta_t}{\mathbf{1}'(\xi_{t|t-1} \circ \eta_t)} \tag{3-7}$$

$$\xi_{t+1|t}=P \cdot \xi_{t|t} \tag{3-8}$$

这里 **1** 表示（2×1）的单位向量。这两个迭代方程的详细推导过程见 Hamilton（1994）。于是，将各个时期边际密度函数 $f(r_{B,t} \mid I_{t-1};\theta)$ 的对数值加总可得到全部样本 I_T 的对数似然函数：

$$l(\theta)=\sum_{i=1}^{T} \log f(r_{B,t} \mid I_{t-1};\theta) \tag{3-9}$$

其中：

$$f(r_{B,t} \mid I_{t-1};\theta)=pr(r_{B,t}, S_t=0 \mid I_{t-1};\theta)+pr(r_{B,t}, S_t=1 \mid I_{t-1};\theta)= \varphi_{t-1}f(r_{B,t} \mid S_t=0, I_{t-1};\theta)+(1-\varphi_{t-1})f(r_{B,t} \mid S_t=1, I_{t-1};\theta)=1' \cdot (\xi_{t|t-1} \circ \eta_t)$$

对（3-9）式进行最优估计，可最终求得域概率 φ_{t-1} 值，得到对市场一体化程度的度量。这一值实际上是基于 $t-1$ 期信息 I_{t-1} 对市场一体化的预测概率，即 $\xi_{t|t-1}$。进一步地，在对（3-9）式估计的基础上，还可以基于 t 期信息 I_t、T 期信息 I_T 对 t 期市场一体化程度进行推断。因为由（3-7）式和（3-8）式可知，基于 t 期信息 I_t 可推断 B 股回报率在每个时期处于某个状态（$S_t=0$ 和 $S_t=1$）概率的推断 $\xi_{t|t}$，即滤波概率。同时，根据 Kim（1993）算法可获得基于全部样本信息 I_T 对 $S_t=0$ 和 $S_t=1$ 状态概率的推断 $\xi_{t|T}$，即概率的平滑推断（smoothed inferences）。这一算法可表示为：

$$\xi_{t|T}=\xi_{t|t}\circ\{P'\cdot[\xi_{t+1|T}(\div)\xi_{t+1|t}]\} \tag{3-10}$$

其中符号（÷）表示向量的元素对元素相除。(3-10）式具体表示为：

$$pr(S_t=0|I_T;\theta)=pr(S_t=0|I_t;\theta)\left[\frac{p\cdot pr(S_{t+1}=0|I_T;\theta)}{pr(S_{t+1}=0|I_t;\theta)}+\frac{(1-p)\cdot pr(S_{t+1}=1|I_T;\theta)}{pr(S_{t+1}=1|I_t;\theta)}\right]$$

$$pr(S_t=1|I_T;\theta)=pr(S_t=1|I_t;\theta)\left[\frac{(1-q)\cdot pr(S_{t+1}=0|I_T;\theta)}{pr(S_{t+1}=0|I_t;\theta)}+\frac{q\cdot pr(S_{t+1}=1|I_T;\theta)}{pr(S_{t+1}=1|I_t;\theta)}\right]$$

平滑概率的初值 $\xi_{T|T}$ 由方程（3-7）在 $t=T$ 时确定，再根据方程（3-8）对 $t=T-1$，$T-2$，…，1，逐步向后迭代，则可得到任意时刻 t 的平滑概率 $\xi_{t|T}$。

因此，可以在对市场一体化程度进行预测概率 $\xi_{t|t-1}$ 估计基础上，进一步估计市场一体化程度的滤波概率 $\xi_{t|t}$ 和平滑 $\xi_{t|T}$，以期对市场一体化程度有更全面的估计。

（三）初值选取

由于模型为非线性模型，且待估计参数较多，初值选取至关重要。初值选取不当，往往导致模型无法估计。即便能够估计，也常常会在估计中出现局部最优问题，因而不能对模型参数进行正确估计。初值变量的选取既包括中间变量，如预测概率向量 $\xi_{1|0}$ 的初值选取，又包括方程（3-6）中最终待估计的系数向量 $\theta=(\mu_1,\mu_2,\mu_3,\mu_4,\sigma_1,\sigma_2,p,q)$ 中各元素的初值选取。

1. 预测概率的初值选取

确定条件预测概率初始值有两种方法。一种方法是令 $\xi_{1|0}=\rho$，ρ 为 $N\times1$ 的非负向量，其元素之和为 1。例如，可取 $\rho=N^{-1}1$，此处 1 表示元素均为 1 的 $N\times1$ 向量。此外，ρ 也可以在参数向量集 θ 满足 $1'\rho=1$、$\rho_j\geq0$（$j=1,2,...,N$）的条件下，通过极大似然估计得到。

另一种方法是取 $\xi_{1|0}$ 为 Markov 链的平稳分布，即为无条件概率。一般情况下，假定 Markov 链具有 N 种遍历状态，定义 Π 为无条件概率向量，则 $P\Pi=\Pi$，$1'\Pi=1$。因此，Π 应满足下列方程：

$$A\Pi=e_{N+1},\quad A=\begin{bmatrix}I_N-P\\1'\end{bmatrix}$$

这里 e_{N+1} 表示单位矩阵 I_{N+1} 的第 $N+1$ 列。求解上述方程可得到：

$$\Pi=(A'A)^{-1}A'e_{N+1}$$

具体到本书，$N=2$，则预测概率的初值取为：$\xi_{1|0}=\Pi=(\frac{1-q}{2-p-q}\ \frac{1-p}{2-p-q})'$（参 Hamilton，1994）。

实际上，对于时段足够长的时间序列，预测概率初始值的选取对函数的影响微不足道，无论是作为独立的参数进行估计，还是作为参数向量 θ 的函数进行计算，甚至仅仅把它设定为一个常数，对于模型估计结果的影响并不大（Abiad，2003）。有鉴于此，本书采用第一种初值选取方法，取预测概率的初值为：$\xi_{1|0}=(\varphi_0 1-\varphi_0)'=(0.5 0.5)'$。

2. 系数的初值选取

由上文所述理由，本节取参数 p 和 q 的初值均为 0.5。参数 μ_1 和 μ_2 的初值，分别取为样本期内 A 股和 B 股收益率的无条件均值。

根据资本资产的线性滤波方程（3-5）和条件二阶的计算方法，首先计算样本期内时间序列 $Cov_{t-1}[r_{A,t},\ r_{B,t}]$ 和 $Var_{t-1}[r_{B,t}]$，然后取时间序列 $Cov_{t-1}[r_{A,t},\ r_{B,t}]$ 的样本期内无条件均值的正平方根为 σ_1 的初值，取时间序列 $Var_{t-1}[r_{B,t}]$ 的样本期内无条件均值的正平方根为 σ_2 的初值。

将样本期内 B 股的收益率对上面计算出的时间序列 $Cov_{t-1}[r_{A,t},\ r_{B,t}]$ 和 $Var_{t-1}[r_{B,t}]$ 进行含截距的最小二乘法 White 异方差一致估计，取 $Cov_{t-1}[r_{A,t},\ r_{B,t}]$ 项系数估计值为参数 μ_3 的初值，取 $Var_{t-1}[r_{B,t}]$ 项系数估计值为参数 μ_4 初值。

第二节　模型估计结果与结论分析

虽然中国股票种类众多，包括 A 股、B 股、H 股、N 股、S 股、L 股和红筹股，市场间的分割既包括这些类型股票市场间的分割，又包括流通股与非流通股市场间的分割，但是，A 股市场与 B 股市场因其在中国股市中的主体地位而更具有代表性。至于流通股与非流通股市场间的分割，由于这种市场分割更多是制度障碍所致，是制度壁垒导致了流通股与非流通股同股同权不同价，与通常资产定价理论无关，本书不予考虑。因此，为了度量中国股票市场的一体化与分割程度，本书主要选取A股市场与B股市场间的一体化程度作为代表进行分析。对A股市场与B股市场间分割的分析，本书进一步将市场分为上海市场和深圳市场两个市场分别进行分析。①

一　数据

（一）数据来源和计算方法

本节选用上海A股综合指数和B股综合指数、深圳A股成分指数和B股成分指数的月收盘价作为样本。数据源于Wind资讯。样本期为1999年1月至2007年2月。② 股票月收益率的计算采用如下计算方法：

$$r_{i,t} = \frac{P_{i,t} - P_{i,t-1}}{P_{i,t-1}} \times 100\%$$

式中，r代表股票月收益率，t代表时期，P代表股市收盘指数，i代表A股和B股。

根据哈维（1991）、贝克特和哈维（1995）选取信息变量的方法，本节选取用于方程（3－5）对A股、B股进行线性滤波的信息变量Z_{t-1}包括常数项、A股、B股滞后一期的收益率、滞后一期的股息收益率以及当期的换手率。数据频率为月，源于中国证券监督管理委员会网站。其中，股息收益率根据市盈率换算得来，是取市盈率的倒数值近似表示股息收益率。

选取滞后一期的收益率为信息变量，是因为现有的大量研究文献证实股票收益率存在一定程度的自相关现象。Fama和French（1988，1989）研究也证实，息价率（dividend price ratio）是股票收益率的一个重要解释变量。因此，选取股票自身的收益率和股息收益率作为信息变量是适宜的。选取换手率作为信息变量，是基于文献综述中所阐述：对股票预期收益的解释，除了风险补偿外还包括流动性风险补偿；而换手率是通常用以表征流动性的变量。

---

① 此节实证研究部分内容参见胡新明《中国A股、B股市场一体化程度的实证研究》，《广东商学院学报》2009年第4期。

② 选取1999年1月为样本初期和以月为数据频率，主要是限于信息变量Z_{t-1}的可获得性，为了保持一致性，故股票收益率方面数据亦选取与信息变量相同的样本初期和频率。

（二）信息工具变量的预测能力

为了检验所选信息变量的有效性，下面采用如下方程对信息变量进行检验，估计方法为最小二乘法 White 异方差一致估计。

$$r_{it} = \lambda_{i0} + \lambda_{i1} r_{it}(-1) + \lambda_{i2} DIV_{it}(-1) + \lambda_{i3} TUR_{it} + \varepsilon_{it}$$

式中，i 表示 A 股或 B 股，DIV 表示股息收益率，TUR 表示换手率。这一估计方程采用了哈维（1991）股票预期收益率的线性滤波思想，考虑异方差存在的可能性，对上一方程采用异方差一致估计方法。检验结果见表 3－1。

表 3－1　　信息工具变量预测能力检验

参数	沪市		深市	
	A 股	B 股	A 股	B 股
λ_{i0}	－0.080901 (－6.49906) [0.0000]	－0.099071 (－3.851438) [0.0002]	－0.071829 (－4.429154) [0.0000]	－0.147581 (－4.039281) [0.0001]
λ_{i1}	－0.363689 (－3.415526) [0.0009]		－0.259515 (－2.144583) [0.0346]	
λ_{i2}		1.229896 (2.600011) [0.0108]		1.414342 (3.057893) [0.0029]
λ_{i3}	0.326158 (7.097061) [0.0000]	0.517898 (5.177558) [0.0000]	0.287873 (4.725465) [0.0000]	0.597482 (6.628503) [0.0000]
Q（10）	4.2656 [0.935]	6.3623 [0.784]	8.8516 [0.546]	9.1610 [0.517]
F 统计量	44.65095 [0.000000]	32.40345 [0.000000]	27.85043 [0.000000]	61.90208 [0.000000]
$\overline{R}^2$	0.478886	0.395492	0.361134	0.559237
l	148.1340	79.75602	122.9356	88.40307

表3－1中，小括号中的值为t统计量，中括号中值为相应的P值。后面表中符号类似，不再说明。Q（10）指检验模型残差的10阶Q统计量，$\overline{R}^2$指调整R^2，l指对数似然值。在实际检验中，根据Akaike和Schwarz信息准则，剔除冗余变量，因此A股收益率中均没有考虑解释变量DIV_{At}（－1），B股收益率没有考虑解释变量r_{Bt}（－1）。

二　估计结果

找到信息工具变量后，就可对模型进行估计，估计方程为（3－6）式，为方便起见，现重新表述如下：

$$r_{B,t}=\mu_1(1-S_t)+\mu_2 S_t+\mu_3 Cov_{t-1}[r_{A,t},r_{B,t}](1-S_t)+\mu_4 Var_{t-1}[r_{B,t}]S_t+e_t$$

模型采用GAUSS7.0软件估计，选用optmum软件包，估计方法是准牛顿最优法（BFGS）。下面对沪市和深市市场分割与一体化程度变动情况分别进行说明。

（一）沪市

1. 模型参数的估计值

表3－2　　沪市模型参数的估计结果

（1999年1月至2007年2月）

系数	P	q	μ_1	μ_2	μ_3	μ_4	σ_1	σ_2
估计值	0.74037	0.62024	－0.01532	0.05009	－8.23264	4.31353	0.05002	0.11972
标准误	0.10270	0.16211	0.00962	0.02680	1.36798	0.74558	0.00633	0.01576
t值	7.20904	3.82615	1.59255	1.86918	6.01810	5.78545	7.90666	7.59436
P值	0.00725	0.05046	0.20696	0.17157	0.01416	0.01616	0.00493	0.00586
l	95.87223							

对于沪市，方程（3－6）的参数估计结果见表3－2。除了参数μ_1和μ_2外，其余参数均在5%的显著水平下高度显著。由估计出的p和q的值可以看出，总体而言，沪市A股、B股市场处于完全一体化状态（$S_t=0$）的延续性强于完全分割状态（$S_t=1$），完全一体化状态得以维持的概率是0.74037，则完全一体化状态的平均持续期约为3.85个月［＝1/（1－0.74037）＝3.85］；市场完全分割状态得以维持的概率是0.62024，所以完全分割状态的平均持续期约为2.63个月［＝1/（1－0.62024）＝2.63］。

2. 市场分割与一体化程度的估计

估计出模型参数后，就可以根据方程（3－7）和方程（3－8）计算市场分割与一体化程度。根据上文对A股、B股市场一体化程度的定义：$\varphi_{t-1}=pr\ [S_t=0\mid I_{t-1}]$，则市场分割程度为$1-\varphi_{t-1}=pr\ [S_t=1\mid I_{t-1}]$，两者均为预测概率。图3－1a和图3－1b分别显示了沪市市场一体化和分割程度在样本期的演变轨迹。从图3－1a可以看出，沪市A股、B股市场间一体化程度在样本前期程度较高，且变化较为剧烈，而后期则变化相对较为平缓。将各期市场一体化程度的估计值按时间加权平均①，则沪市总体平均一体化程度为0.473303。值得注意的是，2001年4—9月，市场一体化程度较高，平均值为0.53565，高于样本期平均值，且变化剧烈；此后市场一体化程度变化趋缓，一体化程度与样本期平均值接近。与这一现象相对应现实背景是，2001年2月19日中国政府宣布，B股开始对境内居民开放，境内居民正式开始购买B股是稍后的6月1日。虽然境内居民正式交易的时间是6月1日，但由于信息的预期效应，市场在此之前已做出反应。由此可见，B股对外开放后，沪市市场一体化程度在短期内有明显增强，但在长期影响不大。沪市市场分割程度与一体化程度正好相反，变动情况与市场一体化类似，在此不一一赘述。

3. 模型稳定性检验

下面从滤波概率和平滑概率、调整样本区间两个方面检验模型的稳定性：

（1）滤波概率和平滑概率。为了检验模型的稳定性，进一步给出沪市市场一体化与分割程度的滤波概率和平滑概率推断，这两个概率推断是根据公式（3－10）计算得来②，结果分别见图3－2a、图3－2b、图3－3a和图3－3b。将滤波概率和平滑概率图与上文预测概率图进行比较，可以看出，虽然滤波概率和平滑概率市场一体化程度的平均值分别为0.255741、0.176927，与预测概率市场一体化程度的均值0.473303有所不同，但市场一体化程度的变动趋势基本一致，说明市场内在变动结构具有一定稳定性。

---

① 下文中市场一体化程度的平均值计算方法相同，不再一一说明。

② 深市滤波概率和平滑概率的计算方法与此相同，下文不再交代。

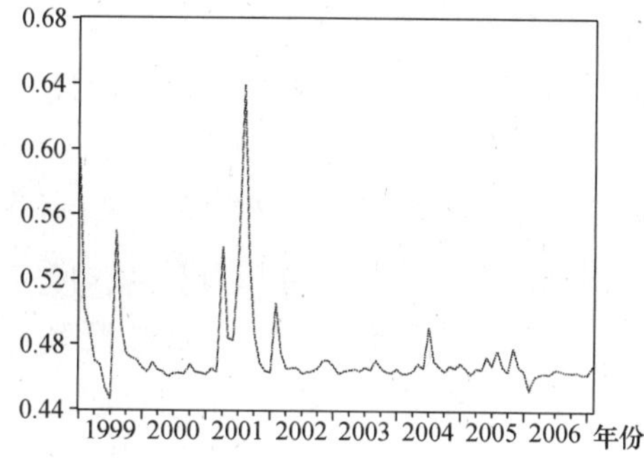

图 3 -1a　沪市市场一体化程度

（预测概率：$\varphi_{t-1}=pr\ [S_t=0 \mid I_{t-1}]$）

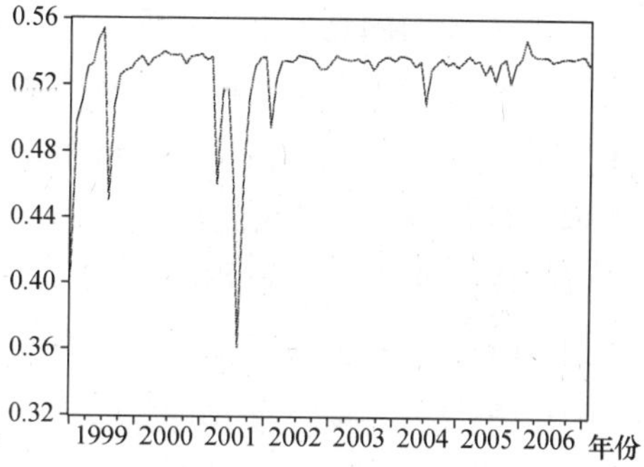

图 3 -1b　沪市市场分割程度

（预测概率：$1-\varphi_{t-1}=pr\ [S_t=1 \mid I_{t-1}]$）

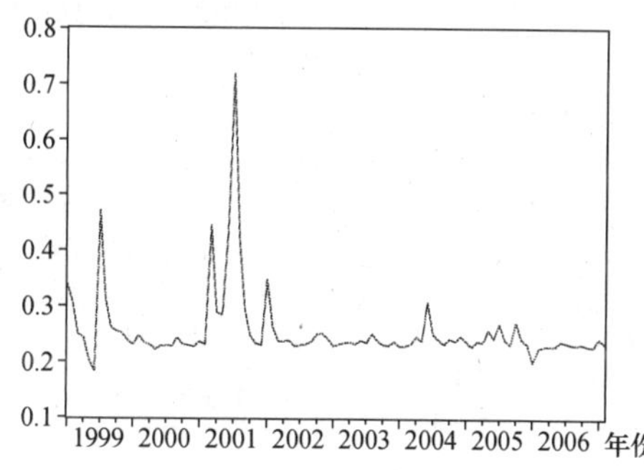

图 3 -2a　沪市市场一体化程度

（滤波概率：$pr\ [S_t=0 \mid I_t]$）

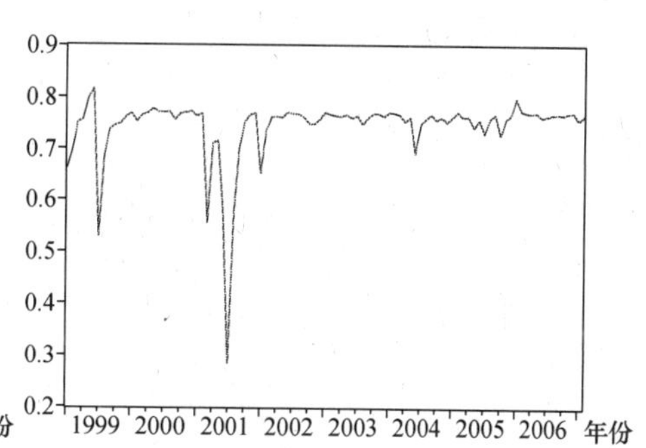

图 3 -2b　沪市市场分割程度

（滤波概率：$pr\ [S_t=1 \mid I_t]$）

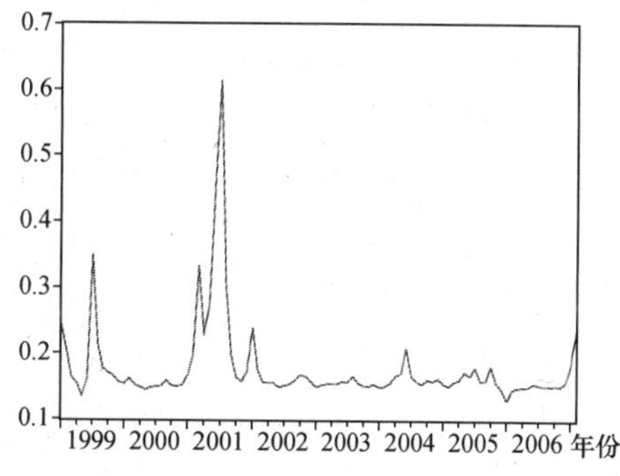

图 3 -3a　沪市市场一体化程度

（平滑概率：$pr\ [S_t=0 \mid I_T]$）

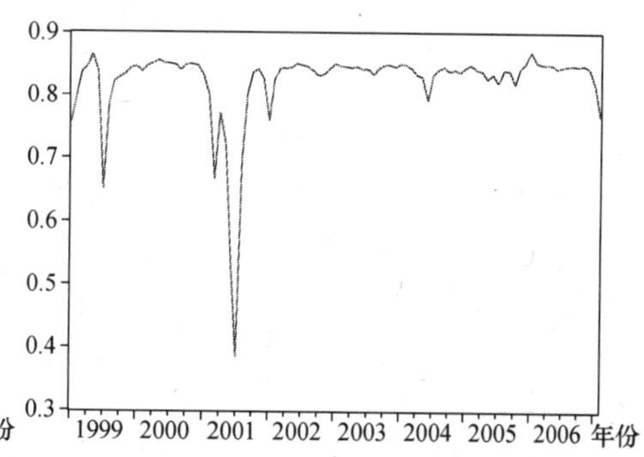

图 3 -3b　沪市市场分割程度

（平滑概率：$pr\ [S_t=1 \mid I_T]$）

需要说明的是，这三种概率的市场一体化程度平均值估计的不同，主要是源于作为推断市场一体化程度的条件信息不同。对于 t 时期市场一体化程度的推断，预测概率、滤波概率和平滑概率条件信息分别为 $t-1$、t、T 时期的信息，条件信息集不同，所推断的市场一体化程度平均值自然就会有差异。实际上，这三种市场一体化程度的推断值只具有相对意义，而无绝对差异，在实际应用中往往取其中一种作同类比较。因此，滤波概率和平滑概率对市场一体化程度的推断与预测概率具有一致性，上述对沪市市场一体化程度的推断是稳健的。

（2）样本区间。为了考虑 1997 年亚洲金融危机的影响，同时也和第四章数据起始时间一致，把数据样本扩大到 1997 年 1 月至 2008 年 4 月，重新估计方程（3 – 6），得到结果基本一样，这也从另一个方面表明上述对沪市市场一体化程度的推断是稳健的。

表 3 – 3　　　沪市模型参数的估计结果

（1997 年 1 月至 2008 年 4 月）

系数	P	q	μ_1	μ_2	μ_3	μ_4	σ_1	σ_2
估计值	0. 751	0. 655	– 0. 016	0. 043	– 6. 717	2. 604	0. 061	0. 154
t 值	6. 7850	4. 076	1. 440	1. 454	4. 341	3. 506	6. 458	8. 022
P 值	0. 009	0. 044	0. 230	0. 228	0. 037	0. 061	0. 011	0. 005
l	96. 655							

当把样本期间扩大后，对于沪市，除了参数 μ_1 和 μ_2 外，其余均在 10% 的显著水平下高度显著。由估计的 p 和 q 值可以看出，总体而言，沪市 A 股、B 股市场处于完全一体化状态（$St=0$）的延续性强于完全分割状态（$St=1$）。因为完全一体化状态得以维持的概率是 0. 751，其平均持续期约为 4. 016 个月[= 1/(1 – 0. 751) = 4. 016]；而市场完全分割状态得以维持的概率是 0. 655，其平均持续期约为 2. 899 个月[= 1/(1 – 0. 655) = 2. 899]。

图 3 – 4a 和图 3 – 4b 分别显示了沪市市场一体化和分割程度在样本期 1999 年 1 月至 2008 年 4 月间的演变轨迹。从中可以看出，沪市 A 股、B 股市场间一体化程度在样本期变化较为剧烈，一体化程度较低。将各期市场一体化程度的估计值按时间加权平均，则沪市总体平均一体化程度为

0.255。具体分期看，前期波动较剧烈，一体化程度趋势变化不明朗。与这一现象相对应的现实背景是1997年和1998年发生在亚洲的金融风暴。这说明亚洲金融危机对我国沪市A股、B股市场一体化的影响比较严重，干扰性较大。此后一体化程度变化相对平缓。但到2001年一体化程度剧增，在2001年2—9月，市场一体化程度分别为0.237、0.406、0.289、0.284、0.316、0.449、0.321、0.268，在3月和7月分别达到峰值0.406和0.449。这一时期一体化程度的平均值为0.321，比样本期平均值增加了25.88%，显著高于整个样本期平均值。与这一现象相对应的现实背景是，2001年2月19日中国政府宣布B股对境内居民开放，境内居民正式开始购买B股是6月1日。但由于信息的预期效应，市场在此之前已作出反应，因此在3月和7月分别达到峰值并不奇怪。由此可见，B股对外开放后，沪市市场一体化程度在短期内有明显增强。随后一段时间，市场一体化程度变化趋缓，一体化程度与样本期平均值接近，这说明2002年12月1日A股对国外合格机构投资者（QFII）开放这一事件对沪市一体化程度影响并不显著。但到了样本尾期，一体化程度有增强的趋势；在2007年5月到2008年4月间，一体化程度平均为0.268，高出样本期均值5.10%。当时始于2005年5月的股权分置改革在2007年5月已基本结束，这说明股权分置改革对沪市一体化有一定的促进作用。

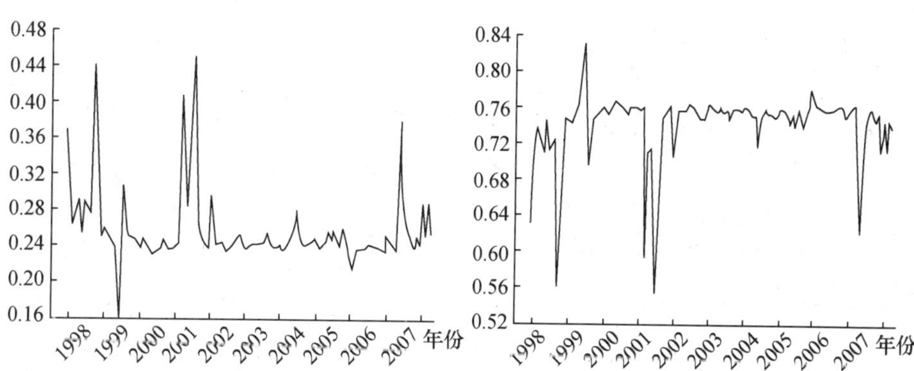

图3－4a　沪市市场一体化程度

（预测概率：$\varphi_{t-1}=pr\left[S_t=0 \mid I_{t-1}\right]$）

图3－4b　沪市市场分割程度

（预测概率：$1-\varphi_{t-1}=pr\left[S_t=1 \mid I_{t-1}\right]$）

（二）深市

1. 模型参数的估计值

对于深市，方程（3－6）的参数估计结果见表3－4。除了参数μ_1和

μ_2 继续不显著外，参数 q 和 μ_4 亦不显著，其余参数均在 5% 的显著水平下高度显著。值得注意的是，与沪市不同，深市与分割状态相关的参数 q、μ_2 和 μ_4 均不显著，显示深市 A 股、B 股市场更多地体现为一体化。事实上，由估计出的 p 和 q 的值可以看出，深市总体而言 A 股、B 股市场处于完全一体化状态（$S_t=0$）的延续性强于完全分割状态（$S_t=1$），完全一体化状态得以维持的概率是 0.82047，平均持续期约为 5.57 个月［=1/（1－0.0.82047）=5.57］；而市场完全分割状态得以维持的概率是 0.27007，平均持续期约为 1.37 个月［=1/（1－0.27007）=1.37］。无论是从估计参数的显著性，还是从状态维持概率和平均持续时间长短来看，深市 A 股、B 股市场更多地体现为一体化。

表 3－4　深市模型参数的估计结果（1999 年 1 月至 2007 年 2 月）

系数	P	q	μ_1	μ_2	μ_3	μ_4	σ_1	σ_2
估计值	0.82047	0.27007	0.01896	0.02962	－9.95944	8.63243	0.05949	0.21485
标准误	0.06963	0.14762	0.00830	0.08250	1.46015	3.78611	0.00578	0.04275
t 值	11.7831	1.82948	2.28311	0.35900	6.82085	2.28002	10.28678	5.02517
P 值	0.00060	0.17619	0.13079	0.54906	0.00901	0.13105	0.00134	0.02498
l	90.11531							

2. 市场分割与一体化程度的估计

图 3－5a 和图 3－5b 分别显示了深市市场一体化程度在样本期的演变轨迹。从图 3－5a 可以看出，同沪市相似，深市 A 股、B 股市场间一体化程度在样本前期程度较高，变化较为剧烈，而后期则变化较为平缓。深市总体平均一体化程度为 0.788777。同样值得注意的是，2001 年 4—9 月，深市市场平均一体化程度为 0.79966，与总体平均值相差不大，但变化剧烈。在此之后，深市市场一体化程度变化趋缓，一体化程度与样本期平均值接近。这一现象说明，与沪市相似，2001 年 2 月 19 日 B 股开始对境内居民开放，同样在短期内增加了市场一体化程度，但长期影响不大。深市市场分割程度与一体化程度正好相反，变动情况与市场一体化类似，在此不一一赘述。

3. 模型稳定性检验

与沪市一样，也从下面两个方面检验模型的稳定性：

（1）滤波概率和平滑概率。为了检验深市模型的稳定性，深市市场一体化或分割程度的滤波概率和平滑概率推断分别见图 3－6a、图 3－6b、图 3－7a 和图 3－7b。将滤波概率和平滑概率图与上文的预测概率图进行比较，可以看出，虽然滤波概率和平滑概率的市场一体化程度的平均值分别为 0.648215、0.628641，与预测概率的市场一体化程度的均值 0.788777 有所不同，但市场一体化程度的变动趋势基本一致，同样说明深市市场内在变动结构具有一定稳定性。基于上文对预测概率、滤波概率和平滑概率三者的说明，可以断定深市滤波概率和平滑概率对市场一体化程度的推断与预测概率具有一致性，因此，深市市场一体化程度的推断具有稳健性。

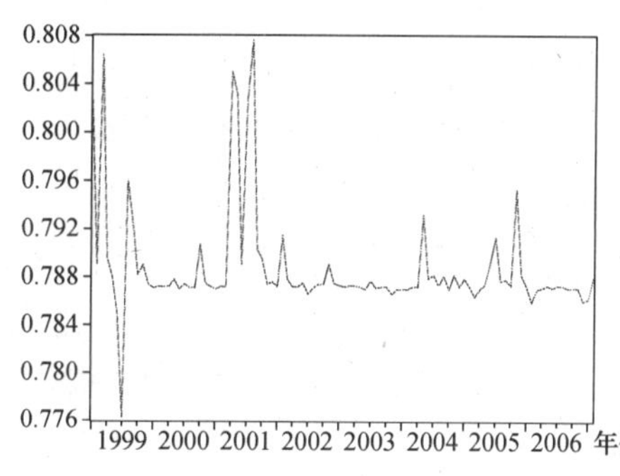

图 3－5a　深市市场一体化程度

（预测概率：$\varphi_{t-1}=pr[S_t=0 \mid I_{t-1}]$）

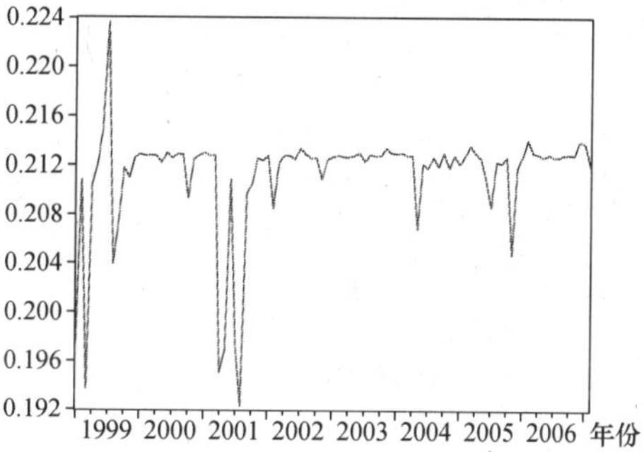

图 3－5b　深市市场分割程度

（预测概率：$1-\varphi_{t-1}=pr[S_t=1 \mid I_{t-1}]$）

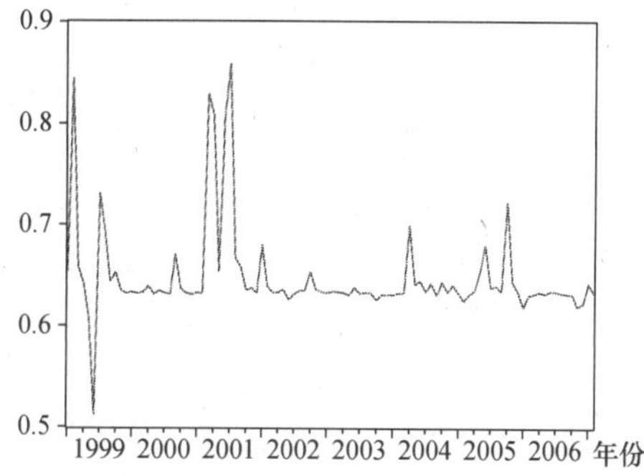

图 3－6a　深市市场一体化程度

（滤波概率：$pr[S_t=0 \mid I_t]$）

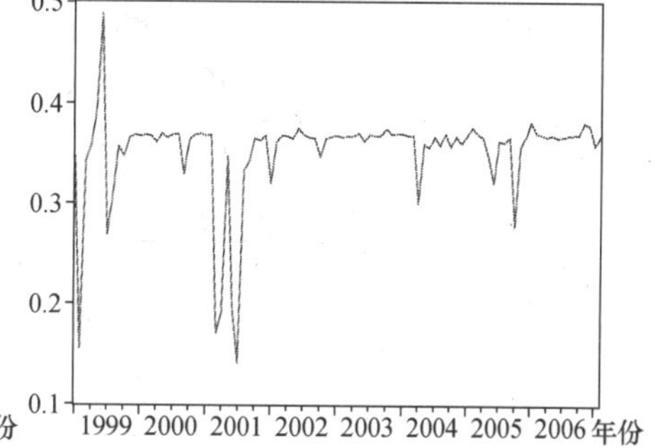

图 3－6b　深市市场分割程度

（滤波概率：$pr[S_t=1 \mid I_t]$）

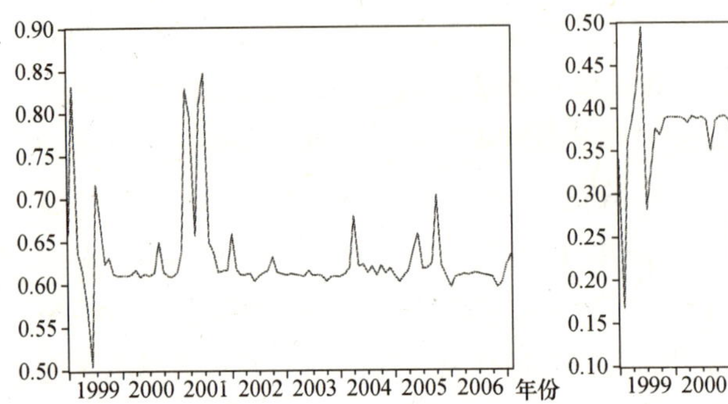

图 3－7a　深市市场一体化程度

（平滑概率：$pr\ [S_t=0 \mid I_T]$）

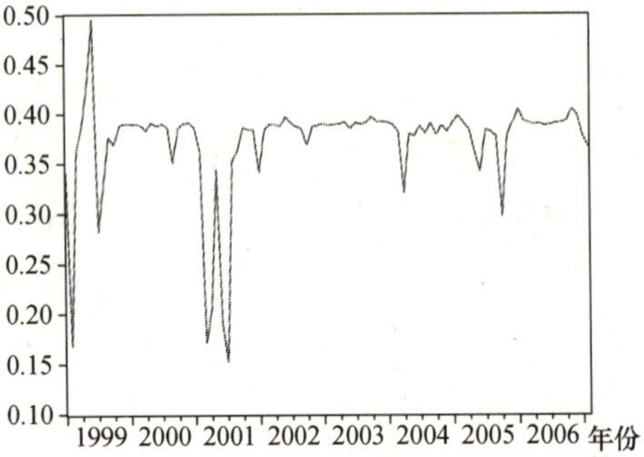

图 3－7b　深市市场分割程度

（平滑概率：$pr\ [S_t=1 \mid I_T]$）

（2）样本区间。同沪市一样，当把样本区间也扩大到 1997 年 1 月至 2008 年 4 月后，重新估计方程（3－6），深市得到的结果与样本区间为 1999 年 1 月至 2007 年 2 月的结果基本一样。

当把样本期间扩大后，与沪市不同，深市与分割状态相关的参数 q、μ_2 和 μ_4 一样均不显著。由估计出的 p 和 q 值可以看出，总体而言，深市 A 股、B 股市场处于完全一体化状态（$S_t=0$）的延续性强于完全分割状态（$S_t=1$），完全一体化状态得以维持的概率是 0.693，平均持续期约为 3.257 个月［＝1/（1－0.693）＝3.257］；而市场完全分割状态得以维持的概率是 0.251，平均持续期约为 1.335 个月［＝1/（1－0.251）＝1.335］。

表 3－5　深市模型参数的估计结果

（1997 年 1 月至 2008 年 4 月）

系数	p	q	μ_1	μ_2	μ_3	μ_1	σ_1	σ_2
估计值	0.693	0.251	0.015	0.046	－8.920	2.065	0.056	0.220
t 值	6.343	1.838	1.807	0.823	6.578	0.936	6.258	6.375
P 值	0.012	0.175	0.179	0.364	0.010	0.333	0.012	0.012
l	102.697							

图 3－8a 和图 3－8b 分别显示深市市场一体化和分割程度在样本期 1997 年 1 月至 2008 年 4 月内的演变轨迹。深市总体平均一体化程度为 0.551。从图 3－8a 可以看出，同沪市相似，深市 A 股、B 股市场间一体

化程度在样本前期程度较高，变化较为剧烈，说明亚洲金融风暴对深市A股、B股市场一体化也有较明显的干扰作用。同样值得注意的是，2001年2—9月，市场一体化程度分别为0.545、0.850、0.535、0.547、0.590、0.620、0.543、0.560，3月和7月分别达到峰值0.850和0.620；在此期间深市市场平均一体化程度为0.599，比总体平均值高出8.171%。这说明，B股对境内居民开放同样在短期内增加了市场一体化程度，但长期影响不大。此后，深市市场一体化程度变化趋缓，一体化程度与样本期平均值接近，A股对外开放和股权分置改革似乎对深市一体化进程影响不大。

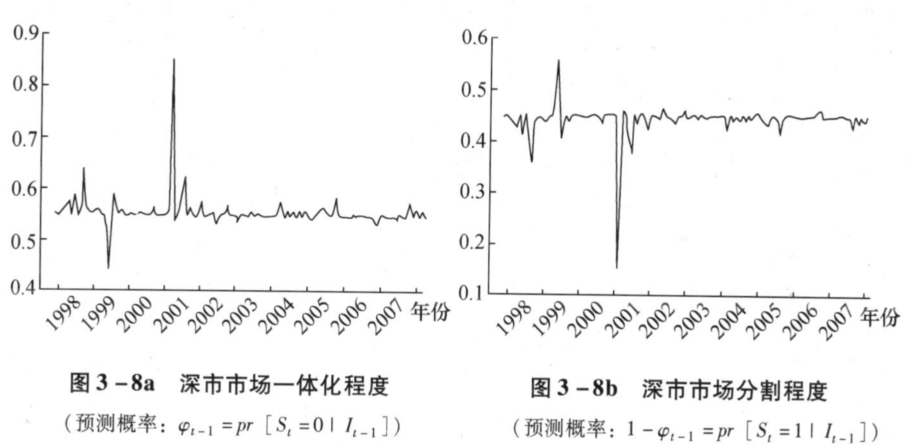

图3-8a　深市市场一体化程度

（预测概率：$\varphi_{t-1}=pr\left[S_t=0 \mid I_{t-1}\right]$）

图3-8b　深市市场分割程度

（预测概率：$1-\varphi_{t-1}=pr\left[S_t=1 \mid I_{t-1}\right]$）

第三节　沪市与深市一体化程度比较

在上节对沪市和深市一体化程度演进的具体阐述基础上，本节对两者进行比较分析。沪市和深市一体化演进呈现不同规律，主要表现在如下方面。

一　市场一体化程度

沪市在1999年1月至2007年2月整个样本期内，模型参数估计基本显著，市场平均一体化程度为0.4733，市场处于完全一体化状态（$S_t=0$）的延续性强于完全分割状态（$S_t=1$），完全一体化状态得以维持的概率是0.7404，平均持续期约为3.85个月；市场完全分割状态得以维持的概率是0.6202，平均持续期约为2.63个月，完全一体化状态平均持续期与完全分割状态平均持续期的比值为1.4638（3.85÷2.63）。而深市在整个样本期内，与分割状态相关的参数基本不显著，总体平均一体化程度为0.7888，市场处于完全一体化状态（$S_t=0$）的延续性更强于完全分割状态（$S_t=1$），其完全一体化状态得以维持的概率是0.8205，平均持续期为5.57个月；市场完全分割状态得以维持的概率是0.2701，平均持续期仅为1.37个月，完全一体化状态平均持续期与完全分割状态平均持续期的比值为4.0656（5.57÷1.37）。

如果考虑1997年亚洲金融危机这一重大事件时，一旦扩大样本区间到1997年1月至2008年4月时，得到的结论基本类似，也说明两市受到的市场驱动力量基本相同。沪市在整个样本期内平均一体化程度为0.255，完全一体化状态平均持续期与完全分割状态平均持续期的比值为1.385（4.016÷2.899）。而深市一体化程度平均值为0.551，完全一体化状态平均持续期与完全分割状态平均持续期比值为2.440（3.257÷1.335）。

由此可见，美国次贷危机发生之前，无论是从市场一体化程度的平均值，还是从平均持续时间的相对大小来看，总体而言，深市A股、B股市场间的一体化程度高于沪市，深市市场更多地体现为一体化。两市与完全一体化仍有一定的距离。沪深两市一体化程度的不同可能与两市的地理位置有关，也即所谓的“国内偏好”现象。虽然现代通信工具发达，相关信息可以瞬间到达世界各地，投资者可以最优投资组合原理来构建投资组合，以实现利润最大化。但正如Karolyi和Stulz（2003）所总结的：投资者在进行投资组合时往往偏离最优投资组合原则，将自己所熟悉的、国内的股票权重设置过大，即所谓的“国内偏好”现象。由于B股的购买者多为港澳客户，而深交所毗邻港澳，“国内偏好”现象较强，使得深市B股对A股的信息引导相对较强，A股、B股之间互动性优于沪市，从而导致深市一体化程度高于沪市。

二　市场一体化程度变动趋势

1999年1月至2007年2月整个样本期市场一体化程度的变化趋势来看，沪市和深市变动趋势基本相同，说明两市所受到的市场驱动力量基本相同。B股对境内居民开放，对沪市和深市市场一体化程度影响大体相同，均是短期影响较大，长期影响较小。但在此期间，B股对境内居民开放这一事件对沪市一体化影响程度要大于深市。

如果考虑到 1997 年亚洲金融危机这一重大事件时，一旦扩大样本区间到 1997 年 1 月至 2008 年 4 月时，得到的结论都说明两市所受到的市场驱动力量基本相同。两市在前期变动的趋势基本相同，亚洲金融风暴对两市一体化均有干扰作用；B 股对境内居民开放事件对两市一体化程度影响大体相同，短期影响都较大。但其对沪市的影响程度要大于深市，因为沪市这一时期一体化程度的平均值比样本期增加了 25.88%，而深市仅为 8.71%。在后期，两市均经历一段相对平缓的时期，但到尾期，沪市一体化程度有增强趋势，平均一体化程度高出样本期均值 5.10%，而深市则变化不明显。

第四章　中国股票市场间的信息流动与一体化演进

上一章从资产定价角度，以是否遵循相同定价模式作为市场分割与一体化的判断标准，对次贷危机之前的中国股票市场一体化程度进行了直接、定量测定。根据文献综述中对市场一体化判断标准的评述，本章进一步从信息流动的角度，加入2007年次贷危机重大事件冲击的影响，通过分析中国股票市场间收益和波动溢出效应，间接探讨中国股票市场一体化的演进。

根据价格发现理论，股票价格的变化是一个不断反应新信息而寻求均衡的过程，信息领先市场的收益率有助于预测信息落后市场的收益率，因而信息流动与收益率溢出效应有关（Schreiber and Schwartz，1986）。同时，罗斯（Ross，1989）通过无套利定价模型证明了信息流动也与价格的波动密切相关。金融市场的波动程度不仅受自身过去几期波动程度的影响还可能受到别的市场波动程度的制约，这种市场间波动的传导便称为“波动溢出效应”。当金融市场完全分割时，风险不可能在各个市场间传递。这也就是为什么中国能在1997—1998年亚洲金融危机中幸免的主要原因。然而，当金融市场一体化时，一旦受到相同的外界冲击时，风险将在各个市场之间相互传递。风险溢出效应存在的另一种可能性就是金融风险的“传染性”。投资者往往试图根据一个市场的价格变化推测其他市场的价格变化，使得一个市场价格的巨大变动常常导致另一个市场发生相同的变动而不管其基本面是否发生改变。另外，即使风险是在某个局部市场产生的或只具有这个市场的独有特征，但由于市场一体化，风险仍有可能传递到其他市场。

溢出效应和信息流动反映了市场分割与一体化的状况，如果两个市场是完全一体化的，则彼此间溢出效应存在，信息在两个市场相互流动；如果两个市场是完全分割的，则相互间溢出效应不存在，信息互不流动。因此，本章研究的一个自然延伸就是同时考虑A股、B股间的收益和波动溢出效应，检验信息流动的状况，通过比较不同时期的溢出效应和信息流动的差异来分析次贷危机前后中国A股、B股市场的一体化进程。考虑到非

A 股市场的多样性，在 A 股、B 股市场间信息流动探讨的基础上，本章还进一步分析了非 A 股市场之间，即 B 股与 H 股及红筹股之间的信息流动情况，以期对中国股票市场间信息流动情况有更全面的了解。

为了促进股票市场的发展和完善，中国政府采取了诸多政策措施，如 1996 年 12 月 16 日开始实行涨跌停板制度，2001 年 2 月 19 日 B 股开始向境内居民开放，2002 年 12 月 1 日 A 股开始对国外合格机构投资者（QFII）开放，2004 年沪深市市场功能重新定位，2005 年开始实施股权分置改革，以及随后推出的 QDII 制度和股指期货制度，等等。那么，这些制度的实施对中国股票市场一体化进程有何影响呢？为此，本章将中国股票市场发展划分为若干个子时期，具体检验这些政策实施对中国股票市场一体化的影响，从而为进一步促进中国股票市场一体化的相应政策制定和措施实施提供经验依据和启示。

本章在现有研究基础上，从如下几方面进行拓展：（1）采用双变量 GARCH－M 模型同时从股票收益和波动两个方面统一分析 A 股、B 股间的溢出效应，双变量 GARCH－M 模型能较好地刻画金融资产的收益与风险密切相关，且均值方程中的方差变量又通过方差矩阵方程将收益率与协方差，即市场相关性所包含的有效信息联系起来。同时，考虑到沪市和深市可能存在的特殊性，本书在考虑 B 股对内开放、A 股对外开放等重大事件的基础上，分别对沪市和深市股票市场的一体化进程进行了探讨，以期能找到两个市场之间的差异及其根源。（2）采用二维向量模型同时从股票收益和波动两个方面统一分析 B 股与 H 股及红筹股之间的溢出效应与信息流动，而已有文献主要探讨 A 股与 H 股和红筹股之间的溢出效应与信息流动，且多是从股票收益或波动单方面进行；B 股、H 股和红筹股虽同属非 A 股，但它们既相互联系亦相互区别，形成了中国特有的一种证券市场结构。因此，考察它们之间信息流动情况，是对分析 A 股与 B 股市场间信息流动的一个必要补充。

第一节　中国 A 股与 B 股市场间的信息流动

随着中国股权分置改革的顺利推进和资本市场制度的逐渐完善，A 股、B 股市场合并问题日益凸显。

B 股市场是一个历史性产物，是在需要外部融资而又不能对外开放资本市场的特定历史情况下的一种过渡性制度安排。A 股市场与 B 股市场分割运行使价格信号作用混乱，阻碍了信息的相互传递，不利于资本市场均衡价格的形成，影响了金融市场的资源配置效率，因此政府逐步采取措施减小这种效率的损失。最有代表性的措施是 2001 年 2 月 19 日 B 股市场对境内居民开放，以及 2002 年 12 月 1 日 A 股对国外合格机构投资者（QFII）开放。那么，这些政策的实施效果如何，对 A 股与 B 股市场的并轨运行产生了怎样的渐进影响？弄清这些问题，无论是理论上对分割市场均衡价格的探讨，还是现实意义上对后续政策的具体制定和实施，都具有重要意义。

一　数据分析

本章选用 1996 年 12 月 16 日至 2013 年 7 月 8 日期间的上海 A 股综合指数和 B 股综合指数、深圳 A 股成分指数和 B 股成分指数的日收盘价作为样本。以 1996 年 12 月 16 日为样本起始点，是因为自该日起开始实施涨跌停板制度，而涨跌停板制度对股市波动产生的影响较大（张剑等，2002），且此前市场极不完善、B 股市场规模较小。数据源于 Wind 资讯。在此期间，2001 年 2 月 19 日 B 股开始对境内居民开放，2002 年 12 月 1 日 A 股开始对国外合格机构投资者（QFII）开放。这些制度的实施使得 A 股和 B 股市场的投资者结构发生较大的变化，直接影响了 A 股、B 股间的收益和波动溢出效应。此外，2007—2009 年期间爆发的金融危机对全球经济及股票市场产生了严重冲击，这场金融危机从 2007 年 8 月 9 日开始浮现。在 2008 年 9 月 15 日次贷危机加剧的形势下，时为美国第四大投行的雷曼兄弟宣布了申请破产保护，金融危机愈演愈烈，并导致多间大型金融机构倒闭或被政府接管。而 2009 年之后，全球经济基本进入了后金融危机时代。因此，本章进一步以上述事件日作为断点将总样本分为 1996 年 12 月 16 日至 2001 年 1 月 19 日、2001 年 3 月 19 日至 2002 年 11 月 1 日、2003 年 1 月 1 日至 2007 年 7 月 9 日、2007 年 9 月 9 日至 2009 年 12 月 31 日、2010 年 2 月 1 日至 2013 年 7 月 8 日。[①] 从稳健性的角度来看，应选取在 A 股、B 股市场同时上市的公司股票构建沪深市场的组合收益率来进行检验；但由于绝大多数 B 股公司同时发行了 A 股，而本书主要从整体上考虑沪深两市 A 股、B 股

① 为了减少事件发生产生的噪声影响，在构造各子样本时除去了事件发生日前后一个月的数据。

市场的一体化进程，因而可以用 A 股指数收益率代替同时在两个市场上市的公司所构成的 A 股的加权收益率，故选取上述依价值权重计算得到的 A 股、B 股指数应已足够。股票日收益率的计算采用对数之差，即：

$$r_{i,t} = \ln(P_{i,t}) - \ln(P_{i,t-1}) \tag{4-1}$$

式中，r 代表日对数收益率，t 代表时期，P 代表股市收盘指数，i 代表 A 股和 B 股。

沪市和深市在整个样本时期日收益率的基本统计特征见表 4 - 1。从表中 A 栏可以看出，沪深两市 A 股的平均收益均比 B 股小。沪深市 B 股收益率的标准差均比 A 股收益率的标准差大，显示 B 股的波动性比 A 股大。两市 A 股收益率的偏度均为负值，说明 A 股收益率分布具有长的左尾；B 股收益率的偏度均为正值，其绝对值比 A 股的大，说明 B 股收益率具有较长的右尾，在很大程度上源于 2001 年 2 月 B 股对境内居民开放，致使大多数 B 股连续一周涨停，使得 B 股收益率序列含有一些异常大的正值（赵留彦等，2003）。沪深 A 股、B 股的峰度都显著大于 3，表明它们的分布具有显著的厚尾特征。无论是从偏度值还是峰度值看，沪深 A 股、B 股的收益率均不服从正态分布，Jarque - Bera 统计量在 1% 水平下高度不显著也证实了这一点。沪深两市 A 股收益率的一阶自相关系数较小，B 股则较大，两者 3 阶 Ljung - BoxQ 统计量均高度显著，表明 A 股、B 股收益率均存在自相关现象，且 B 股自相关比 A 股的严重。沪深 A 股、B 股平方收益率的一阶自相关系数都大于 0.2，3 阶 Ljung - Box Q 统计量均高度显著，说明 A 股、B 股平方收益率自相关显著，A 股、B 股收益率存在显著的 ARCH 效应，因此可通过 ARCH 族模型来刻画收益率波动的时变性和聚类性。依 AIC 最优准则，10 阶滞后含截距项的 ADF 检验统计量均高度显著，说明 A 股、B 股收益率序列都是平稳序列。

表 4 - 1 中的 B 栏显示，沪深 A 股、B 股收益率同期相关系数较大，滞后一期的跨期互相关系数较小，说明在整个样本期内 A 股、B 收益率同期关联性较大，跨期较弱，但跨期较弱并不能排除在子样本期内跨期互相关系数较大的可能性。平方收益率同期和滞后一期的跨期互相关系数，除了沪市 A 股滞后一期的平方收益率与 B 股当期平方收益率的相关系数只有 0.0994 外，其余均大于 0.1，说明沪深 A 股、B 股收益率的波动关联性较强，彼此间同期和跨期均相互影响，相互间可能存在波动溢出效应，因此在模型的方差方程设定中既要考虑方差影响，也要考虑协方差影响。

表 4 - 1 沪深市场指数日收益率基本统计特征

(1996 年 12 月 16 日至 2013 年 7 月 8 日)

	A 栏：基本统计特征和平稳性检验			
	A 股		B 股	
	$r_{A,H}$	$r_{A,S}$	$r_{B,H}$	$r_{B,S}$
均值	0.0003	0.0003	0.0006	0.0006
标准差	0.0168	0.0188	0.0228	0.0221
偏度	-0.1468	-0.1243	0.2603	0.2631
峰度	7.7246	6.6444	6.9697	6.8449
ρ	-0.0050	0.0380	0.1030	0.0750
ρ^2	0.2190	0.2010	0.2510	0.2760
Q (3)	12.24 [<0.01]	27.95 [<0.01]	57.77 [<0.01]	28.24 [<0.01]
Q2 (3)	374.94 [<0.01]	409.29 [<0.01]	622.14 [<0.01]	626.97 [<0.01]
Jarque - Bera	3727.515 [<0.01]	2225.519 [<0.01]	2673.583 [<0.01]	2511.838 [<0.01]
ADF 统计量	-63.844 [<0.01]	-61.074 [<0.01]	-33.572 [<0.01]	-58.797 [<0.01]
观测值个数	4003	4003	4003	4003
滞后阶数	B 栏：A 股、B 股日收益率及平方日收益率的相关系数			
	沪市		深市	
	r_t	r_t^2	r_t	r_t^2
1	-0.0112	0.1123	0.0079	0.1314
0	0.6619	0.4678	0.6463	0.5004
-1	0.0081	0.0994	0.0170	0.1382

说明：表中括号里的值为检验统计量的 p 值，后面的表中符号类似，不再说明。滞后阶数是指相对于 A 股的 B 股滞后阶数。

二　模型设定及估计方法

综合上述数据分析及上文关于溢出效应与信息流动检验的阐述，可采用如下双变量 GARCH 模型：

$$\begin{pmatrix} r_{1t} \\ r_{2t} \end{pmatrix} = \begin{pmatrix} \mu_1 + \delta_1 h_{11,t} \\ \mu_2 + \delta_2 h_{22,t} \end{pmatrix} + \begin{pmatrix} \theta_{11}\theta_{12} \\ \theta_{21}\theta_{22} \end{pmatrix} \begin{pmatrix} e_{1,t-1} \\ e_{2,t-1} \end{pmatrix} + \begin{pmatrix} e_{1t} \\ e_{2t} \end{pmatrix} \tag{4-2}$$

$$e_t \mid \Omega_{t-1} \sim N(0,\ H_t) \tag{4-3}$$

$$H_t = C'C + D'e_{t-1}e'_{t-1}D + E'H_{t-1}E \tag{4-4}$$

其中：

$$C=\begin{pmatrix}\omega_{11} & \omega_{12}\\ 0 & \omega_{22}\end{pmatrix},\qquad D=\begin{pmatrix}\alpha_{11} & \alpha_{12}\\ \alpha_{21} & \alpha_{22}\end{pmatrix},\qquad E=\begin{pmatrix}\beta_{11} & \beta_{12}\\ \beta_{21} & \beta_{22}\end{pmatrix}$$

这里，$(r_{1t},\ r_{2t})'$为收益率向量，r_{1t}、r_{2t}分别为 A 股和 B 股的日对数收益率。随机扰动项向量为（e_{1t}，e_{2t}）′，其基于 $t-1$ 期信息集 Ω_{t-1}的条件方差—协方差矩阵为 H_t，假定残差向量服从（0，H_t）的正态分布。$\mu_1+\delta_1 h_{11,t}$和$\mu_2+\delta_2 h_{22,t}$分别为 A 股和 B 股预期收益率，δ 测度 A 股和 B 股风险—收益之间的相关关系。参数 θ_{11}、θ_{22}分别代表 A 股和 B 股对自身未预期信息的滞后反应，θ_{12}、θ_{21}则分别代表 B 股对 A 股、A 股对 B 股的收益溢出效应。

方程（4－4）采用 Engle 和 Kroner（1995）的 BEKK 设定方式来刻画条件方差—协方差矩阵 H_t 的动态特征，H_t 是滞后一期的 H_{t-1}和残差平方（$e_{t-1}e_{t-1}'$）的线性函数。参数矩阵 C 为上三角形，D 和 E 则为一般矩阵。H_t 的这种动态结构设定能确保条件方差—协方差矩阵 $\mathrm{H_t}$ 是正定的。h_{11}为 A 股的条件方差，h_{22}为 B 股的条件方差，h_{12}为 A 股、B 股的条件协方差。A 股、B 股间的条件方差相互影响通过矩阵 D 和 E 的非对角元素来表示，具体说来，参数β_{12}、α_{12}代表 A 股对 B 股的波动溢出效应，β_{21}、α_{21}代表 B 股对 A 股的波动溢出效应。

若样本个数为 N，残差向量服从二元正态分布，则模型的对数似然函数为：

$$l=-N\ln(2\pi)-\frac{1}{2}\sum_{t=1}^{N}(\ln|H_t|+e'_t H_t^{-1}e_t) \tag{4-5}$$

为了对模型进行稳健估计，必须先得到各参数初值。为此，首先对下列两个方程进行单变量 GARCH（1，1）－M 估计：

$$r_{1,t}=\mu_1+\delta_1 h_{11,t}+\theta_{11}e_{1,t-1}+e_{1,t} \tag{4-6}$$

$$r_{2,t}=\mu_2+\delta_2 h_{22,t}+\theta_{22}e_{2,t-1}+e_{2,t} \tag{4-7}$$

取方程（4－6）和方程（4－7）中μ_1、μ_2、δ_1、δ_2、θ_{22}的估计值为各自双变量 GARCH－M 模型中相应系数的初始值，取方程（4－6）和方程（4－7）中条件方差方程参数估计值的正平方根作为双变量 GARCH 模型中所对应的矩阵 C、D 和 E 对角元素初始值，其余参数的初值均取 0。然后利用初始值对双变量 GARCH（1，1）－M 模型进行估计，估计方法为 BHHH 算法。

表 4-2 沪深市双变量 GARCH-M 模型系数估计结果

参数	1996 年 12 月 16 日至 2001 年 1 月 19 日		2001 年 3 月 19 日至 2002 年 11 月 1 日		2003 年 1 月 1 日至 2007 年 7 月 9 日		2007 年 9 月 9 日至 2009 年 12 月 31 日		2010 年 2 月 1 日至 2013 年 7 月 8 日	
	沪市	深市	沪市	深市	沪市	深市	沪市	深市	沪市	深市
θ_{11}	-0.0047	0.0315	0.0717	0.1038*	0.0230	-0.0531	-0.0716	0.0277	0.0445	-0.0105
θ_{12}	0.0114	0.0024	-0.0448*	-0.0872***	0.0129	0.1017***	0.1549**	0.0420	-0.0553	0.0000
θ_{21}	-0.0501	-0.0034	-0.0867	-0.0067	-0.0218	-0.0573	-0.1834***	-0.0941	-0.0185	-0.0003
θ_{22}	0.1979***	0.0922**	0.0870	-0.0878*	0.1603***	0.1443***	0.3129***	0.1284	0.0561	0.1365**
β_{11}	0.9311***	0.9691***	0.8228***	0.8989***	1.0081***	1.1200***	0.9349***	0.9276***	1.0194***	0.9808***
β_{12}	0.0235	0.0496***	-0.1187***	-0.0346	0.1551***	0.3124***	0.1171*	0.0240	0.1174***	0.0047
β_{21}	-0.0102	-0.0208***	0.0064	-0.0151	-0.0537***	-0.1950***	-0.0399	0.0297	-0.0558***	0.0012
β_{22}	0.8695***	0.8612***	0.9377***	0.8776***	0.7423***	0.6274***	0.7603***	0.8966***	0.8049***	0.9590***
α_{11}	0.3495***	0.2746***	0.5859***	0.5069***	0.1466***	-0.0344	0.1266*	0.3309***	-0.0082	0.1224***
α_{12}	-0.0633	0.0053	0.2784***	0.2288***	-0.3653***	-0.5604***	-0.2336***	0.0097	-0.4066***	0.0004
α_{21}	0.0144	0.0040	-0.0127	0.0196	0.0968***	0.2275***	0.2902***	-0.0342	0.1501***	0.0019
α_{22}	0.4361***	0.3425***	0.3380***	0.4458***	0.7136***	0.6309***	0.7487***	0.2921***	0.5572***	0.1866***
对数似然值	5056.325	4926.385	2260.872	2239.696	6510.163	6309.864	3071.580	2263.215	5324.363	4391.247

为了检验 A 股对 B 股的收益溢出效应，原假设为：H_0：$\theta_{21}=0$，即 A 股的收益仅受过去自身残差影响，与 B 股的收益无关。B 股对 A 股的收益溢出效应检验的原假设为：H_0：$\theta_{12}=0$。A 股对 B 股波动溢出效应检验的原假设为：H_0：$\beta_{12}=0$，$\alpha_{12}=0$，B 股对 A 股的波动溢出效应检验的原假设为：H_0：$\beta_{21}=0$，$\alpha_{21}=0$。所有检验均采用 Wald 检验，收益溢出效应的检验统计量服从自由度为 1 的卡方分布，波动溢出效应的检验统计量服从自由度为 2 的卡方分布。

三 模型估计与检验结果分析

（一）参数估计结果

从参数估计结果表 4－2 看[①]，大多数参数显著异于零，双变量 GARCH－M 模型较好地模拟了中国股市特征。沪深两市条件均值方程中来自 A 股市场自身滞后一期新生（冲击）$e_{1,t-1}$对 A 股收益条件均值的影响系数 $\hat{\theta}_{11}$在五个时期中几乎均不显著（除深市 2001 年 3 月 19 日至 2002 年 11 月 1 日期间外），来自 B 股市场自身滞后一期冲击 $e_{2,t-1}$对 B 股收益条件均值的影响系数 $\hat{\theta}_{22}$有的显著，有的则不显著。反映 A 股、B 股之间收益溢出效应的系数 $\hat{\theta}_{12}$和 $\hat{\theta}_{21}$，沪深两市在第一个样本期内均不显著异于零，在第二个样本期内，B 股对 A 股收益溢出效应 $\hat{\theta}_{12}$均显著异于零，分别为－0.0449和－0.0872，而 A 股对 B 股收益溢出效应 $\hat{\theta}_{21}$均不显著。在第三个样本期内，只有深市 B 股对 A 股收益溢出效应 $\hat{\theta}_{12}$显著异于零。在第四个样本期内，沪市中 B 股对 A 股收益溢出效应 $\hat{\theta}_{12}$以及 A 股对 B 股收益溢出效应 $\hat{\theta}_{21}$均显著异于零，分别为 0.1549 和－0.1834。在第五个样本期内，则均不显著。

条件方差方程中，$\hat{\alpha}_{11}$和 $\hat{\beta}_{11}$、$\hat{\alpha}_{22}$和 $\hat{\beta}_{22}$基本在五个阶段均显著异于零，表明沪深两市 A 股、B 股波动均存在明显的时变性。而反映 A 股、B 股市场之间波动溢出效应的系数 $\hat{\alpha}_{12}$和 $\hat{\beta}_{12}$、$\hat{\alpha}_{21}$和 $\hat{\beta}_{21}$有的显著，有的不显著，因此，对 A 股、B 股市场之间收益和波动溢出效应需要进一步检验。

---

① 为简洁起见，表中没有列出单变量 GARCH 模型的估计结果，以及矩阵 C 中各元素、μ 和 δ 系数的估计值。

（二）溢出效应与信息流动的检验

从表 4－3、表 4－4 中，A 股、B 股间收益和波动的溢出效应检验结果可以看出，B 股对外开放前，沪市 A 股、B 股间收益和波动溢出效应的 Wald 检验统计量都不显著，表明 A 股与 B 股间收益和波动溢出效应均不存在。而深市 Wald 检验显示 A 股、B 股相互间收益溢出效应都不存在，但波动溢出效应存在。在 B 股对内开放后和 A 股对外开放之前的第二阶段，沪市 Wald 检验结果表明 A 股对 B 股的收益溢出效应不存在，而波动溢出效应存在；B 股对 A 股的收益溢出效应存在，但波动溢出效应不存在。深市 A 股对 B 股收益波动溢出效应不存在，但波动溢出效应存在；B 股对 A 股的收益溢出效应存在，但波动溢出效应不存在。

A 股对外开放后，沪市 A 股、B 股间不存在相互的收益溢出效应，A 股对 B 股存在波动溢出效应，但 B 股对 A 股不存在波动溢出效应。深市 A 股对 B 股的收益溢出效应不存在，B 股对 A 股的收益溢出效应在 10% 的显著水平下存在，A 股、B 股之间的波动溢出效应存在。

第四阶段，即 2007 年美国次贷危机引起的全球金融危机阶段，沪市 A 股、B 股间不存在相互收益溢出和波动溢出效应。而深市 A 股、B 股间却存在显著的相互收益溢出和波动溢出效应。

后金融危机阶段，沪市 A 股、B 股间不存在相互的收益溢出效应，但相互的波动溢出效应均显著。而深市 A 股、B 股却相反，存在相互的收益溢出效应，但波动溢出效应不显著。

表 4－3　　沪市 A 股与 B 股间收益和波动溢出效应检验
（1996 年 12 月 16 日至 2013 年 7 月 8 日）

样本期	不存在 A 股向 B 股的收益溢出效应 $H_0: \theta_{21}=0$	不存在 A 股向 B 股的波动溢出效应 $H_0: \alpha_{12}=\beta_{12}=0$	不存在 B 股向 A 股的收益溢出效应 $H_0: \theta_{12}=0$	不存在 B 股向 A 股的波动溢出效应 $H_0: \alpha_{21}=\beta_{21}=0$
1996 年 12 月 16 日至 2001 年 1 月 19 日	Wald = 1.39 [0.2390]	Wald = 2.34 [0.3108]	Wald = 0.57 [0.4522]	Wald = 2.13 [0.3450]
2001 年 3 月 19 日至 2002 年 11 月 1 日	Wald = 1.36 [0.2432]	Wald = 19.78 [0.0001]	Wald = 2.98 [0.0842]	Wald = 0.22 [0.8946]

续表

样本期	不存在 A 股向 B 股的收益溢出效应 H_0：$\theta_{21}=0$	不存在 A 股向 B 股的波动溢出效应 H_0：$\alpha_{12}=\beta_{12}=0$	不存在 B 股向 A 股的收益溢出效应 H_0：$\theta_{12}=0$	不存在 B 股向 A 股的波动溢出效应 H_0：$\alpha_{21}=\beta_{21}=0$
2003 年 1 月 1 日至 2007 年 7 月 9 日	Wald = 0. 20 [0. 6562]	Wald = 186. 9 [0. 0000]	Wald = 0. 26 [0. 6105]	Wald = 26. 96 [0. 0000]
2007 年 9 月 9 日至 2009 年 12 月 31 日	Wald = 1. 84 [0. 1746]	Wald = 1. 13 [0. 5674]	Wald = 0. 56 [0. 4533]	Wald = 1. 00 [0. 6057]
2010 年 2 月 1 日至 2013 年 7 月 8 日	Wald = 0. 04 [0. 8331]	Wald = 70. 58 [0. 0000]	Wald = 1. 13 [0. 2880]	Wald = 41. 80 [0. 0000]

表 4－4　　深市 A 股与 B 股间收益和波动溢出效应检验

样本期	不存在 A 股向 B 股的收益溢出效应 H_0：$\theta_{21}=0$	不存在 A 股向 B 股的波动溢出效应 H_0：$\alpha_{12}=\beta_{12}=0$	不存在 B 股向 A 股的收益溢出效应 H_0：$\theta_{12}=0$	不存在 B 股向 A 股的波动溢出效应 H_0：$\alpha_{21}=\beta_{21}=0$
1996 年 12 月 16 日至 2001 年 1 月 19 日	Wald = 0. 01 [0. 9366]	Wald = 18. 14 [0. 0001]	Wald = 0. 02 [0. 8922]	Wald = 16. 01 [0. 0003]
2001 年 3 月 19 日至 2002 年 11 月 1 日	Wald = 0. 01 [0. 9308]	Wald = 15. 48 [0. 0004]	Wald = 11. 56 [0. 0007]	Wald = 1. 20 [0. 5494]
2003 年 1 月 1 日至 2007 年 7 月 9 日	Wald = 1. 13 [0. 2877]	Wald = 150. 98 [0. 0000]	Wald = 9. 23 [0. 0024]	Wald = 62. 86 [0. 0000]
2007 年 9 月 9 日 2009 年 12 月 31 日	Wald = 7. 83 [0. 0051]	Wald = 9. 89 [0. 0071]	Wald = 5. 39 [0. 0202]	Wald = 23. 24 [0. 0000]
2010 年 2 月 1 日至 2013 年 7 月 8 日	Wald = 0. 00 [0. 9957]	Wald = 0. 25 [0. 8839]	Wald = 0. 00 [0. 9988]	Wald = 0. 09 [0. 9573]

从各个时期两个市场的溢出效应检验结果汇总表 4 – 5 可以看出，A 股、B 股之间的收益溢出效应，对于沪市而言，A 股对 B 股的收益溢出效应在五个时期均不存在，而 B 股对 A 股的收益溢出效应仅在第二个时期存在，在其他样本期内均不存在。深市 A 股、B 股之间的收益溢出效应在第一时期均不存在，在第二和第三个时期均是由 B 股向 A 股的单向溢出。而在第四和第五个时期，A 股、B 股之间存在相互的收益溢出效应。

在中国股市发展初期，A 股市场相当于 B 股市场是一个相对封闭的市场，走势与周边市场关联度不大，长期以来 A 股、B 股价格存在较大差距，B 股价格偏低，A 股价格偏高。随着 B 股的对内开放、A 股对外开放以及股权分置改革的实施和顺利推进，A 股市场估值水平、市场监管等与国际市场进一步接轨，A 股走势受到 B 股影响较大。从 B 股价格的大幅度上升到进入震荡整理阶段，A 股走势均难以摆脱其影响，A 股、B 股市场出现前所未有的联动性，使 A 股、B 股价格差距大幅缩小，这也使得 A 股与 B 股之间的收益溢出效应主要是由 B 股向 A 股的单向溢出，即 B 股市场的收益率对 A 股市场收益率具有先导作用（Chui，1998）。而随着 A 股、B 股市场进一步发展，以及受到全球金融危机影响，近年来，A 股、B 股之间也开始呈现出相互影响的作用。

表 4 – 5　　　　结论汇总

样本期	沪市	深市
1996 年 12 月 16 日至 2001 年 1 月 19 日	A 股对 B 股的收益溢出效应不存在，波动溢出效应亦不存在；B 股对 A 股的收益溢出效应不存在，波动溢出效应亦不存在	A 股对 B 股的收益溢出效应不存在，但波动溢出效应存在；B 股对 A 股的收益溢出效应不存在，但波动溢出效应存在
2001 年 3 月 19 日至 2002 年 11 月 1 日	A 股对 B 股的收益溢出效应不存在，但波动溢出效应存在；B 股对 A 股的收益溢出效应存在，但波动溢出效应不存在	A 股对 B 股的收益溢出效应不存在，但波动溢出效应存在；B 股对 A 股的收益溢出效应存在，但波动溢出效应不存在
2003 年 1 月 1 日至 2007 年 7 月 9 日	A 股对 B 股的收益溢出效应不存在，但波动溢出效应存在；B 股对 A 股的收益溢出效应不存在，但波动溢出效应存在	A 股对 B 股的收益溢出效应不存在，但波动溢出效应存在；B 股对 A 股的收益溢出效应存在，波动溢出效应亦存在

续表

样本期	沪市	深市
2007 年 9 月 9 日至 2009 年 12 月 31 日	A 股对 B 股的收益溢出效应不存在，波动溢出效应亦不存在；B 股对 A 股的收益溢出效应不存在，波动溢出效应亦不存在	A 股对 B 股的收益溢出效应存在，波动溢出效应亦存在；B 股对 A 股的收益溢出效应存在，波动溢出效应亦存在
2010 年 2 月 1 日至 2013 年 7 月 8 日	A 股对 B 股的收益溢出效应不存在，但波动溢出效应存在；B 股对 A 股的收益溢出效应不存在，但波动溢出效应存在	A 股对 B 股的收益溢出效应存在，但波动溢出效应不存在；B 股对 A 股的收益溢出效应存在，但波动溢出效应不存在

A 股、B 股之间的波动溢出效应对于沪市而言，A 股对 B 股的波动溢出效应在第一个时期和第四个时期不存在，但在第二、第三和第五个时期均存在；B 股对 A 股的波动溢出效应仅在第三和第五个时期存在，这说明沪市 A 股、B 股之间存在一定程度的相互波动溢出效应，但 A 股向 B 股的单向溢出效应程度较高。对于深市，A 股对 B 股的波动溢出效应除了在第五个时期不存在之外，其余时期均存在；B 股对 A 股的波动溢出效应除了在第二和第五个时期不存在之外，在其他三个时期均存在。由于 B 股的对内开放、A 股对外开放政策加强了 B 股和 A 股的关系，使 B 股市场的投资主体和操作理念向 A 股靠近，再加上 B 股市场规模和股价水平都比 A 股市场小，使得 A 股的冲击不仅为自身下期的波动提供了预测信息，还影响未来 B 股的波动，即 A 股、B 股之间的波动溢出效应主要是 A 股向 B 股的溢出，但深市相对于沪市而言，存在着明显的 A 股与 B 股之间的相互波动溢出效应，反映了深市 A 股、B 股市场的相互信息传导作用。

由此可见，沪市和深市 A 股、B 股市场一体化进程呈现出不同的演进轨迹：

（1）沪市 A 股、B 股市场一体化演进轨迹表现为：市场分割一体化程度增强一体化程度有所减弱一体化程度增强。沪市第一个时期 A 股、B 股相互间的溢出效应均不存在，信息在两个市场间互不流动，A 股、B 股市场分割。第二、第三个时期信息在 A 股、B 股市场间存在一定的相互流动，即 A 股对 B 股波动溢出效应和 B 股对 A 股收益溢出效应显著存在，市场一体化程度有所增强。但到了第四个时期，由于美国次贷危机的爆发，A 股、B 股之间的收益溢出效应、波动溢出效应均不显著，市场一体化程度有所减弱。到第五个时期，A 股、B 股之间的收益溢出效应不存在，但波动溢出效应均存在，市场一体化程度又相对增强。

这一结论与采用第三章测定次贷危机发生之前沪市一体化程度的方法所得出的结论是一致的。为了将两者进行对比，根据第三章方法分别计算三个时期沪市平均一体化程度。在第三章中与这三个时期对应的时间段为：1999 年 1 月至 2001 年 1 月、2001 年 3 月至 2002 年 11 月、2003 年 1 月至 2006 年 9 月。沪市在这三个时期平均一体化程度分别采用三种推断方法进行计算[①]，预测概率为 0. 4699、0. 4886、0. 4659；滤波概率为 0. 2472、0. 3027、0. 2386；平滑概率为 0. 1667、0. 2257、0. 1575。从这三种测定市场一体化程度的方法来看，第二期均比第一期值大，说明沪市一体化程度第二期比第一期增强；第三期均比前两期值小，说明沪市一体化程度呈减弱趋势。对比这些数值，虽然沪市一体化程度发生了改变，但改变幅度并不太大，沪市总体一体化程度较低。

（2）深市 A 股、B 股市场一体化演进轨迹表现为，一定程度的一体化——一体化程度变化难以确定——一体化程度增强。在第一个时期 A 股、B 股相互间的收益溢出效应均不存在，但波动溢出效应均存在，信息在两个市场间存在一定的相互流动，A 股、B 股市场并非完全分割。第二个时期 B 股对 A 股的收益溢出效应显著，但 B 股对 A 股的波动溢出效应不显著，与第一个时期溢出效应相对比，市场一体化程度变化情况难以确定。第三到第五个时期，A 股与 B 股相互的溢出效应与波动效应开始逐渐增强，表明 A 股、B 股市场双向的信息流动增强，一体化程度增大。

这一结论与采用第三章测定次贷危机发生之前深市一体化程度的方法得出的结论基本一致。为了将两者进行对比，现根据第三章的方法分别计算三个时期深市平均一体化程度。在第三章中与这三个时期对应的时间段为：1999 年 1 月至 2001 年 1 月、2001 年 3 月至 2002 年 11 月、2003 年 1 月至 2006 年 9 月。深市在这三个时期平均一体化程度分别采用三种推断方法进行计算[②]，预测概率为 0. 7885、0. 7912、0. 7877；滤波概率为 0. 6379、0. 6771、0. 6383；平滑概率为 0. 6166、0. 6601、0. 6169。从这三

① 由于计算沪市 B 股条件协方差时失去了两个自由度，在计算 1999 年 1 月至 2001 年 1 月期间平均值时去掉了前 2 个值。

② 同上。

种测定市场一体化程度的方法来看，第二期均比第一期值大，说明深市市场一体化程度第二期比第一期增强，这也解决了通过信息流动难以确定深市在第二期市场一体化程度改变情况的困难。预测概率显示第三期比第一期值稍小，但滤波概率和平滑概率显示第三期均比第一期值要大，因此，结合本节信息流动检验情况来看，可以认为深市一体化程度第三期比第一期值大，市场一体化程度有增强的趋势。同样的，对比这些数值，虽然深市市场一体化程度发生了改变，但改变幅度并不大；深市总体一体化程度比沪市大。

对于沪市和深市 A 股、B 股一体化进程呈现出的不同趋势可作如下解释：

（1）这可能与沪市和深市的市场功能重新定位有关。2004 年政府确定中小企业在深市上市，大型企业在沪市上市，由于大型企业比中小企业对市场具有更大的信息引导作用，这样一来，此涨彼消，沪市 A 股信息引导作用相对增强，使得沪市波动溢出效应主要是 A 股向 B 股的单向溢出。由于市场功能的重新定位直接导致沪深 A 股、B 股市值结构发生改变，现以两市 A 股、B 股 1997—2012 年的年度总市值结构为例。首先，将沪深各自 B 股年度总市值与 A 股年度总市值相比，然后再将所得深市的比值与沪市的比值相比，则 1997—2012 年各年比值分别为：1. 14、1. 26、1. 44、1. 15、1. 66、1. 61、3. 20、3. 60、4. 04、6. 73、4. 32、4. 59、3. 53、4. 97、5. 37、4. 80。显见，这些比值总体上是递增的，1997 年为 1. 14，2012 年的比值高达 4. 80，这说明深市 B 股的总市值在其市场中的份额相对于沪市来说是逐年增大，而且在两市市场功能重新定位后显著增大，2006 年达到最高值 6. 73，因而深市 B 股对 A 股信息引导作用相对于沪市逐年增加，导致深市一体化趋势逐渐增强而沪市相对减弱。

（2）沪深两市不同的一体化趋势可能与促进 A 股流通的各种改革措施，尤其是 2005 年开始的股权分置改革有关。B 股对内开放与 A 股对外开放政策以及股权分置等相关改革措施，导致 A 股、B 股两个市场的股价水平和股价波动逐渐趋于一致。这些改革措施实施的直接结果是流动市值增加。虽然沪深两市 B 股流通市值在各自总流通市值中的比例总体逐渐下降，但深市下降的幅度相对要小于沪市下降的幅度。以 1997—2012 年的年度数据为例，首先将沪深各自 B 股年度流通市值与 A 股年度流通市值相比，然后再将深市所得的比值在与沪市所得的比值相比，则 1997—

2012 年各年比值分别为 0.81、1.00、1.05、0.76、0.97、1.09、2.00、2.32、2.80、3.23、2.06、2.84、3.55、5.29、5.54、4.97。① 可以看出，这些比值总体上是递增的，2011 年的比值甚至高达 5.54，这说明深市 B 股的流通市值在其市场中的份额相对于沪市来说是逐年增大，股权分置改革实施后使得深市 B 股对 A 股信息引导作用相对于沪市逐年增加。

（3）B 股对内开放与 A 股对外开放政策进一步改善了 A 股、B 股市场效率，但相对来说，深市 A 股、B 股市场效率的改善要优于沪市，这影响了沪深 A 股、B 股市场一体化进程的程度。这可以从来自 A 股（B 股）市场自身滞后一期冲击 $e_{1,t-1}$（$e_{2,t-1}$）对 A 股（B 股）收益条件均值的影响系数 $\hat{\theta}_{11}$（$\hat{\theta}_{22}$）的变化中反映出来。系数 $\hat{\theta}_{11}$（$\hat{\theta}_{22}$）越小，即 A 股（B 股）收益对自身未预期到的信息的滞后反应越弱，说明价格完全、瞬时地反映所有可得的相关信息程度越高，则市场越有效。

2001 年 2 月 B 股对境内居民开放政策提高了 B 股市场效率，一是沪市和深市的 $\hat{\theta}_{22}$ 在第一时期都显著异于零，而在第二时期显著性下降，甚至不显著；二是从变化幅度上来看，沪市 $\hat{\theta}_{22}$ 从第一时期的 0.1979 下降到第二时期的 0.0870，下降了 56%，这说明沪市 B 股市场的有效性提高了 56%。类似的，深市 $\hat{\theta}_{22}$ 从第一时期的 0.0922 下降到第二时期的 -0.0878，表明深市 B 股市场的效率改善水平大于沪市。2002 年 12 月 A 股对国外合格机构投资者（QFII）开放政策的实施同样也提高了沪深两市 A 股市场的效率。一方面，沪市和深市 $\hat{\theta}_{11}$ 的 t 比值第三时期都比时期第二时期小，且均不显著；另一方面，从变化幅度上来看，沪市 $\hat{\theta}_{11}$ 从第二时期的 0.0717 下降到第三时期的 0.0230，这说明沪市 A 股市场的效率提高了 68%。而深市 $\hat{\theta}_{11}$ 从第二时期的 0.1038 下降到第三时期的 -0.0531，表明深市 A 股市场效率改善水平大于沪市。与此同时，两市来自 B 股市场冲击对 A 股收益条件均值的影响系数 $\hat{\theta}_{12}$ 也发生了显著变化，深市 $\hat{\theta}_{12}$ 在第一阶段不显著，而在第二、第三时期均显著，变化幅度从 0.0024 提高到 0.1017，但在第四、第五时期又显著下降。沪市 $\hat{\theta}_{12}$ 在第一

① 所有数据均根据上海证券交易所和深圳证券交易所年度流通市值计算得出。

阶段不显著，在第二、第四时期显著，但在第三、第五时期不显著。变化幅度从0.0114提高到第四时期的0.1549，然后下降到-0.0553，这意味着深市A股市场上，来自A股自身上一期的冲击对A股收益条件均值的影响具有一定的波动性，且最终下降，而来自B股市场上一期冲击对A股的影响逐步增加，进一步说明深市B股市场的收益率对A股市场收益率的先导作用愈来愈强。同时，随着各种相关措施的实施，深市A股、B股市场呈现出双向波动溢出效应，进一步验证了深圳股市一体化程度的逐步增加。而沪市B股市场收益率对A股市场收益率虽然在第二时期具有一定的先导作用，但在后面几个时期的作用消失，说明了沪市一体化程度有减弱的趋势。

（4）沪深两市的一体化进程可能与两市的地理位置有关，也即所谓的“国内偏好”现象。与第三章分析类似，投资者在进行投资组合时往往偏离最优投资组合原则，将自己所熟悉的、国内的股票权重设置过大，即所谓的“国内偏好”现象。由于B股的购买者多为港澳客户，而深交所毗邻港澳，“国内偏好”现象较强，使得深市B股对A股的信息引导相对较强，A股、B股之间的互动性优于沪市，从而导致深市一体化趋势逐渐增强而沪市相对减弱。

（三）模型设定的诊断检验

对模型设定的检验主要从两方面进行：一是双变量GARCH模型设定的检验，检验双变量GARCH模型是否比单变量模型更具稳健性；二是均值方程中方差变量设定的检验，检验GARCH-M模型是否比GARCH模型更具有稳健性。检验结果分别见表4-6和表4-7。

从表4-6可以看出，除了深市在第四和第五时期之外，两个市场在其他时期以及全部样本时期的Wald检验统计量都非常大，其p值均小于0.01，单变量模型设定正确的原假设均被显著拒绝，因此本书采用双变量的GARCH模型是适宜，必须考虑A股与B股间的收益和波动的相互影响。

从表4-7可以看出，除了第二时期以及沪市的第四和第五时期的Wald检验统计量显著性较低外，两个市场在其余时期以及全样本时期Wald检验统计量均高度显著。因此，总体上讲，采用双变量GARCH-M模型是适宜的。

表 4-6　　向量 GARCH 模型设定检验

H_0：$\omega_{12}=\theta_{12}=\theta_{21}=\alpha_{12}=\alpha_{21}=\beta_{12}=\beta_{21}=0$（服从 7 个自由度的卡方分布）

样本期	沪市	深市
1996 年 12 月 16 日至 2001 年 1 月 19 日	Wald = 53.88 [<0.01]	Wald = 37.38 [<0.01]
2001 年 3 月 19 日至 2002 年 11 月 1 日	Wald = 53.53 [<0.01]	Wald = 44.96 [<0.01]
2003 年 1 月 1 日至 2007 年 7 月 9 日	Wald = 451.75 [<0.01]	Wald = 172.09 [<0.01]
2007 年 9 月 9 日至 2009 年 12 月 31 日	Wald = 60.07 [<0.01]	Wald = 6.30 [0.51]
2010 年 2 月 1 日至 2013 年 7 月 8 日	Wald = 165.16 [<0.01]	Wald = 9.83 [0.20]
1997 年 1 月 16 日至 2013 年 7 月 8 日	Wald = 538.73 [<0.01]	Wald = 287.81 [<0.01]

表 4-7　　双变量 GARCH-M 模型均值方程中方差变量设定检验

H_0：$\delta_1=\delta_2=0$（服从 2 个自由度的卡方分布）

样本期	沪市	深市
1996 年 12 月 16 日至 2001 年 1 月 19 日	Wald = 11.11 [<0.01]	Wald = 66.87 [<0.01]
2001 年 3 月 19 日至 2002 年 11 月 1 日	Wald = 4.32 [0.12]	Wald = 3.39 [0.18]
2003 年 1 月 1 日至 2007 年 7 月 9 日	Wald = 8.43 [0.02]	Wald = 19.04 [<0.01]
2007 年 9 月 9 日至 2009 年 12 月 31 日	Wald = 1.18 [0.55]	Wald = 5.12 [0.07]
2010 年 2 月 1 日至 2013 年 7 月 8 日	Wald = 4.34 [0.11]	Wald = 55.40 [<0.01]
1997 年 1 月 16 日至 2013 年 7 月 8 日	Wald = 9.19 [0.01]	Wald = 12.34 [<0.01]

综上所述，本书采用的双变量 GARCH-M 模型优于单变量 GARCH-M 模型和双变量 GARCH 模型，因而具有稳健性。

第二节　中国 B 股与 H 股及红筹股市场间的信息流动

中国上市公司境外资本融资主要采取 B 股、H 股和红筹股等三种形式。H 股和红筹股也称为中国概念股。B 股与 H 股及红筹股的最大区别是：B 股在境内上市和交易，而 H 股和红筹股则在境外上市和交易。由此可见，B股、H股和红筹股虽同属非A股，但它们既相互联系又相互区别，形成中国特有的一种证券市场结构。因此，考察它们之间信息流动情况，是对分析A股与B股市场间信息流动的必要补充。

一　数据分析

本章选用上海B股综合指数、深圳B股成分指数、香港H股指数和红筹股指数的日收盘价作为样本数据。H股指数和红筹股指数均采用香港恒生公司编制的指数。数据源于Wind资讯。样本期为2003年1月1日至2013年7月8日。取2003年1月1日为样本初期，是因为2001年2月19日B股开始对境内居民开放，以及2002年12月1日A股开始对国外合格机构投资者（QFII）开放；B股对内开放直接影响了B股的投资者结构，A股对外开放对境外投资B股的投资者产生了分流，从而间接地影响了B股的投资者结构。因此，为了考察B股与H股、红筹股市场间溢出效应和信息流动的基本状况，取这两个事件发生后的时期为样本初期较为适宜。为了减小事件产生的噪声影响，本章剔除了事件发生后的一个月数据，即取2003年1月1日为样本初期。由于大陆有春节、“五一”、“国庆”等长假，而香港有复活节等节日，致使B股与H股和红筹股的开市和上市日期并不完全一致。根据Hamao、Masulis和Ng（1990）研究，如果两个股市中的某一股市在某一日没有交易，在同一实证模型中删去另一股市在该日的交易数据来进行计量估计，则不会影响研究结果的正确性。因此，为了保证B股与H股和红筹股交易日期的一致性，本章采用了这种数据处理方式，则实际的样本期为2003年1月2日至2013年7月8日，观察数据共计2467个。为了得到稳健的结论，除了指数收益率，还应选取在B股、H股和红筹股市场同时上市公司股票构建组合收益率；但公司个股收益和波动除了与自身其他类型的股票收益和波动相关外，还与市场环境等其他的因素密切相关，选取上述依价值权重计算得来的B股、H股和红筹股指数应已足够，故本章不考虑组合收益率情况。股票日收益率的计算采用对数之差，即：

$$r_{i,t} = \ln(P_{i,t}) - \ln(P_{i,t-1})$$

式中，r代表日对数收益率，P代表股市收盘指数，i代表B股、H股和红筹股。B股、H股和红筹股在整个样本时期日对数收益率的基本统计特征见表4-8。

表 4－8　B 股、H 股和红筹股市场指数率日收益基本统计特征

（2003 年 1 月 2 日至 2013 年 7 月 8 日）

	$R_{B,H}$	$R_{B,S}$	R_{HSE}	R_{HSC}
均值	0.0031	0.0006	0.0004	0.0003
标准差	0.0202	0.0192	0.0211	0.0188
偏度	－0.2264	－0.2735	0.0273	0.1312
峰度	7.6831	6.0772	9.6565	7.6527
ρ	0.095［<0.01］	0.067［<0.01］	0.038［<0.06］	0.011［0.59］
ρ^2	0.230［<0.01］	0.164［<0.01］	0.299［<0.01］	0.212［<0.01］
Q（12）	44.88［<0.01］	23.00［<0.05］	21.93［<0.05］	15.62［0.21］
Q2（12）	825.74［<0.01］	271.92［<0.01］	622.14［<0.01］	1862.2［<0.01］
Jarque－Bera	2275.415［<0.01］	1004.137［<0.01］	2201.1［<0.01］	2232.248［<0.01］
ADF 统计量	－45.129［<0.01］	－46.395［<0.01］	－47.80［<0.01］	－49.13［<0.01］
观测值个数	2467	2467	2467	2467

表 4－8 中，$R_{B.H}$、$R_{B.S}$、R_{HSE}和R_{HSC}分别代表沪市 B 股、深市 B 股、H 股和红筹股的收益率。从表中可以看出，沪深两市 B 股的偏度小于零，说明 B 股收益率具有较长的左尾，而 H 股和红筹股的偏度均大于零，说明具有较长的右尾。四个收益率序列峰度都显著大于 3，说明它们的分布具有显著的厚尾特征。无论是从偏度值还是峰度值看，沪深 B 股、香港 H 股和红筹股的收益率均不服从正态分布，Jarque－Bera 统计量也证实了这一点，因为它们在 1% 显著水平下高度显著。H 股和红筹股的一阶自相关系数均较小，且在 5% 显著性水平下不显著，红筹股收益率的 12 阶Lijung－Box Q 统计量也不显著，说明两者收益率的自相关程度较低；而沪市和深市 B 股的一阶自相关系数均较大，且高度显著，12 阶 Lijung－Box Q 统计量也均显著，表明它们均存在自相关现象。这种自相关性可以通过在模型均值方程的设定中引入滞后因变量或滞后残差变量来进行刻画。平方收益率的一阶自相关系数和 12 阶 Lijung－Box Q 统计量均高度显著，说明平方收益率均存在自相关现象，收益率存在显著的 ARCH 效应，因此可通过 ARCH 族模型来刻画收益率波动的时变性和聚类性。依 AIC 最优准则，平稳性检验以 10 阶滞后含截距的方式进行，ADF 统计量均高度显著，说明所有的收益率序列都是平稳序列。

二　模型设定及估计方法

综合上述数据分析及前文关于溢出效应与信息流动检验的阐述，可采用检验 A 股、B 股市场间信息流动相同的双变量 GARCH - M 模型。为了避免表述可能出现的混乱，现按本节内容对模型重新表述如下：

$$\begin{pmatrix} r_{1t} \\ r_{2t} \end{pmatrix} = \begin{pmatrix} \mu_1 + \delta_1 h_{11,t} \\ \mu_2 + \delta_2 h_{22,t} \end{pmatrix} + \begin{pmatrix} \theta_{11} & \theta_{12} \\ \theta_{21} & \theta_{22} \end{pmatrix} \begin{pmatrix} e_{1,t-1} \\ e_{2,t-1} \end{pmatrix} + \begin{pmatrix} e_{1t} \\ e_{2t} \end{pmatrix}$$

$$\mathrm{e_t} \mid \Omega_{t-1} \sim \mathrm{N}(0,\ \mathrm{I_t})$$

$$\mathrm{I_t} = \mathrm{C'C} + \mathrm{A'e_t e_t'A} + \mathrm{D'I_{t-1}D} \tag{4-8}$$

其中：

$$C = \begin{pmatrix} \omega_{11} & \omega_{12} \\ 0 & \omega_{22} \end{pmatrix},\qquad A = \begin{pmatrix} \alpha_{11} & \alpha_{12} \\ \alpha_{21} & \alpha_{22} \end{pmatrix},\qquad D = \begin{pmatrix} \beta_{11} & \beta_{12} \\ \beta_{21} & \beta_{22} \end{pmatrix}$$

式中，$(r_{1t},\ r_{2t})'$为收益率向量，r_{1t}为 B 股日对数收益率，r_{2t}为 H 股或红筹股的日对数收益率。残差向量为（$e_{1t},\ e_{2t}$）$'$，基于 $t-1$ 期信息集 Ω_{t-1}的条件方差—协方差矩阵为 I_t，假定残差向量服从（0，I_t）的正态分布。$\mu_1 + \delta_1 h_{11,t}$为 B 股预期收益率，$\mu_2 + \delta_2 h_{22,t}$为 H 股或红筹股的预期收益率。参数代表 B 股对自身非预期信息的滞后反应，θ_{22}则代表 H 股或红筹股对自身非预期信息的滞后反应。θ_{12}代表 H 股或红筹股对 B 股的收益溢出效应，θ_{21}则代表 B 股对 H 股或红筹股的收益溢出效应。

方程（4 - 8）采用 Engle 和 Kroner（1995）的 BEKK 设定方式来刻画方差—协方差矩阵 I_t的动态特征，I_t是滞后一期的 I_{t-1}和滞后一期残差平方（$e_{t-1}e'_{t-1}$）的线性函数。参数矩阵 C 为上三角形，A 和 D 则为一般矩阵，I_t这种动态结构设定能确保条件方差—协方差矩阵 I_t是正定的。B 股与 H 股及红筹股的条件方差相互影响通过矩阵 A 和 D 的非对角元素表示，具体说来，参数 β_{12}、α_{12}分别代表 B 股对 H 股及红筹股的波动溢出效应，β_{21}、α_{21}分别代表 H 股及红筹股对 B 股的波动溢出效应。

模型的估计采用极大似然估计方法。若样本个数为 N，残差向量服从二元正态分布，则模型的对数似然函数为：

$$l = N\ln(2\pi) - \frac{1}{2}\sum_{t=1}^{N}(\ln|I_t| + e'_t I_t^{-1} e_t)$$

为了对模型进行稳健估计，必须先得到各参数的初值。为此，先对下列两个方程进行 GARCH（1，1）估计：

$$r_{1,t} = \mu_1 + \delta_1 h_{1,t} + \theta_{11} e_{1,t-1} + e_{1,t} \tag{4-9}$$

$$r_{2,t} = \mu_2 + \delta_2 h_{22,t} + \theta_{22} e_{2,t-1} + e_{2,t} \quad (4-10)$$

取方程（4－9）和方程（4－10）中 μ_1、μ_2、δ_1、δ_2、θ_{11}、θ_{22} 的估计值为各自的初值，取方差方程参数估计值的正平方根为矩阵 C、A 和 D 对角元素的初值。其余参数初值均取 0，估计方法为 BHHH 算法。

为了检验 B 股对 H 股及红筹股的收益溢出效应，原假设为 H_0：$\theta_{21}=0$，即 H 股或红筹股的收益仅受自身过去残差的影响，与 B 股的收益无关。H 股或红筹股对 B 股收益溢出效应的检验与此类似，原假设为 H_0：$\theta_{12}=0$。B 股对 H 股及红筹股波动溢出效应检验的原假设为 H_0：$\beta_{12}=0$，$\alpha_{12}=0$，而红筹股或 H 股对 B 股波动溢出效应检验的原假设为 H_0：$\beta_{21}=0$，$\alpha_{21}=0$。以上原假设均采用 Wald 统计量进行检验，统计量服从卡方分布，收益溢出效应的自由度为 1，波动溢出效应的自由度为 2。

三　模型估计与检验结果分析

（一）参数估计结果

从参数估计结果表 4－9 来看①，大多数参数显著异于零，双变量 GARCH－M 模型较好模拟了 B 股与 H 股及红筹股的数据特征。所有 B 股条件均值方程中来自市场自身滞后一期新生（冲击）$e_{1,t-1}$ 对 B 股收益条件均值的影响系数 $\hat{\theta}_{11}$ 均显著，来自 H 股市场自身滞后一期冲击 $e_{2,t-1}$ 对 H 股收益条件均值的影响系数 $\hat{\theta}_{22}$ 均显著，但来自红筹股的显著性略低一些。反映 B 股与 H 股及红筹股之间收益溢出效应的系数 $\hat{\theta}_{12}$ 和 $\hat{\theta}_{21}$、H 和红筹股对 B 股收益溢出效应 $\hat{\theta}_{12}$，除了红筹股对沪市 B 股外均显著异于零；B 股对 H 股和红筹股收益溢出效应 $\hat{\theta}_{21}$，除了深市 B 股对红筹股外均不显著异于零。条件方差方程中，$\hat{\alpha}_{11}$ 和 $\hat{\beta}_{11}$，$\hat{\alpha}_{22}$ 和 $\hat{\beta}_{22}$ 均显著异于零，表明 B 股、H 股和红筹股波动均存在明显的时变性。而反应 B 股与 H 股及红筹股市场之间波动溢出效应的系数 $\hat{\alpha}_{12}$ 和 $\hat{\beta}_{12}$、$\hat{\alpha}_{21}$ 和 $\hat{\beta}_{21}$ 有的显著，有的不显著。因此，对 B 股与 H 股及红筹股市场之间收益和波动溢出效应需要进一步检验。

① 为简便起见，表中没有列出单变量 GARCH 模型的估计结果，以及矩阵 C 中各元素、μ 和 δ 系数的估计值。

表 4－9　B 股与 H 股及红筹股双变量 GARCH－M 模型系数估计结果
（2003 年 1 月 2 日至 2013 年 7 月 8 日）

参数	B 股与 H 股		B 股与红筹股	
	沪市	深市	沪市	深市
θ_{11}	0.0955 [<0.01]	0.0698 [<0.01]	0.0992 [<0.01]	0.0758 [<0.01]
θ_{12}	0.0407 [0.021]	0.0976 [<0.01]	0.0296 [0.106]	0.0897 [<0.01]
θ_{21}	-0.0078 [0.645]	-0.0175 [0.322]	-0.0254 [0.134]	-0.0444 [<0.01]
θ_{22}	0.0686 [<0.01]	0.0756 [<0.01]	0.0434 [0.057]	0.0491 [0.038]
β_{11}	0.9000 [<0.01]	0.9195 [<0.01]	0.9036 [<0.01]	0.9326 [<0.01]
β_{12}	-0.0044 [0.532]	0.0030 [0.726]	-0.0273 [<0.01]	0.0122 [0.085]
β_{21}	0.0106 [0.025]	0.0064 [0.244]	0.0025 [0.352]	-0.0098 [0.082]
β_{22}	0.9624 [<0.01]	0.9570 [<0.01]	0.9760 [<0.01]	0.9612 [<0.01]
α_{11}	0.3638 [<0.01]	0.2851 [<0.01]	0.3613 [<0.01]	0.2574 [<0.01]
α_{12}	0.0067 [0.645]	-0.0181 [0.241]	0.0510 [<0.01]	-0.0369 [<0.01]
α_{21}	-0.0062 [0.583]	0.0138 [0.302]	0.0054 [0.631]	0.0628 [<0.01]
α_{22}	0.2615 [<0.01]	0.2793 [<0.01]	0.2147 [<0.01]	0.2609 [<0.01]
对数似然值	13127.36	13180.95	13264.80	13317.26

（二）溢出效应与信息流动的检验

从表 4－10 看出，①对于沪市，B 股向 H 股的收益和波动溢出效应检验的统计量均不显著，而 H 股向 B 股的收益和波动溢出效应均高度显著，说明 B 股向 H 股的收益和波动溢出效应均不存在，而 H 股向 B 股的收益和波动溢出效应均存在，信息流动是从 H 股向 B 股的单向流动。②对于深市，B 股向 H 股的收益和波动溢出效应检验的统计量均不显著，而 H 股向 B 股的收益和波动溢出效应均高度显著，说明 B 股向 H 股的收益和波动溢出效应均不存在，而 H 股向 B 股的收益和波动溢出效应均存在，信息流动是从 H 股向 B 股的单向流动。

表 4 - 10　　B 股与 H 股之间的收益和波动的溢出效应（2003 年 1 月 2 日至 2013 年 7 月 8 日）

溢出效应检验	沪市	深市
不存在 B 股向 H 股的收益溢出效应 $H_0: \theta_{21}=0$	Wald = 0. 21 [0. 6445]	Wald = 0. 98 [0. 3219]
不存在 B 股向 H 股的波动溢出效应 $H_0: \alpha_{12}=\beta_{12}=0$	Wald = 0. 43 [0. 8056]	Wald = 2. 25 [0. 3246]
不存在 H 股向 B 股的收益溢出效应 $H_0: \theta_{12}=0$	Wald = 5. 30 [0. 0214]	Wald = 30. 20 [0. 0000]
不存在 H 股向 B 股的波动溢出效应 $H_0: \alpha_{21}=\beta_{21}=0$	Wald = 7. 29 [0. 0261]	Wald = 10. 59 [0. 0050]

从表 4 - 11 可看出，①对于沪市，B 股向红筹股的收益溢出效应不显著，波动溢出效应检验的统计量高度显著，而红筹股对沪市 B 股的收益和波动溢出效应检验的统计量均不显著，说明沪市 B 股向红筹股的波动溢出效应是单向的。②对于深市，B 股向红筹股的收益和波动溢出效应检验的统计量均显著，同时红筹股向 B 股的收益和波动溢出效应检验的统计量也均高度显著，说明深市 B 股与红筹股的信息流动是双向的。

表 4 - 11　　B 股与红筹股之间的收益和波动的溢出效应（2003 年 1 月 2 日至 2013 年 7 月 8 日）

溢出效应检验	沪市	深市
不存在 B 股向红筹股的收益溢出效应 $H_0: \theta_{21}=0$	Wald = 2. 24 [0. 1342]	Wald = 6. 94 [0. 0084]
不存在 B 股向红筹股的波动溢出效应 $H_0: \alpha_{12}=\beta_{12}=0$	Wald = 40. 81 [0. 0000]	Wald = 7. 67 [0. 0216]
不存在红筹股向 B 股的收益溢出效应 $H_0: \theta_{12}=0$	Wald = 2. 61 [0. 1061]	Wald = 18. 90 [0. 0000]
不存在红筹股向 B 股的波动溢出效应 $H_0: \alpha_{21}=\beta_{21}=0$	Wald = 2. 01 [0. 3658]	Wald = 20. 49 [0. 0000]

对上述检验结果，可作如下解释：

（1）红筹股和H股对B股均有信号引导作用，是因为它们均在香港市场交易，而香港股票市场是一个高度自由化和国际化的资本市场，是亚洲地区股市涨跌的“领头羊”，市场相对成熟，受操纵的可能性小于交易B股的内地市场，投资者也更易于获取信息，使得身为“港股”的红筹股、H股往往被认为具有更高的信息含量，更为内地投资者所信任，成为内地投资者判断内地股市未来走向和投资决策的“风向标”之一。

（2）红筹股比H股对B股有更强的信号引导作用与它们自身特征有关。红筹股和H股虽同属“中资概念股”，其企业发展也主要依托于内地经济，但红筹股公司是在境外注册和管理，为全流通股，与国际高度接轨，本质上属于香港或海外公司，而H股公司是在内地注册和管理，公司股票与内地公司股票相似，仍有部分股票不能流通，本质上属于内地公司。由于海外公司经营状况的信息透明度要高于内地公司，其信息更能为投资者所获得，且大多数红筹股公司管理要较H股公司好，因而红筹股比H股对内地B股更具有“风向标”作用。

（3）沪深两市H股对B股的不同溢出效应可能与两市地理位置有关，即所谓的“国内偏好”现象。虽然现代通讯工具发达，有关股市信息可以瞬间到达世界各地，投资者可以最优投资组合原理来构建投资组合，以实现利润最大化。但是，正如Karolyi和Stulz（2003）总结，投资者在进行投资组合时往往偏离最优投资组合原则，将自己所熟悉的、国内的股票权重设置过大，即所谓的“国内偏好”现象。由于B股的购买者多为港澳客户，深交所毗邻港澳，投资深市B股的倾向高于投资沪市B股的倾向，从而使得深市B股对H股的信息引导作用大于沪市，深市B股与H股之间存在着一种双向的收益溢出效应。

（三）模型设定的诊断检验

对模型设定的检验主要从两方面进行：一是向量GARCH模型设定的检验，主要检验向量模型比单变量GARCH模型是否更具有稳健性；二是收益溢出效应设定的检验，主要检验模型引入收益溢出效应是否使模型更具稳健性。

从向量GARCH模型设定的检验结果见表4－12A栏可以看出，沪深两市B股与H股及红筹股模型的Wald统计量都非常大，其p值均远小于0.01，单变量模型设定正确的原假设均被显著拒绝，因此本书采用向量GARCH模型是适宜，必须考虑B股与H股及红筹股间收益或波动的相互影响。至于究竟是必须考虑收益间的相互影响，还是波动间的相互影响，或者是兼而有之，则需作进一步的检验。对波动间的相互影响作 Wald 检验，容易验证，B 股与 H 股及红筹股间均存在显著波动溢出效应，因此模型有必要考虑 B 股与 H 股及红筹股间相互波动溢出效应。对收益间的相互影响作 Wald 检验，原假设是向量 GARCH 模型中不存在收益溢出效应，即 $\theta_{12}=\theta_{21}=0$，检验结果见表 4－12B 栏。

表 4－12　　向量 GARCH 模型诊断检验

A：模型设定的检验（服从 7 个自由度的卡方分布）

H_0：$\omega_{12}=\theta_{12}=\theta_{21}=\alpha_{12}=\alpha_{21}=\beta_{12}=\beta_{21}=0$

模型类型	上海股票市场	深圳股票市场
B 股与 H 股	Wald = 67.80 [<0.01]	Wald = 106.81 [<0.01]
B 股与红筹股	Wald = 124.92 [<0.01]	Wald = 120.54 [<0.01]

B：收益溢出效应设定的检验（服从 2 个自由度的卡方分布）　H_0：$\theta_{12}\theta_{21}=0$

模型类型	上海股票市场	深圳股票市场
B 股与 H 股	Wald = 5.32 [0.070]	Wald = 30.28 [<0.01]
B 股与红筹股	Wald = 4.38 [0.112]	Wald = 24.09 [<0.01]

从表 4－12B 栏可以看出，原假设除沪市 B 股与红筹股的检验结果之外，基本在 10% 的显著水平下被显著拒绝，B 股与 H 股及红筹股间的收益溢出效应显著存在，因此模型中引入收益溢出效应是适宜的。

综上所述，本章采用的二维向量 GARCH－M 模型优于单变量 GARCH－M 模型和无收益溢出效应的模型，因而具有稳健性。

第三节　本章主要结论

本章首先从中国国内股票市场层面出发，分别利用时间序列数据，研究了中国 A 股、B 股和 A 股、H 股市场之间的信息流动情况，进而探讨了非 A 股市场，即 B 股与 H 股及红筹股之间的信息流动情况，以此反映中国各股票市场的一体化特征。主要结论如下：

（1）双变量 GARCH－M 模型研究 A 股、B 股间的溢出效应结果表明，沪市和深市呈现出两种不同的分割状况和一体化演进轨迹，B 股对内开放和 A 股对外开放事件对两市影响存在一定的差异。在 B 股对内开放后到 A 股对外开放前期间，沪市 A 股、B 股市场的一体化程度要大于 B 股对内开放前时期的一体化程度，说明 B 股对内开放促进了沪市 A 股、B 股市场的一体化进程；深市 A 股、B 股市场的一体化程度与 B 股对内开放前时期的一体化程度变动情况通过本节信息流动的检验方法难以断定，但采用上章的方法可以证明是增强的；A 股对外开放对沪市一体化程度影响并不显著，对深市 A 股、B 股一体化程度影响较大，减小了深市 A 股、B 股市场间分割程度，深市 A 股、B 股市场一体化程度总体上有不断增强的趋势，但与完全一体化还有一定的距离。

（2）双变量 GARCH－M 模型研究 B 股与 H 股及红筹股之间的溢出效应与信息流动结果表明，在 B 股、H 股和红筹股中，红筹股始终处于信息领先地位，且红筹股也会受到深市 B 股信息的影响。B 股对 H 股的收益和波动溢出效应在沪深两个市场上均不存在，而 H 股对 B 股的收益溢出效应和波动溢出效应均存在，表明信息是从 H 股向 B 股单向流动的；B 股与红筹股间的溢出效应和信息流动情况对沪市来说，仅存在 B 股对红筹股有波动溢出效应，但对深市来说则不同，深市 B 股与红筹股相互间的收益和波动溢出效应均存在。红筹股比 H 股对 B 股有更强的信息引导作用，是市场信息的“风向标”。其原因在于红筹股和 H 股都在香港这个高度国际化和自由化的资本市场上交易，股价被操纵的可能性较小，得到的有关公司的信息也更加迅速和可靠，因此红筹股和 H 股的价格波动被认为其中蕴藏着较高的信息含量，从而可以作为内地投资者对相应公司的 B 股进行投资参考。

第五章 中国股市与国际股市间的信息流动和一体化演进

上一章主要是从中国国内沪深股票市场层面出发，研究了 A 股、B 股和 A 股、H 股市场之间的信息流动情况，进而探讨了非 A 股市场，即 B 股与 H 股及红筹股之间的信息流动情况，本章将从国际股票市场层面出发，研究中国沪深股市与中国香港、日本、英国和美国等主要国际股市之间的联动效应，探讨中国沪深股市与主要国际股市之间是否存在长期稳定的均衡关系、短期波动的相关性和溢出效应，进而分析中国股市与国际股市间的信息流和一体化演进过程。

中国股市一体化的进程除了反映在中国沪深股票市场之间的信息流动和溢出效应之外，还体现在中国股市和国际股市之间的信息流动和溢出效应。随着中国加入世界贸易组织，市场开放程度的加大，中国股市的一体化进程亦在不断演化，特别是在经历了全球次贷危机的冲击后，中国的国际经济地位逐渐提高，使得研究中国股市与国际股市的联动效应越来越重要。中国股市与国际股市间的联动性和信息流动特征为何？中国股市与国际股市是否存在长期的相关关系和短期波动的溢出效应？中国股市与国际股市一体化程度的动态变化特征如何？这些问题的研究对中国资本市场发展具有十分重要的参考价值。

国内研究股市联动的绝大多数文献主要局限于中国沪深股市和香港股市，即使考虑与国际主要股市间的联动性，也很少考虑市场间的交易时间差和地理位置远近所带来的影响。本章通过运用 ARCH 类模型与向量自回归（VAR）模型，从股指价格和收益两个方面分析中国股市和中国沪深股市与中国香港、日本、英国、美国等主要国际股市之间的联动效应，并将收益分为隔夜收益序列和当日收益序列两大类，从而在考虑了市场间的交易时间差和地理位置远近的基础上，探讨是否存在长期稳定的均衡关系、短期波动的相关性和溢出效应，进而分析新生扰动在股市间的传播和蔓延。

为了探讨次贷危机环境下中国与美国股票市场间的联动性，本章还使用高频数据来研究市场间的信息流动和波动溢出效应。选取中国上证综指和美国 S&P500 指数的 30 分钟频率的高频数据，计算出日收益率和隔夜收益率，首先通过 VAR－GARCH 模型及市场的日收益率寻找中国、美国股市在开盘后完全反映市场信息的时间作为新设立的“开盘时间”，利用新界定的“开盘价格”，计算新的“日收益率”和“隔夜收益率”，然后利用这些新数据重新拟合 VAR－GARCH 模型，以期检验中国和美国股市的一体化程度，最后通过方差分解，分析美国股市（或中国股市）信息所能解释的中国股市（或美国股市）波动比例。

对市场一体化检验的进一步深化，就是对市场一体化程度的定量测度。早期的研究大多假定市场一体化程度是不随时间变化的，后来的研究表明，由于预期收益率、收益率的波动，风险的价格是时变的，因而市场一体化程度也是时变的。由于金融市场受到不同时期经济体制的影响以及重大事件的冲击，使得相关系数往往是时变的。因此，本章从时变的动态相关系数角度，将研究对象设定为内地的沪深市场，香港市场和美国的两个证券市场，研究同一国家内两个不同股市之间、不同国家股市之间两个层次的一体化问题。

本章从如下几个方面进行了拓展：（1）在考虑市场间的交易时间差和地理位置远近基础上，通过运用 ARCH 类模型与向量自回归（VAR）模型，从股指价格和收益两个方面分析中国股市和国际股市间的联动效应。（2）使用高频数据来研究中国和美国股市间的信息流动和波动溢出效应，通过验证每隔半个小时的指数价格，寻找完全反映了以前信息的“开盘价格”，以往很多研究直接利用开盘价格，由于忽略了信息间的相关性而会错误估测信息传递的程度。本书方法避免了由于市场摩擦使得仅用开盘数据可能低估市场一体化程度的弊端。（3）将动态相关系数多元 GARCH 模型（DCC－MVGARCH）引入对 3 个以上股票市场之间收益率和波动关系的研究中，将股市间信息传导划分为报酬率（均值）和风险（方差）两个部分并分别加以考察；先对每个市场的收益率进行独立的单变量 GARCH 拟合生成标准离差，对残差进行标准化处理后再进行相关系数矩阵的估计，兼顾了每个市场自身的独立性和市场间风险溢出的相互性，能够更加准确的度量市场间随时间变化的动态相关程度，更有利于研究重大事件对市场间相关程度的影响。（4）基于市场间的动态相关系数，采用 PSTR 模型，可以追踪在两个极端体制（完全分割和完全一体化）之间的平滑改变或渐进变化，从而模拟一体化进程的非线性路径。

第一节　中国股市与国际股市间信息流动与联动性分析

联动效应，是资本市场形成以来普遍存在的现象，它的影响远远高于各市场基本面因素所能解释的程度。研究联动效应所得到市场彼此的长期关联性和股价波动的短期相关性，不仅能体现各资本市场的国际化程度，引导全球资金的跨国流动和资源配置，更对市场的融资功能、投资策略、监管机制等问题研究具有重要的现实意义。

中国股市自 20 世纪 90 年代建立以来，经过 30 多年发展，国际化程度逐步加强，与国际股市的联动效应日趋明显。在 2007 年的一轮牛市中，上证综指从 2006 年 1 月 4 日的 1163 点起步，随着全球牛市而节节攀升，一度在 2007 年 10 月 16 日达到 6124 点的历史最高位，其中 2007 年“2 · 27”、“5 · 30”的全球股市暴跌，更是中国股市与国际股市联动的明显征兆。随着 2007 年第三季度美国次贷危机的发生，各国股市均处在金融风暴漩涡中，中国股市无法独善其身，上证综指在经历 6124 点的巅峰一瞬后，四个月内狂泻 3000 多点，A 股市值缩水近 1/2，10 万多亿元市值灰飞烟灭。广大中国投资者经历了这样的惨痛教训后，深知在股市的跌宕起伏中联动效应的重要性，即使是新股民也早已习惯性地在每日开盘前先关注美、欧等主要国际股市的隔夜表现，进而调整自己的投资策略（唐齐鸣、韩雪，2009）。①

一　样本选择和数据处理

（一）样本选择

采用来自雅虎财经的 1995 年 1 月 3 日至 2007 年 12 月 28 日上证综

① 此节部分内容参见唐齐鸣、韩雪《中国股市与国际股市联动效应的实证研究》，《工业技术经济》2009 年第 1 期。

指、深证成指、恒生指数、S&P500、FTSE 100 和 Nikkei 225 的日数据作为样本，并截掉各个市场未同时开市的数据，故样本容量为 2788。

令 $P_{i,t}$ 表示市场 i 在第 t 日的收盘指数的对数，令 $R_{i,t}^{ID}$ 和 $R_{i,t}^{ON}$ 分别表示市场 i 在第 t 日的当日股指收益与隔夜股指收益，其中 i = CSH（中国上海）、CSZ（中国深圳）、CHK（中国香港）、JP（日本）、UK（英国）、US（美国），计算方法如下：

当日收益 $R_{i,t}^{ID}$ = ln(第 t 日收盘指数) − ln(第 t 日开盘指数)

隔夜收益 $R_{i,t}^{ON}$ = ln(第 t 日开盘指数) − ln(第 $t-1$ 日收盘指数)

（二）数据处理与分析

抽取的时间序列数据是否具有平稳性，直接影响实证部分各个检验结果的有效性。例如，协整检验要求各序列非平稳且为同阶单整，否则很有可能为谬误回归；VAR 模型则要求各序列平稳或各序列之间存在协整关系，以保证 VAR 模型是稳定的系统。因此，应首先做单位根检验以探明各序列的平稳性。对各序列做 ADF 检验的结果显示，各市场的 P_i 序列的水平值均是非平稳的，而其一阶差分序列均是平稳的，即 $P_i \sim I$（1），收益序列 R_i^{ID}，$R_i^{ON} \sim I$（0），i = CSH、CSZ、CHK、JP、UK、US。另外，为了描述股票收益率序列分布的宽尾特性、波动集聚性，采用 ARCH 类模型拟合各收益序列的波动特性。

表 5 − 1　　ARMA 方程与 ARCH − LM 检验

ARMA 方程	
$R_{CSH,t}^{ON} = 0.0446R_{CSH,t-1}^{ON} + 0.0868R_{CSH,t-2}^{ON} + u_t$ [2.3613]　[4.5897]	$R_{CSH,t}^{ID} = -0.1139R_{CSH,t-1}^{ID} + u_t$ [−6.0533]
$R_{CSZ,t}^{ON} = 0.1117R_{CSZ,t-1}^{ON} + 0.0655R_{CSZ,t-2}^{ON} + u_t$ [5.9043]　[3.4554]	$R_{CSZ,t}^{ID} = -0.1404R_{CSZ,t-1}^{ID} + u_t$ [−7.4828]
$R_{CHK,t}^{ON} = 0.0979R_{CHK,t-3}^{ON} - 0.0721R_{CHK,t-4}^{ON} + u_t$ [5.1953]　[−3.8335]	$R_{CHK,t}^{ID} = 0.0366R_{CHK,t-3}^{ID} + 0.0385R_{CHK,t-8}^{ID}$ [1.9300]　[2.0368] $-0.0647R_{CHK,t-20}^{ID} + u_t$ [−3.4190]
$R_{JP,t}^{ON} = 0.0739R_{JP,t-1}^{ON} + u_t$ [3.9067]	$R_{JP,t}^{ID} = -0.0616R_{JP,t-1}^{ID} - 0.0526R_{JP,t-4}^{ID} + u_t$ [−3.2593]　[−2.7832]

续表

ARMA 方程	
$R_{UK,t}^{ON} = -0.0332R_{UK,t-1}^{ON} - 0.0488R_{UK,t-5}^{ON} + u_t$ [-1.7507] [-2.5775]	$R_{UK,t}^{ID} = -0.0501R_{UK,t-2}^{ID} - 0.0502R_{UK,t-6}^{ID} + u_t$ [-2.6477] [-2.6543]
$R_{US,t}^{ON} = 0.0267R_{US,t-1}^{ON} + 0.0523R_{US,t-5}^{ON} + u_t$ [1.4088] [2.7620]	$R_{US,t}^{ID} = -0.0451R_{US,t-5}^{ID} + 0.0374R_{US,t-9}^{ID} + u_t$ [-2.3783] [1.9743]

由自相关检验中显著的 Q 值和单位根检验结果可知，各 R_i^{ID}、R_i^{ON} 序列均平稳且存在自相关性，故用 ARMA 过程来描述各收益序列。根据各序列相关图中的自相关系数（acf）和偏自相关系数（pacf）以及节省性原则，从而确定各 ARMA 过程的阶数，分别选取如表 5 - 1 所示的 ARMA 方程做回归，并分别对其残差进行 ARCH 效应的拉格朗日乘数检验，即 ARCH - LM 检验，结果显示，除了 R_{JP}^{ON} 和 R_{US}^{ON} 之外，其他所有收益序列 ARMA 过程的残差均在 5% 的显著性水平下存在 ARCH 效应。表 5 - 1 括号内数字为 t 检验统计量的值。

采用极大似然估计，对除了 R_{JP}^{ON} 和 R_{US}^{ON} 之外的所有序列重新拟合表 5 - 1中的 ARMA 方程作为 ARCH 类模型的均值方程，并采用 EARCH 模型拟合残差项 u_t 方差方程：

$$u_t \mid \psi_{t-1} \sim N(0,\ \sigma_t^2)$$

$u_t = \sigma_t \varepsilon_t$，其中 $\{\varepsilon_t\}$ 为 $i.i.d$，且 $E(\varepsilon_t) = 0$，$\mathrm{Var}(\varepsilon_t) = 1$

$$\log(\sigma_t^2) = \omega + \alpha \left| \frac{u_{t-1}}{\sigma_{t-1}} \right| + \beta \log(\sigma_{t-1}^2) + \gamma \frac{u_{t-1}}{\sigma_{t-1}} \qquad (5-1)$$

估计结果如表 5 - 2 所示，括号中为 Z 统计量的值。

表 5 - 2　　EGARCH（1，1）模型估计结果

	ω	α	β	γ
R_{CSH}^{ON}	-0.1571 [-26.55]	0.1064 [41.48]	0.9883 [1850.13]	-0.0321 [-16.84]
R_{CSH}^{ID}	-0.3077 [-15.11]	0.2011 [23.03]	0.9808 [394.14]	-0.0072 [-1.10]
$\mathrm{R_{CSZ}^{ON}}$	-0.1997 [-29.52]	0.1209 [44.56]	0.9849 [1529.07]	-0.0163 [-6.62]

续表

	ω	α	β	γ
R_{CSZ}^{ID}	-0.4417 [-17.01]	0.2410 [20.19]	0.9684 [328.47]	0.0197 [1.63]
R_{CHK}^{ON}	-0.4596 [-23.97]	0.1843 [25.18]	0.9625 [547.74]	-0.1252 [-24.73]
R_{CHK}^{ID}	-0.1981 [-7.57]	0.1271 [11.05]	0.9889 [427.19]	-0.0239 [-3.20]
R_{JP}^{ID}	-0.3361 [-8.84]	0.1477 [9.44]	0.9755 [278.44]	-0.0705 [-10.53]
R_{UK}^{ON}	-0.8161 [-17.00]	0.1162 [19.19]	0.9261 [210.96]	-0.0822 [-16.04]
R_{UK}^{ID}	-0.2371 [-8.16]	0.1249 [7.12]	0.9855 [409.15]	-0.0848 [-8.69]
R_{US}^{ID}	-0.3255 [-10.58]	0.1019 [7.54]	0.9733 [390.38]	-0.1206 [-13.74]

从表5-2的估计结果可看出，除了 R_{CSH}^{ID} 和 R_{CSZ}^{ID} 在 EGARCH（1，1）模型中的 γ 系数在5%的显著性水平下不显著以外，其他所有参数的估值均是显著的。这表明各收益率序列具有如下特征（以下结论均排除日本和美国的隔夜收益 R_{JP}^{ON} 和 R_{US}^{ON}）：

第一，波动集群性。表5-2中所有 α 估值均为正，表明所有股市的当日收益和隔夜收益都呈现集群现象，即过去收益的波动扰动对自身市场未来收益的波动有着正向而减缓的影响，大幅波动和小幅波动分别集中于不同的时段。

第二，波动持续性。所有 EGARCH（1，1）模型中 β 的估值都非常接近1，进一步做假设检验：H_0：$\beta=1$。对系数进行 Wald 检验的结果表明：除了英国当日收益 R_{UK}^{ON} 外，对其他市场的检验结果均在5%的显著性水平下拒绝原假设，这意味着只有英国当日市场的股指收益波动是持久性的，其他市场的收益波动虽然可以持续几期，但毕竟不能持久。

第三，杠杆效应。所有 EGARCH（1，1）中 γ 的估值除了中国上证和深证当日收益 R_{CSH}^{ID}、R_{CSZ}^{ID} 的该项系数不显著以外，其他各市场的 γ 值均显著为负，这意味着上证和深证的隔夜收益市场以及其他市场股指收益波动均存在杠杆效应，即“坏消息”与“好消息”对于股市的波动影响是不对称的，“坏消息”（负的收益扰动）比相同规模的“好消息”（正收益扰动）产生更大的波动，这是因为较低的股本价值将增加债务/权益比，增加持股风险，从而导致更大的波动性。这就是常说的“利空消息”比“利好消息”对股市收益率的影响更强。

总之，各股市隔夜和当日收益波动模式结果表明，除美国和日本的隔夜市场外，美国、日本当日收益和其他各股指收益均表现为显著的波动集群性和短期持续性，特别地，英国当日收益的波动存在长期持久性。此外，杠杆效应，即“坏消息”对股市波动性影响大于“好消息”对股市波动性影响的现象，显著存在于中国内地股市的隔夜市场，美国和日本的当日市场，以及香港、英国的隔夜和当日市场中。

（三）中国沪深股市与主要国际股市之间协整关系检验

从检验结果表 5 - 3 可看出，六个市场的股指价格序列在 5% 的显著性水平下存在一个协整关系，即协整秩 $r=1$。由此可以估计出如下的具有标准化系数的协整方程：

$$P_{CSH,t}=0.4146P_{CSZ,t}+1.2291P_{CHK,t}-2.5478P_{JP,t}+6.2347P_{UK,t}$$
$$[3.0957]\qquad[3.8558]\qquad[-7.1963]\qquad[6.5458]$$
$$-4.6075P_{US,t}-4.3847+\hat{u}_t$$
$$[-5.9345]$$

其中，残差 $\hat{u}_t$ 为平稳序列，括号内数字为 t 值。

表 5 - 3　　Johansen 协整关系检验

假设协整关系个数	特征根	特征值迹检验		最大特征值检验	
		Trace Statistic	Probability	Max - Eigen Statistic	Probability
0 个	0.0167	103.9147 *	0.0122	47.0153 *	0.0071
最多 1 个	0.0086	56.8994	0.3427	24.1398	0.4455
最多 2 个	0.0060	32.7605	0.5701	16.7159	0.6045
最多 3 个	0.0032	16.0446	0.7091	8.8623	0.8434
最多 4 个	0.0023	7.1823	0.5566	6.5531	0.5433
最多 5 个	0.0002	0.6292	0.4277	0.6292	0.4277

说明：（1）根据 SC 准则，确定滞后阶数 p = 2，并选择无确定趋势但存在截距项的协整方程（CE）形式；（2）* 表示在 5% 的显著性水平上拒绝原假设。

协整关系检验说明中国上证、深证股市与中国香港、日本、英国和美国股市间存在一种长期稳定的均衡关系。1995—2007 年，上证与深证、香港和英国的同期股指变动率呈正相关，而与日本和美国的同期股指变动率呈负相关。对此结论究其原因主要还是与各个国家的经济地位、各个股票市场市值规模和成熟程度有关。1995 年以来，美国和日本一直是全球第一和第二大经济强国，两者强大的经济实力也为它们长期保持国际金融中心地位奠定了坚实基础。从 13 年间这六个股市市值分别占全球总市值的比重来看，美国占 40% 左右雄踞世界第一，日本占 15% 左右列第二，英国占不到 10% 列第三，而除日本以外的亚洲股市（包括香港和中国内地股市）只占 5% 左右。由此可见，美国和日本股市的总市值超过了全球的一半，而英国、中国香港、上证、深证这四个市场的总市值还不到全球的 15%，如此悬殊的市场规模同时也体现出这两个股市阵营的融资能力、资本配置效率、信息传导与甄别能力、监督管理制度的规范健全程度等方面差异。因而，反映在同期股指变动率上，上证与深证、中国香港和英国呈正相关，而与日本和美国这两大世界最成熟的股市有一定背离。此外，该协整方程还表明，虽然各国和地区的经济政治体制、经济发展程度不同，股市规模和运作环境更是大相径庭，但是各国和地区股指的动态变化却受共同随机项 u_t 影响，从而形成一个长期稳定的整体。

根据上面确定的滞后阶数 p = 2，建立如下 VAR（2）模型：

$$Y_t = m + A_1 Y_{t-1} + A_2 Y_{t-2} + \varepsilon_t \qquad (5-2)$$

其中 $Y_t = [P_{CSH,t}, P_{CSZ,t}, P_{CHK,t}, P_{JP,t}, P_{UK,t}, P_{US,t}]'$，$A_i$ 是 6×6 系数矩阵，m 是 6×1 常数向量，$\varepsilon_t = [\varepsilon_{1,t}, \varepsilon_{2,t}, \varepsilon_{3,t}, \varepsilon_{4,t}, \varepsilon_{5,t}, \varepsilon_{6,t}]'$ 为白噪声向量。式（5－2）经参数重组后形成如下的误差纠正模型：

$$\Delta Y_t = m - A_2 \Delta Y_{t-1} - \Pi Y_{t-1} + \varepsilon_t \qquad (5-3)$$

其中 $\Pi = I - A_1 - A_2 = \alpha\beta'$，特别地，令 β' 为标准化协积向量，则误差纠正项 $ECM_{t-1} = \beta' Y_{t-1}$，它反映了变量之间长期均衡关系在 t－1 期的短期随机变化。式（5－3）估计结果如下：

$$\begin{pmatrix} \Delta P_{CSH,t} \\ \Delta P_{CSZ,t} \\ \Delta P_{CHK,t} \\ \Delta P_{JP,t} \\ \Delta P_{UK,t} \\ \Delta P_{US,t} \end{pmatrix} = \begin{pmatrix} -0.0005 \\ 0.0020 \\ 0.0035^{*} \\ -0.0016^{*} \\ 0.0015^{*} \\ -0.0011 \end{pmatrix} ECM_{t-1} + \begin{pmatrix} 0.0939^{*} & -0.0851^{*} & 0.0266 & 0.0341 & -0.0201 & 0.0579 \\ 0.0847^{*} & -0.0616 & 0.0014 & 0.0370 & -0.0091 & 0.0678^{*} \\ -0.0081 & -0.0029 & -0.0840^{*} & -0.0976^{*} & 0.1504^{*} & 0.5082^{*} \\ -0.0064 & -0.0009 & -0.0407^{*} & -0.0725^{*} & 0.1205^{*} & 0.3825^{*} \\ -0.0050 & -0.0042 & -0.0124 & -0.0553^{*} & -0.1580^{*} & 0.3605^{*} \\ -0.0072 & -0.0041 & -0.0081 & -0.0245 & 0.0240 & 0.0028 \end{pmatrix}$$

$$\begin{pmatrix} \Delta P_{CSH,t-1} \\ \Delta P_{CSZ,t-1} \\ \Delta P_{CHK,t-1} \\ \Delta P_{JP,t-1} \\ \Delta P_{UK,t-1} \\ \Delta P_{US,t-1} \end{pmatrix} + \begin{pmatrix} 0.0007^{*} \\ 0.0009^{*} \\ 0.0002 \\ -0.0003 \\ 0.0002 \\ 0.0004^{*} \end{pmatrix}$$

说明：* 表示该系数在5%的显著性水平下显著异于零。

从以上结果可以看出，误差纠正项 ECM_{t-1} 分别对香港恒生、日经225以及英国 FTSE100 指数影响显著，而对上证综指、深证成指以及美国 S&P500 的影响不显著。也就是说，当六大市场间长期均衡关系在短期内受到干扰时，会引起香港恒生、日经 225 以及英国 FTSE100 指数的短期波动，需对三个市场的偏差进行短期调整。其中，日本股市的校正系数为 -0.0016，说明成熟股市具有对短期偏差进行迅速回调的能力；而香港和英国的校正系数为正，说明在短期内，偏差仍会有小幅加强的惯性持续，回调有所滞后，这也表现出香港和英国股市对于信息干扰的甄别能力弱于日本。

此外，中国上证和深证股市短期内与其他四个市场的关联性较弱，两个市场的短期波动主要受制于它们自身滞后一期的股指波动率之间的相互影响。如滞后一期的上证股指波动率和深证股指波动率对当期上证股指波动率的影响分别为0.0939 和 -0.0851，深证股指波动率仅仅受制于前一期上证股指波动率的影响，其影响系数为 0.0847，从这一点可以看出上证市场在中国内地的主导作用，其实在 2000 年以前，上证与深证相对趋同，但 2000 年之后的四年里，深证停止了新股发行，2004 年深证才开始发行中小企业的股票，到目前为止，深证的总市值还不到上证的 1/3，因而影响力更是小于上证的主板市场。

中国香港、日本和英国股市的短期波动相互影响显著，美国市场对它们的短期影响也显著，但上证和深证股指短期波动对它们的影响不显著。美国股市的短期波动只会单向显著影响其他各股市（上证除外），却不受其他股市的影响，这一点与美国的全球霸主地位密不可分。长期以来，美国经济总量一直处于世界领导地位，2007 年其 GDP 总量约占世界总量的 1/4，是排名第二的日本 GDP 的 2.6 倍，并且超过日本、中国、德国这紧随其后的三个国家 GDP 总和，如此雄厚的经济实力奠定了美国作为全球第一大国际金融中心的地位。因此，美国股票市场在全球资本配置上一直处于主导地位，其短期波动在当今的信息技术发达社会中会迅速波及全球，对无资本流动限制的较成熟股市的影响更为明显。同时，作为全球最大的成熟股市，美国也能对其他国家的短期干扰迅速甄别和消化。而中国内地股市则处于相对封闭状态，资本流动的管制制度在一定程度上阻止了外界波动对内地股市的干扰。

总体而言，六大股指间显著存在协整关系，这意味着中国股市和国际股市间存在长期稳定均衡关系。但当这种长期均衡在短期内受到干扰时，会迅速显著影响香港、日本和英国股市的短期波动，却对中国内地和美国股市在短期内不会产生多少影响。此外，中国上证和深证股市间的短期波动相互影响显著，中国香港、日本和英国股市间的短期波动也存在着显著的相互影响。然而美国股市的短期波动只会单向显著影响其他各股市（上证除外），却不受其他各股市的影响。

二　中国沪深股市与主要国际股市之间收益率的波动溢出效应检验

由于时差等因素，六个股市每天的交易时段不同，有的交叉重叠，有的先后错开，只有上证和深证交易时段完全相同。例如就开市时间与中国内地股市相比，日本提前一个半小时，中国香港晚半个小时，英国晚六小时（夏时令），美国晚整整十二个小时（夏时令）；而就闭市时间与中国内地股市相比，日本提前一小时，中国香港晚一小时，英国和美国则一个在北京时间深夜一个在北京时间凌晨，与中国内地第二天的开市时间更临近。大量经验研究表明，这种交易时间上的交错，使得各国股市的联动性表现最明显的地方，不是在同期股指变动率上，而是在国外股市滞后一期的隔夜收益和当日收益对交易时间临近股市当期的隔夜收益和当日收益影响上。例如，美国等股市在北京时间前一天深夜的交易状况，很有可能对中国内地股市第二天早晨开盘甚至全天交易状况有一定影响。

首先根据数据处理部分中所揭示的各个 R_i^{ID}、R_i^{ON} 收益序列波动特性，采用 Hamao（1990）提出的波动溢出效应模型，分析各市场收益的波动，除了受到自身前期波动的影响外，是否还受到其他市场前期收益波动的影响，即呈现“波动溢出效应”，从而探究短期内市场间信息传递的途径和短期收益波动的关联性，然后再使用 VAR 模型，以及脉冲响应函数和方差分解等方法，进一步分析各收益序列间的相关性以及新生扰动在股市间的传播和蔓延。

数据处理部分结果显示，除了 R_{JP}^{ON} 和 R_{US}^{ON} 之外，其他所有收益序列 ARMA 过程的残差均存在 ARCH 效应，故在此探究除 R_{JP}^{ON} 和 R_{US}^{ON} 之外的十个收益序列波动的溢出效应。采用表 5 - 1 中各 ARMA 方程作为所对应收益序列的均值方程，并使用均值方程残差项的平方 u_{t-1}^2 代表各收益序列在第 $t-1$ 期的绝对扰动，这也是在第 t 期时已实现的绝对波动程度。方差方程为如下形式：

$$\sigma_{A,t}^2 = \omega + \alpha u_{A,t-1}^2 + \beta\sigma_{A,t-1}^2 + \delta u_{B,t-1}^2 \tag{5-4}$$

式中，$u_{B,t-1}^2$ 表示来自 B 收益序列滞后一期的绝对扰动，若系数 δ 显著，则说明存在从 B 收益序列向 A 收益序列的短期波动溢出效应。

从系数 δ 估计结果表 5 - 4 可看出，中国沪深股市间存在双向的收益波动溢出效应，中国香港、日本、英国、美国四个成熟股市彼此间也存在双向收益波动溢出效应，四个成熟股市对中国沪深股市大多表现为单向溢出。特别地，上证当日收益的短期波动对除香港隔夜收益外的所有成熟股市的当日和隔夜收益的波动均存在溢出效应，且英美股市对上证的溢出效应明显比中国香港、日本对上证的溢出效应强，说明随着中国金融市场的逐步开放，作为中国内地股市主板市场的上证，和国际接轨程度越来越强，当然，其中所渗透的投机性也颇为明显，中国香港、日本市场和上证的交易时间大部分重叠，波动的溢出效应较小可能是因为信息传递时间有限，降低了波动的敏感性。而英美股市的交易时间正好处在上证隔夜收益的发生期中，故上证投资者在开盘前已对英美股市收益波动中所传达的信息了解得较为充分，投机性的投资者会更为灵活地将此运用到投资策略中，从而影响上证开盘及随后全天当日收益的波动。

表 5 - 4　　　　系数 δ 的估计结果

A \ B	R_{CSH}^{ON}	R_{CSH}^{ID}	R_{CSZ}^{ON}	R_{CSZ}^{ID}	R_{CHK}^{ON}	R_{CHK}^{ID}	R_{JP}^{ID}	R_{UK}^{ON}	R_{UK}^{ID}	R_{US}^{ID}
R_{CSH}^{ON}	—	0.0202 *	0.0210 *	0.0101 *	-0.0070 *	-0.0013 *	-0.0296 *	-0.0181 *	-0.0322 *	-0.0444 *
R_{CSH}^{ID}	0.0729 *	—	0.0581 *	0.0268 *	0.0007 *	0.0008 *	-0.0081 *	-0.0045	-0.0415 *	-0.0295 *
R_{CSZ}^{ON}	0.0090 *	0.0356 *	—	0.0183 *	-0.0114 *	-0.0010 *	-0.0320 *	-0.0047 *	-0.0010 *	-0.0223 *
R_{CSZ}^{ID}	0.0370 *	-0.0030 *	0.0396 *	—	-0.0033	0.0016	-0.0107 *	-0.0069	-0.0046 *	-0.0067 *

续表

B / A	R_{CSH}^{ON}	R_{CSH}^{ID}	R_{CSZ}^{ON}	R_{CSZ}^{ID}	R_{CHK}^{ON}	R_{CHK}^{ID}	R_{JP}^{ID}	R_{UK}^{ON}	R_{UK}^{ID}	R_{US}^{ID}
0	-0.0007	0.0002	-0.0004	-0.0002	—	0.0913 *	0.0047 *	-0.0382 *	0.1048 *	0.1278 *
R_{CHK}^{ID}	-0.0042 *	-0.0185 *	0.0003	-0.0000	0.0114 *	—	0.0014	-0.0008	0.0040 *	0.0083 *
R_{JP}^{ID}	0.0017	0.0016 *	0.0032 *	0.0007	0.0155 *	0.0150 *	—	0.0306 *	0.0179 *	0.0286 *
R_{UK}^{ON}	0.0002 *	0.0002 *	0.0003 *	0.0002 *	0.0130 *	0.0147 *	0.0011 *	—	0.0196 *	0.0267 *
R_{UK}^{ID}	-0.0031	-0.0115 *	0.0003	0.0001	0.0028	-0.0129 *	-0.0014	0.0001	—	0.0203 *
R_{US}^{ID}	-0.0037	-0.0139 *	0.0010 *	0.0013 *	0.0007	0.0100 *	-0.0028 *	-0.0030	0.0370 *	—

说明：表中 * 表示该系数 δ 在 5% 的显著性水平下显著异于零。

三　中国沪深股市以及主要国际股市收益率序列的脉冲响应函数和方差分解

对六个股市的当日收益 R_i^{ID}、隔夜收益 R_i^{ON} 序列拟合 VAR 模型，并进行脉冲响应函数和方差分解，可以体现出长期均衡系统内部各变量间的动态联系，分析一个变量的新生扰动对所有内生变量在当期和未来产生的连锁反应，以及对它们预测误差方差的贡献程度，探讨各股市短期波动的传递和蔓延模式，进而揭示各股市信息传导和定价机制的完善程度。同时，VAR 模型作为一种非结构化建模方法，对所有变量对称处理，避免了结构化模型中包含内生变量滞后值产生的一系列相关问题，能更好地反映系统内部各变量间的动态特性。

（一）VAR 模型

根据 AIC、SC、HQ、FPE 等准则，确定出滞后阶数 p = 1，建立如下 VAR（1）模型：

$$X_t = C + B_1 X_{t-1} + \varepsilon_t \tag{5-5}$$

式中，$X_t = [R_{CSH,t}^{ON}, R_{CSH,t}^{ID}, R_{CSZ,t}^{ON}, R_{CSZ,t}^{ID}, R_{CHK,t}^{ON}, R_{CHK,t}^{ID}, R_{JP,t}^{ON}, R_{JP,t}^{ID}, R_{UK,t}^{ON}, R_{UK,t}^{ID}, R_{US,t}^{ON}, R_{US,t}^{ID}]'$，$\varepsilon_t = [\varepsilon_{1,t}, \varepsilon_{2,t}, \varepsilon_{3,t}, \varepsilon_{4,t}, \varepsilon_{5,t}, \varepsilon_{6,t}, \varepsilon_{7,t}, \varepsilon_{8,t}, \varepsilon_{9,t}, \varepsilon_{10,t}, \varepsilon_{11,t}, \varepsilon_{12,t}]'$为白噪声向量，$B_1$ 是 12 × 12 系数矩阵，C 是 12 × 1 常数向量。

表 5－5 系数矩阵的估计结果

	$R_{CSH,t}^{ON}$	$R_{CSH,t}^{ID}$	$R_{CSZ,t}^{ON}$	$R_{CSZ,t}^{ID}$	$R_{CHK,t}^{ON}$	$R_{CHK,t}^{ID}$	$R_{JP,t}^{ON}$	$R_{JP,t}^{ID}$	$R_{UK,t}^{ON}$	$R_{UK,t}^{ID}$	$R_{US,t}^{ON}$	$R_{US,t}^{ID}$
$R_{CSH,t-1}^{ON}$	-0.0162	0.1402 *	0.0517	0.0194	-0.0028	0.0381	0.0024	0.0225	0.0012	0.0037	0.0050	-0.0155
$R_{CSH,t-1}^{ID}$	0.1025 *	-0.0222	0.1203 *	-0.0349	-0.0082	-0.0340	0.0092	-0.0189	-0.0000	-0.0139	-0.0003	-0.0044
$R_{CSZ,t-1}^{ON}$	0.0778 *	-0.1637 *	0.0798 *	-0.0898	0.0113	-0.0351	-0.0021	-0.0002	-0.0070	0.0044	-0.0048	-0.0013
$R_{CSZ,t-1}^{ID}$	0.0176	-0.1021 *	0.0370	-0.1155	0.0140	0.0037	-0.0057	0.0042	0.0024	-0.0028	0.0045	-0.0075
$R_{CHK,t-1}^{ON}$	0.0200	-0.0104	0.0196	0.0137	-0.0911 *	-0.0136	-0.0111	-0.0128	-0.0304 *	0.0019	-0.0174 *	-0.0290
$R_{CHK,t-1}^{ID}$	0.0510 *	0.0004	0.0308	-0.0346	0.0068	-0.0122	0.0054	0.0028	-0.0026	0.0170	-0.0113	0.0232
$R_{JP,t-1}^{ON}$	-0.0408	0.0285	-0.0447	0.0285	0.0365	0.0026	0.0432 *	0.0070	0.0156	-0.0105	-0.0019	-0.0405
$R_{JP,t-1}^{ID}$	0.0134	0.0422	0.0261	0.0273	-0.0215	-0.0968 *	-0.0199 *	-0.0819 *	0.0044	-0.0726 *	0.0139 *	-0.0272
$R_{UK,t-1}^{ON}$	-0.0431	-0.0588	-0.0547	-0.1023	-0.0419	-0.0127	-0.0706 *	-0.0968 *	-0.0508 *	-0.0391	0.0281	-0.0069
$R_{UK,t-1}^{ID}$	-0.0180	0.0172	-0.0170	0.0256	0.1388 *	0.0374	0.1022 *	0.0756 *	-0.0360 *	-0.1359 *	0.0192 *	0.0113
$R_{US,t-1}^{ON}$	0.0933	0.0220	0.1141 *	0.0312	0.0671	-0.0297	0.0549 *	0.0106	0.0459 *	0.0158	0.0243	0.0921
$R_{US,t-1}^{ID}$	0.0201	0.0331	0.0224	0.0447	0.5083 *	0.0686 *	0.2555 *	0.1641 *	0.0899 *	0.3096 *	0.0022	-0.0140
C	0.0004 *	0.0004	0.0003	0.0007 *	0.0006 *	-0.0003	0.0005 *	-0.0007 *	0.0005 *	-0.0003 *	0.0002 *	0.0002

说明：* 表示该系数在 5% 的显著性水平下显著异于零。

以上结果粗略显示出六大市场隔夜收益、当日收益与其自身及其他市场滞后期间的相关性，其中，中国香港、日本、英国、美国市场间的相关系数较多呈现为显著，中国上证和深证市场间的相关系数也较多呈现为显著。在此可以粗略看到，这六大股市几乎被分割为两个板块，中国香港、日本、英国、美国同为成熟股市，股指收益间的互相联动颇为明显，然而中国上证和深证还是新兴股市，国际化程度还不高，与成熟市场间股指收益的联动相对较弱。

（二）脉冲响应函数

脉冲响应函数，是 VAR 模型中用于衡量来自随机扰动项的一个标准差新生（冲击）对内生变量当前和未来取值的影响。

如图 5－1 所示，中国上证综指隔夜收益 R_{CSH}^{ON} 对其自身的一个标准差正交新生立刻产生较强反应，在第 1 个交易日收益率增加了 0.0110，但影响的时间很短，第 2 个交易日已回落到 0.0006，第 3 个交易日以后接近于 0。该序列对来自其他序列的正交新生在第 1 个交易日均没有反应，却对以下序列的一个标准差正交新生的反应在第 2 个交易日达到峰值，从大到小依次为 R_{CSH}^{ID}、R_{CHK}^{ID}、R_{CSZ}^{ON}、R_{US}^{ON}、R_{CHK}^{ON}、R_{CSZ}^{ID}、R_{US}^{ID}，其中对上证

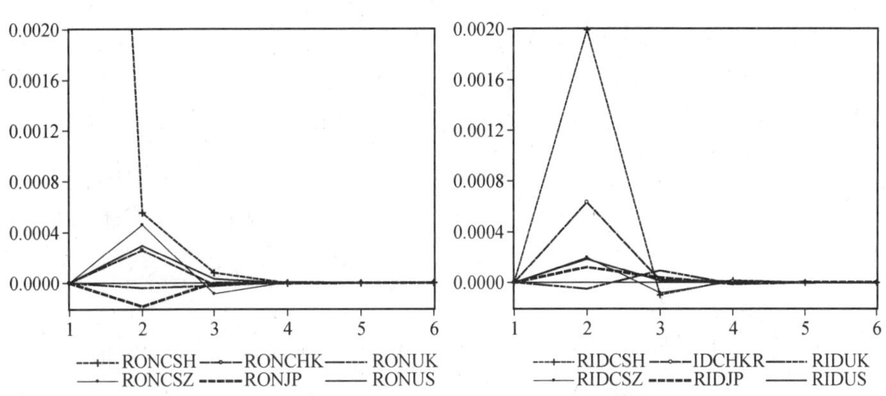

图 5－1 R_{CSH}^{ON} 对一个标准差正交新生的响应

当日 R_{CSH}^{ID} 的反应最大为 0.002，其他为 0.0007 以下。上证隔夜收益，主要反映当日开盘相对于前一日收盘的高低状况，影响最大的还是自身当日的冲击，但同样明显受到上证市场前一个交易日收盘时的相对状况即上证当日收益的影响，此外，深证与上证交易时间相同，中国香港前一日闭市比

上证滞后一小时，美国前一日隔夜收益时间跨度包含上证前一日交易时间，美国前一日当日收益交易时间又正好处在上证隔夜收益时间跨度内，从而前一个交易日中国香港、深证、美国当日和隔夜收益均对上证隔夜收益影响显著。

类似图5-1，还可以分别得到其他11个收益序列R_{CSH}^{ID}、R_{CSZ}^{ON}、R_{CSZ}^{ID}、R_{CHK}^{ON}、R_{CHK}^{ID}、R_{JP}^{ON}、R_{JP}^{ID}、R_{UK}^{ON}、R_{UK}^{ID}、R_{US}^{ON}、R_{US}^{ID}的脉冲响应函数图（由于篇幅限制原因，文中未列出这些脉冲响应函数图）。

从对脉冲响应函数分析知，各个收益序列（深证除外）都对自身冲击最为敏感，当期即产生较大反应，但随后反应减弱，第3个交易日以后反应几乎消失。特别地，深证隔夜收益对上证隔夜收益冲击的反应，以及深证当日收益对上证当日收益冲击的反应都比自身冲击反应还强烈，这再次证实了前面VEC模型中的结论：上证市场在中国内地股市中起主导作用。在股指收益的短期波动中，美股的新生扰动对其他股市影响显著且持续时间较长，这充分说明在全球股市中，美国股市的领头羊地位，其新生扰动波及全球主要股市。同为成熟股市的中国香港、日本、英国间新生冲击的短期相互影响明显但持续时间不长，说明对一个冲击而言，各股市都能在短期内将其迅速消化，体现了成熟股市对信息的甄别能力。而中国内地股市毕竟是一个新兴市场，上证、深证和香港股市间新生冲击的互相影响较为明显，而美国、日本、英国的冲击对中国沪深股市的影响较小（其中对美国冲击的反应略强），这一方面限制了全球股市的坏消息在中国内地股市的蔓延；另一方面也体现出中国内地股市的信息传导和定价机制不完善，国际化程度差，离成熟股市还有很远的距离。

（三）方差分解

如表5-6所示，上证综指隔夜收益R_{CSH}^{ON}的预测误差方差的96.1%由其自身的新生冲击解释，3.2%由R_{CSH}^{ID}的新生冲击解释，而R_{CSZ}^{ON}、R_{CHK}^{ID}和R_{US}^{ON}的新生冲击对其的解释力度分别为0.2%、0.3%和0.1%。而上证当日收益R_{CSH}^{ID}的预测误差方差的99.2%由其自身的新生冲击解释，而R_{CSZ}^{ON}、R_{CSZ}^{ID}和R_{JP}^{ID}的新生冲击对其的解释力度分别为0.3%、0.3%和0.1%。

表 5－6　证综指 R_{CSH}^{ON} 和 R_{CSH}^{ID} 的方差分解

Variance Decomposition of RONCSH													
Period	S. E.	RONCSH	RIDCSH	RONCSZ	RIDCSZ	RONCHK	RIDCHK	RONJP	RIDJP	RONUK	RIDUK	RONUS	RIDUS
1	0. 0110	100. 000	0. 0000	0. 0000	0. 0000	0. 0000	0. 0000	0. 0000	0. 0000	0. 0000	0. 0000	0. 0000	0. 0000
2	0. 0112	96. 1168	3. 1697	0. 1691	0. 0315	0. 0537	0. 3192	0. 0274	0. 0117	0. 0012	0. 0020	0. 0701	0. 0276
3	0. 0112	96. 0894	3. 1762	0. 1748	0. 0369	0. 0539	0. 3194	0. 0274	0. 0128	0. 0017	0. 0090	0. 0709	0. 0278
4	0. 0112	96. 0889	3. 1764	0. 1748	0. 0369	0. 0539	0. 3195	0. 0274	0. 0129	0. 0017	0. 0091	0. 0709	0. 0278
5	0. 0112	96. 0889	3. 1764	0. 1748	0. 0369	0. 0539	0. 3195	0. 0274	0. 0129	0. 0017	0. 0091	0. 0709	0. 0278
6	0. 0112	96. 0889	3. 1764	0. 1748	0. 0369	0. 0539	0. 3195	0. 0274	0. 0129	0. 0017	0. 0091	0. 0709	0. 0278
7	0. 0112	96. 0889	3. 1764	0. 1748	0. 0369	0. 0539	0. 3195	0. 0274	0. 0129	0. 0017	0. 0091	0. 0709	0. 0278
8	0. 0112	96. 0889	3. 1764	0. 1748	0. 0369	0. 0539	0. 3195	0. 0274	0. 0129	0. 0017	0. 0091	0. 0709	0. 0278
9	0. 0112	96. 0889	3. 1764	0. 1748	0. 0369	0. 0539	0. 3195	0. 0274	0. 0129	0. 0017	0. 0091	0. 0709	0. 0278
10	0. 0112	96. 0889	3. 1764	0. 1748	0. 0369	0. 0539	0. 3195	0. 0274	0. 0129	0. 0017	0. 0091	0. 0709	0. 0278
Variance Decomposition of RIDCSH													
Period	S. E.	RONCSH	RIDCSH	RONCSZ	RIDCSZ	RONCHK	RIDCHK	RONJP	RIDJP	RONUK	RIDUK	RONUS	RIDUS
1	0. 0163	0. 0214	99. 9786	0. 0000	0. 0000	0. 0000	0. 0000	0. 0000	0. 0000	0. 0000	0. 0000	0. 0000	0. 0000
2	0. 0164	0. 0228	99. 1760	0. 2738	0. 3109	0. 0001	0. 0124	0. 0126	0. 0921	0. 0235	0. 0405	0. 0005	0. 0348
3	0. 0165	0. 0242	99. 1618	0. 2745	0. 3138	0. 0003	0. 0136	0. 0127	0. 0984	0. 0241	0. 0409	0. 0008	0. 0350
4	0. 0165	0. 0242	99. 1616	0. 2745	0. 3138	0. 0003	0. 0137	0. 0127	0. 0984	0. 0241	0. 0410	0. 0008	0. 0350
5	0. 0165	0. 0242	99. 1615	0. 2745	0. 3138	0. 0003	0. 0137	0. 0127	0. 0984	0. 0241	0. 0410	0. 0008	0. 0350
6	0. 0165	0. 0242	99. 1615	0. 2745	0. 3138	0. 0003	0. 0137	0. 0127	0. 0984	0. 0241	0. 0410	0. 0008	0. 0350
7	0. 0165	0. 0242	99. 1615	0. 2745	0. 3138	0. 0003	0. 0137	0. 0127	0. 0984	0. 0241	0. 0410	0. 0008	0. 0350
8	0. 0165	0. 0242	99. 1615	0. 2745	0. 3138	0. 0003	0. 0137	0. 0127	0. 0984	0. 0241	0. 0410	0. 0008	0. 0350
9	0. 0165	0. 0242	99. 1615	0. 2745	0. 3138	0. 0003	0. 0137	0. 0127	0. 0984	0. 0241	0. 0410	0. 0008	0. 0350
10	0. 0165	0. 0242	99. 1615	0. 2745	0. 3138	0. 0003	0. 0137	0. 0127	0. 0984	0. 0241	0. 0410	0. 0008	0. 0350

类似表 5 - 6，还可以分别得到其他五个股市，即中国深圳、中国香港、日本、英国、美国股市当日和隔夜收益序列的方差分解表，并依次得到如下结果：

对于深证成指隔夜收益 R_{CSZ}^{ON} 预测误差方差，仅有 25.9% 由自身的新生冲击解释，却有 68.7% 由 R_{CSH}^{ON} 的新生冲击解释，4.8% 由 R_{CSH}^{ID} 的新生冲击解释，此外，R_{CSZ}^{ID}、R_{CHK}^{ID}、R_{US}^{ON} 的新生冲击对其的解释力度均为 0.1%。同样深证当日收益 R_{CSZ}^{ID} 的预测误差方差，仅有 27.6% 由自身的新生冲击解释，却有 71.6% 由 R_{CSH}^{ID} 的新生冲击解释，且 R_{CSH}^{ON}、R_{CSZ}^{ON} 的新生冲击对其的解释力度均为 0.3%。由此可见，上证市场收益对深证同期市场收益的影响占主导地位。

对于恒生指数隔夜收益 R_{CHK}^{ON} 预测误差方差的 70.3% 由自身的新生冲击解释，16.5% 由 R_{US}^{ID} 解释，10.8% 由 R_{UK}^{ID} 解释，而 R_{CHK}^{ID}、R_{CSZ}^{ON}、R_{CSZ}^{ID}、R_{CSH}^{ID}、R_{JP}^{ON}、R_{CSH}^{ON}、R_{US}^{ON} 的新生冲击对其解释力度从大到小分别为 0.5% 到 0.1% 不等。而恒生当日收益 R_{CHK}^{ID} 预测误差方差的 97.3% 由自身的新生冲击解释，而 R_{CSH}^{ID}、R_{JP}^{ID}、R_{CHK}^{ON}、R_{UK}^{ID}、R_{US}^{ID}、R_{CSZ}^{ID} 的新生冲击对其的解释力度从大到小分别为 0.7% 到 0.1% 不等。

日经 225 指数隔夜收益 R_{JP}^{ON} 预测误差方差的 67.2% 由自身的新生冲击解释，11.6% 由 R_{US}^{ID} 解释，10.2% 由 R_{UK}^{ID} 解释，9.8% 由 R_{CHK}^{ON} 解释。而日本当日收益 R_{JP}^{ID} 预测误差方差的 86.2% 由自身的新生冲击解释，7.0% 由 R_{CHK}^{ID} 解释，而 R_{CHK}^{ON}、R_{UK}^{ID} 和 R_{US}^{ID} 的新生冲击对其的解释力度分别为 2.7%、1.6% 和 1.6%。由此可见，国际其他股市收益的新生冲击对日本股市收益具有显著影响。

英国金融时报 100 指数隔夜收益 R_{UK}^{ON} 预测误差方差的 76.0% 由自身的新生冲击解释，18.4% 由 R_{CHK}^{ON} 解释，2.8% 由 R_{US}^{ID} 解释，1.6% 由 R_{JP}^{ON} 解释。而英国当日收益 R_{UK}^{ID} 预测误差方差的 85.0% 由自身的新生冲击来解释，7.9% 由 R_{US}^{ID} 的新生冲击解释，而 R_{CHK}^{ID}、R_{UK}^{ON} 和 R_{JP}^{ID} 的新生冲击对其的解释力度分别为 3.7%、1.4% 和 1.2%。由此可见，国际其他股市收益的新生冲击对英国股市收益具有显著影响。

美国标准普尔 500 指数隔夜收益 R_{US}^{ON} 预测误差方差的 64.2% 由自身的新生冲击解释，20.5% 由 R_{CHK}^{ON} 解释，10.9% 由 R_{UK}^{ON} 解释，3.1% 由 R_{JP}^{ON} 解释。而美国当日收益 R_{US}^{ID} 预测误差方差的 75.7% 由自身的新生冲击解释，

20.5%由 R_{UK}^{ID} 的新生冲击解释，而 R_{US}^{ON} 和 R_{CHK}^{ID} 的新生冲击对其的解释力度分别为1.3%和1.2%。由此可见，美国股市的隔夜收益受中国香港和英国隔夜收益的新生冲击影响显著，而美国当日收益的波动主要取决于自身和英国当日市场。

方差分解结果表明，长期中对各股市收益的变动而言，贡献率最高的通常还是自身的新生扰动（深证除外），其次是同期中地理位置较近的股市，再其次就是一个股市的隔夜（当日）收益对交易时间相隔最近的另一股市当日（隔夜）收益的影响。其中，中国香港、日本、英国、美国等成熟股市间的新生扰动对收益变动的贡献颇高，尤其是美国的新生扰动，这进一步证明美国作为全球第一大国际金融中心，引领国际资本的跨国配置，在全球股市中处于主导地位。而在中国，国际股市的新生冲击对上证和深证收益变动的贡献率较弱，特别地，上证扰动对深证的影响比深证自身扰动的影响还要重要，这说明在中国境内，上证股市是风向标，对整个中国股市起着支配性作用。

四　实证分析结论

采用1995年1月3日至2007年12月28日的上证综指、深证成指、香港恒生、日经225、英国 FTSE 100 和美国 S&P500 的日数据作为样本，经过一系列实证研究得出如下结论：

（1）研究各股市隔夜和当日收益波动模式结果表明，除美国和日本的隔夜市场外，美国、日本当日收益和其他各股指收益均表现为显著的波动集群性和短期持续性，特别地，英国当日收益的波动存在长期持久性。此外，杠杆效应，即“坏消息”对股市波动性影响大于“好消息”对股市波动性的影响的现象，显著存在于中国内地股市的隔夜市场，美国和日本的当日市场，以及中国香港、英国的隔夜和当日市场中。

（2）六大股指间显著存在协整关系，这意味着中国股市和国际股市间存在着长期稳定均衡关系。但当这种长期均衡在短期内受到干扰时，会迅速显著影响中国香港、日本和英国股市的短期波动，却对中国内地和美国股市在短期内不会产生多少影响。此外，中国上证和深证股市间的短期波动相互影响显著，中国香港、日本和英国股市间的短期波动也存在着显著的相互影响。然而美国股市的短期波动只会单向显著影响其他各股市（上证除外），却不受其他各股市的影响。

（3）各市场当日和隔夜收益的波动溢出效应显示，中国沪深股市间存在双向的收益波动溢出效应，中国香港、日本、英国、美国四个成熟股市彼此间也存在双向的收益波动溢出效应，四个成熟股市对中国沪深股市多表现为短期单向溢出。特别地，上证当日收益的短期波动对除中国香港隔夜收益外的所有成熟股市的当日和隔夜收益的波动均存在溢出效应，且英美股市对上证的溢出效应明显比中国香港、日本对上证的溢出效应强，说明随着中国金融市场的逐步开放，作为中国内地股市主板市场的上证，和国际接轨的程度越来越强，但其中所渗透的投机性也颇为明显。

（4）VAR 模型的脉冲响应函数和方差分解结论表明，对各股市收益的长期变动而言，贡献率最高的通常是自身的新生扰动（深证除外），其次是同期中地理位置较近的股市，再次就是一个股市的隔夜（当日）收益对交易时间相隔最近的另一股市当日（隔夜）收益的影响。特别地，上证扰动对深证的影响比深证自身扰动的影响还要重要，这说明在中国境内，上证股市是风向标，对整个中国股市起着支配性作用。而成熟股市间，中国香港、日本、英国、美国间新生冲击的连锁反应一般只会持续两期，这体现了成熟股市具有对外界新生冲击的迅速消化能力和对信息的甄别能力。

第二节 次贷危机下中国与美国股票市场的联动性分析

次贷危机发生后，中国股票市场受美国股票市场的影响，次贷危机是2008 年中国股市由牛转熊的重要诱因之一，也从一个侧面说明全球经济已是一个不可分割的整体，资本市场间的联动性逐步增强。

高度一体化的市场减少了分散化机会，使得整个国际金融市场对危机更为脆弱。价格发现理论证明，股票价格的波动是一个不断反映市场新信息而达到市场均衡的过程。反应信息的市场收益率能够预测随后得到信息的市场收益率，从而证实了信息流动与收益率溢出效应间的相关关系（Schreiber and Schwartz，1986）。

关于冲击从一个市场传到另一个市场的研究非常注重收益率时间段，主要是为了避免研究结果受到非同期或重叠信息的污染（Marten and Poon，2001）。Hamao 等（1990，1991）、Becker 等（1990）将“收盘价—收盘价”收益率（去除预测和限期的影响）分解为“收盘价—开盘价”收益率和“开盘价—收盘价”收益率。Becker、Finnerty 和 Gupta 研究发现纽约股市日收益对东京开市价格变化有显著的影响，但从东京向纽约的信息传递则很弱。Hamao 等（1990）、Engle 等（1990）和 Lin（1989）证实了信息传递的波动是显著的，但没有发现通过一个市场到另一个市场来预测平均“开市—收市”收益率的证据。Li reco 和 Chavis（1999）选取同时在 A 股和 H 股上市的公司，发现 H 股的收益率对 A 股的收益率具有一定的预期作用，但是 A 股与 H 股之间的领先—滞后效应并不一定存在于每一个公司之中，且这种效应来源于市场和公司本身两个方面。Poon 和 Fung（2000）采用 EGARCH - M 模型，发现 H 股指数、红筹股指数、上海综合指数、深圳综合指数间存在显著的“收益溢出效应”，且传递路路径为：红筹股→深圳综指→上海综指→H 股指数，红筹股在具有中国背景的股票中处于信息流的领先地位。

Susmel 和 Engle（1994）针对在伦敦和纽约市场同时交易的时间段，检验交易相邻段之间的收益和波动溢出效应。通过 1987 年股市冲击后 2 年的小时数据发现波动溢出效应较弱，不存在收益的可预测性。因为两个市场同时交易时，两个市场几乎可以同时得到消息，信息会立即反应在伦敦和纽约的股市价格中。Baur 和 Jung（2006）利用高频数据研究了美国和德国股市的联系，他们利用日内和隔夜收益的明确定义区分了同期相关和滞后溢出效应。在 1998 年 1 月到 2000 年 12 月的时间段内，Baur 和 Jung 发现国外的日收益率能显著影响国内的隔夜收益率，但日收益率间的溢出效应不存在。Hamao 等（1990）的研究表明，伦敦、纽约和东京，两个市场至少有一个市场的日收益率能够显著地解释第三个市场的隔夜（收市—开市）价格变化，并且两个市场中至少一个市场对第三个市场的条件方差有显著的正溢出效应。King 和 Wadhwani（1990）基于 1987 年 10 月的“黑色星期一”现象，发现在伦敦、纽约和东京股市中，不完全信息披露能导致传染效应，并且传染效应会随着国外股价波幅的增大而扩大，反映了波动的自我增强和延续特质，这也是市场传递机制的特征之一。George Milunovich 和 Susan Thorp（2007）运用 VAR - GARCH 模型分析了东京、美国、英国股市的信息流动和一体化进程，将收益率分为日收益率和隔夜收益率，实证研究表明，三个市场间的信息是互相流动的，信息溢出效应最明显的是纽约股市，接着是伦敦股市，而日本股市只能解释纽约股市开盘价格变化的 1.7%、伦敦股市开盘价格变化的 2.1%。对方差的研究得到同样结果，纽约和伦敦市场间存在较强的依赖性，而东京市场的溢出效应较弱。

随着中国股市与国际股市的联动性增强，国内投资者普遍认为，中国股市开盘价格的波动性能够很好地被国外隔夜交易市场的收益率和波动率预测，投资者越来越多关注夜间收盘的国外市场走势状况，这种信息流动为研究市场一体化提供了标尺。如 2009 年 8 月 24—28 日，美国道琼斯指数出现五连阳的多头强势局面，随后中国沪市与深市指数结束 8 月的大幅调整走势，呈现七连阳的看多走势。每天早上的股市新闻快报会播报美股、日股、港股指数的前一天走势，纽约期货、黄金市场，伦敦期货市场更是中国股民预测中国股市当天走势的最常用的指标之一。

图 5－2 S&P500 与上证综指收盘价格指数

图 5－2 显示了 S&P500 和上证综指 2007 年 1 月至 2010 年 5 月收盘价格指数走势图，虽然两者走势有一定的相似性，但其波动也有一定的差异。因此，本节试图利用日内数据探讨两个市场的关联性。

首先，通过中国上证综指（国内市场）、纽约市场 S&P500（国外市场）指数的日内数据寻找每个市场与国外或国内市场收益率滞后阶不相关的时刻，将这一时刻的指数价格用来衡量新信息，作为“开盘时间”计算收益率，然后利用不相关的“开盘价—收盘价”收益率来解释隔夜收益率（即“收盘价—开盘价”收益率），以探讨两个市场的价格波动以及一体化程度。

通过验证每隔半个小时的指数价格，寻找完全反映了以前信息的“开盘价格”，这种方法可以提高衡量市场间一体化程度的精确度，以往很多研究直接利用开盘价格，由于忽略了信息间的相关性而会错误估测信息传递的程度。本书使用调整后的日收益率作为开盘价格波动率模型的解释变量时，可以同时衡量国外市场对市场价格和波动率影响的大小和来源。

现有研究非常注重日收益率和波动对开盘价格的影响，因为开盘价格能够很好地定义市场一体化程度，利用开盘收益率数据，根据其显著性与否判断开盘价格是否包含了所有以前信息的最好方法。若市场 A 和市场 B 是交易时间没有重叠的连续交易市场，则衡量两个市场一体化的传统方法是计算市场 A（B）交易时接收的信息对市场 B（A）开盘价格的预测能力；反之亦然。如果市场 A 开市期间的信息（用收益和波动来衡量）对市场 B 的开盘价有显著地预测能力，则认为两个市场具有一定的一体化程度。

由于摩擦效应会妨碍市场 B 的开盘价格反映市场 A 信息的速度，则市场摩擦的存在会使市场 B 的开盘价格不能迅速且全面反应开盘前的信息。此时如果运用隔夜收益率（“收盘价—开盘价”收益率）来研究信息的传递和市场一体化程度，则存在低估市场一体化程度的可能。

在研究中分两步来解决这个问题。第一步，通过选择上证综指和 S&P500 指数每日内 30 分钟频率的数据，利用 VAR - GARCH 模型计算六个股市指数的日收益率时间序列，找出每个市场能够完全反映国内和国外所有信息的时刻建立新的“开盘”价格。具体而言，使用开盘后 30 分钟频率的数据，也就是以 30 分钟为间隔，得到开盘后 i 分钟的六组数据序列，即 $i=(0, 30, 60, 90, 120, 150)$，用这些包含了所有隔夜信息的数据计算出六组不交叉的日收益率，分别建立 VAR - GARCH 模型。通过每组收益率序列估计 VAR - GARCH 模型，来验证市场间的信息传递。如果一个市场已经完全吸收了以前的信息，则这个市场与其他市场股指收益率和波动率溢出效应的估计系数将是统计不显著的。利用这种特征，找出在交易日里国内和国外信息完全反应在指数价格的时刻，此时的指数价格就作为新的“开盘”价格。

第二步，使用每个市场中已经完全反应以前信息的“开盘”价格，建立关于国外市场信息解释开盘价格波动模型来衡量信息的流动和市场的一体化。此时的模型和第一步的模型相似，但是被解释变量是隔夜收益率（“收盘价—开盘价”收益率），而解释变量是滞后一期的日收益率（“开盘价—收盘价”收益率）。具体而言，利用第一步的“开盘”价格，计算每个市场经过调整后的隔夜收益率和日收益率，以调整后的隔夜收益率为被解释变量，以调整后的日收益率为解释变量，建立 VAR - GARCH 模型，日收益率和波动率的溢出效应系数反映了市场间收益率和波动率的信息传递效果，即反映市场间的一体化程度。如当我们衡量美国股市与中国股市的一体化程度时，以美国股市滞后一期的日收益率为解释变量，而以中国股市隔夜收益率为被解释变量，回归模型的 R^2 可以度量美国股市前期的日收益率和波动率对中国股市开盘价格及波动率的解释能力，即度量了市场间信息的传递能力。

本书采用的方法具有以下特点：第一，通过对数据的检测，寻找市场开盘价格能够完全反应所有国内和国外信息的时刻，从而设定新的“开盘价格”，这样能够更加准确地度量收益率和波动率在市场间的传递。第二，这种处理“开盘价格”的方式使得国内和国际市场的日收益率完全吸收了市场的所有信息，因此调整后的市场间日收益率不再存在相关性，使得度量市场一体化的程度更为准确。第三，该方法除了能够反映市场间信息的对称传递之外，还能度量信息的非对称传递。

一　数据选择与统计分析

为了研究次贷危机环境下中国股市与国际主要股市的一体化程度，本书选取上证综指、美国标准普尔 500 指数（S&P500）在 2009 年 2 月至 2010 年 1 月的 30 分钟频率指数作为研究的样本数据，剔除两个市场没有开盘交易的数据。这两个市场最重要的特征是在每一交易日均是连续开盘交易的，没有重叠的时间。美国股市每年从 4 月到 11 月初开始夏令时，其交易时间为北京时间 9：30pm—次日 3：30am，冬令时的交易时间为 10：30pm—次日 4：30am；中国股市交易的时间为 9：30am—11：30am、1：00pm—3：00pm。原始数据来源于彭博数据库。

对于每个市场计算 6 组日收益率数据，保持收盘价格 p_i^c 不变，以 30 分钟为间隔选取“开盘”价格 p_i^{o+i} 计算日收益率 $r_i^{(o+i)-c}$（“开盘价—收盘价”收益率），即：

$$r_i^{(o+i)-c}=\ln\left(\frac{p_i^c}{p_i^{(o+i)}}\right)\times 100$$

式中，$i=$（0，30，60，90，120，150）分钟。同样原理计算隔夜收益率（“收盘价—开盘价”收益率），即 $r_i^{c-(o+i)}$ 为开盘价格与前一交易日的收盘价格的比值。

$$r_i^{c-(o+i)}=\ln\left(\frac{p_i^{(o+i)}}{p_{i-1}^c}\right)\times 100$$

移动 i 就得到隔夜收益率的 6 组数据。当 i 增加时，日收益率覆盖了一个较短的时期，而隔夜收益率覆盖了一个较长的时期。

如果市场能够迅速完全地吸收信息，则两个没有重叠交易的市场 A 和市场 B 之间的日收益率就没有相关性，每个市场的收益率代表了一个独立的信息流。我们可以通过市场 B 的日收益率来预测市场 A 的隔夜收益率，因为当市场 A 收盘至第二天开盘期间，市场 B 正在交易，这一夜中发生的信息对于两个市场是一样的，并且市场 A 需要在开盘时反映这些信息。国外市场“收盘价—开盘价”日收益率和波动溢出效应强度可以度量市场一体化程度。然而，如果市场需要一段时间来消化隔夜发生的信息，则初始开盘价格就不能完全代表来自其他市场的信息，该市场的日收益与国外市场前一期的收益率就不再是零相关了，这时市场间的一体化程度就会被低估。

表 5－7　　指数日收益率（开盘价—收盘价）统计描述　　单位:%

时间	标准差	均值	偏度	峰度
上海				
开盘	0.0173	0.203	－0.6901	0.9031
开盘＋30 分钟	0.0162	0.079	－0.9831	1.6686
开盘＋60 分钟	0.0152	0.148	－1.1641	2.1381
开盘＋90 分钟	0.0139	0.140	－0.8022	1.5036
开盘＋120 分钟	0.0129	0.214	－0.8661	1.4365
开盘＋150 分钟	0.0109	0.123	－0.5601	0.9587
纽约				
开盘	0.0137	0.155	0.2228	1.3716
开盘＋30 分钟	0.0124	0.155	0.1779	0.6719

续表

时间	标准差	均值	偏度	峰度
开盘 +60 分钟	0. 0119	0. 108	-0. 0908	0. 2893
开盘 +90 分钟	0. 0188	0. 264	-0. 3217	0. 9301
开盘 +120 分钟	0. 0186	0. 274	-0. 3136	1. 4058
开盘 +150 分钟	0. 0189	0. 296	-0. 2651	1. 6608

说明：此表分析了日收益率 $r_i^{(o+i)-c}=\ln\left(\frac{p_i^c}{p_i^{(o+i)}}\right)\times 100$ 的统计特征，其中 p_i^c 表示交易的收盘指数价格，开盘价 p_i^{o+i} 以 30 分钟为间隔进行计算，样本期间为 2009 年 2 月至 2010 年 3 月。

表 5 -7 的统计结果显示，上证综指日收益率数据序列的日内波动率递减，说明市场指数在开盘时具有更大的波动性，随后波动率以非线性趋势递减。S&P500 指数的波动率呈 U 形，说明开盘时波动较大，经过短暂的调整后，市场波动回升。在开盘一个小时后市场是最平稳的。均值和峰度都说明市场开盘收益较高，在上海股市中尤为明显。传统的模型认为资产收益率随时间以线性趋势降低，而本书观察到的波动率是迅速下降的，说明市场能够在更短的时间内吸收信息。

隔夜收益率（“收盘价—开盘价”收益率）则呈现出相反的趋势，说明了市场隔夜的信息并不能在市场开盘瞬间快速和完全地反映在价格之中。

二 市场间信息的传递

（一）研究方法

若国内股市需要时间吸收国际股市的信息，则利用开盘价格计算的日收益率在市场间存在相关关系。因此，可以通过建立如下的标准 VAR - GARCH 模型来检验市场间信息的传递能力，以此反映市场的一体化程度。

$$r_t=c+(\phi+\gamma I_{t-1})r_{t-1}+\varepsilon_t \qquad (5-6)$$

$$\varepsilon_t=H_t\eta_t$$

式中，t 时日收益率向量 $r_t=[r_{1,t},\ r_{2,t}]$ 依次为上证综指、S&P500 指数的日收益率；ϕ 和 γ 反映市场信息溢出的（2×2）相关系数矩阵；不对称溢出效应的相关系数 γ 反映了负面冲击的市场动态特征；I_t 是 (2×1)的示性函数，当 $r_{j,t}$为负时，I_t 为 1，否则为 0。H_t 是随机扰动向量 ε_t 基于 $t-1$ 期信息集的条件标准差的对角矩阵，其条件方差向量 $h_t=[h_{1,t},\ h_{2,t}]'$服从如下的波动溢出非对称向量过程 GJR（1，1，1）：

$$h_t = \omega + (\alpha + \delta\zeta_{t-1})[\varepsilon_{t-1} \circ \varepsilon_{t-1}] + \beta h_{t-1} \tag{5-7}$$

式中，“∘”表示向量乘积，ω 为（2×1）的向量，α 和 δ 表示对称和非对称波动溢出相关系数矩阵；β 是 GARCH 相关系数的（2×2）矩阵；ζ_{t-1} 为示性函数，当 $\varepsilon_{i,t}$ 为负时，ζ_t 为 1，否则为 0。

本章利用六组日收益率中的每一个序列对模型进行回归，首先利用初始的“开盘价—收盘价”收益率进行分析，然后利用每隔半个小时得到的后面五个日收益率的时间序列数据进行回归，等式两边的数据序列时间同步增加，由此分辨出每个市场中能够完全反应国外市场信息的时间点。例如，如果美国股市开盘后 60 分钟的收益率对中国股市开盘后 60 分钟的收益率没有解释能力，且美国股市开盘后 30 分钟的收益率对中国股市开盘后 30 分钟的收益率有显著的解释能力，则说明中国股市指数价格能够在开盘后 60 分钟完全反映一切先前的信息。

（二）模型回归结果分析

首先估计（5－6）式和（5－7）式，检验国内和国外日收益率和波动的传递效果，结果见表 5－8。

表 5－8　　　　市场间日收益和波动的相关性分析

从/到	上海	纽约
收益的溢出效应		
上海	0—30 分	30—60 分
纽约	0—30 分	0—30 分
上海（非对称）	0—30 分	0—30 分
纽约（非对称）	0—30 分	30—60 分
波动的溢出效应		
上海	60—90 分	30—60 分
纽约	90—120 分	0—30 分
上海（非对称）	60—90 分	0—30 分
纽约（非对称）	—	30—60 分
GARCH（1）	>150 分	>150 分

说明：该表展示了对每一个数值系列 i 根据（5－6）式和（5－7）式估计的结果，根据开盘后 30 分钟频率计算的日收益率系列。结果表示开盘后国外和国内日前的收益率和波动率对目前日收益率没有解释能力的时间点，空格表示对每个 i 回归的结果均不显著，“>150”表示开盘 150 分钟内估计的溢出系数仍然是显著的。

从表中结果可以看出，中国股市的日收益率同时接收自身市场和美国市场先前的信息传递。上证综指前一天日收益率信息在30分钟内能够反映在当日的开盘价格指数中，同时S&P500的日收益率信息也能够在30分钟反映在上证综指的指数价格中。相对而言，波动的传递速度较慢，上海股市的波动率传递需要约90分钟，非对称的波动率传递需要90分钟，而纽约市场波动率传递需要120分钟。由此可见，上证综指的日收益率完全反映市场先前信息大约需要30分钟，因此设开盘后30分钟的上证综指指数价格为完全反映了隔夜消息的“开盘”价格。

对于纽约市场，S&P500指数的日收益率完全反映上海市场的对称信息需要60分钟，而反映非对称信息需要30分钟，完全反映纽约市场的对称信息大约需要30分钟，而反映纽约市场的非对称信息大约需要60分钟。相对而言，纽约市场波动率的反应速度更快，上海市场波动率传递需要约60分钟，非对称的波动传递需要30分钟，而纽约市场本身波动的传递需要30分钟，非对称的波动传递为60分钟，因此设开盘后60分钟的S&P500指数价格为完全反映隔夜信息的“开盘”价格。

相对于S&P500指数而言，上证综指日收益率对信息的反应速度更快，这与中国市场的一体化演进过程有关。美国作为国际市场的领头羊，长期以来一直是世界各国投资者关注的重点。随着中国股市开放程度的加快，中国投资者在每天投资中更加关注国际市场特别是美国市场的信息。由于中国属于快速发展起来的新兴市场国家，美国投资者可能更多地关注与其经济发展相近的发达国家的市场变化，由此导致中国市场反映美国市场信息的速度快于美国市场反映中国市场信息的速度。

由于交易成本的存在，市场需要一定时间完全吸收隔夜信息，信息间的相关性就有可能误测信息传递程度，从而度量的市场一体化程度就会存在偏误。鉴于此，本书通过验证每隔半个小时的指数价格，确定完全反映了以前信息的“开盘价格”，由于经过调整后的“开盘”价格已经完全反映了所有日收益率、隔夜收益率序列的信息，信息间的相关性就不再存在了，可以准确地反映以前信息的影响。表5－9显示了上海、纽约市场经过调整后的日收益率之间的相关系数估计值。

由表5－9分析结果可知：经过调整后的两个市场的“开盘”价格或

日收益率不再存在相关性，这样设定的“开盘”价格便于下文分析市场间的一体化过程。

表5－9　　调整后的日收益率之间的相关性分析

	上海	纽约
上海	1.00	0.084（0.12）
纽约		1.00

说明：表中收益率的计算为 $r_t^i = \ln\left(\frac{p_t^c}{p_t^{(o*+i)}}\right) \times 100$，其中 p_t^c 表示各市场指数的交易收盘价格，$p_t^{(o*+i)}$ 分别表示上证综指开盘后30分钟后的“开盘”价格、S&P500开盘后60分钟后的“开盘”价格。列示的数据为经过调整后的日收益率之间的相关系数的估计值，括号中的数字表示估计系数的T值。

三　中国股市与美国股市间的信息传递程度

（一）研究方法

通过对上证综指开盘价格变化的回归来检验市场一体化程度，即用调整后的隔夜收益率对国际和本国市场的日收益率回归，然后利用不相关的信息流动来分解回归的解释平方和，以确定市场信息传递效应的来源和大小。

根据上节研究的结果，选取每个市场能够完全吸收国内、国外股票市场信息时的价格作为“开盘”价格来构建开盘价格指数，这时计算的隔夜收益率即是反映了两个市场前一个交易日信息的收益，通过市场隔夜收益率对其他市场的滞后日收益率的回归，来分析开盘价格指数反映国外信息的能力，从而检验市场一体化程度。检验模型为：

$$r_t^{c-o*} = k + (\psi + \lambda I_{t-1}) r_{t-1}^{o*-c} + u_t \tag{5-8}$$

$$u_t = G_t \nu_t$$

其中，$r_t^{c-o*} = [r_{1t}^{c-0*}, r_{2t}^{c-o*}]$ 依次为调整后的上证综指、S&P500指数收盘价－开盘价收益率的（2×1）向量，这种调整使新建立的每个市场开盘价格完全反映了以前的信息。解释变量 $r_{t-1}^{o*-c} = [r_{1t-1}^{0*-c}, r_{2t-1}^{o*-c}]$ 为每个市场调整后的日收益率的滞后项，仍然是完全反映了市场信息的日收益率。ψ 和 λ 为反映收益率信息传递的相关系数（2×2）矩阵，相关系数 λ 反映了市场负面冲击的非对称效应；I_t 为（2×1）的示性函数矩阵，

当消息冲击使得 $r_{j,t-1}^{o*-c}$ 为负时，I_{jt}（$j=1$，2）为 1；否则为零。ν_t 为方差为 1 的标准白噪声，G_t 是标准差（2×2）的对角矩阵，其隔夜条件方差 $g_t^{c-o*}=[g_{1,t}^{c-o*}, g_{2,t}^{c-o*}]'$ 服从以下分布：

$$g_t^{c-o*}=\mu+(\gamma+\sigma I_{t-1}^{*})[u_{t-1}^{c-o*}\circ u_{t-1}^{c-o*}]+bg_{t-1}^{c-o*}+(\pi+\xi\sigma_{t-1})[\varepsilon_{t-1}^{o*-c}\circ\varepsilon_{t-1}^{o*-c}] \tag{5-9}$$

式中，μ 为常数（2×1）向量，γ 和 σ 分别为对称和非对称的 ARCH 的对角矩阵，b 为 GARCH 相关系数的对角矩阵，π 和 ξ 分别为检验市场波动性对称和非对称的溢出效应大小的（2×2）相关系数矩阵，I_{t-1}^{*} 为示性函数，当 u_{it}^{c-0*} 为负时，I_{t-1}^{*} 为 1；否则为零。

检验市场一体化程度主要通过观测估计的溢出效应系数大小和显著性，ψ 和 λ 反映了收益率的溢出效应，而 π 和 ξ 则反映了波动率的溢出效应。

（二）回归结果分析

本书主要是通过检验不相关的日收益率和波动率对本国开盘价格的影响来衡量信息的传递，表 5－10 给出了模型（5－8）和模型（5－9）估计的结果。由此可以发现，由 S&P500 日收益率所隐含的隔夜信息对每个市场调整后的开盘价格和波动率有显著的影响。

纽约市场日收益率对上证综指开盘价格有显著影响，相对于上海股市自身收益率影响而言，调整后的 S&P500 日收益率对上证综指隔夜收益率的影响更显著，收益率的溢出效应 ψ_2 的系数为 0.22，而调整后的上证综指日收益率对上证综指隔夜收益率的溢出系数只有 0.12。但两个市场非对称的收益率信息传递均不明显。同样，上海股市的波动率受到纽约市场波动的显著影响，波动率的对称溢出效应系数为 0.082，且在 10% 显著水平下显著异于零。上海股市的波动率受到市场自身的影响更明显，波动率的对称溢出效应系数为 0.113，且在 5% 水平下显著异于零。而两个市场之间波动率的非对称溢出效果均不明显。回归模型的判定系数 R^2 为 15%，说明上海市场指数变化有 15% 能够被美国和本国市场的隔夜信息所预测。总之，从收益率角度来看，纽约市场对上海市场的影响大于上海市场自身的影响；从波动率角度看，纽约市场对上海市场的溢出效应也非常显著。

表 5－10 日收益率和波动率对隔夜收益率和波动率的信息溢出效应

隔夜收益率 / 日收益率	上 海		纽 约	
	系数	P值	系数	P值
收益率的溢出效应				
上海 ψ_1	0.12	0.15	-0.00026	0.99
纽约 ψ_2	0.22	0.06	-0.328	0.059
上海（非对称）λ_1	-0.15	0.21	0.098	0.49
纽约（非对称）λ_2	0.17	0.49	0.1722	0.38
常数	0.00013	0.91	0.00185	0.135
波动率的溢出效应				
上海 π_1	0.113	0.001	0.0147	0.132
纽约 π_2	0.082	0.08	0.0213	0.062
上海（非对称）ξ_1	0.007	0.73	0.00002	0.91
纽约（非对称）ξ_2	0.051	0.80	-0.0006	0.81
ARCH（1）	-0.036	0.55	-0.033	0.0000
GARCH（1）	0.10	0.54	1.008	0.0000
R^2	15%	13%		

说明：表中给出了（5－8）式和（5－9）式系数的估计值和相应的P值。ψ_i 和 λ_i 分别衡量收益率的对称、非对称溢出效应系数，π_i 和 ξ_i 分别为日收益波动率的对称和非对称溢出效应系数。

中国股市对美国股市的影响并不显著。调整后的上证综指日收益率对S&P500指数隔夜收益率没有明显的解释能力，但S&P500指数自身的日收益率对隔夜收益率有显著的解释能力，对称的收益率溢出效应系数为－0.328，且在10%水平显著异于零，日收益率信息传递的非对称效应均不显著。从隔夜的收益波动率来看，上海市场的解释能力相对于收益率的解释能力有所提高，对称的波动溢出效应系数为0.0147，且在15%水平下显著异于零，而纽约市场自身波动溢出效应的解释系数为0.0213，且在10%水平下显著异于零。估计出的 R^2 说明，S&P500指数的开盘价格13%的部分能被中国和美国市场隔夜信息所预测。总之，上海市场对纽约市场隔夜收益率的影响并不显著，而波动率的影响有所增强。

第三节 基于动态相关系数的国内外股市间一体化进程研究

早期研究大多假定市场一体化程度是不随时间变化的，后来研究表明，由于预期收益率、收益率的波动，风险的价格是时变的，因而市场一体化程度也是时变的。由于金融市场受到不同时期经济体制的影响以及重大事件的冲击，使得相关系数往往是时变的。因此，本节从时变的动态相关系数角度，将研究的对象设定为内地的沪深市场，香港股市和美国股市两个证券市场，研究同一国家内两个不同股市之间、不同国家股市之间两个层次的一体化问题。

一 DCC – MVGARCH 模型和估计方法

自 Engel（1982）提出自回归条件异方差（ARCH）模型以来，ARCH 类模型已广泛应用于资本资产定价模型、资产组合、期权定价等领域，但由于只用波动性来描述变化无穷的金融现象存在着一定的限制以及金融产品的多样化引起的风险管理复杂性等情况的出现，使得“动态相关性”方法得以产生。目前，多变量 GARCH 模型是用来研究时间序列间的动态相关性的主要方法。

Bollerslev、Engel 和 Wooldridge（1988）在 VECH 模型基础上采纳对角矩阵概念来减少估计参数，即认为方差只取决于自身的前期误差和交叉误差的协方差。虽然 Bollerslev（1990）提出的 CCC – MVGARCH 模型也同样减少估计参数并保证协方差矩阵的正定性，但 CCC – MVGARCH 模型假设“相关系数矩阵不变”这一严格前提假设导致该模型实用性大为降低，因为现实中金融资产之间的相关系数保持不变基本是不可能的。Engel 和 Kroner（1995）提出的 BEKK 模型在不同的前提假设条件下也做到了减少估计参数和保证协方差矩阵的正定性，但其缺点是，随着时间序列变量的增加，待估参数的数目也呈几何级数增加。Alexander（2000）提出了由单变量 GARCH 模型构成的对角多变量模型，该模型虽然研究的是动态相关性，但却存在着模型内参数的说服力不足和不适用于弱相关特点的金融资产（如股票）的缺陷。

针对上述多变量 GARCH 模型在参数估计、经济意义等方面存在的一定缺陷，2002 年 Engle 和 Sheppard 提出了 DCC－MVGARCH 模型，相比以前的模型它具有参数节俭性和良好的计算优势，由灵活的 GARCH 模型和具有简洁参数的相关系数模型构成，大大简化了以往估计方差协方差矩阵的复制技术，可以用来估计大规模的相关系数矩阵，便于研究变量之间非线性的时变相关关系。

（一）常相关系数多元 GARCH 模型

在多元 GARCH 模型（CCC－MVGARCH model）中，用 $Y_{i,t}$ 和 $Y_{j,t}$ 表示 Y_t 的第 i 和第 j 个分量，则二者在 t 时刻的相关系数为：$\rho_{ij,t} = h_{ij,t}/\sqrt{h_{ii,t}h_{jj,t}}$。

式中，$h_{ij,t}$ 是条件方差矩阵 H_t 的第（i，j）个元素，表示 $Y_{i,t}$ 和 $Y_{j,t}$ 在 $t-1$ 时刻信息条件下 t 时刻的协方差；$h_{ii,t}$ 和 $h_{jj,t}$ 分别为 H_t 矩阵中对角线上的第 i 和第 j 个元素，表示 $Y_{i,t}$ 和 $Y_{j,t}$ 在 $t-1$ 时刻信息条件下 t 时刻的条件方差。

一般而言，相关系数 $\rho_{ij,t}$ 应该是时变的，为了简化不同资产之间的相关关系，Bollerslev（1990）提出常相关系数假设，假定 $\rho_{ij,t}$ 为常数 ρ_{ij}，则条件方差矩阵 H_t 可写为作：

$$H_t = D_t R_t D_t = (\rho_{ij}\sqrt{h_{ii,t}h_{jj,t}}),\ D_t = diag\ \{\sqrt{h_{ii,t}}\}$$

$$R = E_{t-1}\ (\varepsilon_t \varepsilon'_t) = E_{t-1}\ (D_t^{-1} r_t r'_r D_t^{-1}) = D_t^{-1} H_t D_t^{-1},\ \varepsilon_t = D_t^{-1} r_t$$

其中，R 是相关系数矩阵，D_t 的对角元素 $h_{i,t}$ 由一元 GARCH 模型获得。常相关系数多元 GARCH 模型假设了变量之间的常相关系数关系，从而减少了 GARCH 模型中的待估参数个数。但是由于这个模型的常相关系数假设过于严格，实际的经济现象和数据并不完全支持。

（二）动态相关系数多元 GARCH 模型

多变量 GARCH 模型（DCC－MVGARCH model）假设 k 种资产的收益率序列 r_t 服从条件多元正态分布，且期望收益率为 0，协方差矩阵为 H_t。收益率序列可以是 0 均值序列，也可以使用均值过滤后的时间序列。即：

$$r_t = u_t + e_t,\ e_t/\Omega_{t-1} \sim N\ (0,\ H_t) \tag{5-10}$$

$$H_t \equiv D_t R_t D_t \tag{5-11}$$

式中，D_t 是从单变量 GARCH 模型中得到的时变标准差，为 $k \times k$ 对角矩阵且第 i 个对角线上的元素是 $\sqrt{h_{it}}$，而 R_t 是时变相关系数矩阵。

该模型的估计分为两个步骤：第一步通过估计每个单变量序列的单变量 GARCH 模型来生成标准离差；第二步使用第一步估计出来的标准离差来获取标准化残差，再使用该标准化残差估计相关系数矩阵。在第一步估计中，用 AIC 准则决定单变量 GARCH 模型的最合适的阶数。这里把模型参数分为两部分，（ϕ_1，ϕ_2，…，ϕ_k，φ）＝（ϕ，φ），ϕ_i＝（ω，α_{1i}，α_{2i}，…，α_{pi}，β_{1i}，β_{2i}，…，β_{qi}）为单变量 GARCH 过程的参数。

第一阶段的拟极大似然估计函数可以表述为：

$$\begin{aligned} QL_1(\phi/e_t) &= -\frac{1}{2}\sum_{t=1}^{T}(k\log(2\pi)+2\log(D_t)+e'_tD_t^{-2}e_t) \\ &= -\frac{1}{2}\sum_{t=1}^{T}k\log(2\pi)+\sum_{n=1}^{k}\left(\log(h_{it})+\frac{e_{it}^2}{h_{it}}\right) \\ &= -\frac{1}{2}\sum_{n=1}^{k}T\log(2\pi)+\sum_{t=1}^{T}\left(\log(h_{it})+\frac{e_{it}^2}{h_{it}}\right) \end{aligned} \tag{5-12}$$

一旦第一阶段估计完毕，以所得参数为条件进行第二阶段估计，拟极大似然估计函数表示为：

$$\begin{aligned} QL_2(\varphi/\hat{\phi},e_t) &= -\frac{1}{2}\sum_{t=1}^{T}(k\log(2\pi)+\log(H_t)+e'_tH_t^{-1}e_t) \\ &= -\frac{1}{2}\sum_{t=1}^{T}(k\log(2\pi)+2\log(|D_t|)+\log(|R_t|) \\ &\quad +e'_tD_t^{-1}R_t^{-1}D_t^{-1}e_t) \\ &= -\frac{1}{2}\sum_{t=1}^{T}(k\log(2\pi)+2\log(|D_t|)+\log(|R_t|)+\varepsilon'_tR_t^{-1}\varepsilon_t) \end{aligned} \tag{5-13}$$

由于以 $\hat{\phi}$ 为条件，影响参数选择的似然函数部分仅仅为 log（$|R_t|$）＋ $\varepsilon'_tR_t^{-1}\varepsilon_t$，因此只需最大化以下似然函数即可估计得到 DCC 模型的参数：

$$QL_2^*(\varphi/\hat{\phi},e_t) = -\frac{1}{2}\sum_{t=1}^{T}(\log(|R_t|)+\varepsilon'_tR_t^{-1}\varepsilon_t) \tag{5-14}$$

其中，$\varepsilon_t \sim N$（0，R_t）是经过标准化处理后的残差。如果把 D_t 中的元素表达为单变量 GARCH 模型的形式，则有：

$$h_{it} = \omega_i + \sum_{p=1}^{P}\alpha_{ip}e_{it-p}^2 + \sum_{q=1}^{Q}\beta_{iq}h_{it-q} \tag{5-15}$$

上式应满足所有普通单变量 GARCH 模型所需的非负性和平稳性条件，如非负的方差以及总系数之和小于 1。单变量 GARCH 模型的估计可以不限定为标准 GARCH（p，q）模型，只要满足正态分布残差以及方差非负性和平稳性条件的 GARCH 过程均可。动态相关系数结构可表达为：

$$Q_t = (1-\sum_{m=1}^{p}\alpha_m-\sum_{n=1}^{q}\beta_n)\bar{Q}+\sum_{m=1}^{p}\alpha_m(\varepsilon_{t-m}\varepsilon'_{t-m})+\sum_{n=1}^{q}\beta_n Q_{t-n} \quad (5-16)$$

$$R_t = (Q_t^*)^{-1}Q_t(Q_t^*)^{-1} \quad (5-17)$$

式中，$\bar{Q}$ 是从第一阶段估计中得到的标准化残差的无条件方差矩阵，而 Q_t^* 为 Q_t 对角线上的数，即：

$$Q_t^* = \begin{bmatrix} \sqrt{q_{11}} & 0 & 0 & \cdots & 0 \\ 0 & \sqrt{q_{22}} & 0 & \cdots & 0 \\ 0 & 0 & \sqrt{q_{33}} & \cdots & 0 \\ \vdots & \vdots & \vdots & \vdots & \vdots \\ 0 & 0 & 0 & 0 & \sqrt{q_{kk}} \end{bmatrix} \quad (5-18)$$

R_t 为动态相关系数矩阵，其中元素的一般性表达式为 $\rho_{ij,t}=\frac{q_{ij,t}}{\sqrt{q_{ii,t}q_{jj,t}}}$。相关系数矩阵通过分解，使得 Q_t^* 为对角矩阵，对角元素为$\sqrt{q_{ii,t}}$；Q_t 里面的元素为 $q_{ij,t}$、$q_{ii,t}$ 和 $q_{jj,t}$，α_m 和 β_n 为 DCC 模型系数（m 和 n 为滞后阶数）。

（三）动态条件相关系数的假设检验

使用 DCC－MVGARCH 模型估计出动态相关系数之后，要检验模型算出的动态相关系数与常相关系数是否有显著差异，检验方法如下：

原假设 H_0：$R_t=\bar{R}$（即相关系数是常相关系数）

备择假设 H_1：$R_t\neq\bar{R}$（即相关系数不是常相关系数）

将第一步计算出的标准化残差乘以非条件相关系数，在原假设 H_0 下，残差和单位矩阵 I_k 组成的协方差矩阵为正定矩阵。因此，

$$Y_t = vech^u[(\bar{R}^{-1/2}D_t^{-1}r_t)(\bar{R}^{-1/2}D_t^{-1}r_t)'-I_k] \quad (5-19)$$

式中，$(\bar{R}^{-1/2}D_t^{-1}r_t)$ 为在原假设 H_0 下标准化后的 $k\times1$ 向量，而 $vech^u$ 为取对角线上的元素形成的 $k(k+1)/2$ 向量，因此可写成 VAR 形式：

$$Y_t=\alpha+\beta_1Y_{t-1}+\beta_2Y_{t-2}+\cdots+\beta_sY_{t-s}+e_t \quad (5-20)$$

在原假设 H_0 下，所有的参数都必须为 0。使用 SUR（seemingly unrelated regression）方法解联立方程式，并利用 $\chi^2_{(s)}$ 统计量检验相关系数是否为常相关。

二　数据描述和实证结果分析

（一）数据说明

选取上证 A 股综合指数、深圳 A 股成分指数、恒生指数（HSI）、道琼斯综合指数（DJA）和标准普尔 500 指数（S&P500）的日收盘价格 P_t 作为三地市场的代理变量。由于 2001 年 2 月 19 日 B 股市场对所有投资者开放是中国内地资本市场开始对外开放的重要标志性事件，为了便于检验这一事件开始后各个市场之间的动态相关性，选定的样本区间为 2000 年 1 月 4 日至 2008 年 6 月 30 日，所有指数数据来自雅虎财经网。由于交易日存在着非一致性，本书尽可能选取三地股市同一营业日的股票指数价格，以保持数据的一致性，这样经过处理之后共获得 2017 个交易日的股指收盘价格数据。定义股票市场的日收益率为 $R_t = \log(P_t/P_{t-1})$（唐齐鸣、操威，2009）①。

（二）数据描述

表 5 - 11 中列举了上证 A 股综合指数（SHI）、深圳 A 股成分指数（SZI）、恒生综合指数（HSI）、道琼斯综合指数（DJA）和标准普尔 500 指数（S&P500）的日收益率描述性统计特征。偏度显示除了深圳成分指数收益率以外，另外四种指数收益率都有不同程度的负偏。而所有的收益率序列都具有显著较高的峰度，并都在 1% 显著性水平下拒绝了正态分布的原假设。

滞后 20 阶的 Ljung - Box 检验显示，所有收益率序列在 1% 显著性水平下都不显著，表明不存在序列自相关。LM 检验显示所有收益率序列在 1% 的显著性水平下存在明显的异方差性，采用 GARCH 模型是合理的。同时根据 ADF 单位根检验显示，所有的收益率序列都是平稳序列。

---

① 此节部分内容参见唐齐鸣、操威《沪深美港股市的动态相关性研究——兼论次级债危机的冲击》，《统计研究》2009 年第 2 期。

表 5－11　　指数收益率的描述统计量

指数	SHI	SZI	HSI	DJA	S&P500
均值	0.000330	0.000489	0.000165	0.000148	－5.89E－05
标准差	0.016618	0.018092	0.014582	0.010858	0.011468
偏度 Skewness	－0.365573	－0.05611	－0.528833	－0.329666	－0.042535
峰度 Kurtosis	9.626479	9.10476	11.45665	7.451897	6.433676
J—B	3735.215**	3133.131**	6104.243**	1702.187**	991.471**
Q（20）	18.1	17.04	15.77	16.12	16.96
ARCH	76.56**	81.94**	262.8**	189.34**	219.78**
ADF	－45.825**	－44.703**	－46.866**	－45.735**	－47.485**

说明：表中 Q（20）是滞后 20 阶的 Ljung－Box 统计量。ARCH 是检验 ARCH 效应的滞后 5 阶的 LM 检验。ADF 是增广的 Dickey－Fuller 单位根检验，通过 SIC 准则自动选择滞后项。** 表示 1% 的显著性水平。

（三）DCC－MVGARCH 模型估计

根据 AIC 最小准则，选取 GARCH（1，1）模型来估计每个市场的收益率序列是比较合适的。表 5－12 给出了各个股市收益率序列的条件方差模型参数和相应的 DCC（1，1）参数估计值及其对应的 t 检验统计量。

表中，α 代表新信息系数，即现有信息对下一期波动的影响程度，α 值越高代表该市场对新信息的敏感程度越高。从表中可知，上海、深圳和道琼斯指数的 α 值较高，对新信息的反应更为敏感。β 值为衰减系数，代表条件协方差受自身滞后一期的影响程度，β 值的大小决定了条件协方差的衰减速度，从表中可知上海和深圳市场的衰减速度也是最快的。此外，系数 λ（$=\alpha+\beta$）反映了股指收益率波动的持久性，即衡量现有的波动性趋势在未来消失速度，如果 λ 越接近于 1，则表明波动性趋势在未来持续的时间越长。表中深成指的 λ 值最接近于 1，说明深成指的波动趋势持续的时间最长，但从整体来看，所有市场的波动趋势持续性并没有太大的差异。

表 5－12　　各市场股票指数收益率序列 GARCH 参数估计值和 DCC 系数估计值

	SHI	SZI	HSI	DJA	S&P500	DCC (1, 1)
ω	5.3682e－006 (2.7182e＋009)	5.4771e－006 (1.7313e＋009)	2.1763e－006 (7.9053e＋009)	3.0918e－006 (9.7867e＋009)	1.3487e－006 (2.0447e＋010)	
α	0.12911 (60.828)	0.12346 (55.124)	0.079923 (106.01)	0.11431 (49.62)	0.088092 (59.797)	0.021082 (12232)
β	0.86232 (91.608)	0.86834 (85.242)	0.91007 (142.12)	0.86251 (73.092)	0.90108 (95.229)	0.97796 (9319.2)
λ	0.99143	0.9918	0.989993	0.97682	0.989172	0.999042

说明：括号内的数值为 t 值。

最后，对 DCC 模型的常相关系数假设进行检验，以判断采用动态相关系数和常相关系数是否存在显著差异，选择 5 阶滞后假设检验，结果如下：

$\chi_5^2 = 70.495 \quad p = 0.000$

检验结果拒绝原假设，即各地区的收益率序列相关系数不是固定的，存在显著的动态相关关系。也就是市场间存在一定的风险溢出效应，不同市场间的收益率变动会或多或少对另外几个市场产生影响。

（四）动态相关性分析

图 5－3 到图 5－7 描述了由动态相关模型得到的市场之间的动态相关关系。2000 年至 2008 年 6 月，不同股票市场之间的相关系数随着时间的推移而不断变化，但总体来看大部分时间的相关系数在－0.2—0.8 之间波动。其中表现最为突出的是上海—深圳指数收益率的动态相关系数绝大多数时间都大于 0，而恒生—道琼斯指数收益率的动态相关系数在次级债危机发生之前的绝大多数时间都大于 0.2。显示出这两对市场之间股票指数收益率的波动相关性非常高，一个市场的波动会带动另一个市场的波动。而其他几对市场之间的动态相关系数一般在［－0.2，0.4］的区间范围内波动。另外，上证 A 股指数、恒生指数、道琼斯综合指数和标准普尔 500 指数之间的动态相关系数曲线与深圳 A 股成分指数、恒生指数、道琼斯综合指数和标准普尔 500 指数之间的曲线轨迹几乎是一模一样，只是数值略有差别。为了节约篇幅，本书只选取上海市场与其他市场的动态相关图进行分析。

1. 同一国家内两个不同市场的动态相关性分析

从图 5－3 中可以看出，上海和深圳市场收益率序列之间的动态相关系数基本都在0轴以上，最高的时候相关系数达到了0.8以上，表明两个市场股指收益率之间具有一种正相关关系。如果以0.2为分界线，很明显可以看出在2001年9月至2005年11月，沪深股市的相关系数处于较低水平，而此时中国股市正处于熊市阶段，即使在其中几次较大的反弹过程中，相关系数也只相应地上升到0.2，随后一直维持在0—0.2之间波动。进入2005年11月开始的牛市发展过程中，市场之间的相关系数急速攀升，显示了两个市场之间极强的联动性。

相对于上海和深圳股票市场高度相关性而言，道琼斯指数和标准普尔500指数的联动性并不明显。从图5－4可以看出，次级债危机之前，两个市场的动态相关系数一直在0.2— －0.2之间波动。而从2007年的12月底开始，美国的次级债危机爆发后美联储多次紧急降息以救市，使得两个市场股票指数同跌同涨，联动性迅速增强，两个市场股票指数的动态相关系数不断攀升，最高到达0.8。

2. 不同国家市场之间的动态相关性分析

2000—2008年6月，中国内地、中国香港、美国三地股票市场不仅经历了熊市和牛市的交替变化过程，也遭受了诸多重大制度变革或者重大事件影响。如中国股票市场经历了B股市场对普通投资者开放和A股对国外合格机构投资者（QFII）开放的一体化进程、股权分置改革；美国股票市场遭受了“9·11”恐怖袭击事件以及始于2007年的次级债危机等。这些重大制度变革或者重大事件对中国内地、中国香港、美国三地股票市场之间动态相关关系产生了怎样的影响？

从描述五个市场收益率序列的一元GARCH模型的波动（标准差）情况的图5－8可看出，沪深市场依然具有相似的波动图形且波动性较高，道琼斯指数和标准普尔500指数作为成熟金融市场股指代表，收益率的波动基本维持在较低水平，恒生指数收益率的波动介于中美两个市场波动水平之间。2001—2003年、2005年5—7月以及2007—2008年这几个时间段，几乎所有市场的收益波动都出现了较为明显的峰值，这些特征也可从上海市场与其他市场的动态相关图中看出，当出现重大的制度变革或者重大事件冲击时，市场之间的相关性发生了明显的变化。

（1）2001年2月至2002年7月。2001年中国证券市场有两个重要的宏观基本面变化，一是2001年2月19日中国B股市场对普通投资者开放；二是2001年12月11日我国正式加入世界贸易组织。国际方面，

2001 年 9 月 11 日美国遭受的重大恐怖袭击事件，对美国乃至世界经济都产生了不小冲击。加入世界贸易组织使得内地市场的进出口贸易更加频繁顺畅，同时增加了中国香港贸易中转站的重要程度，从而内地市场与国际市场之间的正相关程度有所加强。从此区间内的动态相关系数变化情况来看，上证—恒生动态相关系数迅速升高并达到此区间内的最高值（深圳由于和香港联系更加紧密，深圳—恒生动态相关系数迅速由负值变为正值），与道琼斯指数的动态相关系数也有相似走势。

（2）2005 年 5—7 月。2005 年是中国证券市场重大事件频繁发生的一年，5 月开始的股权分置改革，7 月开始的人民币汇率改革是发生在此区间内的重大宏观事件。另外，2005 年 7 月还发生了 QFII 投资额度获准增加 60 亿美元达到 100 亿美元这一影响中美股市联动性的重大事件。2002 年底开始，我国开始试点实施合格境外机构投资者（QFII）制度，当时累计投资额度上限为 40 亿美元，由于各类境外投资者已经对内地 A 股有了较充分的了解并从中获得了不菲收益，当 2005 年 7 月提高 QFII 投资额度时，使得一定数额的资本流出以美国为代表的境外市场而转战内地的 A 股市场，从而导致美国市场和内地 A 股市场间出现短暂的负相关关系。但是，在此之后由于人民币升值的推动，内地 A 股市场产生了一轮大牛市，我国经济的高速发展和开放力度的增强使得中美之间经济的联动性更加紧密。从该区间内的动态相关系数变化图可看出：2005 年上半年上海—道琼斯动态相关系数由正值迅速降为负值并达到了几年的最低值（此时中国内地股市指数也处于历史最低位），但随后一直向上盘升直至 2006 年 6 月附近的最高值。

（3）2007 年 8 月至 2008 年 3 月。从国际层面来看，此阶段正处于美国次级债危机恶化并带动亚太股市不断下挫，随后美联储多次采取向金融系统注资和降息等手段救市时期。而在此期间国内所面临的是大型国企不断从 H 股回归 A 股市场并作为大盘蓝筹被计入 A 股指数。该区间内上海—恒生动态相关系数从负值以极快速度变为正值并不断向上创出新高。由于 2007 年 10 月开始，人民币对美元等主要货币的升值开始加速，国际市场上大量资金也开始大举进入中国市场。由于人民币暂时还不可自由兑换，资金便选择对香港市场上的 H 股或者红筹股等以人民币为基础的资产进行投资，从而使香港和美国市场的关联度下降，反映为恒生—道琼斯动态相关系数从最高点以极快速度下降。值得一提的是，2007 年年底 QFII 的投资额度再次增加至300亿美元，增幅达200%，而中国政府在2007年5月份举行的第二次中美战略对话期间曾就金融对外开放做出系列承诺，其中就包括QFII的额度年底前增加到300亿美元等内容。这一事件产生的预期再次导致上海—道琼斯动态相关系数从2007年5月开始从最高点开始下降。

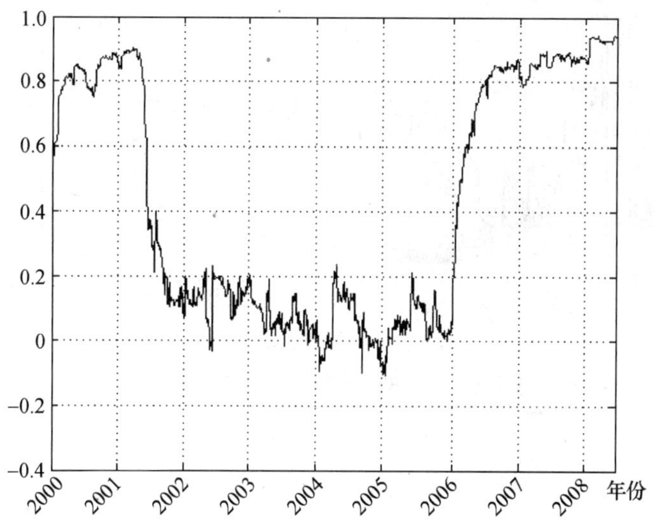

图5－3　上海—深圳动态相关系数

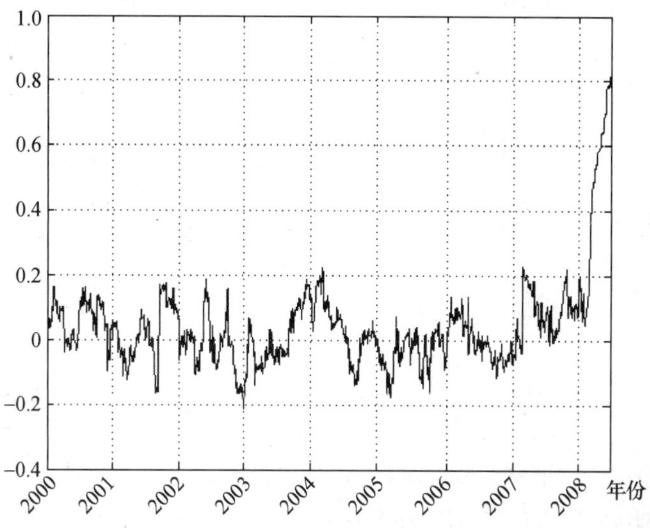

图5－4　道琼斯—标普500动态相关系数

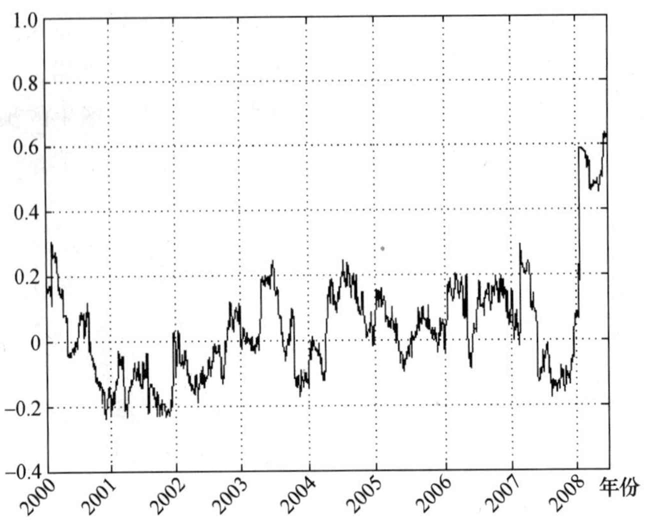

图 5-5　上海—恒生指数动态相关系数

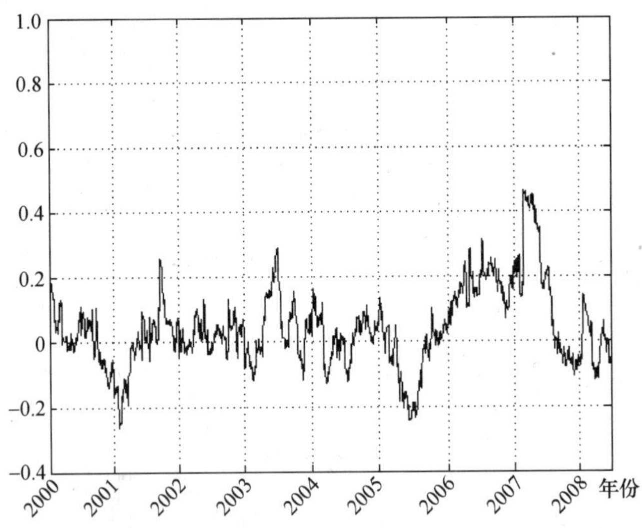

图 5-6　上海—道琼斯指数动态相关系数

为了进一步验证重大事件对市场之间相关性影响，选取发生重大事件的时间为分割点，以事件点前后 60 个交易日的股指收益率的数据作为对比样本，检验事件前后动态相关系数的均值是否存在显著差异。检验结果见表 5-13。检验结果显示，除了 2005 年 QFII 额度的增加和人民币汇率改革对上证—深证、上证—恒生动态相关系数的均值影响无差异外，其他重大事件都对上海、中国香港和美国三地股票市场间相关系数的变化产生了显著的影响，即事件前后动态相关系数的均值存在着显著的差异，且上证—恒生动态相关系数的均值差异明显大于上证—道琼斯指数动态相关系数的均值差异。

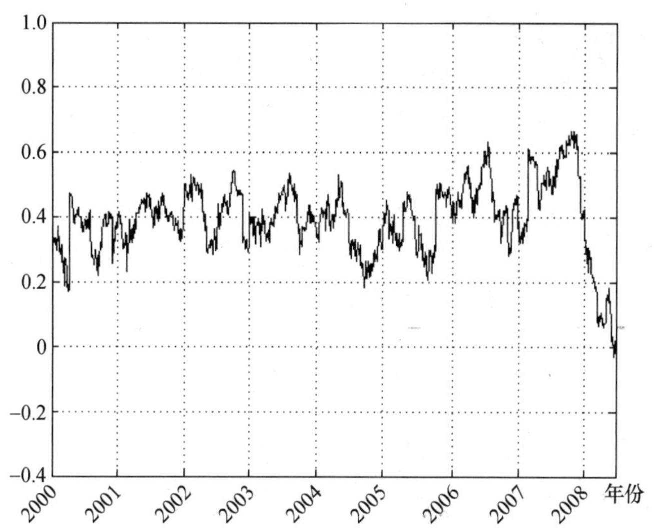

图5－7　恒生—道琼斯指数动态相关系数

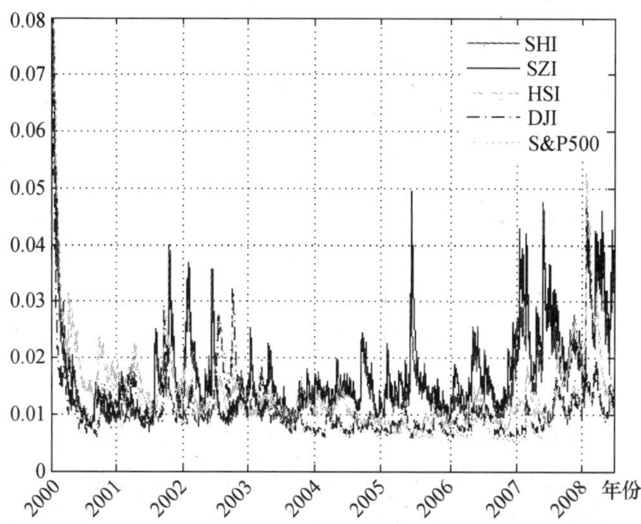

图5－8　五组收益序列GARCH模型的波动标准差

按照金融危机传染理论，当某个市场发生危机时，由于恐慌性心理预期以及羊群效应等非理性行为，过度反应导致投资者会从投资组合中减持该市场以及其他市场股票，而不顾市场基本面是否发生变化，从而将危机传染到其他市场，导致不同市场之间的相关性增强。同样，根据理性预期理论，重大的制度变革或者重大事件冲击会影响到人们的预期，从而导致投资者对宏观基本面的看法趋于一致而做出相似的决策，也使得不同市场之间的相关性增强。后面对次级债危机进程中重大事件短期或较长期内对市场之间相关性影响分析结果也进一步验证了此结论。

表 5－13　　重大事件对动态相关系数值是否有显著的影响

日期	事件	SHI－SZI	SHI－HSI	SHI－DJA
2001 年 2 月 19 日	中国向居民开放 B 股市场	－8.0185* (0.0000)	16.8331* (0.0000)	6.1326* (0.0000)
2001 年 9 月 11 日	“9·11”恐怖事件袭击美国	19.6516* (0.0000)	9.8361* (0.0000)	－5.6278* (0.0000)
2001 年 12 月 11 日	中国正式加入世界贸易组织	10.7621* (0.0000)	－10.6672* (0.0000)	5.6389* (0.0000)
2005 年 7 月 11 日	QFII 额度增加 60 亿美元	1.0287 (0.3057)	－11.4715* (0.0000)	－9.3699* (0.0000)
2005 年 7 月 21 日	人民币汇率改革启动	0.2105 (0.8335)	2.3538 (0.0194)	－10.6076* (0.0000)
2007 年 5 月 23 日	中美战略对话承诺再次增加 QFII 额度	－3.7557* (0.0003)	19.6931* (0.0000)	15.2098* (0.0000)

说明：H_0：事件发生前后动态相关系数均值不变；H_1：事件发生后系数均值变化。检验统计量为 t 统计量，括号内为对应 p 值。表 5－14 中情况同表 5－13。

3. 次债危机的影响分析

2007 年次级债危机的爆发导致了全球金融市场的震荡，自 7 月 18 日市场传出华尔街大投行贝尔斯登旗下两基金或因次级债危机覆没后，全球各地股市继 2007 年“2·27”后，再度陷入一轮循环暴跌。2007 年 7 月 18 日至 8 月 15 日，道琼斯工业指数从 13955 点下跌到 12861 点，跌幅

为 -7.84%；恒生指数从22956点下跌到21375点，跌幅为 -6.89%；而上证综指从3880点上升到4869点，上涨25.49%。观察上证综指和恒生指数以及道琼斯指数收益率序列在次级债危机期间的动态相关系数可以发现，上海—恒生动态相关系数开始急速上升的同时，上海—道琼斯动态相关系数并没有同时急速升高，而是先下降至0轴以下后反复围绕0轴波动，而恒生—道琼斯动态相关系数初期依旧维持在高位，2007年年底开始迅速下降直至0轴附近。香港作为成熟的国际化金融市场，受美国股市的影响是毋庸置疑的，但从以上情况看，国内市场与美国市场的关联程度依然有限，而香港股市在与内地股市的联动性急速增强的同时，受美国市场影响程度日益减弱。在2007年次级债危机蔓延的过程中，中港股市的走势极其相似，其主要原因在于香港市场上大量的H股回归A股市场，并均作为大盘权重股计入上证指数且所占权重过于巨大，仅中国石油（601857）、中国石化（600028）、工商银行（601398）、中国银行（601988）、中国人寿（601628）这五只在香港发行H股的股票就占据了上证指数47.2%的权重，再加上建设银行、中国神华等一大批从H股回归A股的大盘蓝筹，上证指数一半以上权重与这些在香港发行H股的公司相关，因此上海—恒生指数的关联度急剧提高，而恒生指数与道琼斯指数的关联度在2008年之前一直稳定地处于较高水平，导致美国次级债危机通过香港股市而间接影响了内地股市。

为了进一步分析次级债危机进程中重大事件短期或较长期内对市场之间相关性的影响，选取次级债危机进程中重大事件点前后60个交易日的股指收益率的数据作为短期对比样本，次级债危机事件点前后300个交易日股指收益率的数据作为较长期对比样本，检验事件前后动态相关系数均值是否存在显著差异。检验结果见表5-14（表中数字为统计量和相应的p值）。检验结果显示，除了2008年1月31日，美联储下调联邦基金利率至3%，贴现率至3.5%事件对中美市场的相关系数在短期内并没有显著影响外，其他次级债危机进程中重大事件都对上海、中国香港和美国三地股票市场间相关系数的变化产生了显著影响，即事件前后动态相关系数的均值存在着显著的差异。从长期来看，整个次级债危机对中国、美国和中国香港三地股市之间相关系数都存在显著的影响。

表 5-14 次级债危机进程中重大事件对相关系数值是否有显著影响

日期	事件	SHI-HIS	SHI-DJA	HSI-DJA
2007 年 3 月 13 日	New Century Financial 宣布濒临破产，美股大跌	-4.8856* (0.0000)	-7.8513* (0.0000)	-5.8878* (0.0000)
2007 年 7 月 10 日	穆迪标普降低次级抵押贷款债券评级	3.6618* (0.0005)	5.8507* (0.0000)	-7.0796* (0.0000)
2008 年 1 月 31 日	美联储下调联邦基金利率至 3%，贴现率至 3.5%	-11.2391* (0.0000)	1.8316 (0.0708)	11.6091* (0.0000)
2007 年 3 月 13 日	次级债危机事件（前后 300 个交易日）	-3.2634* (0.0012)	8.7993* (0.0000)	3.4365* (0.0006)

三 实证结果

（1）上海和深圳市场的收益率在牛市中相关程度非常高，而在熊市中相关程度较低。而同为美国市场的指数，道琼斯指数和标准普尔 500 指数的相关程度并没有沪深指数之间如此紧密的联动性，这与两种指数编制时包含股票的种类不同有一定关系。道琼斯指数是一种成分股，包括的公司多为美国上市公司中的热门股，而标准普尔 500 指数涵盖了更多美国上市公司。

（2）随着股权分置改革和人民币汇率改革的实施，中国内地市场和香港市场以及美国市场的关联程度逐渐提高，但离一体化还有一定的距离。而且每次 QFII 额度的增加（或预期增加）以及人民币的加速升值都会导致中美两个市场之间的关联程度下降。

（3）由于众多在香港发行 H 股的内地大型国有企业回归 A 股市场并计入指数，内地市场和香港市场的联动性迅速增强。

（4）虽然中国内地股市与美国股市相关性有所提高，但次级债危机影响中国内地股市的方式并不是直接的，而是通过对香港股市的风险溢出而间接传递了次级债危机风险至中国内地市场。中国内地市场依旧是一个相对封闭的市场，过多的大盘蓝筹在过短时间内从 H 股回归 A 股增加了中国内地市场的容量，同时也增加了内地市场面对国际金融市场风险时的暴露程度。

第四节　基于动态相关系数的国内外市场一体化的演变

上一节对中国股票市场与世界主要股票市场之间的动态相关系数进行了计算，并结合金融危机的冲击对市场之间联动性的影响进行了相应的分析。本节将在前一节基础上，以市场间动态相关系数作为衡量市场间一体化的指标，研究市场之间在分割和一体化这两个状态之间进行变化的程度以及转移速度。

一　模型设定与估计方法

本节采用 Andres Gonzalez、Timo Teravirta 和 Dick van Dijk（2004）提出的面板平滑转换模型（PSTR）进行分析。面板平滑转换模型（PSTR）是对面板阈值回归模型（PTR）的进一步扩展，由于能够较好地刻画面板数据的截面异质性，因而受到研究者的青睐。在很多情况下，传统的面板数据固定效应模型和随机效应模型难以彻底捕捉截面异质性，为此，Hansen（1999）提出依据一定的准则，将不同的截面个体归入不同的体制，然后分别加以估计，这就是面板阈值回归模型。PTR 模型在通常的非动态固定效应模型中引入一个关于阈值变量的示性函数以考虑截面异质性。当可观测的阈值变量 q_{it} 超越阈值 c 时，模型发生突变，即在阈值值两侧，PTR 模型采用不同的线性模型进行描述，不同体制下的模型系数不同。下面是两体制的 PTR 模型：

$$y_{it} = \mu_i + b'_1 x_{it} I(q_{it} \leqslant c) + b'_2 x_{it} I(q_{it} > c) + \varepsilon_{it} \tag{5-21}$$

PSTR 模型通过引入一个连续的转换函数替代 PTR 中离散的示性函数，从而允许模型的系数随转换变量的变化而连续地变化，进而体制的转换成为一个连续的、平滑的过程，这更贴近于经济的现实。模型可以表示为：

$$y_{it} = \mu_i + b'_1 x_{it} + b'_2 x_{it} g(q_{it};\ r,\ c) + \varepsilon_{it} \tag{5-22}$$

转换函数 $g(q_{it};\ r,\ c)$ 是一个关于转换变量 q_{it} 的取值介于 0—1 之间的连续函数，其中，r 为斜率系数，决定转换的速度，c 为转换发生的位置参数。$g(q_{it};\ r,\ c)$ 通常采用逻辑函数形式：

$$g(q_{it};r,c) = [1 + \exp[-r\prod_{j=1}^{m}(q_{it} - c_j)]]^{-1} \tag{5-23}$$

式中，$r>0$，$c_1 \leqslant c_2$，…，$c_{m-1} \leqslant c_m$。当 m = 1 时，转换函数含有一个位置参数：

$$g_1(q_{it};\ r,\ c) = (1 + \exp(-r(q_{it} - c)))^{-1} \tag{5-24}$$

显然，$\lim\limits_{q_{it} \to -\infty} g_1(q_{it};\ r,\ c) = 0$ 且 $\lim\limits_{q_{it} \to +\infty} g_1(q_{it};\ r,\ c) = 1$，$r>0$。当转换函数 $g_1(q_{it};\ r,\ c) = 0$ 时，为对应低体制的模型，当 $g_1(q_{it};\ r,\ c) = 1$ 时，即为对应高体制模型。转换函数值在 0—1 之间平滑转换，从而使模型在上述两种不同体制之间平滑转换。若 $r \to +\infty$，则 PSTR 模型转变为体制转换的面板阈值回归（PTR）模型，因此 PTR 模型可以看作 PSTR 模型的一种特殊情形；若 $q_{it} = c$ 或 $r \to 0$，$g_1(q_{it};\ r,\ c)$ 取值为 0.5，PSTR 退化为线性固定效应模型。

我们使用 DCC - MVGARCH 模型中估计出来的时变动态相关系数序列作为度量市场一体化程度的时间序列，建立平滑转移方程如下：

$$\begin{cases} \rho_{ij,t} = \alpha + \beta G\ (s_{it};\ \gamma,\ c)\ + \nu_t \\ G\ (s_{it};\ \gamma,\ c)\ =\ (1 + \exp\ (\ -\gamma\ (s_{it} - c)))^{-1}, \quad \gamma > 0 \end{cases} \tag{5-25}$$

其中，$\rho_{ij,t}$ 为上一步估计出的动态相关系数序列，待估参数为 α、β、γ 和 c，$G\ (s_t;\ \gamma,\ c)$ 为平滑转移函数。c 是阈值值，表示两个体制之间的转折点。γ 是转换函数的斜率，度量了从一个体制向另一个体制转换的速度并决定了从一个体制向另一个体制转变的平滑度。在该模型中，α、β 和 γ 都具有明确的经济含义。随着时间的变化，市场间的一体化程度由初始（市场一体化开始前）的 α 变化至 $\alpha + \beta$，即 α 是市场一体化程度在第一个体制的度量，而 β 为一体化程度转化到第二个体制后的变化值，正值为一体化程度增加，负值表示一体化程度减少。而 γ 刻画了一体化程度在两个体制之间的转换速度。

二　模型估计结果及分析

在使用 PSTR 模型进行估计之前，有必要对动态相关系数进行平稳性检验以确保这些序列是非平稳序列，否则将不存在从一个体制向另一个体制的平滑转移。ADF 检验的结果见表 5 - 15。

表 5-15 动态相关系数 ADF 检验

	上海—深圳	道指—标普	上海—恒生	深圳—恒生	上海—道指	深圳—道指	恒生—道指
ADF	-0.51	-1.34	-2.27	-2.32	-2.47	-2.39	-2.76
p 值	0.89	0.61	0.18	0.17	0.12	0.15	0.09

检验结果显示，即使在5%的显著性水平下，各市场间的动态相关系数序列都是非平稳的，因此可以使用平滑转移模型对一体化程度的非线性变化进行模拟（为使得结果更加简洁和便于分析，省略上海、深圳、香港与标普 500 指数间的关系）。最终的估计结果见表 5-16（表中括号里为对应的 t 值）。

表 5-16 PSTR 模型的参数估计值

	α	β	γ	C
上海—深圳	0.425（3.20）	0.288（2.68）	0.196（2.94）	0.064（2.93）
道指—标普	0.042（2.09）	0.256（2.09）	0.050（2.21）	0.043（1.86）
上海—恒生	0.036（1.81）	0.312（3.20）	0.106（1.73）	0.049（1.94）
深圳—恒生	0.047（2.27）	0.325（2.78）	0.117（1.98）	0.053（2.05）
上海—道指	0.025（2.16）	0.268（2.38）	0.062（2.16）	0.045（2.16）
深圳—道指	0.032（2.34）	0.247（2.26）	0.056（1.98）	0.047（2.36）
恒生—道指	0.146（3.23）	0.292（2.73）	0.187（2.55）	0.039（2.44）

PSTR 模型估计结果显示，所有市场中，沪深市场之间的一体化速度最快（γ 值最高），而且初始的一体化水平（α 值）也是所有市场间最高的。而在不同国家市场之间，中国香港和美国市场之间的一体化速度最快，而二者的初始一体化水平也仅次于沪深市场。而在市场一体化的增加程度上，中国内地的两个市场与香港市场间的一体化增加程度（β 值）要明显高于其他市场的增加程度，以深圳和香港市场之间的增加程度为最大。

模型的估计结果与市场间的一体化进程的预期基本一致。由于 2007 年香港市场上大量 H 股回归 A 股并作为大盘蓝筹计入指数，使得上证指数一半以上的权重与这些在香港发行 H 股的公司相关，因此内地股票市场指数与恒生指数的关联程度有较大的提升；而香港作为成熟的金融市场，一直与美国市场的联系程度较紧密，中国内地的金融市场与美国市场的一体化程度还是低于中国香港市场。

第五节　本章主要结论

本章从国际股票市场层面出发，利用 VAR、ARCH 类、DCC - MV-GARCH 等模型研究中国沪深股市与中国香港、日本、英国和美国等主要国际股市之间的联动效应，探讨中国沪深股市与主要国际股市之间是否存在长期稳定的均衡关系、短期波动的相关性和溢出效应，进而分析中国股市与国际股市间的信息流和一体化演进过程。主要结论如下：

（1）运用 ARCH 类模型以及向量自回归（VAR）模型对中国沪深股市与中国香港、日本、英国和美国等主要国际股市之间的关系进行实证研究结果发现，中国股市和国际股市间确实存在一定的联动效应，在股指价格上也和成熟股市间存在着长期均衡关系，但在价格短期波动和收益变动率上，还主要局限于上证、深证和香港之间。而中国香港和日本、英国、美国等世界主要股市相互间的联动效应非常明显，表现出成熟股市共有的特征，其中美股处于明显的领头羊地位。这一切说明目前中国内地股市还属于新兴股市，和国际股市接轨的程度远远不够，对世界股市的影响更是微乎其微，即使有也是极其短暂的。所以说，中国股市的国际化发展还有很远的路要走。

（2）利用上证综指和 S&P500 指数每日内 30 分钟频率的数据，计算六个日收益率时间系列，通过回归发现，开盘后 30 分钟的上证综指价格为完全反映了隔夜消息的“开盘”价格；开盘后 60 分钟的 S&P500 指数价格为完全反应隔夜信息的“开盘”价格。在构建新的“开盘”价格基础上，VAR - GARCH 模型估计结果显示，从收益率的溢出效应看，纽约市场对上海市场的影响比上海市场本身显著；从波动率的溢出效应看，纽约市场对上海市场的影响也非常显著，且上海市场股票指数的变化有 15% 能够被美国和本国市场的隔夜信息所预测；上海市场对纽约市场的隔夜收益率的解释能力不显著，而对波动率的解释能力有所加强，S&P500 指数开盘价格的变化有 13% 的部分能被中国和美国市场隔夜先前的信息所预测。

（3）DCC－MVGARCH 模型以较好的系统性度量了中国内地、中国香港、美国三地股市间的收益波动冲击和动态相关性。在同一国家内部的两个市场里，上海和深圳市场一体化程度和一体化速度远远超过道琼斯指数和标准普尔 500 指数，同为新兴国家内部的两个金融市场，沪深股市的一体化程度和速度表明二者在融资效率和资产投资等方面有较强的可替代性。随着股权分置改革和人民币汇率改革的实施，中国内地市场和中国香港市场以及美国市场的关联程度逐渐提高，虽然中国内地股市与美国股市的相关性有所提高，但次级债危机影响中国内地股市的方式并不是直接的，而是通过对香港股市的风险溢出间接传递了次级债危机的风险并传导至中国内地市场。

第六章　中国双重上市公司股票价格差异

许多文献对于中国股票市场分割性的研究是用市场指数进行的，正如 Adler 和 Dumas（1975，1983）、Solnik（1974）的研究表明，该方法具有一定的局限性，一般情况下，市场指数之间的相关系数并不能准确衡量市场之间的分割程度。主要原因在于：（1）市场间的分割程度是动态时变的，市场指数之间的相关系数难以反映出市场分割程度的这种特征；（2）只有在风险程度不变的单因素资产定价模型成立时，市场指数之间的相关系数才是市场分割程度的准确度量指标。因此，本章对于中国 A 股市场与 B 股市场、H 股市场的分割性检验是基于双重上市公司的数据进行的。相对于市场指数数据，运用双重上市公司数据来研究市场分割的优点是，它剔除了与上市公司本身特征有关的影响股票价格或收益率的因素，因此价格的差异仅仅反映了市场本身的差异。通过信息在不同市场间的对收益率均值和风险程度的“溢出效应”来判断市场的分割性。

本章在现有研究基础上，从如下两个方面进行拓展：（1）从双重上市公司的角度，构建面板 TARCH 模型来研究中国双重上市公司 A 股与 B 股、H 股的分割性。与以往文献不同的是，本书将收盘价到收盘价收益率分解为两部分：上一期收盘价到本期开盘价收益率以及本期收盘价到本期收盘价收益率，并通过两类收益率之间的溢出效应来判断市场的分割性。该方法既克服了仅用时间序列数据进行 GARCH 效应分析时数据短的局限性，也较好地描述了投资者对于好消息和坏消息冲击的不对称反应。（2）通过对 A + H 股双重上市个股的股价、收益、波动、成交量等信息的实证研究，分析两者的领先—滞后关系、流动性差异、折价率的发展趋势、收益—风险的不同特征，并首次尝试使用内生性结构突变 BLS 分析法，探究 A 股和 H 股的分割程度及一体化演变进程。

第一节　中国双重上市公司A股与B股的溢出效应

一　混合—面板 GARCH 模型

混合—面板 GARCH 模型（Pooled - Panel GARCH，简称 PP - GARCH 模型）是近几年发展起来的一种方法，用于处理跨个体时间序列上的波动性和不确定性。假设所有截面个体都具有异质性，这体现在每个个体均值和方差方程截距都是不同的，模型为：

$$Y_{it} = \mu_i + \phi Y_{it-1} + X_{it}\beta + u_{it},\ i = 1,\ \cdots,\ N,\ t = 1,\ \cdots,\ T \tag{6-1}$$

$$u_{it} = \sigma_{it}\varepsilon_{it},\ \varepsilon_{it} \sim NID\ (0,\ 1) \tag{6-2}$$

$$\sigma_{it}^2 = \alpha_i + \sum_{m=1}^{q}\gamma_m u_{i,t-m}^2 + \sum_{n=1}^{p}\delta_n\sigma_{i,t-n}^2 \tag{6-3}$$

式中，N 和 T 分别表示面板数据中个体的数量和时期长度，y_{it} 是因变量，X_{it} 是解释变量的 k 维行向量，μ_i 和 α_i 表示个体的异质性，分别有 N 个估计值，β 是 $k \times 1$ 的系数向量，u_{it} 是随机扰动项，ϕ 是 1 阶自相关系数，σ_{it} 为满足 GARCH（p，q）模型的条件方差。

为了用极大似然方法估计（6 - 1）式和（6 - 3）式中的（$2N + k + p + q + 1$）个参数，第（i，t）个观察值的条件密度函数可以定义为：

$$f\ (Y_{it} \mid X_{it},\ \mu,\ \beta,\ \alpha,\ \gamma,\ \delta) = (2\pi\sigma_{it}^2\ (\alpha,\ \gamma,\ \delta))^{-1/2} \exp\left\{-\frac{(Y_{it} - \mu_i - \phi Y_{it-1} - X_{it}\beta)^2}{2\sigma_{it}^2\ (\alpha,\ \gamma,\ \delta)}\right\} \tag{6-4}$$

在个体截面不存在相关性假设下，对数似然函数可以表示为：

$$L = -\frac{NT}{2}\ln(2\pi) - \frac{1}{2}\sum_{i=1}^{N}\sum_{t=1}^{T}\ln(\sigma_{it}^2(\alpha,\gamma,\delta)) - \frac{1}{2}\sum_{i=1}^{N}\sum_{t=1}^{T}\frac{(Y_{it} - \mu_i - \varphi Y_{it-1} - X_{it}\beta)^2}{2\sigma_{it}^2(\alpha,\gamma,\delta)} \tag{6-5}$$

对于上述 PP - GARCH 模型，一般的估计程序是：

第一步，利用带异方差和一致的自相关协方差矩阵的虚拟变量最小二乘（Least Square Dummy Variables，LSDV）估计方法对均值方程（6 - 1）

进行回归，检验个体是否存在异质性。原假设为 H_0：$\mu_1=\mu_2=\cdots=\mu_N$，采用 Wald 检验，统计量服从一个渐进分布的 $\chi^2(N-1)$ 过程。如果拒绝原假设，则说明均值方程存在个体效应。

第二步，运用 LSDV 或者 OLS 方法检验 ARCH（GARCH）效应。首先，由均值方程（6－1）回归得到残差平方值，然后计算残差平方值的自相关或者偏自相关系数来确定是否存在 ARCH 效应。原假设为不存在 ARCH 效应，即方差方程服从一个 ARCH（0）过程，而不是一个 ARCH（j）过程（$j>0$），检验统计量服从一个 $\chi^2(j)$ 过程。通过 LM 检验，如果拒绝 ARCH(0)假设，则意味着存在广义条件异方差，因此可以用 GARCH（1，1）模型来拟合序列。

第三步，检验方差方程中是否存在个体效应。有两种检验方法：第一种是检验由均值方程得到的残差平方值对所有个体来说是否都具有相同均值；第二种是由均值方程的残差平方值构建 AR(p)过程，通过 OLS 方法得出不存在个体效应的拟合度 R_1，通过 LSDV 方法得出带个体效应的拟合度 R_2，然后构造检验统计量 $F(N,\ NT-p-1)=\dfrac{(R_2^2-R_1^2)/N}{R_2^2/(NT-p-1)}$，它服从一个 $\chi^2(N)$ 过程。如果计算的 F 统计量大于临界值，说明方差方程中存在个体效应，否则不存在个体效应。

最后，根据上述结果确定最终模型。

PP－GARCH 模型的不足之处在于，如果样本中个体数量（N）比较大，往往导致需要估计的参数数量更大。例如，若 $N=20$，PP－GARCH 模型的估计参数就有（$40+k+p+q+1$）个。因此，对于个体数量比较大的样本，可以假设均值方程（6－1）和方差方程（6－3）都具有共同的截距项，这样只需要估计（$2+k+p+q+1$）个参数，大大简化了估计过程。介于这种情况之间的模型是只有均值方程或者只有方差方程的截距具有异质性，Cermeno 和 Grier（2001）对此进行了比较详细的讨论。

由于本书样本中个体数量较多，则运用同截距的 PP－GARCH 模型来进行市场分割性的检验。因此，方程（6－1）和方程（6－3）就改写为：

$$Y_{it}=\mu+\phi Y_{it-1}+X_{it}\beta+u_{it},\ i=1,\ \cdots,\ N,\ t=1,\ \cdots,\ T \tag{6-6}$$

$$\sigma_{it}^2=\alpha+\sum_{m=1}^{q}\gamma_m u_{i,t-m}^2+\sum_{n=1}^{p}\delta_n\sigma_{i,t-n}^2 \tag{6-7}$$

二　“溢出效应”模型

传统上，人们往往根据当日收盘价到次日收盘价计算日收益率，也称日间收益率，但这容易使人混淆多市场收益率之间相关的各种原因。为了具体分析一个市场波动对于另一个市场开盘价的溢出效应以及对开盘后当日收益率的溢出效应，本节将日间收益率分为两部分，第一部分是根据上一日收盘价和本日开盘价计算当日收益率，称为“收盘价—开盘价”日收益率（COR），记为：

$$OCR_t = \frac{POPEN_t - PCLOSE_{t-1}}{PCLOSE_{t-1}}$$

式中，$POPEN_t$ 表示股票第 t 期的开盘价格，$PCLOSE_{t-1}$ 表示股票第 $t-1$期的收盘价格。第二部分根据当日开盘价到当日收盘价来计算当日的收益率，本节称为“开盘价—收盘价”日收益率，也称“日内收益率”，记为：

$$COR_t = \frac{PCLOSE_t - POPEN_t}{PCLOSE_t}$$

之所以将上个交易日收盘价到本日收盘价的收益率（CCR）分解为上个交易日收盘价到本日开盘价收益率（COR）和本日开盘价到本日收盘价收益率（OCR）是因为，在 COR 上的溢出效应表示对开盘价的影响，在 OCR 上的溢出效应表示对于市场开盘以后股票价格波动的影响。一般情况下，这种划分比较适用于两个股票市场在开市和闭市的时间上存在交叉，考虑一个市场上的信息可能经过一段时间以后才会影响到另一个市场股票价格的变动。

根据国际资本资产定价模型，一个市场上股票“开盘价—收盘价”收益率对于另一个市场股票“收盘价—开盘价”收益率的影响反映了两个市场之间的一体化或分割的特征。具体到在国内外资本市场上双重上市公司股票而言，如果国际（国内）市场上股票“开盘价—收盘价”收益率对国内（国际）市场在下一期“收盘价—开盘价”收益率的影响越显著，则说明两个市场的分割程度越弱；反之，两个市场股票收益率之间的影响作用越不显著，说明市场分割程度越强。同时，“收盘价—开盘价”收益率和“开盘价—收盘价”收益率的溢出效应反映了国内外市场之间的 Granger 因果关系，它表明外生新息冲击对于各个市场上股票价格影响的先后顺序，由此可以判断多个市场之间信息传递的方向和强弱，如果这种溢出效应在一定置信水平上是显著的，则说明市场之间是一体化的；如果市场之间的价格溢出效应在一定置信水平上是不显著的，或者存在不对称性，则说明市场之间是分割的。

资产价格的波动反映了市场上信息的传递特征，Engle（1982）提出的 ARCH 模型可以很好地刻画金融市场波动的类聚性特征。一般情况下，资产的风险越高，投资者要求的投资收益也会越高，即资产收益率和风险之间存在着正向关系，为了反映资本市场的这一特点，Engle、Lilien 和 Robines（1987）进一步扩展了 GARCH 模型，提出了均值 GARCH 模型（Mean - GARCH），将条件标准差或者方差作为均值方程的自变量进行极大似然估计，它反映了投资者的风险偏好。为了描述投资者对于好消息和坏消息冲击反应的不对称性，即“坏消息”对波动性的影响远大于“好消息”的影响，GLosten、Jaganathan 和 Runkle（1994）将条件波动看作是一个阈值 GARCH（Threshold GARCH）过程，该模型也称为 TARCH 过程。

为了研究中国双重上市公司之间的信息溢出效应，并以此来判断 A 股、B 股以及 A 股、H 股市场之间的分割性，本书构建如下的 Mean - TARCH 模型：

均值方程：$R_{it} = b_0 + b_1 h_{it} + \varepsilon_{it}$ （6 - 8）

方差方程：$h_{it}^2 = c_0 + c_1 h_{i,t-1}^2 + c_2 \varepsilon_{i,t-1}^2 + c_3 d_{t-1} \varepsilon_{i,t-1}^2$ （6 - 9）

式中，R_{it}为资产 i 在第 t 期的收益率（以下表述方法相同）；h_{it}为在 t 时期资产 i 的条件标准差，反映了收益率的波动性；$\varepsilon_{i,t-1}$为 $t-1$ 时期的均值方程的残差项。d_{t-1}为一个虚拟变量。$\varepsilon_{i,t-1} = 0$ 是一个阈值，大于这个阈值的冲击和小于这个阈值的冲击对于波动有不同的影响，当 $\varepsilon_{i,t-1} < 0$ 时，$d_{t-1} = 1$，此时“坏消息”冲击对条件方差 h_{it}的影响为（$\hat{c}_2 + \hat{c}_3$）；当 $\varepsilon_{i,t-1} \geqslant 0$ 时，$d_{t-1} = 0$，即“好消息”冲击对条件方差 h_{it}的影响为 $\hat{c}_2$。

根据 Mean - TARCH（1，1）模型，市场分割性检验可以通过以下思路进行。首先，假设存在一个 X 市场和一个 Y 市场，考虑 X 市场在 $t-1$ 时期的“开盘价—收盘价”收益率对 Y 市场在 $t-1$ 时期的收盘价到 t 时期开盘价收益率的影响，如果这一影响显著为正，则说明市场是一体化的，否则市场是分割的。X 市场对 Y 市场的影响既体现在收益率均值的作用上，也体现在收益率波动的作用上。如果市场 X 在上一个交易日的“开盘价—收盘价”收益率的波动对市场 Y 在本期的“收盘价—开盘价”收益率的波动具有显著的影响，也说明市场 X 和 Y 之间是一体化的。因此，本书较传统的模型不同，由 X 市场上资产“开盘价—收盘价”收益率与 Y 市场上资产“收盘价—开盘价”收益率之间的影响来检验一体化的特征，具体模型如下。

均值方程：$COYR_{it} = b_0 + b_1 h_{it}^Y + b_2 OCXR_{i,t-1} + \varepsilon_{it}^Y$　　(6 - 10a)

方差方程：$(h_{it}^Y)^2 = c_0 + c_1 (h_{i,t-1}^Y)^2 + c_2 (\varepsilon_{i,t-1}^Y)^2 + c_3 d_{t-1} (\varepsilon_{i,t-1}^Y)^2 + c_4 (\varepsilon_{i,t-1}^X)^2$　　(6 - 10b)

式中，$COYR_{it}$表示 Y 市场上资产 i 在第 t 期的“收盘价—开盘价”收益率，$OCXR_{it-1}$表示 X 市场上资产 i 在第 $t-1$ 期的“开盘价—收盘价”收益率，ε_{it}^X和 ε_{it}^Y分别表示通过 $OCXR$ 和 $OCYR$ 的均值方程 PP - TARCH（1，1）回归后得到的资产 i 在第 t 期的残差，h_{it}^Y是 Y 市场上资产 i 在第 t 期的“收盘价—开盘价”收益率的条件标准差。参数 b_2 表示条件均值上的溢出效应，参数 c_4 表示条件波动上的溢出效应。如果估计出的系数 $\hat{b}_2$ 和 $\hat{c}_4$ 显著不为零，那么 X 市场上一个交易日的日内收益率影响当日 Y 市场的开盘价格均值和波动率，这说明 X 市场和 Y 市场是一体化的，反之则说明 X 市场和 Y 市场是分割的。

其次，考虑 X 市场和 Y 市场之间通过“开盘价—收盘价”收益率发生的信息传递现象和溢出效应。在市场一体化下，两个市场之间的收益率均值及其波动率通常具有正向相关关系。因此，通过“开盘价—收盘价”收益率来检验 X 市场和 Y 市场一体化特征模型可以表示为：

均值方程：$OCYR_{it} = b_0 + b_1 f_{it}^Y + b_2 OCXR_{i,t-1} + \varepsilon_{it}^Y$　　(6 - 11a)

方差方程：$(f_{it}^Y)^2 = c_0 + c_1 (f_{i,t-1}^Y)^2 + c_2 (\varepsilon_{i,t-1}^Y)^2 + c_3 d_{t-1} (\varepsilon_{i,t-1}^Y)^2 + c_4 (\varepsilon_{i,t-1}^X)^2$　　(6 - 11b)

式中，f_{it}^Y表示 Y 市场上资产 i 在第 t 期的“开盘价—收盘价”收益率的条件标准差。因此，如果市场是一体化的，估计出的系数 $\hat{b}_2$ 和 $\hat{c}_4$ 显著为正，表明市场之间在日内收益率的均值和波动率上具有显著的溢出效应；如果市场是分割的，则估计的系数 $\hat{b}_2$ 和 $\hat{c}_4$ 不能拒绝等于 0，或者 $OCYR$ 和 $OCXR$ 之间信息溢出效应具有不对称性。

第一组方程（6 - 10）和第二组方程（6 - 11）的区别在于前一组方程考虑上一个交易日收益率及其波动对开盘价的影响，与国际市场资产定价模型具有一致性；后一组方程是从纯粹信息流动角度考察市场之间的一体化与分割性特征。本书用两种方法检验中国 A 股、B 股和 A 股、H 股市场。双重上市公司数据的好处是它排除了投资者对个股操作上的差异，收益率和价格变化上的差异基本上来自于市场特征。

三　A 股、B 股双重上市公司的实证分析

（一）数据和变量描述

由于 2002 年后没有 A + B 股双重上市公司发行 IPO，因此，到 2007 年止，共有 90 家 A + B 股双重上市公司，剔出数据缺失过多和停盘问题，本书选取了沪市和深市共 84 只 A + B 股双重上市公司的股票作为样本。表 6 - 1 显示了样本中包含的 A + B 股双重上市公司的代码和 A 股名称。选择了以周为时间单位的股票价格（包括开盘价和收盘价）数据来计算周收益率，样本的时间范围是从 2000 年 1 月 4 日至 2007 年 12 月 24 日。样本中价格数据来源于雅虎财经资讯。

表 6 - 1　　A + B 股双重上市公司 A 股代码和名称

A 股代码	A 股名称	B 股代码	B 股名称	A 股代码	A 股名称	B 股代码	B 股名称
000002	万科 A	200002	万科 B	600094	* ST 华源	900940	* ST 华源 B
000011	S 深物业 A	200011	深物业 B	600190	锦州港	900952	锦港 B 股
000012	南玻 A	200012	南玻 B	600221	海南航空	900945	海航 B 股
000016	深康佳 A	200016	深康佳 B	600272	开开实业	900943	开开 B 股
000018	ST 中冠 A	200018	ST 中冠 B	600295	鄂尔多斯	900936	鄂绒 B 股
000019	深深宝 A	200019	深深宝 B	600320	振华港机	900947	振华 B 股
000020	ST 华发 A	200020	ST 华发 B	600555	九龙山	900955	九龙山 B
000022	深赤湾 A	200022	深赤湾 B	600602	广电电子	900901	上电 B 股
000024	招商地产	200024	招商局 B	600604	二纺机	900902	二纺 B 股
000025	特力 A	200025	特力 B	600610	S * ST 中纺	900906	* ST 中纺 B
000026	S 飞亚达 A	200026	飞亚达 B	600611	大众交通	900903	大众 B 股
000028	一致药业	200028	一致 B	600612	第一铅笔	900905	中铅 B 股
000029	深深房 A	200029	深深房 B	600613	永生数据	900904	永生 B 股
000030	S * ST 盛润	200030	* ST 盛润 B	600614	ST 鼎立	900907	* ST 鼎立 B
000037	深南电 A	200037	深南电 B	600617	联华合纤	900913	联华 B 股
000039	中集集团	200039	中集 B	600618	氯碱化工	900908	氯碱 B 股
000045	深纺织 A	200045	深纺织 B	600619	海立股份	900910	海立 B 股
000055	方大 A	200055	方大 B	600623	双钱股份	900909	双钱 B 股

续表

A股代码	A股名称	B股代码	B股名称	A股代码	A股名称	B股代码	B股名称
000056	深国商	200056	深国商B	600639	浦东金桥	900911	金桥B股
000058	* ST赛格	200058	* ST赛格B	600648	外高桥	900912	外高B股
000413	* ST宝石A	200413	* ST宝石B	600650	锦江投资	900914	锦投B股
000418	小天鹅A	200418	小天鹅B	600663	陆家嘴	900932	陆家B股
000429	粤高速A	200429	粤高速B	600679	金山开发	900916	金山B股
000488	晨鸣纸业	200488	晨鸣B	600680	上海普天	900930	沪普天B
000505	珠江控股	200505	珠江B	600689	上海三毛	900922	三毛B股
000513	丽珠集团	200513	丽珠B	600695	ST大江	900919	* ST大江B
000521	美菱电器	200521	皖美菱B	600698	S * ST轻骑	900946	ST轻骑B
000530	大冷股份	200530	大冷B	600726	华电能源	900937	华电B股
000539	粤电力A	200539	粤电力B	600751	S * ST天海	900938	* ST天海B
000541	佛山照明	200541	粤照明B	600754	锦江股份	900934	锦江B股
000550	江铃汽车	200550	江铃B	600776	东方通信	900941	东信B股
000553	沙隆达A	200553	沙隆达B	600801	华新水泥	900933	华新B股
000570	苏常柴A	200570	苏常柴B	600818	上海永久	900915	永久B股
000581	威孚高科	200581	苏威孚B	600819	耀皮玻璃	900918	耀皮B股
000596	古井贡酒	200596	古井贡B	600822	上海物贸	900927	物贸B股
000613	* ST东海A	200613	ST东海B	600827	友谊股份	900923	友谊B股
000625	长安汽车	200625	长安B	600835	上海机电	900925	机电B股
000725	* ST东方A	200725	* ST东方B	600841	上柴股份	900920	上柴B股
000726	鲁泰A	200726	鲁泰B	600843	上工申贝	900924	上工B股
000761	本钢板材	200761	本钢板B	600845	宝信软件	900926	宝信B股
000869	张裕A	200869	张裕B	600848	ST自仪	900928	ST自仪B
600054	黄山旅游	900942	黄山B股	600851	海欣股份	900917	海欣B股

表6－2描述了样本期间双重上市公司A股和B股的“收盘价—开盘价”收益率和“开盘价—收盘价”收益率统计特征，其中，每只双重上市公司中A股“收盘价—开盘价”、收益率记为*COAR*，每只双重上市公司中A股“开盘价—收盘价”收益率记为*OCAR*。同理，每只双重上市公司B股“收盘价—开盘价”收益率记为*COBR*，每只双重上市公司中B股“开盘价—收盘价”收益率记为*OCBR*。面板数据下各个统计指标的计

算公式为：

样本均值（Mean）：$\bar{X}=\frac{1}{NT}\sum_{i=1}^{N}\sum_{t=1}^{T}X_{it}$

样本标准差（Std. Dev.）：$S_X=\sqrt{\frac{1}{N-1}\sum_{i=1}^{N}\{\frac{1}{T}\sum_{t=1}^{T}(X_{it}-\bar{X})^2\}}$

偏度（Skewness）：$S=\frac{\sum_{i=1}^{N}\sum_{t=1}^{T}(X_{it}-\bar{X})^3}{NT\cdot S_X^3}$

峰度（Kurtosis）：$K=\frac{\sum_{i=1}^{N}\sum_{t=1}^{T}(X_{it}-\bar{X})^4}{NT\cdot S_X^4}$

Jarque - Bera 值：J—B 值 $=\frac{NT}{6}\left(S^2+\frac{(K-3)^2}{4}\right)$ （6－12）

其中，X 表示序列的变量名称，X_{it} 表示第 i（$i=1$，…，N）个个体在第 t（$t=1$，…，T）时期的值。从表 6－2 可以看出，收益率的分布都不是对称的，各个变量的峰度和偏度值表明序列本身并不符合正态分布，而是服从有偏的尖峰厚尾分布，并且分布函数向右偏（右拖尾）。另外，相当于"开盘价—收盘价"收益率而言，双重上市公司 A 股和 B 股的"收盘价—开盘价"收益率具有更大的峰度和偏度值，这说明 *COAR* 和 *COBR* 具有更加明显的 ARCH（或 GARCH）效应。

表 6－2　　A 股、B 股收益率统计描述

统计量/变量	A 股"收盘价—开盘价"收益率 COAR	A 股"开盘价—收盘价"收益率 OCAR	B 股"收盘价—开盘价"收益率 COBR	B 股"开盘价—收盘价"收益率 OCBR
均值	0.005397	0.003713	0.003460	0.003713
中值	0.000000	0.000000	0.000000	0.000000
最大值	9.308219	2.219178	7.230469	2.219178
最小值	－0.893431	－0.866907	－0.989931	－0.866907
标准差	0.175272	0.064318	0.137550	0.064318
偏度	20.11907	2.645462	14.46000	2.645462
峰度	613.3719	76.17673	493.7288	76.17673
J—B 检验值	5.25E＋08	7554574.	3.31E＋08	7554574.

续表

统计量/变量	A股"收盘价—开盘价"收益率COAR	A股"开盘价—收盘价"收益率OCAR	B股"收盘价—开盘价"收益率COBR	B股"开盘价—收盘价"收益率OCBR
J—B检验的拒绝概率	0.000000	0.000000	0.000000	0.000000
残差和	181.6801	125.0792	113.7088	125.0792
离差平方和	1034.041	139.3353	621.8044	139.3353
观察值个数	33661	33683	32866	33683

将每只股票的 *COAR*、*OCAR*、*COBR* 和 *OCBR* 分别看作一个序列，分别计算其自相关系数以及 Lijung - Box 检验值，Lijung - Box 检验的 $Q(k)$ 统计量主要用于检验序列是否具有自相关性和偏自相关性，其原假设是序列不存在 k 阶自相关性。面板数据自相关系数计算方法为：

$$AC(k) = \frac{\sum_{i=1}^{N}\sum_{t=k+1}^{T}(Y_{it} - \bar{Y})(Y_{i,t-k} - \bar{Y})}{\sum_{i=1}^{N}\sum_{t=1}^{T}(Y_{it} - \bar{Y})^2} \tag{6-13}$$

其中，k 表示自相关系数的滞后阶数，如当 $k=1$ 时，$AC(1)$ 表示序列 Y 的 1 阶自相关系数；$\bar{Y}$ 表示序列 Y 对于所有个体 i $(i=1, \cdots, N)$ 在所有时期 t $(t=1, \cdots, T)$ 的平均值；Y_{it} 表示变量第 i 个个体在第 t 期的值。检验 k 阶自相关系数显著性的 Q 统计值计算公式为：

$$Q(k) = NT(NT+2)\sum_{j=1}^{k}\frac{\tau_j^2}{T-j} \tag{6-14}$$

式中，τ_j 表示 j 阶的自相关系数值，NT 表示观察值的个数，Q 统计量服从 χ^2 分布。如果 Q 统计量大于临界值，则拒绝原假设，说明序列存在自相关性；反之，说明序列不存在自相关性。从表 6 - 3 各滞后阶数 Q 值来看，虽然四个收益率序列均存在着 1—10 阶的自相关性，但 1 阶自相关性较强，四个变量 *COAR*、*OCAR*、*COBR* 和 *OCBR* 的 $Q(1)$ 的值分别为 418.55、6.989、123.92 和 304.28。通常，根据自相关的显著性选用模型的时候，滞后阶数不宜过大，因为阶数越大会导致检验统计量的自由度减少，从而削弱模型的解释力。股票收益率和价格的自相关特征可以解释为异步交易在市场中普遍存在，因此，可以用 1 阶移动平均方法来刻画收益率序列的这种短期相关性特征。具体而言，在均值方程中加入1阶移动平均项MA（1），这样带MA（1）的均值方程就可以表示为：

$$R_{it} = b_0 + b_1 h_{it} + \delta\varepsilon_{i,t-1} + \varepsilon_{it} \tag{6-15}$$

表6-3　双重上市公司A股和B股收益率序列的自相关性

变量	*Lag*	1	2	3	4	5	6	7	8	9	10
COAR	*AC*	-0.112	0.075	0.121	0.104	0.038	0.077	0.144	0.057	0.068	0.063
	Q-Stat	418.55	607.83	1101.3	1468.6	1518	1716.3	2413.9	2522.8	2677.3	2812.9
	Prob	0.000	0.000	0.000	0.000	0.000	0.000	0.000	0.000	0.000	0.000
OCAR	*AC*	-0.014	0.022	0.015	0.022	0.001	0.000	-0.01	0.032	0.024	-0.011
	Q-Stat	6.989	23.473	30.638	46.345	46.387	46.392	49.478	83.158	102.61	106.55
	Prob	0.008	0.000	0.000	0.000	0.000	0.000	0.000	0.000	0.000	0.000
COBR	*AC*	-0.061	0.03	0.002	0.033	-0.014	0.022	0.023	0.019	-0.064	-0.024
	Q-Stat	123.92	153.15	153.29	189.39	195.7	211.14	227.99	240.13	373.1	391.61
	Prob	0.000	0.000	0.000	0.000	0.000	0.000	0.000	0.000	0.000	0.000
OCBR	*AC*	0.096	0.032	-0.003	0.035	0.022	0.018	-0.004	0.011	0.062	0.058
	Q-Stat	304.28	337.74	338.07	377.45	392.8	403.49	404.04	408.19	533.43	644.07
	Prob	0.000	0.000	0.000	0.000	0.000	0.000	0.000	0.000	0.000	0.000

说明：*lag* 表示自相关滞后阶数，*AC* 是Autocorrelation的缩写，*Q-Stat* 表示Lijung-Box检验统计量，*Prob* 表示原假设为不存在自相关的拒绝概率。

（二）估计结果分析

通常情况下，运用当日收盘价与上一个交易日收盘价计算的收益率溢出效应可能是由于同时期交易上的重叠而产生，但并不表明市场之间具有的相关性，为了剔除这个效应，可以将收盘价到收盘价收益率分解为“开盘价—收盘价”收益率和“开盘价—收盘价”收益率，“收盘价—开盘价”收益率对“收盘价—开盘价”收益率的影响与资产定价模型的预测结果具有一致性，“开盘价—收盘价”收益率之间的溢出效应则排除了由于交易时间重叠而产生的溢出效应。表6-4显示了对 *COAR*、*COBR*、*OCAR* 和 *OCBR* 四个变量运用Mean-TARCH-MA（1）模型的估计结果，估计方法是混合数据的极大似然估计程序，所用的软件是Stata9.0。括号内数据表示估计值的标准差，似然比 *LR*（5）统计量是为了检验均值方程和波动率方程中除常数项以外所有系数都等于零的约束条件，如果约束条

件成立，则说明收益率本身可能是一个正态分布，而不是由 Mean - TARCH

表 6 - 4　双重上市公司 A 股和 B 股收益率的 TARCH 模型估计结果

模型	$R_{it}=b_0+b_1h_{it}+\delta\varepsilon_{i,t-1}+\varepsilon_{it}$ $(h_{it})^2=c_0+c_1\ (h_{i,t-1})^2+c_2\ (\varepsilon_{i,t-1})^2+c_3d_{t-1}\ (\varepsilon_{i,t-1})^2$			
R	*COAR*	*COBR*	*OCAR*	*OCBR*
b_0	0. 0111263 *** (0. 0000674)	- 0. 0107051 *** (0. 0001791)	- 0. 0082225 *** (0. 0006402)	- 0. 0067944 *** (0. 0009333)
b_1	- 0. 0478033 *** (0. 0002311)	0. 9154803 *** (0. 0164244)	2. 673833 *** (0. 1771225)	2. 671289 *** (0. 2146539)
δ	0. 40217 *** (0. 0003128)	0. 0035713 *** (0. 0003123)	- 0. 0606416 *** (0. 0056451)	- 0. 0328002 *** (0. 0066181)
c_0	0. 1257318 *** (0. 0000763)	0. 0245081 *** (0. 0001458)	0. 0191596 *** (0. 000196)	0. 0348958 *** (0. 0004503)
c_1	- 0. 2141437 *** (0. 0001271)	0. 760735 *** (0. 0014585)	0. 6158279 *** (0. 0032786)	0. 3410268 *** (0. 0079347)
c_2	1. 419489 *** (0. 0033497)	0. 345731 *** (0. 0019639)	0. 0428847 *** (0. 0020497)	0. 07321 *** (0. 0043428)
c_3	- 0. 3237086 *** (0. 0017854)	- 0. 3812969 *** (0. 001956)	0. 1628092 *** (0. 0029496)	0. 2599539 *** (0. 0052286)
LR（5）	21295. 84 (0. 000)	22676. 76 (0. 000)	45738. 55 (0. 000)	43082. 46 (0. 000)
残差的偏度	19. 63299	13. 65838	2. 430046	13. 65838
残差的峰度	576. 0305	467. 7925	75. 09159	467. 7925
J—B 值	4. 63E + 08 (0. 000)	2. 97E + 08 (0. 000)	7327200 (0. 000)	2. 97E + 08 (0. 000)
AIC	- 42536. 43	- 41050. 23	- 91631. 22	- 85863. 51
BC	- 42477. 48	- 40991. 43	- 91572. 25	- 85804. 73

说明：*** / ** / * 分别表示系数估计值在 1%、5% 和 10% 的显著性水平下显著异于零，括号内数值表示估计值的标准差。*LR*（5）表示对数似然比检验，原假设为 H_0：$b_1=\delta=c_1=c_2=c_3=0$。*LR*（5）和 J - B 值中括号内数值表示 p 值。后面类似，不再说明。

(1，1) – MA (1) 生成的过程。从估计结果看，各个变量的似然比都大于1%置信水平下的χ^2 值 (15.09)，因此拒绝收益率符合正态分布假设。残差的偏度和峰度值说明数据生成过程拟合的效果，从偏度和峰度值来看，运用 Mean – TARCH (1，1) – MA (1) 模型拟合 A 股和 B 股的“收盘价—开盘价”收益率的效果相对较差，偏度和峰度值都比较大。AIC 和 SBC 分别表示模型拟合度的赤池信息准则和舒瓦茨—贝叶斯准则，这两个值越小说明拟合度越好。

系数 b_1 表明投资者对风险的态度，如果 b_1 的估计值为正，表明股票价格波动性越强，投资者面临的风险越大，进而要求的收益补偿水平也越高，说明投资者是风险规避型；反之，如果这个系数为负，表明投资者是风险偏好型。在表 6 – 4 中，系数 b_1 的估计值除了在 *COAR* 的估计中为负以外，其他都为正，说明 A 股投资者相对于 B 股投资者具有较大的投机性。另外，系数 c_3 反映了好消息和坏消息对收益率的不同影响。当市场上发生不利的信息冲击时，收益率的条件方差的变化为 ($\hat{c}_2 + \hat{c}_3$)。通过表中 c_2 和 c_3 的估计值可知，*COAR*、*COBR*、*OCAR* 和 *OCBR* 的条件方差的变化分别为 1.1、–0.04、0.2 和 0.33，从整体上看，不利信息的冲击增加了股票波动性，并增加了股票交易风险。

现在考虑一个市场“开盘价—收盘价”收益率对于另一个市场“收盘价—开盘价”收益率的影响。首先，考虑双重上市公司 A(B)股“开盘价—收盘价”收益率对 B(A)股“收盘价—开盘价”收益率的溢出效应，这反映了 A(B)股收益率变动对 B(A)股开盘价格的影响。在市场一体化情况下，A 股对 B 股以及 B 股对 A 股的影响是对称的，并且溢出效应都是正向的。否则，如果溢出效应不对称，或者不显著，则说明市场具有一定的分割特征。从估计结果表 6 – 5 可以看出，均值和波动率方程中，双重上市公司 A 股的“开盘价—收盘价”收益率对 B 股的“收盘价—开盘价”收益率的影响都是显著的。系数 b_2 的估计值说明，若上一期 A 股收益率的均值升高 1%，则本期 B 股开盘价格会上升 0.33%；系数 c_4 的估计值说明，若上一期 A 股收益率的波动率升高，则 B 股从上期末收盘价到本期开盘价收益率的波动率会降低。表 6 – 6 中的估计结果表明，B 股上一期“开盘价—收盘价”收益率的均值对本期 A 股开盘价格的影响也是正的，并且在 1% 的水平上显著，这表明双重上市公司 A 股和 B 股收益率均值之间具有对称的溢出效应。但 c_4 的估计值为正，表明 B 股上一时期“开盘价—收盘价”收益率的上升提高了本期 A 股交易开盘价格。这与表 6－5 中系数 c_4 的估计结果正好相反，说明双重上市公司 A 股与 B 股之间开盘价格受对方的影响是不对称的，因此，A 股和 B 股市场之间存在一定程度的分割性。

表 6－5　A 股“开盘价—收盘价”收益率对 B 股“收盘价—开盘价”收益率影响

模型	$COBR_{it}=b_0+b_1h_{it}^B+b_2OCAR_{i,t-1}+\delta\varepsilon_{i,t-1}^B+\varepsilon_{it}^B$ $(h_{it}^B)^2=c_0+c_1\ (h_{i,t-1}^B)^2+c_2\ (\varepsilon_{i,t-1}^B)^2+c_3d_{t-1}\ (\varepsilon_{i,t-1}^B)^2+c_4\ (\varepsilon_{i,t-1}^A)^2$			
	系数估计值	标准误差	Z 统计量	Prob
b_0	0.016379	0.0000644	254.22	0.000
b_1	－0.7188297	0.0054764	－131.26	0.000
b_2	0.3342913	0.0011713	285.40	0.000
δ	－0.008188	0.0004839	－16.92	0.000
c_0	－6.511106	0.0045867	－1419.58	0.000
c_1	0.8782802	0.0003842	2286.20	0.000
c_2	0.8022889	0.0023583	340.20	0.000
c_3	－0.9102467	0.0023233	－391.79	0.000
c_4	－312.4551	1.503915	－207.76	0.000
LR（5）＝20267.42（0.000）		J—B 值＝2.34E＋08（0.000）	残差的偏度＝13.15969	
残差的峰度＝422.3620		AIC＝－40516.84	SBC＝－40441.55	

表 6－6　B 股“开盘价—收盘价”收益率对 A 股“收盘价—开盘价”收益率影响

模型	$COAR_{it}=b_0+b_1h_{it}^A+b_2OCBR_{i,t-1}+\delta\varepsilon_{i,t-1}^A+\varepsilon_{it}^A$ $(h_{it}^A)^2=c_0+c_1\ (h_{i,t-1}^A)^2+c_2\ (\varepsilon_{i,t-1}^A)^2+c_3d_{t-1}\ (\varepsilon_{i,t-1}^A)^2+c_4\ (\varepsilon_{i,t-1}^B)^2$			
	系数估计值	标准误差	Z 统计量	Prob
b_0	－0.0035535	0.0000592	－60.01	0.000
b_1	0.0155948	0.0017765	8.78	0.000
b_2	0.0258267	0.0009003	28.69	0.000
δ	－0.0214407	0.0019204	－11.16	0.000
c_0	－11.6663	0.0196339	－594.19	0.000

续表

模型	$COAR_{it}=b_0+b_1h_{it}^A+b_2OCBR_{i,t-1}+\delta\varepsilon_{i,t-1}^A+\varepsilon_{it}^A$ $(h_{it}^A)^2=c_0+c_1\ (h_{i,t-1}^A)^2+c_2\ (\varepsilon_{i,t-1}^A)^2+c_3d_{t-1}\ (\varepsilon_{i,t-1}^A)^2+c_4\ (\varepsilon_{i,t-1}^B)^2$			
	系数估计值	标准误差	Z 统计量	Prob
c_1	0.9665995	0.0000891	10774.4	0.000
c_2	0.2935436	0.0009651	304.17	0.000
c_3	-0.278103	0.0010349	-268.73	0.000
c_4	32.08183	0.0664894	482.51	0.000
LR（5）=32983.05（0.000）	J—B 值=4.23E+08（0.000）	残差的偏度=19.15652		
残差的峰度=566.5129	AIC=-65948.1	SBC=-65872.78		

其次，考虑双重上市公司 A（B）股的“开盘价—收盘价”收益率对 B（A）股的“开盘价—收盘价”收益率的“溢出效应”。这种“溢出效应”反映了一个共同的信息冲击对于不同市场收益率波动的影响，如果市场是一体化的，共同信息的冲击会通过市场收益率波动传递到另一个市场，这正是所谓“信息顺达模型”（Information Sequential Model）所蕴含的意义。因此，如果双重上市公司 A 股和 B 股之间“收盘价—开盘价”收益率具有显著的正的“溢出效应”，并且方向是对称的，则说明 A 股与 B 股市场是一体化的，否则，两个市场是分割的。这个检验通过两组方程（6-9a）和（6-9b）来进行，双重上市公司 A 股对 B 股的溢出效应和 B 股对 A 股的溢出效应的估计结果分别如表 6-7 和表 6-8 所示。

从表 6-7 中 b_2 的估计值可以看出，当 A 股上一个交易日的收益率增加 1% 时，本期 B 股的收益率会下降 0.04%；c_4 的估计值显示，当 A 股上一期收益率波动增加 1% 时，本期 B 股收益率的波动增加 0.58%，但收益率波动的溢出效应在 10% 的置信水平上是不显著的。从表 6-8 中 b_2 的估计值可以看出，B 股上一期“开盘价—收盘价”收益率增加 1%，A 股本期的收益率增加 0.06%，与表 6-7 中 A 股对 B 股的收益率溢出效应方向正好相反，说明 A 股与 B 股之间的收益率溢出效应具有不对称性，暗示存在市场分割。c_4 的估计值显示，在 1% 的置信水平上，B 股市场上一期开盘价到收盘价波动率增加 1%，A 股本期收益率波动增加 7.47%。

比较表 6-7 和表 6-8 的结果发现，A 股和 B 股之间“开盘价—收盘价”收益率的溢出效应是不对称的：双重上市公司 A 股收益率对下一期

B 股收益率有显著的负向作用，而 B 股收益率对下一期 A 股收益率却有显著的正向作用，这说明 A 股与 B 股市场之间具有一定的信息不对称性。另外，双重上市公司 A 股与 B 股之间收益率波动的信息溢出效应虽然方向一致，但是 A 股对 B 股的溢出效应不显著，而 B 股对 A 股的波动溢出效应则较强，反映了市场信息的传导途径是从 B 股到 A 股，而不是相反。这一结论也揭示了 A 股、B 股市场分割的特征。

表 6－7　　A 股"开盘价—收盘价"收益率对 B 股"开盘价—收盘价"收益率的影响

模型	$OCBR_{it} = b_0 + b_1 f_{it}^B + b_2 OCAR_{i,t-1} + \delta\varepsilon_{i,t-1}^B + \varepsilon_{it}^B$ $(f_{it}^B)^2 = c_0 + c_1\ (f_{i,t-1}^B)^2 + c_2\ (\varepsilon_{i,t-1}^B)^2 + c_3 d_{t-1}\ (\varepsilon_{i,t-1}^B)^2 + c_4\ (\varepsilon_{i,t-1}^A)^2$			
	系数估计值	标准误差	Z 统计量	Prob
b_0	-0.0065715	0.0007512	-8.75	0.000
b_1	2.9522	0.1923441	15.35	0.000
b_2	-0.0410932	0.0058033	-7.08	0.000
δ	0.063767	0.0060753	10.50	0.000
c_0	-8.575533	0.0317372	-270.20	0.000
c_1	0.9321257	0.0013195	706.45	0.000
c_2	0.0185354	0.0013792	13.44	0.000
c_3	0.0923628	0.0019264	47.95	0.000
c_4	0.5768166	0.433482	1.33	0.183
LR（5）=42053.5（0.000）		J—B 值 =121249.4（0.000）		残差的偏度 =1.232109
残差的峰度 =12.23278		AIC = -84089.01		SBC = -84013.68

表 6－8　　B 股"开盘价—收盘价"收益率对 A 股"开盘价—收盘价"收益率股的影响

模型	$OCAR_{it} = b_0 + b_1 f_{it}^A + b_2 OCBR_{i,t-1} + \delta\varepsilon_{i,t-1}^A + \varepsilon_{it}^A$ $(f_{it}^A)^2 = c_0 + c_1\ (f_{i,t-1}^A)^2 + c_2\ (\varepsilon_{i,t-1}^A)^2 + c_3 d_{t-1}\ (\varepsilon_{i,,t-1}^A)^2 + c_4\ (\varepsilon_{i,t-1}^B)^2$			
	系数估计值	标准误差	Z 统计量	Prob
b_0	-0.0101152	0.0005782	-17.49	0.000
b_1	3.107513	0.1708811	18.19	0.000
b_2	0.0644248	0.0050817	12.68	0.000

续表

模型	$OCAR_{it} = b_0 + b_1 f_{it}^A + b_2 OCBR_{i,t-1} + \delta\varepsilon_{i,t-1}^A + \varepsilon_{it}^A$ $(f_{it}^A)^2 = c_0 + c_1 (f_{i,t-1}^A)^2 + c_2 (\varepsilon_{i,t-1}^A)^2 + c_3 d_{t-1} (\varepsilon_{i,,t-1}^A)^2 + c_4 (\varepsilon_{i,t-1}^B)^2$			
	系数估计值	标准误差	Z 统计量	Prob
δ	-0.0659476	0.0066404	-9.93	0.000
c_0	-8.634563	0.0253945	-340.02	0.000
c_1	0.932339	0.0008971	1039.32	0.000
c_2	0.0392398	0.0009805	40.02	0.000
c_3	0.0510747	0.0008656	59.00	0.000
c_4	7.474712	0.6024574	12.41	0.000
LR（5）=43474.18（0.000）		J-B 值 =7212157（0.000）	残差的偏度 =2.529436	
残差的峰度 =76.52503		AIC = -86930.36	SBC = -86855.04	

第二节　中国双重上市公司 A 股与 H 股的溢出效应

一　数据和变量描述

为了对 A 股、H 股市场的分割性进行检验，本书选取了 38 家 A + H 股双重上市公司作为样本，其中沪市 31 家公司，深市 7 家公司。样本区间从 2003 年 1 月 3 日到 2007 年 12 月 24 日，使用的周数据。表 6 - 9 为 A + H 股双重上市公司的名称和代码。样本中个股的价格数据源于雅虎财经咨询。

表 6 - 9　　A + H 股双重上市公司 A 股代码和名称

A 股代码	H 股代码	A 股名称	A 股代码	H 股代码	A 股名称
000063	0763. HK	中兴通讯	600548	0548. HK	深高速
000585	0042. HK	东北电气	600585	0914. HK	海螺水泥
000618	0368. HK	* ST 吉化	600600	0168. HK	青岛啤酒
000666	0350. HK	经纬纺机	600685	0317. HK	广船国际
000756	0719. HK	新华制药	600688	0338. HK	S 上石化
000898	0347. HK	鞍钢股份	600775	0553. HK	南京熊猫

续表

A股代码	H股代码	A股名称	A股代码	H股代码	A股名称
000921	0921. HK	*ST 科龙	600806	0300. HK	昆明机床
600011	0902. HK	华能国际	600808	0323. HK	马钢股份
600012	0995. HK	皖通高速	600860	0187. HK	北人股份
600026	1138. HK	中海发展	600871	1033. HK	S 仪化
600027	1071. HK	华电国际	600874	1065. HK	创业环保
600028	0386. HK	中国石化	600875	1072. HK	东方电机
600029	1055. HK	南方航空	600876	1108. HK	洛阳玻璃
600036	3968. HK	招商银行	601111	0753. HK	中国国航
600115	0670. HK	东方航空	601333	0525. HK	广深铁路
600188	1171. HK	兖州煤业	601398	1398. HK	工商银行
600332	0874. HK	广州药业	601588	0588. HK	北辰实业
600362	0358. HK	江西铜业	601988	3988. HK	中国银行
600377	0177. HK	宁沪高速	601991	0991. HK	大唐发电

这里，A股和H股“开盘价—收盘价”收益率、“收盘价—开盘价”收益率仍然按照前面的方式来计算，A股和H股的“开盘价—收盘价”收益率分别记为*OCAR*和*OCHR*，A股和H股的“收盘价—开盘价”收益率分别记为*COAR*和*COHR*。表6－10显示了*OCAR*、*COAR*、*OCHR*和*COHR*的描述统计。根据峰度和偏度值可以发现收益率序列仍然具有尖峰厚尾特征，表明A股、H双重上市公司收益率序列具有ARCH（或GARCH）效应。

表6－10　　　　A股、H股收益率统计描述

统计量/变量	A股“收盘价—开盘价”收益率 *COAR*	A股“开盘价—收盘价”收益率 *OCAR*	H股“收盘价—开盘价”收益率 *COHR*	H股“开盘价—收盘价”收益率 *OCHR*
均值	0.006893	0.008022	0.008650	0.007297
中值	0.000000	0.000000	0.000000	0.000000
最大值	3.569132	0.464962	4.459627	0.637450
最小值	-0.961129	-0.393903	-0.985727	-0.514634
标准差	0.176042	0.061010	0.170301	0.065567
偏度	7.537416	0.542278	5.923103	0.969227

续表

统计量/变量	A 股“收盘价—开盘价”收益率 *COAR*	A 股“开盘价—收盘价”收益率 *OCAR*	H 股“收盘价—开盘价”收益率 *COHR*	H 股“开盘价—收盘价”收益率 *OCHR*
峰度	120. 3350	7. 445730	102. 4242	10. 77352
J—B 检验值	4596695.	6903. 476	3825980.	24532. 15
J—B 检验的拒绝概率	0. 000000	0. 000000	0. 000000	0. 000000
残差和	54. 33412	63. 46713	79. 22457	66. 93680
离差平方和	244. 2685	29. 44609	265. 6038	39. 43073
观察值个数	7883	7912	9159	9173

表 6－11 显示了 A 股和 H 股的各个收益率序列 1—10 阶的自相关系数及其 *Q* 统计量，自相关系数计算方式根据公式（6－11）计算，*Q* 统计量根据公式（6－12）计算。从表 6－11 可以发现，四个变量 *COAR*、*OCAR*、*COHR* 和 *OCHR* 从 1—10 阶都存在着显著的自相关性。模型中仍然用 1 阶移动平均来刻画这种相关性。因此，收益率的均值方程还是用公式（6－13）来表示。

表 6－11　　　　A 股、H 股收益率序列的自相关性

变量	*Lag*	1	2	3	4	5	6	7	8	9	10
COAR	AC	－0. 097	0. 003	0. 001	0. 006	0. 027	－0. 009	0. 017	－0. 012	0. 035	－0. 013
	Q－Stat	74. 786	74. 847	74. 854	75. 176	80. 773	81. 448	83. 794	84. 927	94. 39	95. 662
	Prob	0. 000	0. 000	0. 000	0. 000	0. 000	0. 000	0. 000	0. 000	0. 000	0. 000
OCAR	AC	0. 002	0. 043	0. 028	0. 019	0. 003	0. 033	0. 048	－0. 011	0. 038	0. 005
	Q－Stat	0. 0448	14. 765	20. 949	23. 855	23. 951	32. 717	50. 641	51. 547	62. 928	63. 153
	Prob	0. 832	0. 001	0. 000	0. 000	0. 000	0. 000	0. 000	0. 000	0. 000	0. 000
COHR	AC	－0. 123	0. 006	－0. 006	－0. 079	0. 048	－0. 027	0. 02	0. 025	－0. 005	－0. 006
	Q－Stat	139. 15	139. 47	139. 82	196. 7	218	224. 77	228. 31	233. 95	234. 17	234. 5
	Prob	0. 000	0. 000	0. 000	0. 000	0. 000	0. 000	0. 000	0. 000	0. 000	0. 000
OCHR	AC	－0. 043	－0. 016	0. 003	－0. 002	－0. 002	0. 019	0. 02	－0. 012	0. 027	－0. 002
	Q－Stat	17. 042	19. 325	19. 397	19. 419	19. 468	22. 845	26. 444	27. 673	34. 276	34. 305
	Prob	0. 000	0. 000	0. 000	0. 001	0. 002	0. 001	0. 000	0. 001	0. 000	0. 000

说明：*lag* 表示自相关滞后阶数，AC 是 Autocorrelation 的缩写，Q－Stat 表示 Lijung－Box 检验统计量，Prob 表示原假设为不存在自相关的拒绝概率。

（一）估计结果分析

仍然利用 Mean－TARCH（1，1）－MA（1）模型拟合双重上市公司A股和H股各种收益率的生成过程。各个系数的估计值及其标准误差以及相关检验见表6－12。估计程序使用混合数据的极大似然估计方法，采用的软件是Stata9.0。从表中可知，似然比检验结果表示各个解释变量具有联合的显著性，偏度、峰度以及J—B检验显示残差并不符合正态分布。

表6－12　双重上市公司A股和H股收益率TARCH模型估计结果

模型	$R_{it}=b_0+b_1h_{it}+\delta\varepsilon_{i,t-1}+\varepsilon_{it}$　$h_{it}^2=c_0+c_1h_{i,t-1}^2+c_2\varepsilon_{i,t-1}^2+c_3d_{t-1}\varepsilon_{i,t-1}^2$			
R	*COAR*	*COHR*	*OCAR*	*OCHR*
b_0	0.0074737 *** (0.0001834)	－0.0068783 *** (0.0002611)	－0.0096828 *** (0.0013482)	－0.0038323 *** (0.0013386)
b_1	－0.1470938 *** (0.0020829)	0.4382947 *** (0.0072838)	4.839493 *** (0.4166278)	2.491397 *** (0.3600593)
δ	－0.2527134 *** (0.0015414)	－0.2607063 *** (0.002004)	－0.0415985 *** (0.0110326)	－0.0223575 * (0.0124863)
c_0	0.15342 *** (0.0004297)	0.1232617 *** (0.0003672)	0.0006014 *** (0.0000903)	0.0320391 *** (0.0004939)
c_1	－0.2822708 *** (0.0019034)	－0.1479362 *** (0.0018253)	0.9570661 *** (0.0027012)	0.3228945 *** (0.009292)
c_2	1.077767 *** (0.0064949)	1.04972 *** (0.0069609)	0.0266929 *** (0.002672)	0.3094092 *** (0.0093482)
c_3	－0.3449463 *** (0.0070347)	－0.5376297 *** (0.0062605)	0.043022 *** (0.0033956)	－0.1196613 *** (0.0116863)
LR（5）	3527.363 (0.000)	4734.637 (0.000)	11397.51 (0.000)	12411.05 (0.000)
残差的偏度	7.325940	2.559497	0.296047	0.835933
残差的峰度	113.1810	90.58622	7.219626	10.32604
J—B值	4057950 (0.000)	2937577 (0.000)	5985.367 (0.000)	21581.80 (0.000)
AIC	－7040.727	－9455.274	－22781.02	－24808.11
SBC	－6991.919	－9405.417	－22732.18	－24758.24

说明：*** / *** / * 分别表示系数估计值在1%、5%和10%的显著性水平下显著异于零，括号内数值表示估计值的标准差。LR表示对数似然比检验，原假设为 H_0：$b_1=\delta=c_1=c_2=c_3=0$；LR（5）和J—B值中括号内数值表示p值。

从表6－12可知，风险偏好度量系数 b_1 的估计值除在 *COAR* 的方程中为负之外，其余都为正，表明双重上市公司A股相对于H股具有更大的投机性，说明A股投资者更偏好风险。在 *COAR*、*COHR*、*OCAR* 和 *OCHR* 的方程中，（$\hat{c}_2+\hat{c}_3$）的估计值分别为0.73、0.51、0.07和0.19，这表明不利信息的冲击倾向于增加股票交易的波动性。

首先，考虑双重上市公司A（H）股市场“开盘价—收盘价”收益率对H（A）股市场“收盘价—开盘价”收益率溢出效应，这反映了A（H）股前一个时期的价格变化对H（A）股当期开盘价格的影响程度。估计模型和估计结果分别见表6－13和表6－14。其中，系数 b_2 的估计值都在1%的置信水平上为负，这意味着双重上市公司A（H）的“开盘价—收盘价”收益率的增加会导致下一期H（A）股的开盘价格下降，如A股的“开盘价—收盘价”收益率增加1%，下一期H股开盘价相对本期的收盘价就会下降0.29%，而H股的“开盘价—收盘价”收益率增加1%，下一期A股开盘价相对于本期的收盘价就会下降0.18%。另一方面，系数 c_4 的估计值表明A股“开盘价—收盘价”收益率波动对H股

表6－13　　A股“开盘价—收盘价”收益率对H股“收盘价—开盘价”收益率的影响

模型	$COHR_{it}=b_0+b_1h_{it}^H+b_2OCAR_{i,t-1}+\delta\varepsilon_{i,t-1}^H+\varepsilon_{it}^H$ $(h_{it}^H)^2=c_0+c_1\ (h_{i,t-1}^H)^2+c_2\ (\varepsilon_{i,t-1}^H)^2+c_3d_{t-1}\ (\varepsilon_{i,t-1}^H)^2+c_4\ (\varepsilon_{i,t-1}^A)^2$			
	系数估计值	标准误差	Z统计量	Prob
b_0	0.0013324	0.0004171	3.19	0.001
b_1	0.0118186	0.0019427	6.08	0.000
b_2	−0.2915366	0.0057943	−50.31	0.000
δ	−0.2498175	0.0029666	−84.21	0.000
c_0	−4.50297	0.0053252	−845.59	0.000
c_1	−0.2545198	0.0078474	−32.43	0.000
c_2	2.63284	0.0233884	112.57	0.000
c_3	−1.308623	0.0291049	−44.96	0.000
c_4	7.602247	1.316138	5.78	0.000
LR（5）＝3990.656（0.000）	J—B值＝3153904（0.000）	残差的偏度＝5.839832		
残差的峰度＝100.8093	AIC＝－7963.312	SBC＝－7900.654		

"收盘价—开盘价"收益率波动的影响为正，而 H 股"开盘价—收盘价"收益率波动对 A 股"收盘价—开盘价"收益率波动的影响为负，这种不对称性反映了 A 股市场和 H 股市场的分割特征。

表 6-14　　H 股"开盘价—收盘价"收益率对 A 股"收盘价—开盘价"收益率的影响

模型	$COAR_{it}=b_0+b_1h_{it}^A+b_2OCHR_{i,t-1}+\delta\varepsilon_{i,t-1}^A+\varepsilon_{it}^A$ $(h_{it}^A)^2=c_0+c_1\ (h_{i,t-1}^A)^2+c_2\ (\varepsilon_{i,t-1}^A)^2+c_3d_{t-1}\ (\varepsilon_{i,t-1}^A)^2+c_4\ (\varepsilon_{i,t-1}^H)^2$			
	系数估计值	标准误差	Z 统计量	Prob
b_0	-0.0006266	0.000947	-0.66	0.508
b_1	0.0938197	0.0292752	3.20	0.001
b_2	-0.1841002	0.0124614	-14.77	0.000
δ	-0.4992238	0.010929	-45.68	0.000
c_0	-4.274165	0.0101062	-422.93	0.000
c_1	0.6108768	0.0046827	130.45	0.000
c_2	0.2524221	0.0080774	31.25	0.000
c_3	0.2275359	0.0165592	13.74	0.000
c_4	-46.78825	1.621422	-28.86	0.000
LR（5）=2477.987（0.000）		J—B 值 =4465361（0.000）		残差的偏度 =7.508655
残差的峰度 =119.3866		AIC = -4937.973		SBC = -4875.337

表 6-15　　A 股"开盘价—收盘价"收益率对 H 股"开盘价—收盘价"收益率的影响

模型	$OCHR_{it}=b_0+b_1f_{it}^H+b_2OCAR_{i,t-1}+\delta\varepsilon_{i,t-1}^H+\varepsilon_{it}^H$ $(f_{it}^H)^2=c_0+c_1\ (f_{i,t-1}^H)^2+c_2\ (\varepsilon_{i,t-1}^H)^2+c_3d_{t-1}\ (\varepsilon_{i,t-1}^H)^2+c_4\ (\varepsilon_{i,t-1}^A)^2$			
	系数估计值	标准误差	Z 统计量	Prob
b_0	-0.0003561	0.0013071	-0.27	0.785
b_1	1.695341	0.3320246	5.11	0.000
b_2	0.0794803	0.0117509	6.76	0.000
δ	-0.0633226	0.0125637	-5.04	0.000
c_0	-7.756409	0.064712	-119.86	0.000
c_1	0.8370934	0.0069828	119.88	0.000
c_2	0.1811603	0.0071423	25.36	0.000

续表

模型	$OCHR_{it}=b_0+b_1f_{it}^H+b_2OCAR_{i,t-1}+\delta\varepsilon_{i,t-1}^H+\varepsilon_{it}^H$ $(f_{it}^H)^2=c_0+c_1\ (f_{i,t-1}^H)^2+c_2\ (\varepsilon_{i,t-1}^H)^2+c_3d_{t-1}\ (\varepsilon_{i,t-1}^H)^2+c_4\ (\varepsilon_{i,t-1}^A)^2$			
	系数估计值	标准误差	Z 统计量	Prob
c_3	-0.0758063	0.0073158	-10.36	0.000
c_4	24.31584	0.7348311	33.09	0.000
LR (5) =10413.67 (0.000)	J—B 值 =19417.08 (0.000)	残差的偏度 =0.879519		
残差的峰度 =10.52514	AIC = -20809.34	SBC = -20746.68		

其次，考虑双重上市公司 A 股和 H 股之间通过“开盘价—收盘价”收益率的“溢出效应”。从表 6 -15 可以看出，系数 b_2 和 c_4 的估计值都是正的，并且在1%的置信水平上显著。系数 b_2 估计值表明，A 股“开盘价—收盘价”收益率提高 1%，会导致 H 股下一期“开盘价—收盘价”收益率上升 0.08%；而系数 c_4 估计值表明，A 股“开盘价—收盘价”收益率的波动升高 1%，会导致 H 股下一期的“开盘价—收盘价”收益率波动升高 24.3%。双重上市公司 H 股“开盘价—收盘价”收益率对 A 股“开盘价—收盘价”收益率的溢出效应见表 6 -16。表中系数 b_2 的估计值大于 0，但是在 10% 的置信水平上不显著，系数 c_4 的估计值则显著大于 0，说明当 H 股“开盘价—收盘价”收益率的波动升高 1% 时，会导致 A 股下一期收益率波动升高 7.4%。

表 6 -16　　H 股“开盘价—收盘价”收益率对 A 股“开盘价—收盘价”收益率的影响

模型	$OCAR_{it}=b_0+b_1f_{it}^A+b_2OCHR_{i,t-1}+\delta\varepsilon_{i,t-1}^A+\varepsilon_{it}^A$ $(f_{it}^A)^2=c_0+c_1\ (f_{i,t-1}^A)^2+c_2\ (\varepsilon_{i,t-1}^A)^2+c_3d_{t-1}\ (\varepsilon_{i,t-1}^A)^2+c_4\ (\varepsilon_{i,t-1}^H)^2$			
	系数估计值	标准误差	Z 统计量	Prob
b_0	0.0054333	0.0014726	3.69	0.000
b_1	0.6539	0.4046434	1.62	0.106
b_2	0.0134303	0.0104657	1.28	0.199
δ	-0.0164036	0.0137634	-1.19	0.233
c_0	-7.015435	0.023651	-296.62	0.000
c_1	0.7473422	0.0071238	104.91	0.000

续表

模型	$OCAR_{it}=b_0+b_1f_{it}^A+b_2OCHR_{i,t-1}+\delta\varepsilon_{i,t-1}^A+\varepsilon_{it}^A$ $(f_{it}^A)^2=c_0+c_1\ (f_{i,t-1}^A)^2+c_2\ (\varepsilon_{i,t-1}^A)^2+c_3d_{t-1}\ (\varepsilon_{i,t-1}^A)^2+c_4\ (\varepsilon_{i,t-1}^H)^2$			
	系数估计值	标准误差	Z 统计量	Prob
c_2	0.0878679	0.0089379	9.83	0.000
c_3	0.1473838	0.0110699	13.31	0.000
c_4	7.401852	1.317536	5.62	0.000
LR（5）=10991.22（0.000）		J—B 值=6777.223（0.000）		残差的偏度=0.519367
残差的峰度=7.444997		AIC= -21964.43		SBC= -21901.77

第三节　A股与H股市场一体化演进过程中的特征分析

在中国股市发展过程中，存在着一种同股、同权但不同价的现象，即A股、B和H股市场三足鼎立。市场分割运行阻碍了信息的相互传递，使价格信号作用混乱，不利于资本市场均衡价格的形成，从而影响了金融市场的资源配置效率。

由于在2001年后没有公司在A股、B股市场双重上市，而作为中国大陆注册成立、香港上市的H股，起着连接内地股市与香港股市的桥梁作用，因此，本书以A+H股双重上市公司股票为例，进一步探讨双重上市公司股票在市场一体化演进过程中的特征。

本节将上节A+H股双重上市的股票数据延长到2009年，采用47对A+H双重上市个股从2003年1月1日至2009年3月31日的日数据作为样本，研究中国A股市场和H股市场从分割到一体化演进过程中所呈现的各种特征。首先，运用Granger检验从股价角度分析A股和H股的领先滞后关系。其次，构造成交量差异率这一指标用于衡量A股和H股的流动性差异，再借助Panel Data-AR（1）扰动模型揭示出预期与未预期的流动性差异对A股、H股折价率的不同影响，发现流动性冲击会显著扩大A股、H股价差，其影响程度要大于预期到的流动性差异所带来的对折价率的扩大。并且，从面板数据模型中两个分段虚拟变量所揭示的2003—2009年熊市—牛市—熊市三阶段折价率的发展趋势来看，H 股与 A 股的分割程度在牛市中有明显减弱迹象。然后，本书结合 CAPM 和 EGARCH 模型，对比研究了 A 股和 H 股的收益波动特征（集聚性、持久性、杠杆效应）以及 Beta 风险系数的高低。最后，运用 Bai、Lumsdaine 和 Stock（BLS）方法进行分割到一体化的内生性结构突变分析，不仅发现内生性结构突变点显著存在于 4 对 A + H 股双重上市个股中，还借助 Pseudo - Gaussian MLE 准确估计出它们的突变置信区间，进而探讨整个 A 股市场和 H 股市场目前的分割程度，以及未来的一体化演变趋势。

一　A + H 股双重上市股票价格的统计特征分析

（一）数据选取和变量表示

选取 2002 年 12 月 1 日 A 股对 QFII 开放以后的 A + H 股双重上市个股的日交易数据，经验研究表明，上市第一个月的日数据波幅异常，故截去 A 股和 H 股上市第一个月的数据和两市不同时开市的数据，从而样本区间为 2003 年 1 月 1 日至 2009 年 3 月 31 日，数据来源为雅虎财经，CCER 中国经济金融数据库和国泰安研究服务中心。截至 2009 年 4 月 1 日，A + H 股双重上市个股一共有 57 只，去掉 A 股或 H 股上市时间不足 1 年的 5 只个股及 5 只 ST 股，从而剩余 47 只，如表 6 - 17 所示。47 家公司经处理后的观测值一共为 42633 组日数据，每组所包含的各个变量表示如下①：

$P^A_{i,t}$和 $P^H_{i,t}$分别表示个股 i 在第 t 日的 A 股收盘价和 H 股收盘价（H 股收盘价已按当日基准汇率折合成人民币计价），$i=1, 2, \cdots, 47$；$D_{i,t}$表示个股 i 在第 t 日的 H 股对 A 股折价率：

$$D_{i,t}=\frac{P^A_{i,t}-P^H_{i,t}}{P^A_{i,t}},\ i=1,\ 2,\ \cdots,\ 47 \tag{6-16}$$

$V^A_{i,t}$和 $V^H_{i,t}$分别表示个股 i 在第 t 日的 A 股成交量和 H 股成交量，$i=1, 2, \cdots, 47$；$V^D_{i,t}$表示个股 i 在第 t 日的 A 股成交量和 H 股成交量的绝对差异率：

$$V^D_{i,t}=\frac{|V^A_{i,t}-V^H_{i,t}|}{V^A_{i,t}+V^H_{i,t}},\ i=1,\ 2,\ \cdots,\ 47 \tag{6-17}$$

$R^A_{i,t}$和 $R^H_{i,t}$分别表示个股 i 在第 t 日的 A 股收益率和 H 股收益率：

---

① 本书数据处理、实证检验和模型回归主要采用软件 STATA10.0。

$$R_{i,t}^{A}=\frac{P_{i,t}^{A}}{P_{i,t-1}^{A}}-1,\ R_{i,t}^{H}=\frac{P_{i,t}^{H}}{P_{i,t-1}^{H}}-1,\ i=1,\ 2,\ \cdots,\ 47 \tag{6-18}$$

其中，$R_{m,t}^{A}$和$R_{m,t}^{H}$分别表示第t日A股市场回报率（即沪深两市A股流通市值加权平均收益率）和H股市场回报率（即恒生H股指数收益率）；$R_{f,t}^{A}$和$R_{f,t}^{H}$分别表示第t日A股市场无风险利率（即内地银行间3个月拆借利率IBO3M）和H股市场无风险利率（即香港银行间3个月拆借利率HIBOR3M）。

表6-17　　筛选后的47只A+H股双重上市个股

序号	公司名称	所属行业	A股代码	A股上市时间	H股代码	H股上市时间
1	青岛啤酒	酿酒行业	600600	1993年8月27日	00168	1993年7月15日
2	广船国际	船舶制造	600685	1993年10月28日	00317	1993年8月6日
3	昆明机床	机械行业	600806	1994年1月3日	00300	1993年12月7日
4	马钢股份	钢铁行业	600808	1994年4月4日	00323	1993年11月3日
5	北人股份	机械行业	600860	1994年5月6日	00187	1993年8月6日
6	创业环保	环保行业	600874	1995年6月30日	01065	1994年5月17日
7	东方电气	发电设备	600875	1995年10月10日	01072	1994年6月6日
8	南京熊猫	电子信息	600775	1996年11月18日	00553	1996年5月2日
9	经纬纺机	纺织机械	000666	1996年12月10日	00350	1996年2月2日
10	新华制药	生物制药	000756	1997年8月6日	00719	1996年12月31日
11	东方航空	交通运输	600115	1997年11月5日	00670	1997年2月5日
12	中兴通讯	电子信息	000063	1997年11月18日	00763	2004年12月9日
13	鞍钢股份	钢铁行业	000898	1997年12月25日	00347	1997年7月24日
14	兖州煤业	煤炭行业	600188	1998年7月1日	01171	1998年4月1日
15	宁沪高速	公路桥梁	600377	2001年1月16日	00177	1997年6月27日
16	广州药业	生物制药	600332	2001年2月6日	00874	1997年10月30日
17	中国石化	石油行业	600028	2001年8月8日	00386	2000年10月19日
18	华能国际	电力行业	600011	2001年12月6日	00902	1998年1月21日
19	深高速	公路桥梁	600548	2001年12月25日	00548	1997年3月12日
20	江西铜业	有色金属	600362	2002年1月11日	00358	1997年6月12日
21	海螺水泥	水泥行业	600585	2002年2月7日	00914	1997年10月21日
22	招商银行	金融行业	600036	2002年4月9日	03968	2006年9月22日
23	中海发展	交通运输	600026	2002年5月23日	01138	1994年11月11日

续表

序号	公司名称	所属行业	A 股代码	A 股上市时间	H 股代码	H 股上市时间
24	皖通高速	公路桥梁	600012	2003 年 1 月 7 日	00995	1996 年 11 月 13 日
25	南方航空	交通运输	600029	2003 年 7 月 25 日	01055	1997 年 7 月 31 日
26	华电国际	电力行业	600027	2005 年 2 月 3 日	01071	1999 年 6 月 30 日
27	中国银行	金融行业	601988	2006 年 7 月 5 日	03988	2006 年 6 月 1 日
28	中国国航	交通运输	601111	2006 年 8 月 18 日	00753	2004 年 12 月 15 日
29	北辰实业	房地产业	601588	2006 年 10 月 16 日	00588	1997 年 4 月 2 日
30	工商银行	金融行业	601398	2006 年 10 月 27 日	01398	2006 年 10 月 27 日
31	大唐发电	电力行业	601991	2006 年 12 月 20 日	00991	1997 年 3 月 21 日
32	广深铁路	交通运输	601333	2006 年 12 月 22 日	00525	1996 年 5 月 14 日
33	中国人寿	金融行业	601628	2007 年 1 月 9 日	02628	2003 年 12 月 18 日
34	重庆钢铁	钢铁行业	601005	2007 年 2 月 28 日	01053	1997 年 10 月 17 日
35	中国平安	金融行业	601318	2007 年 3 月 1 日	02318	2004 年 6 月 24 日
36	中信银行	金融行业	601998	2007 年 4 月 27 日	00998	2007 年 4 月 27 日
37	中国铝业	有色金属	601600	2007 年 4 月 30 日	02600	2001 年 12 月 12 日
38	潍柴动力	机械行业	000338	2007 年 4 月 30 日	02338	2004 年 3 月 11 日
39	交通银行	金融行业	601328	2007 年 5 月 15 日	03328	2005 年 6 月 23 日
40	中国远洋	交通运输	601919	2007 年 6 月 26 日	01919	2005 年 6 月 30 日
41	建设银行	金融行业	601939	2007 年 9 月 25 日	00939	2005 年 10 月 27 日
42	中海油服	石油行业	601808	2007 年 9 月 28 日	02883	2001 年 12 月 25 日
43	中国神华	煤炭行业	601088	2007 年 10 月 9 日	01088	2005 年 6 月 15 日
44	中国石油	石油行业	601857	2007 年 11 月 5 日	00857	1999 年 11 月 5 日
45	中国中铁	建筑建材	601390	2007 年 12 月 3 日	00390	2007 年 12 月 7 日
46	中海集运	交通运输	601866	2007 年 12 月 12 日	02866	2004 年 6 月 16 日
47	中煤能源	煤炭行业	601898	2008 年 2 月 1 日	01898	2006 年 12 月 19 日

（二）ADF 单位根检验

对 $P_{i,t}^{A}$ 和 $P_{i,t}^{H}$（$\forall i=1, 2, \cdots, 47$）进行 ADF 单位根检验，结果显示，所有价格序列水平值均存在单位根，而 1 阶差分均为平稳过程，从而所有 A + H 个股股价均为 1 阶单整，即 $P_{i,t}^{A}$，$P_{i,t}^{H} \sim I(1)$，$i=1, 2, \cdots, 47$。而对于收益率序列，ADF 单位根检验结果显示，$R_{i,t}^{A}$ 和 $R_{i,t}^{H}$（$\forall i=1, 2, \cdots, 47$）均为平稳过程。

（三）Granger 检验

为了分析 A 股和 H 股的领先和滞后关系，分别对每对 A + H 个股股价进行 Granger 检验，其原理如下（k 为滞后阶数）：

H_0：X 不是引起 Y 变化的 Granger 原因

$$Y_t = \alpha_0 + \sum_{i=1}^{k} \alpha_i Y_{t-i} + \sum_{i=1}^{k} \beta_i X_{t-i} + \varepsilon_t \tag{6-19}$$

对 47 对样本公司的 A 股和 H 股股价分别做（6 – 17）式所示的 Granger 辅助回归，再用 Wald 检验的 χ^2 值判断 X_{t-i} 前的系数是否联合为零，具体结果如表 6 – 18 所示。

表 6 – 18　　Granger 检验结果（k = 2）

序号	个股名称	$Y = P_t^A$，$X = P_t^H$		$Y = P_t^H$，$X = P_t^A$		结论
		χ^2	p	χ^2	p	
1	青岛啤酒	14.85**	0.000	16.73***	0.000	C
2	广船国际	37.37***	0.000	7.96*	0.019	C
3	昆明机床	34.72***	0.000	3.81	0.149	A
4	马钢股份	24.76***	0.000	3.57	0.168	A
5	北人股份	0.49	0.783	3.46	0.178	D
6	创业环保	3.83	0.147	1.75	0.416	D
7	东方电气	47.46***	0.000	0.39	0.825	A
8	南京熊猫	3.27	0.195	8.38*	0.015	B
9	经纬纺机	8.55*	0.014	5.64	0.060	A
10	新华制药	0.63	0.728	13.90***	0.001	B
11	东方航空	43.74***	0.000	5.31	0.070	A
12	中兴通讯	0.84	0.655	8.05*	0.018	B
13	鞍钢股份	10.90***	0.004	35.53***	0.000	C
14	兖州煤业	19.08***	0.000	6.96*	0.031	C
15	宁沪高速	1.92	0.384	2.46	0.292	D
16	广州药业	6.65*	0.036	0.85	0.653	A
17	中国石化	27.09***	0.000	1.49	0.474	A
18	华能国际	30.75***	0.000	1.23	0.54	A
19	深高速	9.49***	0.009	10.90***	0.004	C
20	江西铜业	58.14***	0.000	1.57	0.455	A

续表

序号	个股名称	$Y = P_t^A$ ，$X = P_t^H$		$Y = P_t^H$ ，$X = P_t^A$		结论
		χ^2	p	χ^2	p	
21	海螺水泥	61.47***	0.000	33.85***	0.000	C
22	招商银行	0.88	0.645	0.34	0.846	D
23	中海发展	36.78***	0.000	8.83*	0.012	C
24	皖通高速	5.78	0.055	1.74	0.419	D
25	南方航空	40.28***	0.000	22.74***	0.000	C
26	华电国际	13.35***	0.001	4.47	0.107	A
27	中国银行	9.78***	0.008	0.91	0.635	A
28	中国国航	8.88*	0.012	0.29	0.863	A
29	北辰实业	10.91***	0.004	2.51	0.285	A
30	工商银行	8.54*	0.014	0.98	0.613	A
31	大唐发电	7.02*	0.030	1.50	0.474	A
32	广深铁路	1.63	0.442	12.96***	0.002	B
33	中国人寿	3.37	0.185	2.49	0.289	D
34	重庆钢铁	1.12	0.572	6.23*	0.044	B
35	中国平安	4.03	0.133	11.88*	0.003	B
36	中信银行	8.67*	0.013	0.19	0.910	A
37	中国铝业	17.09***	0.000	3.75	0.153	A
38	潍柴动力	5.26	0.072	8.26*	0.016	B
39	交通银行	7.04*	0.030	4.15	0.125	A
40	中国远洋	10.35***	0.006	2.35	0.310	A
41	建设银行	8.43*	0.015	4.12	0.127	A
42	中海油服	21.46***	0.000	0.81	0.668	A
43	中国神华	13.33*	0.001	2.93	0.231	A
44	中国石油	1.57	0.455	0.91	0.634	D
45	中国中铁	6.73*	0.035	8.28*	0.016	C
46	中海集运	6.48*	0.039	4.31	0.116	A
47	中煤能源	17.13***	0.000	2.46	0.292	A

注：1. H 股是引起 A 股变化的 Granger 原因；2. A 股是引起 H 股变化的 Granger 原因；3. A 股和 H 股互为对方的 Granger 原因；4. A 股和 H 股均不是对方的 Granger 原因。

* 表示在 5% 显著性水平下拒绝原假设 H_0：X 不是引起 Y 变化的 Granger 原因。

** 表示在 1% 显著性水平下拒绝原假设 H_0：X 不是引起 Y 变化的 Granger 原因。

*** 表示在 10% 里显著性水平下拒绝原假设 H_0：X 不是引起 Y 变化的 Granger 原因。

如图6－1所示，在47对A＋H样本公司中，51.06%（24对）的公司H股为风向标，14.89%（7对）的公司A股为风向标，19.15%（9对）的公司A股和H股股价会相互作用，14.89%（7对）的公司Λ股和H股之间无任何股价动向的领先和滞后关系。

以上结果和此前不少学者的经验结论基本相符。从表6－17A股和H股的上市时间可以清楚看到，47家样本公司中有44家H股比A股率先上市，短则相隔1个月，长则可达10年之久，特别是在2006—2007年中，大批央企认为A股市场已日趋成熟，趁着内地的牛气从香港回归A股。可中国内地市场始终是新兴股市，毕竟比香港这一国际地位举足轻重的成熟股市少了近80年历史，所以，大多数从香港回归内地的A股，依旧会受到H股的风向作用。与此同时，在样本中，已有近1/6的双重上市公司其A股不仅不再受H股的引领，还反过来变成H股的风向标，这说明在众多开放性政策的推动下，A股正一步步向国际成熟股市靠拢，其影响能力也与日俱增，这将加速推进A股和H股的一体化进程。

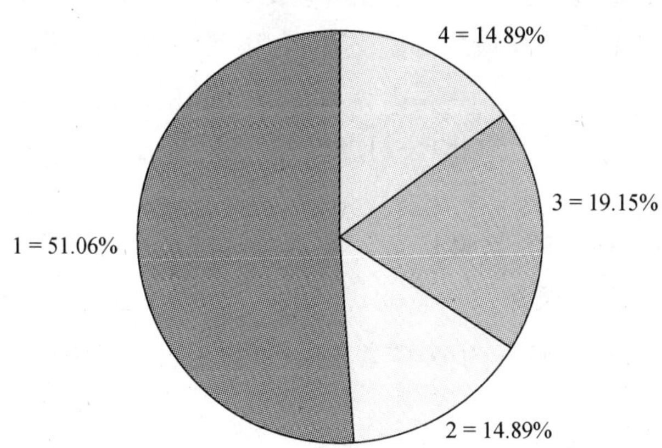

图6－1　Granger检验结论

说明：1. H股是引起A股变化的Granger原因；2. A股是引起H股变化的Granger原因；3. A股和H股互为对方的Granger原因；4. A股和H股均不是对方的Granger原因。

二　基于流动性差异的A股和H股折价率分析

A股与H股的“同股不同价”自两市存在以来一直如此，H股对A股的明显折价也是两市分割的最直观特征，而对于折价原因，国内外学者众说纷纭。本章利用相同的47对样本在时间轴上构成的面板数据，建立

Panel Data－AR（1）扰动模型，从“软分割”角度，探索两市流动性差异对折价率的直观影响，并借助分段虚拟变量分析 2003—2009 年熊市—牛市—熊市三轮起伏间，市场分割程度的发展趋势。

（一）引入 AR 过程区分流动性差异的预期值和未预期值

日成交量 V，作为最常见的一种流动性衡量指标，在任何股市中都备受投资者关注，它不仅是制定短期投资策略的关键参照，更是许多看不见摸不着的市场“软分割”因素的直观代表。从而，股市中的价量关系就成为众多学者争论的热门话题，下面就从市场“软分割”中流动性差异的角度来研究价量关系。

$V_{i,t}^{A}$和 $V_{i,t}^{H}$分别表示个股 i 在第 t 日的 A 股成交量和 H 股成交量，$i=1$，2，…，47；

$V_{i,t}^{D}$表示个股 i 在第 t 日的 A 股成交量和 H 股成交量的绝对差异率：

$$V_{i,t}^{D}=\frac{|V_{i,t}^{A}-V_{i,t}^{H}|}{V_{i,t}^{A}+V_{i,t}^{H}},\quad i=1,2,\cdots,47 \tag{6-20}$$

引入成交量差异率 $V_{i,t}^{D}$作为外生解释变量分析 H 股对 A 股的折价率，而不直接引入 A 股和 H 股的日成交量 $V_{i,t}^{A}$和 $V_{i,t}^{H}$，或相对成交量 $V_{i,t}^{A}/V_{i,t}^{H}$，或成交量之差 $|V_{i,t}^{A}-V_{i,t}^{H}|$，一是因为 $V_{i,t}^{A}$和 $V_{i,t}^{H}$的相关性常常很高，容易引起多重共线性；二是为了剔除公司规模大小对不同公司 A 股和 H 股成交量规模的直接影响。

单位根检验等研究结果显示，47 对 A＋H 股样本的成交量差异率 $V_{i,t}^{D}$均为平稳序列，但都存在高度自相关，图 6－2 和图 6－3 分别是对这 47 只平稳序列的日平均值 $\overline{V}_{t}^{D}$ 所做的自相关图和偏自相关图，以作代表：

从图 6－2 和图 6－3 可以清楚看到，自相关系数（AC）拖尾，偏自相关系数（PAC）截尾，从而，均值 $\overline{V}_{t}^{D}$ 是个明显的 AR 过程。47 只成交量差异率 $V_{i,t}^{D}$序列的 AC 图和 PAC 图与它们的均值图形性类似，同样呈现明显的 AR 过程，只是 PAC 的截尾阶数略有不同。为节约自由度，在此选择中间滞后阶数 5 阶，然后分别对每只成交量差异率 $V_{i,t}^{D}$序列（$i=1$，2，…，47）拟合如（6－19）式所示的 AR（5）过程：

$$V_{i,t}^{D}=\alpha_0+\alpha_1V_{i,t-1}^{D}+\alpha_2V_{i,t-2}^{D}+\cdots+\alpha_5V_{i,t-5}^{D}+\nu_{it} \tag{6-21}$$

将 AR（5）的拟合值作为成交量差异率 $V_{i,t}^{D}$的预期值 $E_{t-1}(V_{i,t}^{D})$，即

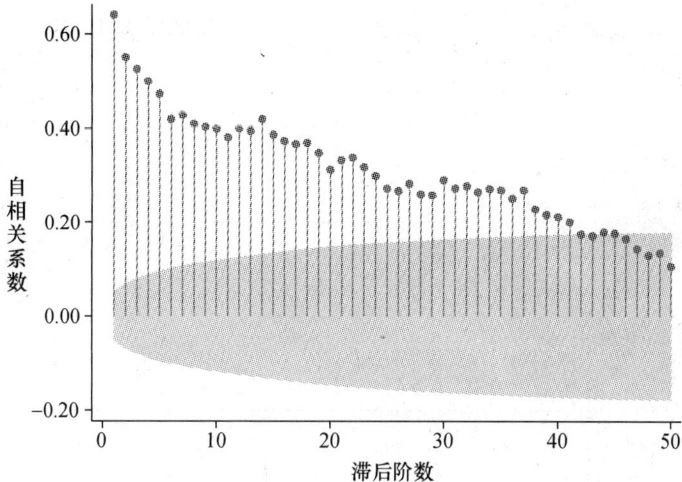

图 6－2　$\bar{V}_t^D$ 自相关图示

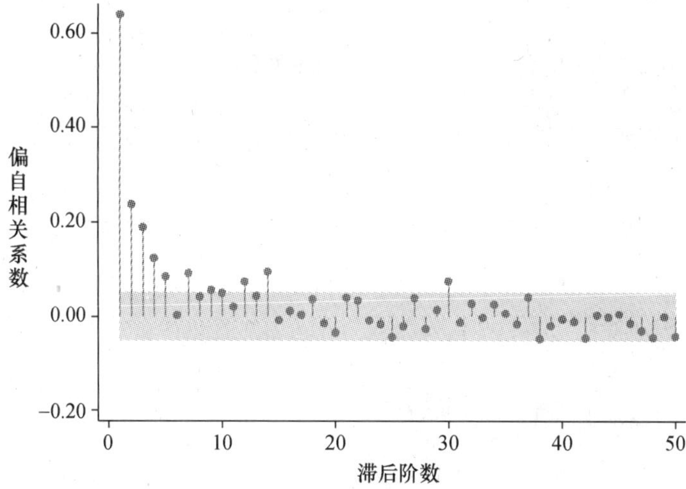

图 6－3　$\bar{V}_t^D$ 偏自相关图示

说明：图 6－2 和图 6－3 的阴影部分表示 95% 的置信区间。

$$E_{t-1}(V_{i,t}^D)=\hat{V}_{i,t}^D=\hat{\alpha}_0+\hat{\alpha}_1V_{i,t-1}^D+\hat{\alpha}_2V_{i,t-2}^D+\cdots+\hat{\alpha}_5V_{i,t-5}^D \quad (6-22)$$

从而，AR（5）的残差则为成交量差异率 $V_{i,t}^D$ 的未预期值 ν_{it}^D，即流动性冲击。$\nu_{it}^D>0$ 表明个股 i 的 A 股和 H 股在第 t 日的流动性差异突然放大，$\nu_{it}^D<0$ 表明个股 i 的 A 股和 H 股在第 t 日的流动性差异突然缩小。

图 6－4 和图 6－5 分别是成交量差异率未预期值的均值 $\bar{\hat{\nu}}_t^D$ 的 AC 图和 PAC 图。

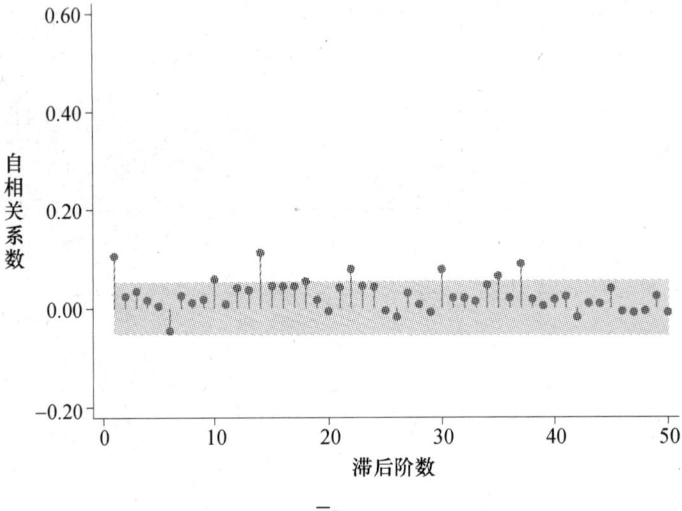

图 6－4　$\bar{\hat{\nu}}_t^D$ 自相关图示

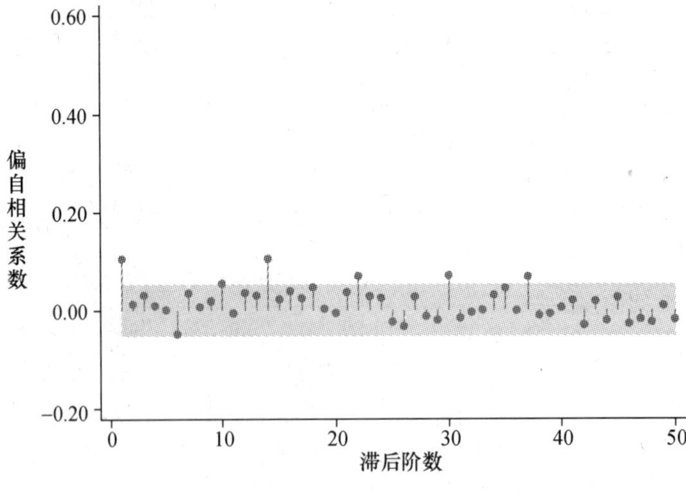

图 6－5　$\bar{\hat{\nu}}_t^D$ 偏自相关图示

$\bar{\hat{\nu}}_t^D$ 的 AC 图和 PAC 图显示，经过 AR（5）过程的处理，残差已明显趋近于白噪声过程。对于 47 只个股的成交量差异率未预期值序列 ν_{it}^D，其 AC 图和 PAC 图均与图 6－2 和图 6－3 类似，说明都已成功通过 AR（5）过程去掉自相关性，是流动性冲击的合适指示变量。

预期到的流动性差异 $E_{t-1}(V_{i,t}^{D})$ 和未预期到的流动性差异 ν_{it}^{D}，是否会对折价率 $D_{i,t}$ 产生不同的影响呢？下面的实证结果将给出答案。

（二）折价率的 Panel Data－AR（1）扰动模型

本书的样本区间历经中国股市的三个周期，起于长达五年大熊市的背景，在2006年趁着股权分置改革初见成效，掀起一波直冲2007年10月16日6124点的牛市大观，而后在国内外金融危机的乌云笼罩下，一路惨跌。期间H股对A股的普遍折价现象却从未改变，为探索折价率在各个股市周期的细微动向，特将样本区间划分为以下三个阶段：

阶段Ⅰ：2003年1月1日至2005年12月31日的熊市；

阶段Ⅱ：2006年1月4日至2007年10月16日的牛市；

阶段Ⅲ：2007年10月17日至2009年3月31日的熊市。

设阶段Ⅰ为基期，加入两个虚拟变量 $Dum\,\mathrm{II}_t$ 和 $Dum\,\mathrm{III}_t$，分别表示阶段Ⅱ和阶段Ⅲ：

$$Dum\,\mathrm{II}_t=\begin{cases}1, & t\in \mathrm{II}\\ 0, & t\notin \mathrm{II}\end{cases}\qquad Dum\,\mathrm{III}_t=\begin{cases}1, & t\in \mathrm{III}\\ 0, & t\notin \mathrm{III}\end{cases}\tag{6-23}$$

由于预期到的流动性差异 $E_{t-1}(V_{i,t}^{D})$ 和未预期到的流动性差异 ν_{it}^{D} 分别是回归（6－21）的拟合值和残差，因而满足彼此不相关，可一并引入作为两个外生解释变量，分析两者对折价率的影响是否相同。

从而建立面板数据模型：

$$D_{i,t}=\beta_1+\beta_2 Dum\,\mathrm{II}_t+\beta_3 Dum\,\mathrm{III}_t+\lambda_1 E_{t-1}(V_{i,t}^{D})+\lambda_2\nu_{it}^{D}+\delta_i+\varepsilon_{it}\tag{6-24}$$

式中，$D_{i,t}$ 表示个股 i 在第 t 日的H股对A股的折价率。$E_{t-1}(V_{i,t}^{D})$ 为个股 i 在第 t 日预期到的流动性差异；ν_{it}^{D} 为个股 i 在第 t 日未预期到的流动性差异。

经 Hausman 检验选择随机效应（Random Effects）模型，并发现扰动项 ε_{it} 为 AR（1）过程：

$$\varepsilon_{it}=\rho\varepsilon_{i,t-1}+\eta_{it}\tag{6-25}$$

采用 Baltagi－Wu（1999）GLS 估计法[①]来估计（6－24）式和（6－25）式所形成的带 AR（1）扰动项的随机效应 Panel Data 模型，其估计结果如表6－19所示。

① 详细估计方法请参见 Baltagi, B. H., Wu, P. X., Unequally spaced panel data regressions with AR（1）disturbances, *Econometric Theory*, 1999（15）：814－823。

表 6－19　　折价率的 Panel Data－AR（1）扰动模型的 Baltagi－Wu GLS 估计结果

变量	常数项	$Dum\,\mathrm{II}_t$	$Dum\,\mathrm{III}_t$	$E_{t-1}(V_{i,t}^D)$	$\hat{\nu}_{it}^D$	AR（1）	χ^2（Wald 检验）$H_0:\ \lambda_1=\lambda_2$ $H_1:\ \lambda_1<\lambda_2$
系数	β_1	β_2	β_3	λ_1	λ_2	ρ	
估值	0.3549** (0.00)	−0.1349** (0.00)	0.0033 (0.18)	0.0115** (0.00)	0.0568** (0.00)	0.7257** (0.00)	137.76** (0.00)

说明：p 值位于（）中；* 表示在 5% 的显著性水平下显著；** 表示在 1% 的显著性水平下显著。

从表 6－19 估计结果可以得到以下结论：

第一，$E_{t-1}(V_{i,t}^D)$和 ν_{it}^D 的系数均显著为正，表明流动性差异的扩大，无论是预期到的还是未预期到的，均会显著增加当日 H 股对 A 股的折价率。

第二，Wald 检验的结果显示，$\hat{\lambda}_1$ 和 $\hat{\lambda}_2$ 同为正但显著不等，未预期到的流动性差异率的系数 $\hat{\lambda}_2$ 要大于预期到的流动性差异率的系数 $\hat{\lambda}_1$，也就是说，在其他条件不变的情况下，未预期到的流动性冲击对折价率的影响，要大于预期到的流动性差异的等量变化所带来的对折价率的影响。

第三，虚拟变量 $Dum\,\mathrm{II}_t$ 的系数显著为负，说明 H 股对 A 股的折价率在阶段Ⅱ牛市中要比在阶段Ⅰ熊市中平均降低了 0.1369，换句话说，H 股和 A 股的分割程度在 2006—2007 年的这轮牛市中比前几年的熊市时期有所减弱。而虚拟变量 $Dum\,\mathrm{III}_t$ 的系数略为正仅有 0.0033，且并不显著，说明阶段Ⅲ这轮熊市的折价率水平与 2003—2005 年的熊市折价率水平相当，无显著差别。综合这三个阶段折价率水平的发展趋势，可以看到，H 股与 A 股的分割程度无扩大迹象，且在牛市中有朝一体化发展的倾向。

对于投资限制、资本控制、所有权比例限制等制度性资本流动障碍所造成的 A 股和 H 股的“硬分割”，国家已出台一系列政策和相关措施减缓分割程度。例如，2002 年 12 月 1 日开始，合格境外机构投资者（QFII）可根据获批额度投资 A 股。2007 年 7 月 5 日开始，合格境内机构投资者（QDII）在获批后亦可投资 H 股。但这两项政策限制门槛很高，几乎产生不了多大规模效应，而2005年4月开始中国证监会大规模实施的“股权分置改革”，确实是一项能从根本上减缓分割程度的历史性壮举，其基本思路是非流通股东为违背当初发行上市时的法律承诺而向流通股东协商补偿方法以获得流通权，这一A股全流通的漫长过程虽然已经遇到了很多问题，但它是A股和H股从分割走向一体化的加速器，更是中国股市向国际规范化靠拢的必经之路。

对于两市的“硬分割”问题，经验研究表明，多数数据建模分析是徒劳的。而由于信息不对称、流动性差异、政治风险、投资者偏好和心理因素等非制度性障碍造成的两市“软分割”问题，国内外众多学者则一直在现实中寻找合适的替代变量加以量化。本书实证结果表明，“成交量差异率”正是这样一个合适的替代变量，它恰到好处地衡量了软分割的关键因素“流动性差异”。在行为经济学上，信息不对称、投资偏好和心理因素往往可以通过投资者的实际行为表现出来，例如“用脚投票”，所以，成交量，这一投资者行为的累计结果变成了合适的指标。（6－22）式和（6－23）式所组成的Panel Data－AR（1）扰动模型的结果，不仅说明流动性差异的预期值会对两市价差产生直接影响，还表明流动性差异的未预期冲击会将此影响进一步放大，这点正好体现出在两市信息传递机制的重要性，一方面，内幕交易者可以凭借历史数据所预测不到的信息获得暴利；另一方面，散布谣言者也可利用市场分割状态下信息的低透明性和监管漏洞，扰乱市场的正常运作模式，例如，在制造恐慌之余做空套利。所以，“成交量差异率”所衡量的流动性差异对这些异常情况的敏感表现，将为监管部门和政策制定者提供更为及时有效的参考信息。

三　A股和H股收益与风险对比研究

CAPM中的Beta系数是用来衡量一项资产不可分散的系统性风险，它反映了个股收益率与市场收益率的相关程度，是金融市场中资产定价的关键指标。而大量经验研究表明，金融时间序列的分布多呈宽尾特征，个股收益序列更不例外，其波动常呈现两种特性，一是集聚性，即大幅波动后跟随着大幅波动，小幅波动后跟随着小幅波动，二是不对称性，又称为“杠杆效应”，即好消息和坏消息所产生的波动规模是不同的。这些波动特性同样对金融资产的短期投资策略起着至关重要的引导作用。

结合 CAPM 模型和 EGARCH 模型，将波动集聚性和杠杆效应模拟方程引入传统 CAPM 模型，形成对 Beta 值估计的修正，进而对比研究 A 股和 H 股的风险特征。

（一）模型建立与参数估计

首先，对 47 对 A + H 股双重上市个股的收益率 $R_{i,t}^{A}$ 和 $R_{i,t}^{H}$ 序列分别拟合如（6－26）式和（6－27）式所示的 CAPM 模型，从而估计出 A 股和 H 股的 Beta 值，然后对其残差分别做 ARCH－LM 检验，以检测残差是否存在自回归条件异方差（ARCH）效应，若果真存在 ARCH 效应，则用 OLS 法所估计出的 Beta 值会存在严重偏误，它不仅不再是 BLUE（最优线性无偏估计），甚至不满足渐进有效。

$$R_{i,t}^{A} - R_{f,t}^{A} = \beta_i^{A}(R_{m,t}^{A} - R_{f,t}^{A}) + u_{i,t}^{A} \tag{6-26}$$

$$R_{i,t}^{H} - R_{f,t}^{H} = \beta_i^{H}(R_{m,t}^{H} - R_{f,t}^{H}) + u_{i,t}^{H} \tag{6-27}$$

表 6－20 中 ARCH－LM 检验（H_0：不存在 ARCH 效应）结果显示，23 只 A 股和 21 只 H 股的 CAPM 残差项不存在 ARCH 效应，所以对于这些个股，直接将 OLS 估计出的 Beta 值列于表 6－20 中。而对于其他个股，根据 AIC 最小信息准则，选择滞后阶数为 1，分别做 EGARCH（1，1）模型，在拟合波动集聚性和不对称性的同时，对 Beta 值的估计加以修正。

EGARCH（1，1）模型均值方程仍为（6－26）式和（6－27）式，方差方程采用了 Nelson（1991）① 所推导出的如下 EGARCH 广义形式：

$$\ln(\sigma_t^2) = \omega + \alpha\left|\frac{u_{t-1}}{\sigma_{t-1}} - \sqrt{\frac{2}{\pi}}\right| + \delta\ln(\sigma_{t-1}^2) + \gamma\frac{u_{t-1}}{\sigma_{t-1}} \tag{6-28}$$

其中，$u_t \mid \psi_{t-1} \sim N(0,\ \sigma_t^2)$，$u_t = \sigma_t \varepsilon_t$，$\varepsilon_t \sim N(0,\ 1)$

采用极大似然法（MLE）估计（6－26）式、（6－27）式和（6－28）式所构成的 EGARCH（1，1）模型的各个待估参数，并根据渐近理论（Asymptotic Theory），使用 Robust 方差—协方差矩阵来调整标准误差，使各参数的估计值满足渐近有效性，其结果列于表（6－20）（无 ARCH 效应个股的 Beta 系数依旧采用 OLS 估计值）。

① 详见 D. B. Nelson，Conditional Heteroskedasticity in Asset Returns：A New Approach. *Econometrica*，1991（59）：347－370。

表 6-20 ARCH 效应检验，CAPM 模型和 EGARCH（1，1）模型的相关参数估值结果

No.	个股名称	A 股						H 股					
		ARCH	Beta	ω	α	δ	γ	ARCH	Beta	ω	α	δ	γ
1	青岛啤酒	11.42*	0.77**	-0.22**	0.25**	0.97**	0.07	12.64*	0.64**	-0.57	0.20*	0.92** #	0.05
2	广船国际	73.56**	1.26**	-0.14	0.06**	0.98**	0.02	87.78**	0.91**	-0.26	0.43**	0.82**	0.05
3	昆明机床	1.06	1.22**					2.83	0.76**				
4	马钢股份	3.94	1.08**					42.17**	1.11**	-0.19	0.19**	0.97** #	0.00
5	北人股份	21.24**	1.26**	-0.41*	0.23**	0.94**	0.08	50.45**	0.66**	-0.01*	0.11**	1.00** #	-0.03**
6	创业环保	31.66**	1.03**	-0.21	0.27**	0.97** #	-0.02**	141.6**	0.73**	-0.50	0.29**	0.93** #	-0.01*
7	东方电气	75.66**	1.03**	-0.62	0.22**	0.91** #	0.01	17.81**	0.87**	-1.41	0.33**	0.64*	0.09
8	南京熊猫	5.69	1.17**					6.53	0.86**				
9	经纬纺机	5.87	1.12**					254.1*	0.67**	-0.08	0.17**	0.99** #	0.01
10	新华制药	38.91**	1.05**	-0.28	0.22**	0.96** #	0.04	50.37**	0.51**	-1.02*	0.47**	0.85**	0.00
11	东方航空	130.4**	1.04**	-0.07*	0.19**	0.99**	-0.02*	1.79	0.70**	-0.04	0.34**	0.99** #	0.02
12	中兴通讯	1.23	0.75**					15.85**	0.66**	-1.48	0.39*	0.78**	-0.15*
13	鞍钢股份	35.34**	1.07**	-0.57	0.24**	0.92** #	0.00	37.01**	1.22**	-0.07	0.10**	0.99** #	-0.04**
14	兖州煤业	0.11	1.08**					1.09	1.17**				
15	宁沪高速	65.66**	0.80**	-1.00*	0.28**	0.88**	0.02	28.07**	0.73*	-0.11*	0.15**	0.98**	0.02
16	广州药业	32.25**	1.09**	-0.42*	0.23**	0.94**	0.04	17.34**	0.55**	-1.2**	0.34**	0.84**	0.03

续表

No.	个股名称	A股						H股					
		ARCH	Beta	ω	α	δ	γ	ARCH	Beta	ω	α	δ	γ
17	中国石化	38.07**	0.88**	-0.12	0.19**	0.98** #	0.04	16.57**	1.06**	-0.21	0.13**	0.97** #	-0.01*
18	华能国际	0.07	0.87**					0.19	0.79**				
19	深高速	9.14	0.94**					22.21**	0.58**	-0.37	0.19*	0.95** #	-0.01*
20	江西铜业	64.28**	1.25**	-0.06	0.16**	0.99** #	0.06	3.69	1.27**				
21	海螺水泥	34.10**	0.92**	-0.17*	0.17**	0.97**	-0.00	5.33	1.16**				
22	招商银行	0.14	0.95**					29.03**	0.17**	-0.1**	0.09*	0.98**	-0.16**
23	中海发展	39.73**	1.14**	-1.95**	0.13**	0.95**	-0.03**	74.14**	1.22**	-0.07	0.11**	0.99** #	-0.04*
24	皖通高速	4.40	0.89**					81.28**	0.45**	-0.66*	0.24**	0.91**	0.01
25	南方航空	7.15	1.01**					13.28*	0.78**	0.99	0.55**	0.85**	0.13
26	华电国际	0.75	1.04**					14.88*	0.74**	-0.60	0.44*	0.91** #	0.07
27	中国银行	106.6**	0.69**	-1.00**	0.35**	0.87**	0.06	12.46*	0.67**	-0.40	0.51**	0.95** #	0.03
28	中国国航	10.78	1.15**					5.44	1.02**				
29	北辰实业	9.87	1.27**					1.31	0.88**				
30	工商银行	40.32**	0.68**	-1.22**	0.41**	0.84**	-0.02*	14.53*	0.86**	-0.88	0.33*	0.89**	-0.11*
31	大唐发电	3.63	1.05**					0.10	0.99*				
32	广深铁路	16.22*	0.88**	-1.51	0.21*	0.81**	-0.00	116.4**	0.74**	-0.08	0.15**	0.98** #	0.05

续表

No.	个股名称	A股						H股					
		ARCH	Beta	ω	α	δ	γ	ARCH	Beta	ω	α	δ	γ
33	中国人寿	8.74	0.96**					3.09	0.94**				
34	重庆钢铁	84.56**	1.09**	-14.88*	0.18*	0.94**	-0.04**	10.81	0.95**				
35	中国平安	9.66	0.93**					3.30	1.04**				
36	中信银行	9.17	0.90**					70.72**	0.81**	-2.17	0.15**	0.72**	-0.06*
37	中国铝业	38.32**	1.23**	-0.40	0.18*	0.94** #	0.02	8.14	1.31**				
38	潍柴动力	0.06	0.96**					1.05	0.63**				
39	交通银行	9.47	0.85**					8.33	0.99**				
40	中国远洋	19.31**	1.20**	-1.68	0.32*	0.76**	0.09	14.73*	1.43**	-0.01	0.11*	1.00** #	-0.07*
41	建设银行	63.32**	0.74**	-2.05*	0.43**	0.75**	-0.04*	2.61	1.04**				
42	中海油服	6.92	0.94**					4.65	1.19**				
43	中国神华	32.85**	0.88**	-1.15	0.30*	0.84**	0.05	2.35	1.08**				
44	中国石油	12.05*	0.71**	-1.99*	0.44**	0.75**	0.06	0.35	1.01**				
45	中国中铁	9.91	0.84**					10.37	0.86**				
46	中海集运	10.14	1.10**					3.72	1.16**				
47	中煤能源	32.38**	1.05**	-0.19	0.08*	0.97** #	0.10	14.84*	1.22**	-0.13	0.12**	0.98** #	-0.06*

注：* 表示在5%的显著性水平下显著；** 表示在1%的显著性水平下显著；ARCH项报告的是滞后5阶的ARCH-LM检验的 χ^2 值；# 表示在5%的显著性水平下不拒绝Wald检验的原假设：H_0：$\delta=1$。

（二）结果分析

表6－20结果显示，51%（24只）的A股和55%（26只）的H股的收益波动存在显著的ARCH效应，用EGARCH（1，1）模型分别对其模拟得到如下的收益率波动特性：

第一，波动集聚性。α代表当期扰动对下一期波动的影响程度，所有α值均显著为正，说明当期的新信息会对未来收益率的波动产生正向而减缓的影响，即大幅波动和小幅波动分别集中于不同的时段。也就是说，47对样本中51%的A股和55%的H股均具有显著的波动集聚性，两者数量相当。

第二，波动持久性。δ衡量条件方差自身的衰减速度，它越接近于1说明波动趋势在未来的持续时间越长。表6－20中所有δ值均显著为正，对其分别进行Wald检验H_0：$\delta=1$的结果显示，17%（8只）的A股和32%（15只）的H股其收益波动具有持久性，H股的数量明显多于A股。

第三，杠杆效应。对于正向扰动和负向扰动的影响异同性，如果说α是对称效应系数，则γ就是非对称效应系数。若γ显著为正，说明正向扰动影响更大；若γ显著为负，说明负向扰动影响更大；若γ不显著异于零，则说明不存在非对称效应。表6－20有6只A股和12只H股的γ值显著为负，而其余γ值不显著。所以，对于13%的A股和26%的H股来说，“利空消息”会比“利好消息”产生更大的收益波动。同样，在这一波动的不对称性上，H股数量明显多于A股，甚至是后者的两倍。

无ARCH效应个股的Beta系数和有ARCH效应个股经修正后的Beta系数均列于表6－20中，从而可以直观地对比每对A＋H股Beta系统风险的高低。结果显示，60%（28对）的A股Beta值高于H股Beta值，而仅有40%（19对）的A股Beta值低于H股Beta值。同一家公司，同样的行业领域，同样的经营运作模式，在两地上市却拥有不同的个股风险系数，大多数表现为在A股上市为进攻型（Beta＞1），在H股上市为防守型（Beta＜1），这显然和它们上市地点的市场成熟程度，投资者类型有关，毕竟在A股这样一个新兴市场上，信息传递机制不如香港市场完善，投资者投机心态也比香港股市严重。但同时我们也可以看到，从2007年5月开始（表6－20中“交通银行”往后），从香港回归A股的所有9只股票，其A股的Beta值都小于H股，当然，不能排除其中的一个巧合是这9只股票全是大型央企，但也正是因为这一点，说明自2007年5月以后，许多大型央企认为自己的优质资产已经能在A股得到合理定价才会放心大胆地让其回归，由此可见，A股正在一步步向国际成熟股市靠拢，A股和H股的一体化进程也在逐渐加速。

四　A股和H股内生性结构突变分析

截至目前已经公开发表的国内文献中，对分割到一体化间结构突变的分析都是基于外部经济中有可能成为突变原因的事件作为外生给定的时间点，将样本分为若干段，然后看看分段间决定整体结构的相关参数是否发生变化。而本章将采用一种内生性结构突变估计方法：BLS法，模拟数据本身所呈现的变化特性，从多序列所构造的模型结构内部寻找其在时间轴上的系数突变点，进而运用Pseudo - Gaussian MLE估计出突变置信区间，然后在区间前后寻找可能产生突变的事件原因，所以其原理与外生突变截然不同，运作顺序更是截然相反。

（一）BLS估计原理

Bai、Lumsdaine、Stock（1998）提出了BLS法，用于估计内生性结构突变点及其置信区间。

如果一个经济系统为：

$$\boldsymbol{y}_t = \boldsymbol{\mu} + \sum_{j=1}^{p} \boldsymbol{A}_j \boldsymbol{y}_{t-j} + \boldsymbol{\Gamma X}_{t-1} + d_t(k)\left(\boldsymbol{\lambda} + \sum_{j=1}^{p} \boldsymbol{B}_j \boldsymbol{y}_{t-j} + \boldsymbol{\Pi X}_{t-1}\right) + \boldsymbol{\varepsilon}_t \tag{6-29}$$

式中，k为待估的内生性结构突变点，$d_t(k)=\begin{cases}0, & t\leqslant k\\ 1, & t>k\end{cases}$；$\boldsymbol{y}_t$，$\boldsymbol{\mu}$，$\boldsymbol{\lambda}$，$\boldsymbol{\varepsilon}_t$均为$n\times 1$向量，$\{\boldsymbol{A}_j\}$，$\{\boldsymbol{B}_j\}$为$n\times n$的系数矩阵序列；$\boldsymbol{X}_t$为外生的平稳的解释变量矩阵，$\boldsymbol{\Gamma}$、$\boldsymbol{\Pi}$为其系数矩阵。

进一步，可将（6－29）式表示为：

$$\boldsymbol{y}_t = (\boldsymbol{V}'_t \otimes \boldsymbol{I}_n)\boldsymbol{\theta} + d_t(k)(\boldsymbol{V}'_t \otimes \boldsymbol{I}_n)\boldsymbol{\delta} + \boldsymbol{\varepsilon}_t \tag{6-30}$$

式中，$\boldsymbol{V}'_t = (1, \boldsymbol{y}'_{t-1}, \cdots, \boldsymbol{y}'_{t-p}, \boldsymbol{X}'_{t-1})$，$\boldsymbol{\theta} = Vec(\boldsymbol{\mu}, \boldsymbol{A}_1, \cdots, \boldsymbol{A}_p, \boldsymbol{\Gamma})$，$\boldsymbol{\delta} = Vec(\lambda, \boldsymbol{B}_1, \cdots, \boldsymbol{B}_p, \boldsymbol{\Pi})$

如果不是所有参数都发生结构变化，而是更一般地，只有部分参数发生变化，则（6－30）式可变化为：

$$y_t = (\boldsymbol{V}'_t \otimes \boldsymbol{I}_n)\ \boldsymbol{\theta} + d_t(k)\ (\boldsymbol{V}'_t \otimes \boldsymbol{I}_n)\ \boldsymbol{S}'\boldsymbol{S}\boldsymbol{\delta} + \boldsymbol{\varepsilon}_t \tag{6-31}$$

其中，$\boldsymbol{S}$为选择性矩阵，其秩为有结构变化的参数个数。若$\boldsymbol{S}=\boldsymbol{I}_r$，$r$

为参数总数，则（6－31）式表示所有参数都发生结构变化；若 $\boldsymbol{S}=s\otimes\boldsymbol{I}_n$，$s=(1, 0, \cdots, 0)$，则（6－31）式变为只有截距项有结构变化：

$$\boldsymbol{y}_t=(\boldsymbol{V}'_t\otimes\boldsymbol{I}_n)\boldsymbol{\theta}+\boldsymbol{\lambda}\boldsymbol{d}_t(k)+\boldsymbol{\varepsilon}_t \tag{6-32}$$

进一步，（6－31）式可表示为：

$$\boldsymbol{y}_t=\boldsymbol{Z}'_t(k)\boldsymbol{\beta}+\boldsymbol{\varepsilon}_t \tag{6-33}$$

其中，$\boldsymbol{Z}'_t(k)=((\boldsymbol{V}'_t\otimes\boldsymbol{I}_n), d_t(k)(\boldsymbol{V}'_t\otimes\boldsymbol{I}_n)\boldsymbol{S}')$，$\boldsymbol{\beta}=(\boldsymbol{\theta}', (\boldsymbol{S\delta})')'$。

令 $\boldsymbol{R}=(0, \boldsymbol{I})$，则 $\boldsymbol{R\beta}=\boldsymbol{S\delta}$，从而检验 $\mathbf{H}_0$：$\boldsymbol{S\delta}=0$ 的 Wald F 统计量为：

$$\hat{F}_T(k)=T\{\boldsymbol{R}\hat{\boldsymbol{\beta}}(k)\}'\left\{\boldsymbol{R}\left(T^{-1}\sum_{t=1}^{T}\boldsymbol{Z}_t\hat{\sum}_k^{-1}\boldsymbol{Z}'_t\right)^{-1}\boldsymbol{R}'\right\}^{-1}\{R\hat{\beta}(k)\} \tag{6-34}$$

由于 $\max_k F_t(k)$ 收敛于其极限分布的上确界 $SupF^*(\tau)$，$\tau=k/T$①，故这一检验称作 Sup－Wald 检验。若 Sup－Wald 检验结果显示，拒绝原假设 $\mathbf{H}_0$：$\boldsymbol{S\delta}=0$，则表明存在内生性结构突变点 k，从而可以运用 Pseudo－Gaussian MLE 估计（6－32）式中的 k，得到：

$$\hat{k}=\underset{1\leqslant k\leqslant T}{\operatorname{argmax}}L\left(k,\hat{\boldsymbol{\beta}}(k),\hat{\sum}(k)\right) \tag{6-35}$$

其中，$L(k, \beta, \Sigma)$ 为 Pseudo－Likelihood 函数。进一步，还可得到内生性结构突变点的置信区间：

$$\hat{k}\pm\alpha_{\pi/2}[(\boldsymbol{S}\hat{\boldsymbol{\delta}}_T)'\boldsymbol{S}(\hat{\boldsymbol{Q}}\otimes\hat{\sum}_k^{-1})\boldsymbol{S}'(\boldsymbol{S}\hat{\boldsymbol{\delta}}_T)]^{-1} \tag{6-36}$$

其中，$\hat{\boldsymbol{Q}}=\frac{1}{T}\sum_{t=1}^{T}\boldsymbol{V}_t\boldsymbol{V}'_t$。

（二）运用 BLS 方法估计 A＋H 股双重上市股票的内生性结构突变点

截至目前已经公开发表的国内文献中，BLS 内生性结构突变估计法尚未有人涉足，下面尝试将这一方法用于 A＋H 股双重上市股票市场一体化的研究。②

单位根结果显示，$\forall i=1, 2, \cdots, 47, m$，$R_{i,t}^A$ 和 $R_{i,t}^H$ 均为平稳序列，下面对这 47 对 A＋H 股双重上市个股及 A 股市场、H 股市场的收益率序

① 关于极限分布 $F^*(\tau)$ 的函数具体形式和 $\max_k F_t(k)$ 的收敛推导过程，请参见下文的 Theorem1 和 Appendix 两部分：Bai, J., Lumsdaine, R. L., Stock, J. H., Testing for and Dating Common Breaks in Multivariate Time Series. *Review of Economic Studies*, 1998 (65): 395－432。

② 本节数据处理采用软件 Stata 10.0，各个检验和回归采用软件 GAUSS 9.0。

列 $R_{i,t}^{A}$ 和 $R_{i,t}^{H}$ 分别做存在内生突变点的双变量 VaR（1）模型，则（6－29）式可变为：

$$\boldsymbol{y}_t = \boldsymbol{\mu} + \boldsymbol{A}_1 \boldsymbol{y}_{t-1} + d_t(k)(\boldsymbol{\lambda} + \boldsymbol{B}_1 \boldsymbol{y}_{t-1}) + \boldsymbol{\varepsilon}_t \tag{6-37}$$

其中，$y'_t = (R_t^A, R_t^H)$，$\boldsymbol{\varepsilon}_t$ 为 2×1 残差向量，$\boldsymbol{\mu}$，$\boldsymbol{\lambda}$ 均为 2×1 截距向量，A_1，B_1 均为 2×2 的系数矩阵；

k 为待估的内生性结构突变点，$d_t(k) = \begin{cases} 0, & t \leqslant k \\ 1, & t > k \end{cases}$；

同（6－29）式，（6－37）式可变为如下的（6－28）式，

$$\boldsymbol{y}_t = (\boldsymbol{V}'_t \otimes \boldsymbol{I}_n)\boldsymbol{\theta} + d_t(k)(\boldsymbol{V}'_t \otimes \boldsymbol{I}_n)\boldsymbol{S}'\boldsymbol{S}\boldsymbol{\delta} + \boldsymbol{\varepsilon}_t$$

其中，$n=2$，$\boldsymbol{V}'_t = (1, \boldsymbol{y}'_{t-1})$，$\boldsymbol{\theta} = Vec(\boldsymbol{\mu}, \boldsymbol{A}_1)$，$\boldsymbol{\delta} = Vec(\boldsymbol{\lambda}, \boldsymbol{B}_1)$

对能发生内生性结构变化的参数数量不设限制，则 $r = n(n+1) = 6$

$$\boldsymbol{S} = \begin{pmatrix} 1 & 0 & 0 & 0 & 0 & 0 \\ 0 & 1 & 0 & 0 & 0 & 0 \\ 0 & 0 & 1 & 0 & 0 & 0 \\ 0 & 0 & 0 & 1 & 0 & 0 \\ 0 & 0 & 0 & 0 & 1 & 0 \\ 0 & 0 & 0 & 0 & 0 & 1 \end{pmatrix} \tag{6-38}$$

根据（6－34）式 F 统计量，分别对 47 对 A＋H 股双重上市个股和市场做 Sup－Wald 检验，原假设 $\mathbf{H}_0$：$\boldsymbol{S\delta}=0$，检验结果和内生性结构突变点 $\hat{k}$ 的 *Pseudo－Gaussian MLE* 估值列于表 6－21 中。若 k 的估值在 5% 的显著性水平下是显著的，则它 95% 的置信区间会列于其点估计值后。

表 6－21 Sup－Wald 检验结果、内生性结构突变点 $\hat{k}$ 的估值及置信区间

序号	名称	Sup－Wald（F）	$\hat{k}$	$\hat{k}$ 的 95% 置信区间	
1	青岛啤酒	9.183	2006－04－10		
2	广船国际	23.969*	2006－03－06*	2005－10－12	2006－09－08
3	昆明机床	38.367**	2006－11－30**	2006－08－29	2007－05－11
4	马钢股份	12.282	2006－01－11		
5	北人股份	8.652	2006－12－27		
6	创业环保	6.089	2007－01－17		

续表

序号	名称	Sup - Wald（F）	$\hat{k}$	$\hat{k}$的95%置信区间	
7	东方电气	7. 102	2006 - 12 - 13		
8	南京熊猫	1. 351	2004 - 12 - 07		
9	经纬纺机	6. 097	2006 - 04 - 07		
10	新华制药	11. 777	2006 - 12 - 22		
11	东方航空	22. 573 *	2006 - 11 - 14 *	2006 - 09 - 07	2007 - 03 - 07
12	中兴通讯	11. 017	2008 - 01 - 03		
13	鞍钢股份	5. 269	2006 - 12 - 20		
14	兖州煤业	5. 780	2007 - 02 - 14		
15	宁沪高速	8. 227	2007 - 03 - 29		
16	广州药业	7. 182	2006 - 01 - 09		
17	中国石化	4. 70	2006 - 09 - 12		
18	华能国际	3. 175	2004 - 05 - 18		
19	深高速	8. 323	2005 - 12 - 20		
20	江西铜业	7. 612	2006 - 01 - 17		
21	海螺水泥	12. 159	2006 - 01 - 11		
22	招商银行	9. 258	2004 - 12 - 20		
23	中海发展	3. 051	2006 - 12 - 20		
24	皖通高速	16. 476	2006 - 12 - 21		
25	南方航空	6. 634	2006 - 12 - 21		
26	华电国际	1. 639	2004 - 11 - 12		
27	中国银行	0. 359	2006 - 11 - 08		
28	中国国航	7. 161	2007 - 07 - 20		
29	北辰实业	8. 350	2008 - 08 - 15		
30	工商银行	4. 908	2007 - 07 - 24		
31	大唐发电	25. 006 **	2007 - 08 - 29 **	2007 - 07 - 25	2007 - 10 - 09
32	广深铁路	4. 034	2008 - 09 - 02		
33	中国人寿	9. 967	2008 - 01 - 11		
34	重庆钢铁	6. 010	2008 - 09 - 05		
35	中国平安	7. 005	2008 - 01 - 10		
36	中信银行	2. 467	2008 - 09 - 11		

续表

序号	名称	Sup－Wald（F）	$\hat{k}$	$\hat{k}$ 的95%置信区间	
37	中国铝业	18.624	2007－08－23		
38	潍柴动力	2.920	2008－09－12		
39	交通银行	5.018	2007－09－25		
40	中国远洋	10.713	2008－09－03		
41	建设银行	5.652	2008－09－10		
42	中海油服	11.876	2008－09－16		
43	中国神华	18.365	2008－09－03		
44	中国石油	6.678	2008－09－24		
45	中国中铁	7.158	2008－09－01		
46	中海集运	12.782	2008－09－16		
47	中煤能源	11.735	2008－09－10		
m	A股、H股市场	15.698	2006－12－21		

说明：5%的临界值＝20.418，1%的临界值＝24.682①；* 表示在5%的显著性水平下显著；** 表示在1%的显著性水平下显著。

表6－21结果显示，只有广船国际、昆明机床、东方航空、大唐发电这4只A＋H股双重上市个股存在从分割到一体化的内生性结构突变点，而其他43只A＋H股双重上市个股Sup－Wald检验的F值在5%的显著性水平下均不显著，说明对于大多数A＋H股双重上市个股而言，A股和H股的分割状态仍未发生变化，其一体化突变点即使存在也只能发生在2009年3月31日之后。同时，表6－21中最后一行所报告的A股市场收益和H股市场收益的Sup－Wald检验的F值显示，截至2009年3月31日，依然很难找到市场整体从分割到一体化的显著突变点，说明A股和H股市场整体依然处于分割状态，这一结论与大多数个股的结论是一致的。

下面将广船国际、昆明机床、东方航空、大唐发电这4只发生了从分割到一体化突变的日期估值，A股和H股的上市日期，以及突变区间前

① 关于详细的Sup－Wald检验的临界值表，参见Bekaert，G.，Harvey，C. R.，Lumsdaine R. L.，Dating the Integration of World Equity Markets. *Journal of Financial Economics*，2002，Vol. 65，203－247。

后同时影响A股和H股的大事统计一起列于表6－22中。

表6－22 突变日期与上市日期对比及突变区间前后同时影响A股和H股的大事统计

个股名称	A股上市	H股上市	突变点	突变区间		突变区间前后大事统计
广船国际	1993年10月28日	1993年8月6日	2006年3月6日	2005年10月12日	2006年9月8日	2006年4月8日，全资子公司香港荣广发展有限公司与中国船舶工业集团下属企业在内地镇江成立合营公司
昆明机床	1994年1月3日	1993年12月7日	2006年11月30日	2006年8月29日	2007年5月11日	2005年1月28日，与捷克道斯凡斯多夫公司成立中外合资子公司
东方航空	1997年11月5日	1997年2月	2006年11月14日	2006年9月7日	2007年3月7日	自2006年开始，东航就引进战略合作伙伴计划与新加坡航空等多方进行频繁商谈，但最终未果
大唐发电	2006年12月20日	1997年3月21日	2007年8月29日	2007年7月25日	2007年10月9日	2007年4月2日，全资子公司大唐香港收购内地一家百万级电厂锦州东港电力有限公司100%股权；2008年1月15日，大唐香港收购内地真兴电力有限公司90%股权

资料来源：中信证券股票交易资讯系统。

表6－22结果显示，广船国际、昆明机床、东方航空、大唐发电在突变区间前后，均发生了或香港与内地间、或内地与国外间不同类型的股权合作事宜，两地之间实体经济的密切合作往来，也加速了A股和H股两市之间从分割到一体化进程。

与此同时不难发现，以上4家公司的A＋H股同时上市的起始时间，彼此最远相距13年之久，而它们从分割到一体化的突变时间却集中在2005年10月到2007年10月，不得不说是和整个经济环境和股市发展政策分不开的。2004年1月31日，国务院颁布了《关于推进资本市场改革开放和稳定发展的若干意见》，2005年4月29日，证监会发布了《关于上市公司股权分置改革试点有关问题的通知》，从此，内地股市踏上了中国特有的股权分置改革进程。它不仅引发了2006—2007年间的大牛市，同时也为A股和H股从分割到一体化的进程带来了前所未有的契机，这一结论也与本书此前Panel Data部分所揭示的其中一条结论正好一致，即A股和H股的分割程度在牛市中有明显减弱。虽然整个A股市场和H股市场至今仍处于分割状态，但4只股票的突变让我们看到了一体化进程的端倪。

第四节 本章主要结论

本章运用双重上市公司数据研究市场一体化的演进过程，通过信息在不同市场间的对收益率均值和风险程度的“溢出效应”来判断市场的分割特征，鉴于香港股市在国际金融市场中的重要地位，以及与内地股票的密切关系，考虑2001年后没有公司在A+B股市场双重上市，因此，本书以A+H股双重上市公司股票为例，进一步探讨双重上市公司股票在市场一体化演进过程中的特征。主要结论如下：

（1）双重上市公司面板数据研究进一步说明中国A股、B股市场以及A股、H股市场之间分别存在着一定程度的分割性，这种分割性主要体现在信息传递的不对称和投资者的风险偏好等方面。双重上市公司A股收益率对下一期B股收益率的影响显著为负，但B股收益率对下一期A股收益率的影响却显著为正，这说明A股与B股市场之间具有一定的信息不对称性。虽然双重上市公司A股与B股收益率波动之间的信息溢出效应方向一致，但A股对B股的溢出效应不显著，而B股对A股的波动溢出效应则较强，这反映了市场信息的传导途径是从B股到A股。双重上市公司A股、H股市场之间的信息不对称性体现在两个市场间开盘价收益率对下一期开盘价的影响是负的；另外，H股对A股“开盘价—收盘价”收益率的“溢出效应”并不显著。这些结论都进一步揭示了A股、B股（H股）市场分割的特征。

（2）对A+H股双重上市个股的Granger检验揭示出A股与H股的领先滞后关系。在47对A+H股双重上市的样本公司中，94%的H股比A股率先上市，短则相隔1个月，长可达10年之久，并且中国A股作为新兴股市，毕竟比中国香港这一国际地位举足轻重的成熟股市少了近 80 年历史，所以超过半数（51%）从中国香港回归内地的 A 股，依旧会受到 H 股的风向作用，这一点在任何存在股市分割的国家都很正常。但与此同时，已经有 15% 的 A 股不仅不再受 H 股的引领，还反过来变成 H 股的风向标，这说明在众多开放性政策的推动下，A 股的影响能力也与日俱增，这将加速推进 A 股和 H 股的一体化进程。

（3）借助 Panel Data－AR（1）扰动模型揭示出预期与未预期的流动性差异对 A＋H 股双重上市股价折价率的不同影响。A 股与 H 股的流动性差异存在高度自相关，并且流动性差异的扩大，无论是预期到的还是未预期到的，都会显著增加当期 H 股对 A 股的折价率。从 Wald 检验结果发现，在其他条件不变的情况下，未预期到的流动性冲击对折价率的影响，要大于预期到的流动性差异等量变化所带来的对折价率的影响。从 Panel Data 中两个分段虚拟变量所得出的 2003—2009 年熊市—牛市—熊市三阶段折价率的发展趋势来看，H 股与 A 股的分割程度无扩大迹象，且在牛市中有明显减弱。

（4）结合 CAPM 和 EGARCH 研究 A 股和 H 股的收益与风险特征发现，47 对样本中 51% 的 A 股和 55% 的 H 股具有显著的波动集聚性，两者数量相当；17% 的 A 股和 32% 的 H 股呈现波动持久性，H 股的数量明显多于 A 股；13% 的 A 股和 26% 的 H 股具有“利空消息”会比“利好消息”产生更大波动的“杠杆效应”，H 股数量不仅明显多于 A 股，甚至是后者的两倍。60% 的 A 股 Beta 值高于 H 股 Beta 值，且大多数表现出 A 股为进攻型（Beta＞1），H 股为防守型（Beta＜1）。同一家公司在两地上市却拥有不同的个股风险系数，显然和它们上市地点的市场成熟程度及投资者类型有关。由此可见，A 股正在逐步向国际成熟股市靠拢，A 股和 H 股的一体化进程也在逐渐加速。

（5）运用 BLS 估计法分析 A 股和 H 股从分割到一体化的内生性结构突变。Sup－Wald 检验结果显示，47 家双重上市个股中，只有广船国际、昆明机床、东方航空、大唐发电 4 家显著存在内生性结构突变点（文中报告了突变点的 Pseudo－Gaussian MLE 估计值及其置信区间），说明对于其他 43 家个股而言，A 股和 H 股的分割状态仍然存在，其一体化突变点即使存在也只能发生在 2009 年 3 月 31 日之后，同时对市场整体收益做出的结果与此结论相一致。对 4 家发生突变的公司研究发现，在内生性突变区间前后，均发生了或香港与内地之间，或内地与国外之间不同类型的股权合作事宜，说明两地之间实体经济的密切合作往来，会加速 A 股和 H 股两市之间虚拟经济从分割到一体化的进程。与此同时，4 家公司的 A + H 股双重上市的起始时间，彼此最远相距 13 年之久，而它们从分割到一体化的突变时间却集中在 2005 年 10 月到 2007 年 10 月短短 2 年时间里，这一结论也进一步说明 A 股和 H 股的分割程度在牛市中有明显减弱迹象。

第七章　中国双重上市公司股票价格差异原因分析

鉴于中国股票市场所具有的分割性特征，本章的目的是通过双重上市公司数据，研究 A 股价格与相应 B 股和 H 股价格的差异。为了检验市场分割情况下 A 股与 B 股（H 股）价格差异的原因，本书进一步分别从一级发行市场和二级交易市场来研究价格差异问题。在一级发行市场上，考察首日抑价率的差异及其影响因素，在二级市场上，利用日交易数据考察日收盘价格的差异。

第一节　首日抑价率差异研究

IPO 抑价现象普遍存在于发达国家和发展中国家资本市场中。IPO 抑价是指发行定价存在着低估现象，即新股发行定价低于市场价值，表现为新股发行价格明显低于新股上市首日收盘价格，上市首日就能获得显著的超额回报，这也被称为首日溢价。新股首日溢价率表面上反映了股票 IPO 定价与二级市场对该公司股票价格估值的差异，从更深层的意义上来说，则反映出制度、投资者心理等因素的影响。中国资本市场由于特殊的原因存在不同的市场，而 A 股、B 股的首日溢价率是显著不同的。一般 A 股新股抑价水平很高，B 股新股发行的抑价水平相对适中。Mok 和 Hui（1998）选取 1990 年 12 月 19 日至 1993 年 12 月 31 日期间发行的 101 只 A 股和 22 只 B 股为研究对象，发现这一时期 A 股的首日溢价率平均达到 289%，B 股的首日平均溢价率只有 27%。Su 和 Fleisher（1998）研究了 1987—1995 年中国市场共 308 只股票，平均溢价率达到了 948.6%。Chen. et. al.（2000）发现在 1992—1997 年的 701 只 A 股、117 只 B 股的平均抑价率分别为145%和10%。

对于首日溢价问题，Ibbotson（1975）提出了多种可能的解释，这些解释在日后研究中得到进一步发展，其中主要包括以下两方面：

第一，信息不对称假设。信息不对称假设的观点从两个角度阐述：第一个是股票发行者相对于投资者具有信息优势，因此，理性的投资者往往将IPO市场看作一个柠檬市场，这就意味着投资者认为只有公司价值低于平均水平的公司才会在平均水平出售股票，因而价值较高的公司要向投资者发出一个信号，证明其具有高的投资价值，以降低价值公司对融资的模仿竞争。公司一般要压低IPO价格，使投资者在首日获得较高的收益率，这样为公司未来的增发股票奠定基础，目前较低的IPO价格可以通过其未来较高的发行价格来补偿（Welch，1989；Jegadeesh et. al.，1993）。第二个角度是投资者比发行公司更具有信息优势，尤其是在市场需求方面的信息优势，那么发行者就会面临一个“配置问题”。一方面，如果所有投资者都拥有共同信息，那么只有在发行价格低于预期价格的时候他们才会购买，因此观察到的IPO必然会产生抑价现象。另一方面，如果投资者拥有信息不同，定价过高可能会导致“赢者诅咒”或者“信息负追随”。在“赢者诅咒”的情况下，投资者害怕如果对购买过于热情可能会导致较高的价格，因此刻意隐藏自己的需求信息，从而获得较低的发行价格；由于投资者往往根据其他投资者的行为进行决策，从而对IPO的需求不是过低就是过高（Amihud et. al.，2001）。因而在“信息负追随”的情况下，对股票的需求往往比较低，从而导致发行价格低于预期。

基于不对称信息假设解释抑价现象有很多理论，其中包括询价理论和代理成本理论。询价理论的基本思想是假设发行者和承销商相对于投资者处于信息劣势，因此发行者和承销商事先对发行价格设定一个区间，然后通过“路演”估计潜在投资者需求，进而确定价格。如果潜在需求比较高，IPO定价就会比较高；反之如果潜在需求比较低，IPO定价就会比较低。但如果潜在投资者预期到这一点，他们就会要求一定的补偿作为回报，否则会隐藏真实的需求信息。因此为了诱导投资者显示真实的需求信息，承销商就会以较低的价格发行股票，从而对潜在投资人进行补偿。Hanley（1993）给出了询价理论在解释首日溢价方面的证据，她发现对于超过预期的投资者需求，承销商会根据信息部分调整发行价格，但是调整后的发行价格导致更大的首日溢价率。

代理成本理论假设发行者相对于承销商而不是投资人处于信息劣势。为了激励承销商出售更多股票，发行人允许一定的抑价来弥补代理监督成本（Baron，1982）。但是，即使没有代理监督问题，首日溢价仍然会发生。Muscarella 和 Vetsuypens（1989）认为这是因为承销商将首日溢价作为现实自身能力的一种手段，从而使他们自己在市场上有更高的价值。这里，首日溢价是作为承销商推荐自身价值的必要成本。另外，Tinic（1988）、Hughes 和 Thakor（1992）将抑价发行股票作为降低其承担法律责任的手段，较低的定价能够完成既定的销售额，避免委托人（发行公司）对其提出法律诉讼。这里并不存在信息不对称性，而是代理人和委托人之间的冲突致使股票定价过低。

第二，投资者有限理性理论和情绪假说。Ritter 和 Welch（2002）认为，信息不对称假设并不能解释过高的股票抑价发行现象，他认为行为动机更应受到关注。从投资者优先理性和情绪角度出发，Ibbotson 和 Jaffe（1975）指出，IPO 发行家数和平均超额报酬率存在周期性，当 IPO 具有较高平均超额报酬率时，IPO 的发行家数也会显著增加，这期间 IPO 市场称为“抱手”市场。“抱手”一般意味着投资者对 IPO 市场上新股有巨大的需求。因此，“抱手”因素使得投资者申购新股的热情非常高涨，那么发行商就没有激励低价发行股票，而是提高发行价格，这意味着首日溢价率会下降，因此首日溢价率与“抱手”的强度之间具有反向相关关系。Krigman 等（1999）将成交量视为有限理性的投资者判断市场走势的一个指标，他们证明首日溢价率和首日交易后的成交量正相关，二级市场上成交量越大，首日溢价率越高，这是因为成交量高说明市场对该股票的需求比较大，因此该股票也就具有更大的市场升值潜力。Bradley 和 Jordan（2002）以及 Lowry 和 Schwert（2002）证明当市场上上市公司团结起来的时候，承销商就没有足够的能力来完全调整发行价格，发行价格调整缓慢。根据前景理论，部分调整将导致较高的发行抑价率。Helwege 和 Liang（2002）认为，虽然技术创新不是市场繁荣的主要原因，但是技术创新反映了投资者的乐观情绪。Rajan 和 Servaes（1997）发现如果其他最近的股票发行价格比较高，那么上市公司首日交易的收益率也会升高，这意味着该公司在 IPO 发行产生了抑价。

随着证券市场的发展，股票发行抑价现象也引起越来越多重视，其主要研究成果可归结为以下几个方面：

（1）股票发行时间与抑价水平。例如，Mok 和 Hui（1998）、Su 和 Fleisher（1999）、Chen 等（2000）都发现中国 A 股市场新股发行至新股上市的时间间隔是影响抑价水平的因素。这是由于发行至上市的时间间隔越长，投资者面临的不确定性就越多，即承担的风险就越大，从而要求的补偿就越多，即要求收益率就越高，所以抑价就越大。

（2）股票的发行数量和结构与抑价水平。Mok 和 Hui（1998）在解释中国 A 股存在很高的抑价水平时认为，其中一个主要原因就是中国境内可以投资的品种较少，使得对股票的需求远超过供给，而抑价水平的高低与同时期 A 股市场新股的发行数量成负相关。同期发行的新股越多，平均抑价就较低；反之，则较高。Mok 和 Hui（1998）、Chen 等（2000）通过实证都验证了在 A 股发行中非流通股比例与抑价水平存在相关关系。邓召明（2001）通过实证发现流通股数量、大盘指数水平对新股发行抑价具有显著影响，前者为负相关，后者为正相关。这种相关关系表明小盘股的抑价水平通常要显著高于中、大盘股，而新股上市时市场走势越强，抑价水平也越高。其他因素如发行到上市的时间间隔，发行公司的资产负债率、内部职工股比例、流通股比例对抑价的影响在 1% 的置信水平上并不显著。

（3）发行机制和方式对抑价水平的影响。周全（1999）通过对 1999 年前后上市公司发行的新股数据的研究发现，行政定价方式的取消对于新股发行定价有着很大的影响；承销券商的声誉对于新股发行抑价有很大的影响；发行和上市的时间差对于抑价程度有一定的影响；流通股本大小对抑价有着重要的影响。王晋斌（1997）认为，中国 A 股 IPO 由主管部门“审批”决定的固定市盈率定价法使股票发行定价过分偏低。

（4）中国 B 股市场的首日溢价率的研究。比较具有代表性的如 Su 和 Fleisher（1999）强调了投资者情绪和境内外投资者不同的投资机会是造成 A 股、B 股抑价水平不同的原因。Mok 和 Hui（1998）则认为，不同的股权结构、不同的时间间隔（招股时间到上市时间间隔）和信息不对称是 A 股、B 股抑价水平不同的决定性因素。

本节的目的是通过双重上市公司样本研究股票首日溢价问题，一方面可以通过首日溢价的差异检验外资股和内资股之间的市场分割性；另一方面试图找出影响溢价率差异的具体因素，为双重公司上市定价提供经验和借鉴。

由于 A + H 股双重上市公司 IPO 数据难以获得，本节主要以 A + B 股双重上市公司为样本来研究首日抑价率的差异，并试图从信息不对称性、投资者情绪两个角度分析产生差异的原因。首日抑价率反映了股票 IPO 时定价与市场对该公司股票价格实际认可差异的程度。如果 IPO 时的发行价格低于首日上市交易的收盘价格，说明发行者低估了股票的价值，即产生了首日抑价现象；如果 IPO 时的发行价格高于首日上市交易的收盘价格，则说明发行者高估了股票的价值。A 股市场与 B 股市场首日抑价率的差异，反映了不同市场交易制度和投资者偏好认同等因素对于股票价格影响程度及发行价格扭曲程度。

一　样本选择和数据

由于在 2001 年后没有公司在 A 股、B 股市场双重上市，因此本书选取了 2001 年之前 A + B 股双重上市的 90 家公司，其中沪市和深市各有 45 支股。双重上市公司名称、代码如表 7 - 1 所示。在所有 90 只 A + B 股双重上市公司中，广电电子（600602）、万科 A 股（000002）和珠江控股（0000505）首日抑价率分别为 13.58、18 和 385，远远高于平均的抑价率。为了避免异常值对于估计结果的影响，删除这三只股票以及相对应的 B 股，因此沪市和深市共剩下 87 只股票。数据源于国泰安数据库。

表 7 - 1　　A + B 股双重上市公司代码和名称

A 股代码	A 股名称	B 股代码	B 股名称	A 股代码	A 股名称	B 股代码	B 股名称
000002	万科 A	200002	万科 B	600054	黄山旅游	900942	黄山 B 股
000003	PT 金田 A	200003	PT 金田 B	600094	* ST 华源	900940	* ST 华源 B
000011	S 深物业 A	200011	深物业 B	600190	锦州港	900952	锦港 B 股
000012	南玻 A	200012	南玻 B	600221	海南航空	900945	海航 B 股
000013	* ST 石化 A	200013	* ST 石化 B	600272	开开实业	900943	开开 B 股
000015	PT 中浩 A	200015	PT 中浩 B	600295	鄂尔多斯	900936	鄂绒 B 股
000016	深康佳 A	200016	深康佳 B	600320	振华港机	900947	振华 B 股
000017	SST 中华	200017	ST 中华 B	600555	九龙山	900955	九龙山 B
000018	ST 中冠 A	200018	ST 中冠 B	600602	广电电子	900901	上电 B 股
000019	深深宝 A	200019	深深宝 B	600604	二纺机	900902	二纺 B 股

续表

A股代码	A股名称	B股代码	B股名称	A股代码	A股名称	B股代码	B股名称
000020	ST华发A	200020	ST华发B	600610	S*ST中纺	900906	*ST中纺B
000022	深赤湾A	200022	深赤湾B	600611	大众交通	900903	大众B股
000024	招商地产	200024	招商局B	600612	第一铅笔	900905	中铅B股
000025	特力A	200025	特力B	600613	永生数据	900904	永生B股
000026	S飞亚达A	200026	飞亚达B	600614	ST鼎立	900907	*ST鼎立B
000028	一致药业	200028	一致B	600617	联华合纤	900913	联华B股
000029	深深房A	200029	深深房B	600618	氯碱化工	900908	氯碱B股
000030	S*ST盛润	200030	*ST盛润B	600619	海立股份	900910	海立B股
000037	深南电A	200037	深南电B	600623	双钱股份	900909	双钱B股
000039	中集集团	200039	中集B	600625	PT水仙	900931	PT水仙B
000045	深纺织A	200045	深纺织B	600639	浦东金桥	900911	金桥B股
000055	方大A	200055	方大B	600648	外高桥	900912	外高B股
000056	深国商	200056	深国商B	600650	锦江投资	900914	锦投B股
000058	*ST赛格	200058	*ST赛格B	600663	陆家嘴	900932	陆家B股
000413	*ST宝石A	200413	*ST宝石B	600679	金山开发	900916	金山B股
000418	小天鹅A	200418	小天鹅B	600680	上海普天	900930	沪普天B
000429	粤高速A	200429	粤高速B	600689	上海三毛	900922	三毛B股
000488	晨鸣纸业	200488	晨鸣B	600695	ST大江	900919	*ST大江B
000505	珠江控股	200505	珠江B	600698	SST轻骑	900946	ST轻骑B
000513	丽珠集团	200513	丽珠B	600726	华电能源	900937	华电B股
000521	美菱电器	200521	皖美菱B	600751	SST天海	900938	*ST天海B
000530	大冷股份	200530	大冷B	600754	锦江股份	900934	锦江B股
000539	粤电力A	200539	粤电力B	600776	东方通信	900941	东信B股
000541	佛山照明	200541	粤照明B	600801	华新水泥	900933	华新B股
000550	江铃汽车	200550	江铃B	600818	上海永久	900915	永久B股
000553	沙隆达A	200553	沙隆达B	600819	耀皮玻璃	900918	耀皮B股
000570	苏常柴A	200570	苏常柴B	600822	上海物贸	900927	物贸B股
000581	威孚高科	200581	苏威孚B	600827	友谊股份	900923	友谊B股
000596	古井贡酒	200596	古井贡B	600835	上海机电	900925	机电B股
000613	ST东海A	200613	ST东海B	600841	上柴股份	900920	上柴B股

续表

A 股代码	A 股名称	B 股代码	B 股名称	A 股代码	A 股名称	B 股代码	B 股名称
000625	长安汽车	200625	长安 B	600843	上工申贝	900924	上工 B 股
000725	* ST 东方 A	200725	* ST 东方 B	600844	ST 丹科	900921	ST 丹科 B
000726	鲁泰 A	200726	鲁泰 B	600845	宝信软件	900926	宝信 B 股
000761	本钢板材	200761	本钢板 B	600848	ST 自仪	900928	ST 自仪 B
000869	张裕 A	200869	张裕 B	600851	海欣股份	900917	海欣 B 股

计算首日抑价率方法大致有两种，一种是直接根据上市交易收盘价和发行价格计算首日抑价率，公式是：

$$YJL=\frac{P_1-P_0}{P_0} \tag{7-1}$$

式中，YJL 为股票上市的首日抑价率；P_1 为股票首日上市交易的收盘价格（RMB）；P_0 为股票 IPO 发行价格（RMB）。

第二种计算方法是剔除市场指数的首日抑价率。具体计算公式是：

$$YJLIND=\frac{P_1-P_0}{P_0}-\frac{I_1-I_0}{I_0}=\frac{P_1}{P_0}-\frac{I_1}{I_0} \tag{7-2}$$

式中，$YJLIND$ 为剔除市场指数的股票首日抑价率；I_1 为上市首日对应的市场收盘指数；I_0 为股票发行日对应的市场收盘指数；P_1 和 P_0 的意义与公式（7－1）相同。但是，剔除市场指数的首日抑价率也意味着抑价率已经排除了市场宏观环境对首日交易收盘价格影响。

二 统计描述

图 7－1 和图 7－2 分别显示了 A 股和 B 股首日抑价率之差（用 *DYJL* 表示）以及剔除市场指数后的首日抑价率之差（用 *DYJLIND* 表示），从中可以发现，*DYJL* 和 *DYJLIND* 的大部分值都是正的，这意味着，对于多数 A 股、B 股双重上市公司来说，A 股首日抑价率大于 B 股首日抑价率。表 7－2 描述了 A 股和 B 股首日抑价率以及剔除市场指数后的首日抑价率的统计特征，其中，*AYJL*、*AYJLIND*、*BYJL* 和 *BYJLIND* 分别表示 A 股首日抑价率、剔除市场指数后的 A 股首日抑价率、B 股首日抑价率和剔除市场指数后的 B 股首日抑价率，共有 87 个截面数据观察值。从表 7－2 可以看出，A 股首日抑价率均值要比 B 股高出 1. 16，剔除市场指数后 A 股的首日抑价率均值比 B 股高出 1. 17。

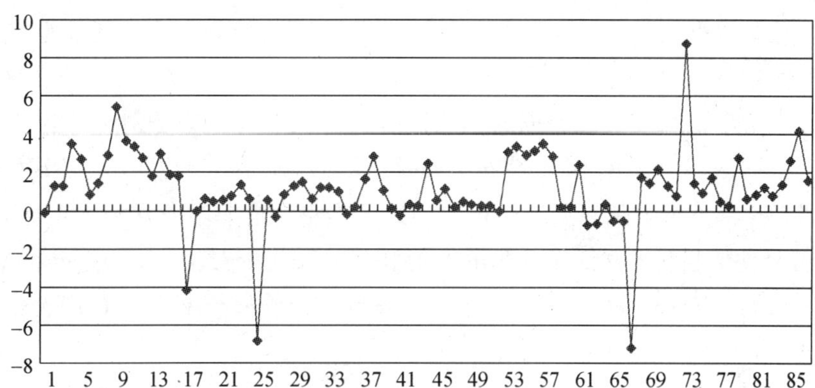

图7－1　A股首日抑价率与B股首日抑价率之差DYJL

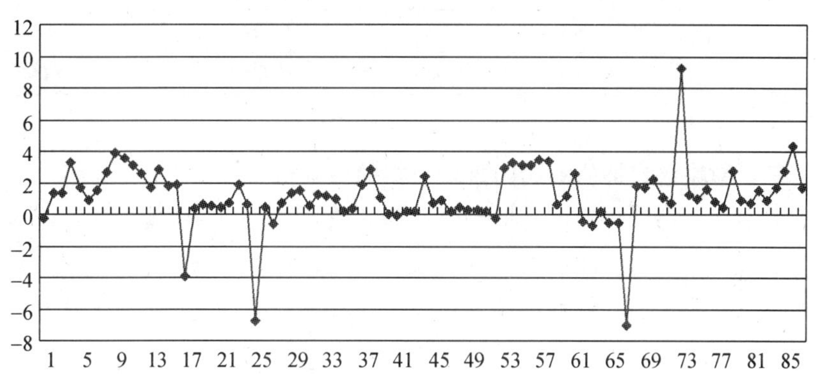

图7－2　剔出市场指数后的A股首日抑价率与B股首日抑价率之差DYJLIND

表7－2　　统计特征描述

	AYJL	AYJLIND	BYJL	BYJLIND	DYJL	DYJLIND
均值	1.7121	1.7037	0.5489	0.5309	1.1631	1.1728
中值	1.4326	1.4701	0.1075	0.1565	1.0792	1.0695
最大值	8.7867	9.2117	8.7004	8.5361	8.7561	9.2275
最小值	－0.6783	－0.3989	－0.8851	－0.6192	－7.1837	－7.0342
标准差	1.7895	1.6210	1.5495	1.4465	2.0359	1.9946
偏度	1.8313	1.8259	3.9132	4.3176	－0.8379	－0.7692
峰度	7.1281	8.0958	18.5656	21.8453	9.4672	10.2600
J—B检验值	110.4027	142.4742	1100.336	1557.699	161.7969	199.6459
J—B检验的拒绝概率	0.0000	0.0000	0.0000	0.0000	0.0000	0.0000
观察值个数	87	87	87	87	87	87

检验双重上市公司 A 股和 B 股首日抑价率均值是否存在显著差异的方法大致分两大类，一类是参数方法，另一类是非参数方法。一般来说，参数方法需要假设变量序列服从正态分布，而非参数方法对分布没有限制。根据表 7－2 的描述性统计特征发现，*AYJL*、*AYJLIND*、*BYJL* 和 *BYJLIND* 都不符合正态分布假设，因此，本书用非参数方法——Wilconxon 符号秩检验——对四个变量的均值和残差进行配对检验。Wilconxon 检验结果如表 7－3 所示。结果显示，A 股首日抑价率与 B 股首日抑价率有显著的差别。

表 7－3　　Wilcoxon signed－rank 检验结果

	假设	Z 统计量	Prob > ∣z∣
总体样本	AYJL = BYJL	6.374	0.0000
	AYJLINDEX = BYJLINDEX	6.425	0.0000

三　影响首日抑价率的因素以及相关性分析

本书将 A 股、B 股首日抑价率差异的原因归因于三大类，第一类是投资者情绪和投资者认同的影响，它与需求因素有关；第二类是信息不对称和不确定性的影响，它与市场本身的特征有关；第三类因素是上市公司的特征。变量描述如下：

表 7－4　　变量的定义与描述

投资情绪和投资者认同的影响因素	AHOT	A 股本年发行新股的数量
	BHOT	B 股本年发行新股的数量
	AACR	A 股上市前 30 日内的市场指数累积收益率
	BACR	B 股上市前 30 日内的市场指数累积收益率
	AGDP	A 股上市发行的同季度内 GDP 的增长率（%）
	BGDP	B 股上市发行的同季度内 GDP 的增长率（%）
信息不对称及不确定性影响因素	AYEAR	A 股上市时间距公司成立时间的长度（单位：年）
	BYEAR	B 股上市时间距公司成立时间的长度（单位：年）
	ATIME	A 股上市交易与招股公告之间的时间间隔（单位：天）
	BTIME	B 股上市交易与招股公告之间的时间间隔（单位：天）
	ANSHRIPO	A 股 IPO 股票发行数量（单位：万股）
	BNSHRIPO	B 股 IPO 股票发行数量（单位：万股）

续表

上市公司本身特征相关变量	APE	A 股上市首日市盈率，反映了投资者对上市公司的预期
	BPE	B 股上市首日市盈率，反映了投资者对上市公司的预期
	ATURN	A 股上市首日股票交易的换手率
	BTURN	B 股上市首日股票交易的换手率
	ALIQUIDITY	A 股发行的流通股数量占总发行量的比例
	BLIQUIDITY	B 股发行的流通股数量占总发行量的比例

一旦选取了影响首日抑价率因素，就可以将它们与双重上市公司的 A 股和 B 股首日抑价率（AYJL、AYJLIND、BYJL、BYJLIND）进行 Spearman 秩相关性检验。Spearman 秩相关系数为

$$\rho = 1 - \frac{6\sum_{i=1}^{N} d_i^2}{N(N-1)} \tag{7-3}$$

式中，d_i 为 N 对 X 样本秩与对应 Y 样本秩之差的绝对值。

影响 A 股、B 股首日抑价率差异的第一类因素是投资者情绪和投资者认同度，可以通过以下三个指标来衡量：

（1）本年度内市场发行新股数量（单位：只）。该指标反映投资者对于市场的态度。考虑到 IPO 市场周期的动态性和投资者的情绪因素，预期会有更多的公司选择在市场繁荣时上市。从投资者情绪的角度来看，抑价率与发行新股的数量应该具有负相关关系，这是因为在市场繁荣时期，投资者对于股票投资的需求量大，因此，上市公司无须抑价发行就可以保证股票的顺利销售，而在市场低谷时期，由于发行新股的数量减少，只有当 IPO 发行价格具有更大的抑价率时才能使 IPO 顺利进行。根据上述推断，A 股、B 股市场新股发行数量的差异可能会导致股票首日抑价率的差异。

表 7－5 描述了 A 股和 B 股首日抑价率与本年度内该市场发行新股数量的 Spearman 秩相关性检验以及发行新股数量的均值、方差和正态性的 J—B 检验值；*AHOT* 和 *BHOT* 分别表示 A 股、B 股市场本年度发行的新股数量。从表 7－5 可以发现，A 股首日抑价率与 A 股市场本年度内新股发行数量负相关，说明 A 股市场 IPO 密度越高，或者集中上市发行周期越频繁，A 股的抑价率越低；B 股首日抑价率与 B 股市场本年度内新股发行数量正相关，说明 B 股市场 IPO 密度越高，或者集中上市发行周期越频

繁，B 股抑价率反而越高。

表 7-5　A 股和 B 股首日抑价率与新股发行数量之间的 Spearman 秩相关关系检验

	AYJL	AYJLIND	BYJL	BYJLIND	均值	方差	J—B 值
AHOT	-0.3012	-0.3131			108.6	55.6	2.41（0.30）
BHOT			0.1475	0.3324	17.4	4.2	12.62（0.00）

说明：括号内的值为拒绝概率，均值、方差和 J—B 统计值是对最左一列变量的统计。

（2）上市前 30 日内的市场指数累积收益率。Loughran 和 Ritter（2002）研究表明，上市首日的收益率可以通过市场收益率来预测，上市前 3 周的市场收益率增加 1% 会导致首日收益率上升 1.3%。本书假设，上市前的市场指数累积收益率与首日抑价率正相关，即上市前 30 个交易日的市场指数收益率越高，上市首日抑价率可能性越高，这是因为投资者预期市场将会继续走高，从而对未来市场产生乐观的预期，增加对股票的需求。

表 7-6 显示了 A 股和 B 股首日抑价率与相应的市场指数累计收益率的 Spearman 秩相关性检验。其中 *AACR* 表示首日上市前的 30 日内 A 股市场指数的累积收益率，*BACR* 表示首日上市前的 30 日内 B 股市场指数的累积收益率。A 股的首日抑价率与 A 股市场指数前一个月的累积收益率呈正相关关系，与理论预期一致，反映了投资者对市场的乐观情绪有助于 A 股市场首日抑价率的上升。而 B 股的首日抑价率与 B 股市场指数一个月的累积收益率呈负相关关系，与理论预期不一致，这反映出 B 股市场与 A 股市场的差异。

表 7-6　A 股和 B 股首日抑价率与累积市场收益率之间的 Spearman 秩相关关系检验

	AYJL	AYJLIND	BYJL	BYJLIND	均值	方差	J—B 值
AACR	0.0512	0.1347			0.0366	0.2128	24.03（0.00）
BACR			-0.4738	-0.0967	0.0299	0.1491	2.30（0.32）

说明：括号内的值为拒绝概率，均值、方差和 J—B 值是对最左一列变量的统计。

（3）与上市发行同季度内 GDP 的增长率（%），它反映了整体经济形势和环境对股票首日抑价率的影响。Lijungquvist（1997）认为，抑价现象可能受到一般宏观经济条件的影响，因为投资者通过观察宏观经济走势来判断市场的走势从而再对购买股票作出决策。假设 GDP 增长率越高，股票的首日抑价率也越高。这是因为上市期间 GDP 增长率越高，反映宏观经济形势越好，对宏观经济走势看好的判断使得投资者对市场产生乐观情绪，从而增加股票的需求，导致上市交易首日股票价格高于股票发行价格，产生较高的首日抑价率。

表 7－7 显示了 A 股和 B 股首日抑价率与同季度 GDP 增长率之间的 Spearman 相关性检验。其中，*AGDP*、*BGDP* 分别表示 A 股和 B 股上市交易首日的统计年度内 GDP 增长率。检验结果表明，A 股、B 股的首日抑价率均与同期宏观经济环境变量呈现正相关关系，与理论预期一致。

表 7－7　A 股和 B 股首日抑价率与同季度 GDP 增长率之间的 Spearman 秩相关关系检验

	AYJL	AYJLIND	BYJL	BYJLIND	均值	方差	J—B 值
AGDP	0.2935	0.3379			11.8322	2.2329	15.13（0.00）
BGDP			0.0721	0.2373	11.7874	1.9509	21.00（0.00）

说明：括号内的值为拒绝概率，均值、方差和 J—B 值是对最左一列变量的统计。

第二类影响 A 股和 B 股抑价率差异的因素主要涉及信息不对称和事前的不确定性，可以通过以下指标衡量。

（1）上市时间距公司成立时间的长度（单位：年），这个指标反映了投资者对公司的了解程度。预期首日抑价率与公司成立时间距上市交易时间呈反向相关关系，这是因为公司成立越早，投资者对该公司了解越多，掌握的信息越充分，从而削弱了事前的信息不对称性和不确定性，使得上市公司 IPO 的首日抑价率越低。因此，公司上市时间距该公司成立的时间越长，信息不对称性和事前的不确定性越弱，则抑价现象越弱；反之，该公司成立的时间距上市的时间越短，信息不称性和事前不确定性越强，抑价现象越严重。

表 7－8 显示 A 股和 B 股首日抑价率与公司上市时间距该公司成立时间长度的 Spearman 秩相关性检验。其中，*AYEAR*、*BYEAR* 分别表示 A 股

和 B 股上市公司上市时间距公司成立时间长度，用年表示，计算方式是用该公司上市交易日减去该公司成立日期再除以 360。首日抑价率与上市公司上市时间距该公司成立时间的负相关关系与理论预期一致。而且相对于 B 股，A 股的首日抑价率对于上市公司成立时间的长度更加敏感。

表 7－8　　A 股和 B 股首日抑价率与公司成立时间之间的 Spearman 秩相关关系检验

	AYJL	AYJLIND	BYJL	BYJLIND	均值	方差	J—B 值
AYEAR	－0. 4912	－0. 4951			1. 5754	2. 4333	28. 47（0. 00）
BYEAR			－0. 0210	－0. 0079	1. 5456	2. 3083	44. 58（0. 00）

说明：括号内的值为拒绝概率，均值、方差和 J—B 值是对最左一列变量的统计。

（2）上市交易和招股公告之间的时间间隔（单位：天）。事前不确定性观点认为，投资者之间观点差异可能导致首日抑价现象，投资者观点之间差异反映了不同投资者对于股票市场和该上市公司在认同程度上的差异。Aggarwal 和 Conroy（2000）认为，公司招股说明书发布后延迟上市交易的时间会使得承销商更好地平衡市场需求和供给之间的关系，而且延迟的时间长短也可以看作是衡量投资者认同程度的一个度量指标。根据需求驱动假说和情绪驱动理论，首日上市交易和招股公告之间的时间间隔与首日抑价率之间呈负相关关系，即首日上市交易与招股公告之间的时间间隔越短，首日抑价率越高。

表 7－9 分别显示了 A 股和 B 股市场招股说明书公布和上市交易之间的时间间隔与首日抑价率之间的 Spearman 秩相关性检验。其中 *ATIME*、*BTIME* 分别表示 A 股和 B 股招股说明书公布和上市交易时间间隔的天数。可以看出，A 股和 B 股首日抑价率与时间间隔之间的相关关系与理论预期不一致，除了 *BYJL* 和 *BTIME* 之间呈现负相关关系之外，其他三对相关系数均是正的。即招股说明书发布和上市交易时间间隔越长，首日抑价率越高。由于招股说明书发布和上市交易首日时间间隔说明了投资者认同和观点的差异，公司上市时间越是往后拖延，导致投资者对该公司的猜测越多，由于市场环境变化等因素也使得上市公司面临不确定性因素增加，因而首日抑价率越高。

表7-9　　A股和B股首日抑价率与招股和上市首日间隔的Spearman秩相关关系检验

	AYJL	AYJLIND	BYJL	BYJLIND	均值	方差	J—B值
ATIME	0.1824	0.2292			142.9885	197.6418	2533.3（0.00）
BTIME			-0.0793	0.0281	41.9310	38.2561	65.27（0.00）

说明：括号内的值为拒绝概率，均值、方差和J—B值是对最左一列变量的统计。

（3）IPO股票发行数量（单位：万股）。该指标与首日抑价率相关关系不确定。根据信息不对称假说，IPO发行量与首日抑价率成正向相关关系，即IPO发行量越大，首日抑价率越大；IPO发行量越小，首日抑价率越小。这是因为IPO发行量越大，导致承销商承担的风险越大，为了避免滞销风险，承销商宁愿对IPO抑价发行，从而导致更高的首日抑价率。但如果将IPO发行量看作是市场资本化的一个指标，则IPO发行量与首日抑价率成负相关关系。因为小的IPO发行量意味着公司资本化程度较低，不确定性反而较大，因而风险较大，就越有可能采取抑价发行；当IPO发行数量较大时，更多的投资者从市场中能够获得的消息越多，投资者愿意出更高的价格申购股票，因此抑价发行似乎没有必要，导致上市首日抑价率较低。

表7-10显示了A股和B股上市公司上市首日抑价率与IPO发行量之间的Spearman秩相关性检验。其中*ANSHRIPO*、*BNSHRIPO*分别表示A股和B股的IPO发行量（万股）。结果表明，A股、B股首日抑价率与IPO发行量的相关关系并不是很确定，例如，A股首日抑价率与A股IPO发行量之间具有负向相关关系，而B股首日抑价率与B股IPO发行量之间具有正向相关关系。这进一步印证了IPO发行量对于首日抑价率影响的不确定性。

表7-10　　A股和B股首日抑价率IPO发行量之间的Spearman秩相关关系检验

	AYJL	AYJLIND	BYJL	BYJLIND	均值	方差	J—B值
ANSHRIPO	-0.28	-0.30			4279.1	5612.7	4511.4（0.00）
BNSHRIPO			0.020	-0.10	7077.3	6040.6	409.2（0.00）

说明：括号内的值为拒绝概率，均值、方差和J—B值是对最左一列变量的统计。

除上述两类影响因素之外，还引入一些与上市公司本身特征有关的变量作为控制变量。第一个是上市首日市盈率，反映了投资者对上市公司的预期。A 股和 B 股的市盈率分别用 *APE* 和 *BPE* 来表示。第二个变量是上市首日股票交易的换手率，这反映了投资者的素质和结构以及投资者对于市场的预期，A 股、B 股的换手率分别用 *ATURN* 和 *BTURN* 表示。第三个变量是发行的流通股数量占总发行量的比例，A 股和 B 股发行的流通股数量占总发行量的比率分别用 *ALIQUIDITY* 和 *BLIQUIDITY* 表示。

表 7 – 11、表 7 – 12 和表 7 – 13 分别显示 A 股和 B 股首日抑价率与当日市盈率、换手率、流通股比例之间的 Spearman 秩相关性检验结果，其中首日抑价率以及 A 股、B 股首日抑价率的差异与当日市盈率具有正相关关系，而与换手率、流通股比例相关关系不确定。首日抑价率与市盈率的正向相关关系反映了投资者对市场的乐观预期导致对该公司股票的需求在上市首日增加，从而产生了较高的首日收益率。A 股首日抑价率与换手率呈负相关关系，而 B 股首日抑价率与换手率呈正相关关系。由于较高的换手率反映了投资者具有较高的投机性动机，市场交易理念不成熟。因此，从 A 股市场的换手率均值（0. 5643）远远高于 B 股市场的换手率均值（0. 0818）事实可以看出，A 股市场的投机性高于 B 股市场，A 股投资者的交易理念还不够成熟，这与中国股票市场所处的发展阶段有很大的关系。A 股市场参加者主要是国内投资者，而 B 股市场参加者主要是外国投资者，他们倾向于长期持有股票，因此投机性弱，交易理念相对也比较成熟，这导致在 IPO 时即使发行价格较高也能吸引国内投资者购买，而要吸引国外投资者需要更大的抑价来发行股票。另外，首日抑价率与流通股占发行股票总量比例之间的相关性也不确定，B 股抑价率与流通股比例呈正相关关系，而 A 股抑价率与流通股比例呈负相关关系，即流通股比例越大，抑价率越低，这与以往研究结论一致。

表 7 – 11　　A 股和 B 股首日抑价率与市盈率之间的 Spearman 秩相关关系检验

	AYJL	AYJLIND	BYJL	BYJLIND	均值（%）	方差	J—B 值
APE	0. 3790	0. 4113			224. 7584	552. 9323	65. 95 （0. 00）
BPE			0. 0505	0. 1322	29. 89556	138. 1728	13004 （0. 00）

说明：括号内的值为拒绝概率，均值、方差和 J—B 值是对最左一列变量的统计。

表 7-12 A 股和 B 股首日抑价率与换手率之间的 Spearman 秩相关关系检验

	AYJL	AYJLIND	BYJL	BYJLIND	均值	方差	J—B 值
ATURN	-0.3152	-0.3252			0.5643	0.7900	58.39（0.00）
BTURN			0.3534	0.2390	0.0818	0.0665	6.67（0.035）

说明：括号内的值为拒绝概率，均值、方差和 J—B 值是对最左一列变量的统计。

表 7-13 A 股和 B 股首日抑价率与流通股比例之间的 Spearman 秩相关关系检验

	AYJL	AYJLIND	BYJL	BYJLIND	均值	方差	J—B 值
ALIQUIDITY	-0.1509	-0.2120			0.7039	0.3092	10.86（0.00）
BLIQUIDITY			0.0988	0.0215	1	0	

说明：括号内的值为拒绝概率，均值、方差和 J—B 值是对最左一列变量的统计。

四 A 股、B 股首日抑价率差异的回归分析

为了分析影响 A 股、B 股首日抑价率差异原因，保证回归的稳健性，分别选择因变量为 A 股和 B 股首日抑价率之差（$DYJL = AYJL - BYJL$）或者剔除市场指数后的首日抑价率之差（$DYJLIND = AYJLIND - BYJLIND$），建立如下回归方程：

$$DYJL_i = \alpha_0 + \alpha_1 DHOT_i + \alpha_2 DACR_i + \alpha_3 GDGP_i + \alpha_4 DYEAR_i + \alpha_5 DTIME_i + \alpha_6 DHSHRIPO_i + \alpha_7 DLIQUIDITY_i + \alpha_8 DPE_i + \alpha_9 DTURN_i + \varepsilon_i \quad (7-4a)$$

$$DYJLIND_i = \beta_0 + \beta_1 DHOT_i + \beta_2 DACR_i + \beta_3 GDGP_i + \beta_4 DYEAR_i + \beta_5 DTIME_i + \beta_6 DHSHRIPO_i + \beta_7 DLIQUIDITY_i + \beta_8 DPE_i + \beta_9 DTURN_i + \omega_i \quad (7-4b)$$

其中，下标 i 表示第 i 个观察值，α_j 和 β_j（$j = 0, 1, \cdots, 9$）表示估计系数，ε_i 和 ω_i 分别表示随机扰动项。各变量定义如表 7-14 所示。

表 7-15a 和表 7-15b 分别给出了被解释变量为 *DYJL* 和 *DYJLIND* 的回归结果。从估计结果来看，具有良好的稳健性，用首日抑价率之差和剔除市场指数的首日抑价率之差，都没有改变各个解释变量符号和显著性水平。

表 7 - 14　　变量的定义与描述

变量的定义	描述
DHOT = AHOT - BHOT	A 股、B 股年度内发行新股数量之差
DACR = AACR - BACR	A 股、B 股上市交易前 30 日内市场指数的累积收益率之差
DGDP = AGDP - BGDP	A 股、B 股上市的同季度内 GDP 增长率之差
DYEAR = AYEAR - BYEAR	A 股、B 股上市交易日距公司成立日之间的时间之差
DTIME = ATIME - BTIME	A 股、B 股上市交易日与招股公告日之间的时间间隔之差
DNSHRIPO = ANSHRIPO - BNSHRIPO	A 股、B 股 IPO 发行数量之差
DLIQUIDITY = ALIQUIDITY - BLIQUIDITY	A 股、B 股流通股比例之差
DPE = APE - BPE	A 股、B 股上市首日的市盈率之差
DTURN = ATURN - BTURN	上市首日的换手率之差

表 7 - 15a　　被解释变量为 DYJL 回归的估计结果

变量	系数的估计值	估计值的标准差	t 统计量	P > ｜t｜
CON	2. 2027	0. 5970	3. 69	0. 000
DHOT	-0. 0096	0. 0041	-2. 33	0. 023
DACR	0. 6588	0. 8541	0. 77	0. 444
DGDP	0. 1031	0. 1689	0. 61	0. 544
DYEAR	-0. 0107	0. 1157	-0. 09	0. 927
DTIME	0. 0037	0. 0011	3. 42	0. 001
DNSHRIPO	0. 000024	0. 00003	0. 80	0. 425
DPE	0. 0012	0. 0004	2. 60	0. 012
DTURN	0. 0880	0. 4101	0. 21	0. 831
DQUILIDITY	1. 7555	0. 8508	2. 06	0. 043
R^2 =0. 3364	$\bar{R}^2$ =0. 2352	F（8，60）=3. 32 （0. 0024）	残差的 J—B 检验 =34. 8 （0. 0000）	

说明：*CON* 表示常数项变量，括号内的值表示相应统计值的拒绝概率。t 统计量表示 T 统计量的值，P > ｜t｜ 表示 t 统计量的拒绝概率，反映了显著性水平。

（一）投资者情绪和有限理性因素对 A 股、B 股首日抑价率差异的影响

（1）A 股和 B 股当年新股发行数量差异 *DHOT* 对 *DYJL* 和 *DYJLIND* 的影响为负，并且在 10% 的水平上显著。这表明 A 股市场相对于 B 股市场而言，新股发行的数量越多，首日抑价率反而越低。根据“*hotissue*”因

素与首日抑价率之间关系的解释，说明股票需求因素在股票定价中起到重要作用，即新股发行频繁很大程度上反映了投资者对股票的需求比较旺盛，从而股票定价也比较高。这部分解释了 A 股相对于 B 股价格较高现象。

表 7-15b　　被解释变量为 *DYJLIND* 回归的估计结果

变量	系数的估计值	估计值的标准差	t 统计量	P > |t|
CON	2.0628	0.5689	3.63	0.001
DHOT	-0.0089	0.0039	-2.27	0.027
DACR	1.3039	0.8139	1.60	0.115
DGDP	0.1149	0.1610	0.71	0.478
DYEAR	-0.0102	0.1103	-0.09	0.927
DTIME	0.0037	0.0010	3.64	0.001
DNSHRIPO	0.0000234	0.00003	0.80	0.427
DPE	0.00124	0.0004	2.76	0.008
DTURN	0.1386	0.3908	0.35	0.724
DQUILIDITY	1.5355	0.8108	1.89	0.063
$R^2=0.3747$	$\bar{R}^2=0.2793$	F（8，60）=3.93 (0.0006)	残差的 J—B 检验 = 37.74 (0.0000)	

说明：同 7-13a。

（2）A 股和 B 股上市前 30 日内市场指数累积收益率的增加也会提高 A 股相对于 B 股的首日抑价率之差，虽然这个估计值并不显著。结合表 7-6 发现，A 股市场指数的累积收益率为 0.037，略高于 B 股市场指数的累积收益率 0.03，这可以部分解释 A 股首日抑价率高于 B 股的现象。

（3）A 股、B 股上市的同季度内 GDP 增长率之差 *DGDP* 对 *DYJL* 和 *DYJLIND* 都有正向影响，但是估计值不显著。这个结果与理论预期一致。结合表 7-7，可以发现 A 股上市的同季度内 GDP 增长率略高于 B 股上市的同季度内 GDP 的增长率，因此导致 A 股首日抑价率高于 B 股首日抑价率。

总体而言，与投资者情绪有关的三个变量中，只有新股发行数量的差异能够较好地解释 A 股、B 股首日抑价率的差异。

（二）信息不对称和事前信息不确定性对于 A 股、B 股首日抑价率差异的影响

（1）A 股与 B 股上市时间距公司成立时间之差对于首日抑价率之差具有负向影响。结合表 7－8 可以发现，A 股上市时间距公司成立时间长度均值（1.58 年）与 B 股上市时间距公司成立时间长度的均值（1.55 年）大致相当，但是上市公司成立时间的长短与首日抑价率的相关关系在 A 股市场上比 B 股市场上更加明显，由于公司成立时间长度是度量信息不对称程度的指标，这意味着两个市场上投资者对于信息不对称程度的认同不一致，即 A 股相对于 B 股市场而言，投资者对于公司成立时间长短的敏感性更高。

（2）A 股、B 股招股说明书发布日与上市交易首日的间隔之差对 A 股、B 股首日抑价率之差具有正的影响，并且估计结果在 1% 的水平上显著。这意味着 A 股相对于 B 股市场而言，招股说明书发布与上市交易日之间的时间间隔越长，二者首日抑价率之差越大，A 股首日收盘价格相对于 B 股会产生更高的溢价水平。这可能是因为招股说明书发布日到上市交易日的间隔越长，投资者的认同感非但没有增强，反而会使投资者面临着更多的不确定性因素，从而首日交易价格发生更大的溢价水平，导致更大的首日抑价率。从投资者机会成本角度来看，招股时间到上市时间间隔越长，投资者等待的时间越长，因而机会成本越高，就越是需要更高的溢价水平来弥补机会成本损失。

（3）IPO 发行量对 *DYJL*、*DYJLIND* 的影响是负的，即 A 股、B 股 IPO 发行量之差越大，导致二者首日抑价率的差也越大，但是这个结果并不明显。这可能是因为理论本身对于首日抑价率与 IPO 发行量之间的关系具有不确定性的缘故。

总体而言，在信息不对称和事前信息不确定性影响因素中，只有 *DTIME* 在 1% 水平上显著，这表明 A 股、B 股上市招股说明日与上市交易日的间隔之差更能解释 A 股、B 股首日抑价率之间的差异。

（三）公司上市首日表现对首日抑价率影响

（1）A 股、B 股上市首日市盈率的差异对 A 股、B 股首日抑价率的差异具有显著的正向作用。市盈率高表明投资者对于该公司市场价值的估计比较乐观，因而对该公司的股票需求量大，导致首日交易比较活跃，因而首日收盘价格相对于发行价格的溢价水平更高。从 *DPE* 对 *DYJL* 和

DYJLIND 的影响来看，A 股投资者对于市盈率的变化更加敏感，说明 A 股投资者相对而言具有更大的投机性。

（2）A 股、B 股上市首日换手率的差异对 A 股、B 股首日抑价率的差异具有正向作用，但是结果并不显著。如果 A 股市场首日换手率高于 B 股，这也会导致 A 股比 B 股具有更高的首日交易收盘价的溢价，即 A 股比 B 股具有更高的首日抑价率。由于换手率反映了股票的流动性，说明交易越活跃、流动性越强的市场，首日抑价率也就越高。

（3）A 股、B 股流通股在发行总额中所占比例差异越大，A 股相对于 B 股的首日抑价率越高，这似乎与直觉和以往理论研究结论有些矛盾。考虑 A 股市场投机性较强，A 股中流通股的份额越大容易导致 A 股投资者预期的收益率越大，增加投资者对上市交易后股票的需求，因而首日交易价格产生溢价，A 股的首日抑价率也相应增大。

五　基本结论

（1）在市场需求和投资者情绪有关的因素中，“抱手”因素对于 A 股、B 股首日抑价率差异的影响比较显著，由于 A 股比 B 股更频繁地处于“抱手”周期，因此，它的首日抑价率要比 B 股的低。

（2）在信息不对称和不确定性有关的因素中，A 股、B 股招股时间到上市时间间隔对于 A 股、B 股首日抑价率差异的影响比较显著，时间间隔越长，首日抑价率差异越大。因此拟发行 IPO 时，监管部门应该注意招股时间到上市的时间间隔，间隔时间越长，抑价率越高，市场的波动也会随之加强。

（3）公司上市首日的表现对首日抑价率也有一定的影响，研究结果发现 A 股、B 股上市首日市盈率的差异对 A 股、B 股首日抑价率的差异有显著的正向作用，而 A 股、B 股上市首日换手率的差异对 A 股、B 股首日抑价率的差异有正的作用，但效果不显著。流通股所占比例的差异导致 A 股与 B 股抑价率差异并不显著，并且符号方向与理论预测和以往研究结论有些出入。这有待进一步研究。

本章结论对于证券监管部门具有借鉴意义。在本节所考察的 87 只股票中，首次发行机制的不同会导致同一家公司 A 股、B 股的 IPO 价格以及首日交易时收益率的不同。自 2006 年 6 月 5 日，新老划断第一股中工国际（002051）招股，市场出现对新股的风靡，机构投资者以及散户投资者都青睐新股上市，新股上市首日涨幅较大，抑价程度加大，2007 年，中国企业的首次公开发行（IPO）创历史之最。尽管2008年IPO热度稍退，但它仍不失为企业成熟和声望的象征。对于先期投资者，IPO是其套现的绝佳机会；2009年7月11日，桂林三金、万马电缆上市首日开盘较发行价涨幅分别为64.14%、95.65%，两股盘中都因触及20%的第一道涨幅限制而被警示性停牌半小时，扣除市场因素，新股爆炒投机现象严重，这对监管部门如何更好的推行新股发行机制提出了新的课题，也是需要进一步研究的方向。

第二节　二级市场交易价格差异研究

截至2013年12月30日，沪深两市B股企业数量总计达105家，流通B股市值约为1605.313亿元。其中，A+B股双重上市公司一共有86家。在香港主板和创业板上市的内地H股企业数量总计达185家，市值总额约为192026.65亿港元。其中，A+H股双重上市公司一共有84家。对于双重上市公司而言，为什么会有“同股不同价”现象存在？国外研究表明，对外国投资者的法律限制必然会导致市场的分割和股票价格的差异，外资股价格往往比内资股有一个溢价，这是因为外国投资者由于投资受到限制，他们会在内资股收益率的基础上要求一个额外的风险溢价作为补偿（Hietala，1989）。对于中国市场来说，双重上市公司作为A股的价格一般高于作为B股或H股价格，这被称为“中国股票市场之谜”（Bailey et al.，1999）。

由于国外资本市场发展较早，国外学术界比较早就注意到不同股票市场的价格差异。Kadlec和McConnell（1994）研究了市场分割与流动性对资产价格的影响。他们考察了上市公司从NASDAQ市场转到纽约股票交易所（NYSE）上市导致股票价格变动现象，并发现上市后的股票平均获得了5%—6%异常收益率，同时股东数量上升，买卖价差减少，表明流动性降低。他们用回归分析试图发现“投资者认同”因素对于股票价格的影响，结果证实：股票价格随着股东人数增多而上升；同时也与Amihud和Mendelson（1986）证明的资产定价与买卖价差的关系相一致，即上市后买卖价差减少引起流动性降低，从而导致股价上升。

Stulz和Wasserfallen（1995）将股票交易价格差异看作是上市公司有

意为之的一项策略，他们认为，在有本土倾向和资本外逃情况下，企业可以充分利用国内外投资者的需求差异，通过指定国外股权投资限制（一种价格歧视）来达到最大化企业价值的目的，并有利于上市公司母国。Domowitz、Glen 和 Madhavan（1997）对墨西哥国内 A 股、B 股市场的价格差异的研究结果支持 Stulz 和 Wasserfallen（1995）的结论。

Bailey 和 Jagtiani（1994）以中国 A 股相对成交量作为衡量流动性指标，通过实证研究发现，流动性能部分解释 A 股、B 股的交易价格差异，即 A 股的流动性越好，A 股、B 股的价格差就越大。Karolyi 和 Li（2002）针对 2001 年 2 月 19 日 B 股部分开放的价格反应进行了研究，其结论支持 A 股和 B 股投资者的投资需求差异假设。Ma（1996）提出了中国 A 股和 B 股投资者有着不同的风险偏好的假设。他运用扩展的 Stulz - Wasserfallen 模型，认为市场风险和流动性可以解释 A 股溢价现象。Mei、Scheinkman 和 Wei（2004）则证明流动性偏好对于 A 股、B 股收益率溢价的作用是不同。他们认为 A 股的超常换手率是解释 A 股溢价的一个重要因素，证明了 A 股的换手率平均能够解释 A 股、B 股溢价的 20%，而 B 股的换手率对 A 股、B 股溢价的解释效果不显著。Chakravarty、Sakar 和 Wu（1998）研究了中国股票市场与信息不对称问题，计算出的沪市 B 股日平均折价率大约为 65.62%，而深市 B 股日平均折价率为 48.71%，他们认为，中国 B 股折价的一个主要原因是：与国内投资者相比，国外投资者更难获得关于中国国内企业资产的真实信息，信息不对称在中国股票市场表现突出。Chakravarty、Sakar 和 Wu（1998）通过构造截面回归多变量模型，检验信息不对称和 B 股价格折价关系，截面回归模型的两个信息不对称指标 INFO（信息不对称指标选用《华尔街日报》上公司报道的次数作为衡量公司信息不对称的程度）、SIZE（公司的市场价值）均显著有效，并且 A 股、B 股的相对供给量的系数显著为负。Fernald 和 Rogers（2002）将这种价格差异归因于中国国内投资者缺乏多样的投资选择从而被迫接受 A 股较低的预期收益率和较高的价格。Chui 和 Kwok（1998）也认为市场分割和中国 A 股相对供应不足是双重上市公司股票价格差异的原因。Chen、Lee 和 Rui（2001）利用面板数据模型，对可能引起 A 股、B 股价格差异的四个假设（即信息不对称假设、不同需求假设、流动性假设、不同风险假设）进行实证研究，结果表明，A 股、B 股交易价格差异源于 B 股较低的流动性。Chui 和 Kwok（1998）在研究中国股市分割时发现，A 股相对于 B 股的溢价与 A 股相对供应量负相关，而与 B 股相对供应量正相关。他们提出，新兴市场的股权定价与成熟市场定价有一定不同，在一个完美的市场中，资产定价取决于边际风险，而不是资产的供给，但像中国这样的新兴市场，由于投资替代品的缺乏，资产的供给可能就是资产定价中的重要因素。Sun 和 Tong（2000）利用 Stulz 和 Wasserfallen（1995）的不同需求弹性模型对 B 股折价进行实证，结果发现作为 B 股替代品的 H 股、红筹股在香港发行增加，则 B 股的折价率也增大。

国内对 A 股、H 股价格差异的研究思路基本遵循 A 股、B 股价格差异模式，例如，刘昕（2004）认为，A 股、H 股需求价格弹性的不同是导致 H 股折价的主要原因之一，这主要是因为 A 股投资者对 A 股的需求价格弹性较小，因此 H 股相对于 A 股就会有一个折价。除了需求价格弹性的差异，影响 H 股折价的因素还包括 A 股与 H 股市场的流动性差异、H 股市场投资者相对 A 股市场投资者的投机性、A 股市场与 H 股市场间的信息不对称等。李大伟、朱志军、陈金贤（2004）利用面板数据对 H 股相对于 A 股抑价进行了研究，结果显示，H 股流动性的增加会导致抑价率的降低，信息不对称与抑价率呈正相关，无风险利率和汇率风险与 H 股抑价显著相关。王维安和白娜（2004）对影响同一企业 A 股、H 股价格差异的因素进行了简要的理论分析，并从公司层面和时间层面建立了两组实证模型，对 A 股、H 股价格差异的影响因素进行了实证。胡章宏和王晓坤（2008）认为流动性假说和信息不对称假说对 A 股、H 价差具有较强的解释力度。

在分割的市场上，由于对外国投资者的法律限制影响了股票市场的流动性、投资者信息的获得性等，进而导致同一家上市公司在不同市场具有不同价格和收益率。尽管在中国 A 股市场实施了 QFII 政策，A 股市场对国外投资者的购买仍有一定限制，而对国内投资者的购买行为没有限制。B 股市场在 2001 年 2 月 18 日之前只是对外国投资者开放，但是对于外国投资者持有股票的上限有一定的限制，2001 年 B 股市场对境内投资者开放后仍然没有放松对于外国投资者持有股权的限制。香港 H 股市场除了不对大陆开放以外对于所有投资者开放，因此可以看成是一个无约束的市场。根据市场分割理论，对外国投资者的法律限制必然会导致市场的分割和股票价格的差异，并且无约束的股票相对于受约束的股票存在一定的价格溢价，对于中国 A 股、B 股和 A 股、H 市场来说，这意味着 A 股价格要低于B股、H股价格，但很多研究发现实际上并非如此，B股价格反而低于A股价格，即存在所谓的B股相对于A股价格的折价问题。

本节针对信息不对称假设、需求差异假说、流动性差异假说、风险偏好差异假设和投资者心理差异假设，利用中国A+B股和A+H股双重上市公司的面板数据，研究A+B股之间以及A+H股之间在二级市场上交易价格的差异特征及其价格差异的影响因素。

一　假设检验

根据已有文献，对A股、B股和A股、H股价格差异的相关理论和假说归纳如下：

（一）信息不对称假说

许多研究假设外国投资者比国内投资者对国内股票市场拥有更少的信息，这是由于语言障碍、不同的会计标准和对当地信息的弱可获得性（Brennan－Cao，1997）。因此，获得信息越少的股票，收益率越高，这是为了补偿外国投资者信息不对称性风险。衡量股票市场信息不对称的方法有多种，例如，Chakravarty、Sarkar和Wu（1999）利用中国公司在英文媒体上的曝光率来衡量信息不对称，他们发现，信息不对称程度与B股的折价率负相关，即B股投资者获得的信息越多，B股相对于A股折价率越低。Chan、Menkveld和Yang（2003）将A股、B股的买卖价差分为逆向选择和股票持有两个部分，用来衡量流动性。

根据信息不对称假说，相对于中国国内投资者，B股、H股市场上的国外投资者在获取中国企业的相关信息方面处于劣势，这主要源自于语言障碍、文化差异、地理限制以及不同的会计制度体系等。这意味着，相对于国外投资者而言，国内投资者在收集和处理有关国内上市公司资产信息方面具有优势。因此，为了弥补信息上的劣势，外国投资者要求较低的股票价格和比较高的预期投资收益率。一般来说，信息不对称的衡量包括两个层次：基本面的信息不对称和股票交易信息的不对称，我们可以用公司资本化程度来衡量信息不对称程度，即市场上A股、B股数量之和或者A股、H股数量之和。根据信息不对称理论，可以预期，上市公司总股本越大，说明公司的资本化程度越强，信息不对称程度越低，B股价格相对于A股的折价程度也越低。

（二）需求差异假说

由于国内外投资者所处环境不同，国外投资者比国内投资者有更多的投资选择，因此他们对国内股票也有比较高的需求弹性。一旦遇到系统性风险，国外投资者更容易从国内市场抽身，从而投资于其他市场。而对于国内投资者来说，由于投资渠道有限，以及投资替代品的匮乏，相对于国外投资者而言，国内投资者对股票的需求具有较低的弹性。根据微观经济学中的价格歧视原理，上市公司根据国内外投资者不同的需求弹性制定差异化的销售策略，向国外投资者低价销售股票，而向国内投资者高价销售股票。Stulz 和 Wasserfalen（1995）基于价格歧视理论建立了一个理论模型来解释价格差异。

在经验分析中，Bailey 和 Jagtiani（1994）运用外国投资的限额作为关系变量来刻画泰国和墨西哥股票市场上的需求差异效应。Domowitz 等人（1997）发现，在墨西哥市场，国内股票溢价程度与外国投资者掌握的股票数量在总股票数量中的比重负相关，即外国投资者股份的比重越高，国内股票溢价程度越低。

本节用市场上 B 股或 H 股股本数量与流通 A 股股本数量的比值来衡量国外投资者与国内投资者的相对需求差异。之所以用这个指标，是因为 A 股中一些法人股和国有股是根本不上市流通的，从而对市场并没有产生实际的需求。我们预期，B 股或 H 股数量相对于流通 A 股数量越高，B 股或 H 股的相对价格也越高，即 B 股或 H 股的折价率越小。

（三）流动性差异假说

根据流动性假说，B 股或 H 股价格较低是由于其较低的流动性和较高的交易成本。Amihud 和 Mendelson（1986）提出了资产的流动性与资产的价格之间具有负相关关系，即流动性较低的股票应该有较高的预期收益来进行补偿，这需要将该资产的价格定在比较低的水平才能吸引投资者。一般来说，A 股市场比 B 股和 H 股市场具有较高的流动性，因此，流动性较差的 B 股或 H 股数量相对于流动性较好的 A 股数量越大，B 股或 H 股的折扣率也越小，即交易价格差异越小。换句话说，对于 A 股、B 股或 A 股、H 股双重上市公司，假设 A 股的流动性越好，二级市场上 A 股、B 股或 A 股、H 股的交易价格差异就越大；反之，A 股的流动性越差，二级市场上 A 股、B 股或 A 股、H 股的交易价格差就越小。

在经验分析上，Chen、Lee 和 Rui（2001）用 B 股相对于 A 股的成交量和换手率来衡量流动性的差异。他们发现，B 股相对于 A 股的成交量和换手率越大，B 股的折价程度越低，这证实了流动性差异是 A 股、B 股价格差异的原因。Chen Xiong（2001）通过考察中国股票市场上机构持股份额验证了流动性假设。本书分别用市场上流通 A 股市值与总市值的比重来衡量流动性差异。

（四）风险偏好差异假说

风险差异假说认为，国内投资者和国外投资者具有不同的风险厌恶程度。Ma（1996）发现价格差异受到以下因素的影响：投资者对待风险态度差异，国内与国外无风险率的差异、不同股票的流动性差异、B 股与外国股票的相关性以及管制的变化。一般认为，由于中国股票市场成立时间较短，投资者理念不成熟，因而造成中国股票市场投机性较强，呈现出风险偏好。因此，A 股市场上的投机性推动了 A 股价格相对于 B 股和 H 股价格更高，以作为对于投资者风险偏好的补偿。

在经验分析上，Sun Tong（2000）发现 B 股折价率与风险水平呈正的相关关系，他用 A 股相对于 B 股收益率的方差来衡量风险偏好的差异。Chen、Lee 和 Rui（2001）用同样的方法衡量 A 股、B 股投资者的相对风险偏好，但他们没有发现明显的正向关系。

本书用 B 股相对于 A 股的 Beta 系数来分别衡量 A 股、B 股之间的相对风险水平。可以预期，B 股、H 股相对于 A 股的 Beta 系数越高，即 B 股、H 股相对于 A 股的风险越高，B 股、H 股相对于 A 股价格越高，即 B 股和 H 股的折价率越低。

（五）投资者心理差异假设

不同市场有不同的投资环境和投资文化。在经验分析中，投资者心理差异可以用非流通数量占总股本（AB 股合计或 AH 股合计）的比重，或者上市公司的业绩来衡量（秦宛顺、王永宏，2000）。非流通份额（流通股份额）越大，B 股或 H 股相对于 A 股的价格越低（高），即 B 股或 H 股的折价率越高（低）；上市公司业绩越好，B 股或 H 股的相对于 A 股的价格越高，即 B 股或 H 股相对于 A 股的折价率越低。本书用流通股本占总股本的份额来衡量投资者心理因素。

二　研究方法

交易价格差异的衡量方法为

$$RP = \frac{PX}{PA} \tag{7-5}$$

式中，RP 表示 A 股和 X 股的相对价格，用来衡量两个市场之间交易价格的差异，*PA* 是 *A* 股上市公司的当日收盘价格，*PX* 表示相应的 *B* 股或者 H 股上市公司的当日收盘价格，因此，用 *PB* 表示 B 股的收盘价格，*PH* 表示 H 股上市公司的收盘价格。*RP* 越大，说明 B 股（或 H 股）价格相对于 A 股价格的折价率越低，即价格差异越小；反之 *RP* 越小，则说明 B 股（或 H 股）价格相对于 A 股价格的折价率升高，价格差异越大。

本书拟采用面板数据模型来研究导致 A + B 股和 A + H 股双重上市公司交易价格差异的因素。面板数据分析最主要的优势在于既考虑到了随时间而发生变化的因素，也考虑到了随不同截面而发生变化的因素，还有利于减少解释变量之间的多重共线性，并提高短期内模型动态性的预测水平（Hsiao，1981）。考虑到分割市场上价格差异本身可能具有序列相关性，那么面板数据分析的基本模型为：

$$Y_{it} = \alpha + \rho Y_{i,t-1} + X'_{it}\beta + \varepsilon_{it} \quad (i=1, \cdots, N; \ t=1, \cdots, T) \qquad (7-6)$$

$$\varepsilon_{it} = \mu_i + u_{it}$$

式中，被解释变量 *Y* 为 *RP*，*X* 为影响 *Y* 的 *k* 维解释变量。α 为常数项，$|\rho|<1$ 为滞后被解释变量的待估参数，β 为解释变量 X 的待估参数。ε_{it}为随机误差项，由两部分组成，其中，μ_i 为不可观察的具有时间不变性的个体效应，$E(\mu_i)=0$，$\mu_i \sim N(0, \sigma_\mu^2)$；$u_{it}$为经典误差项，$u_{it} \sim N(0, \sigma_u^2)$。进一步假设个体效应$\mu_i$ 和 u_{it}正交，即 $E(\mu_i u_{it})=0$。

从动态面板模型表达形式可以看出，方程右侧引入了被解释变量的滞后项，其与个体效应相关，从而造成了解释变量的内生性问题。如果使用 OLS、固定效应和随机效应估计方法，其估计量都是有偏和非一致的，即所谓的“动态面板估计偏误问题”。对动态面板数据模型的估计思路主要有两种，一是在固定效应有偏估计量的基础上进行纠正，如 Kiviet（1995）和 Hansen（2001）纠正方法；二是利用广义矩估计方法 GMM（Generalized Methods of Moments）对模型进行估计。GMM 估计能够克服动态面板模型的内生性问题，其估计量满足一致性，由此得到了理论研究和实证应用的更多重视。本书将运用 GMM 方法对动态面板数据模型进行估计。

三 数据和变量描述

在 A + B 股双重上市公司或 A + H 股双重上市公司中，有的上市公司是近些年才上市的，样本数据不够，故剔除此类上市公司或者对应时间段数据。在 A + H 股双重上市公司中，还有公司由于种种原因停牌时间达一年以上，例如 ST 科龙（海信科龙）、洛阳玻璃等，也会造成公司股价的异动，故也剔除此类公司。因此，样本数据是2000年以来上市交易的A+B股和A+H股双重上市公司。其中A+B股双重上市公司85家（代码和名称如表7-16所示），样本时间是从2000年1月1日至2013年3月31日。A+H股双重上市公司26家（代码和名称见表7-17），样本时间是从2000年1月1日至2013年12月31日，去掉公共节假日。虽然A+B股双重上市公司和A+H股双重上市公司样本区间有些不一致，但对估计结果的稳健性影响不大。由于沪深两市A股以人民币计，沪市B股以美元计，深市B股以港币计，为了计算B股和H股相对于A股的折价率，统一将价格换算成人民币，汇率用当日市场汇率的中间价来计算，数据源于CCER、RESSET和Wind金融数据库。

表7-16　　A+B股双重上市公司代码和名称

A股代码	A股名称	B股代码	B股名称	A股代码	A股名称	B股代码	B股名称
000002	万科A	200002	万科B	600094	*ST华源	900940	*ST华源B
000011	S深物业A	200011	深物业B	600190	锦州港	900952	锦港B股
000012	南玻A	200012	南玻B	600221	海南航空	900945	海航B股
000016	深康佳A	200016	深康佳B	600272	开开实业	900943	开开B股
000017	ST中华A	200017	ST中华B	600844	丹化科技	900921	丹科B股
000018	ST中冠A	200018	ST中冠B	600295	鄂尔多斯	900936	鄂绒B股
000019	深深宝A	200019	深深宝B	600320	振华港机	900947	振华B股
000020	ST华发A	200020	ST华发B	600555	九龙山	900955	九龙山B
000022	深赤湾A	200022	深赤湾B	600602	广电电子	900901	上电B股
000024	招商地产	200024	招商局B	600604	二纺机	900902	二纺B股
000025	特力A	200025	特力B	600610	S*ST中纺	900906	*ST中纺B
000026	S飞亚达A	200026	飞亚达B	600611	大众交通	900903	大众B股
000028	一致药业	200028	一致B	600612	第一铅笔	900905	中铅B股
000029	深深房A	200029	深深房B	600613	永生数据	900904	永生B股
000030	S*ST盛润	200030	*ST盛润B	600614	ST鼎立	900907	ST鼎立B
000037	深南电A	200037	深南电B	600617	联华合纤	900913	联华B股
000045	深纺织A	200045	深纺织B	600618	氯碱化工	900908	氯碱B股
000055	方大A	200055	方大B	600619	海立股份	900910	海立B股
000056	深国商	200056	深国商B	600623	双钱股份	900909	双钱B股
000058	*ST赛格	200058	*ST赛格B	600639	浦东金桥	900911	金桥B股

续表

A 股代码	A 股名称	B 股代码	B 股名称	A 股代码	A 股名称	B 股代码	B 股名称
000413	* ST 宝石 A	200413	* ST 宝石 B	600648	外高桥	900912	外高 B 股
000418	小天鹅 A	200418	小天鹅 B	600650	锦江投资	900914	锦投 B 股
000429	粤高速 A	200429	粤高速 B	600663	陆家嘴	900932	陆家 B 股
000488	晨鸣纸业	200488	晨鸣 B	600679	金山开发	900916	金山 B 股
000505	珠江控股	200505	珠江 B	600680	上海普天	900930	沪普天 B
000513	丽珠集团	200513	丽珠 B	600689	上海三毛	900922	三毛 B 股
000521	美菱电器	200521	皖美菱 B	600695	ST 大江	900919	* ST 大江 B
000530	大冷股份	200530	大冷 B	600698	SST 轻骑	900946	ST 轻骑 B
000539	粤电力 A	200539	粤电力 B	600726	华电能源	900937	华电 B 股
000541	佛山照明	200541	粤照明 B	600751	SST 天海	900938	* ST 天海 B
000550	江铃汽车	200550	江铃 B	600754	锦江股份	900934	锦江 B 股
000553	沙隆达 A	200553	沙隆达 B	600776	东方通信	900941	东信 B 股
000570	苏常柴 A	200570	苏常柴 B	600801	华新水泥	900933	华新 B 股
000581	威孚高科	200581	苏威孚 B	600818	上海永久	900915	永久 B 股
000596	古井贡酒	200596	古井贡 B	600819	耀皮玻璃	900918	耀皮 B 股
000613	ST 东海 A	200613	ST 东海 B	600822	上海物贸	900927	物贸 B 股
000625	长安汽车	200625	长安 B	600827	友谊股份	900923	友谊 B 股
000725	* ST 东方 A	200725	* ST 东方 B	600835	上海机电	900925	机电 B 股
000726	鲁泰 A	200726	鲁泰 B	600841	上柴股份	900920	上柴 B 股
000761	本钢板材	200761	本钢板 B	600843	上工申贝	900924	上工 B 股
000869	张裕 A	200869	张裕 B	600845	宝信软件	900926	宝信 B 股
600054	黄山旅游	900942	黄山 B 股	600848	ST 自仪	900928	ST 自仪 B
600851	海欣股份	900917	海欣 B 股	共计：85 家公司			

表 7－17　　A＋H 股双重上市公司代码和名称

A 股代码	H 股代码	A 股名称	A 股代码	H 股代码	A 股名称
000585	0042	东北电气	600377	0177	宁沪高速
000666	0350	经纬纺织	600548	0548	深高速
000756	0719	新华制药	600585	0914	海螺水泥
000898	0347	鞍钢股份	600600	0168	青岛啤酒

续表

A 股代码	H 股代码	A 股名称	A 股代码	H 股代码	A 股名称
600011	0902	华能国际	600685	0317	广船国际
600012	0995	皖通高速	600688	0338	S 上石化
600026	1138	中海发展	600775	0553	南京熊猫
600028	0386	中国石化	600806	0300	昆明机床
600029	0155	S 南航	600808	0323	马钢股份
600115	0670	东方航空	600860	0187	北人股份
600188	1171	兖州煤业	600871	1033	S 化纤
600332	0874	广州药业	600874	1065	创业环保
600362	0358	江西铜业	600875	1072	东方电机

图 7－3 和图 7－4 分别显示样本时期 B 股和 H 股的平均折价率。其中，RP^{ba}表示 B 股相对于 A 股的平均价格，RP^{ha}表示 H 股相对于 A 股的平均价格。从图 7－3 和图 7－4 都可以发现，在样本时期内，A + B 股双重上市公司的平均相对价格 RP^{ba}和 A + H 股双重上市公司的平均相对价格 RP^{ha}呈现上升趋势，这表明 B 股、H 股相对于 A 股的折价率越来越低，股票价格的差异越来越小。从图中还可以发现，2003 年以后 B 股、H 股相对于 A 股价格有了大幅度上升，这与中国股票市场的开放趋势是一致的。2002 年 12 月 2 日开始中国实施 QFII 制度，使得 A 股和 B 股、H 股的价格差异逐渐缩小。事实上，样本数据表明，在 2003 年之前，B 股相对于 A 股的平均价格 RP^{ba}是 0. 35，而 2003—2007 年，平均相对价格上升到 0. 64。H 股相对于 A 股的价格 RP^{ha}在 2003 年之前平均为 0. 117，而 2003—2007 年，平均相对价格上升到 0. 626，这说明，管制的放松和制度的改变大大缓解了 A 股和 B 股或 H 股价格差异。但 B 股、H 股与 A 股之间仍然存在着折价现象，B 股与 A 股、H 股与 A 股之间平均仍然存在着 0. 36 和 0. 37 的差异。这可以解释为除了制度因素以外，还有一些心理和行为因素仍然起着作用，而且这些作用在短时期内是不能够完全消除的，具体来说，就是两个市场上投资环境、投资文化以及投资者心理、情绪等因素的差异。

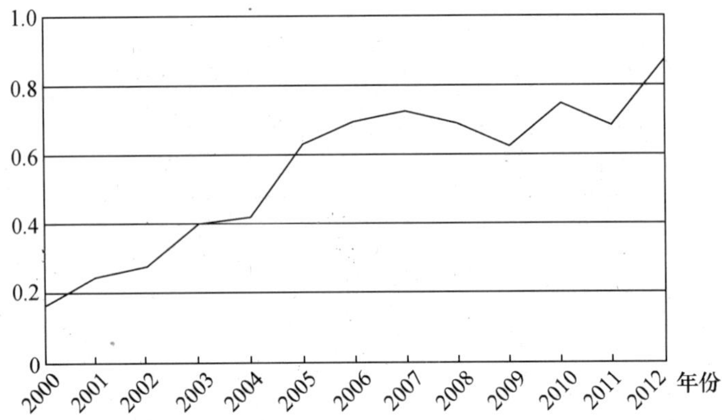

图 7-3 双重上市公司 B 股相对于 A 股平均价格 RP^{ba} 趋势

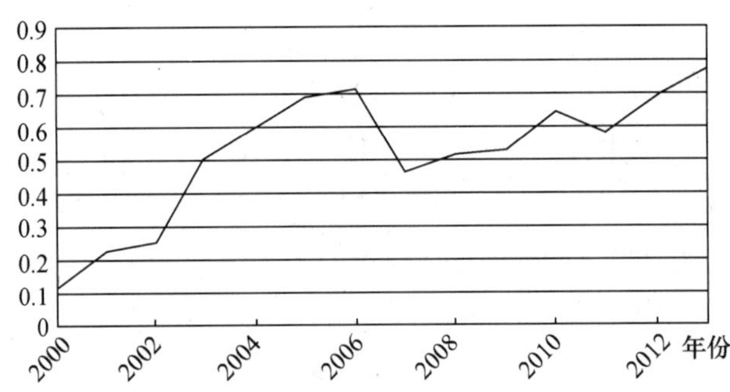

图 7-4 双重上市公司 H 股相对于 A 股平均价格 RP^{ha} 趋势

为了分析影响 B 股、H 股折价率的因素，根据信息不对称程度差异、需求差异、流动性差异、风险偏好差异和投资者心理差异的假说，建立如下的面板数据模型：

$$RP_{it} = \alpha_i + \rho RP_{i,t-1} + \beta_1 TSH_{it} + \beta_2 RSH_{it} + \beta_3 RAV_{it} + \beta_4 RISK_{it} + \beta_5 RLIQ_{it} + \beta_6 QFII_{it} + \beta_7 X_{it} + \varepsilon_{it}$$

$$(i=1, \cdots, N; \ t=1, \cdots, T) \qquad (7-7)$$

其中，被解释变量 RP 分别表示 B 股或 H 股相对于 A 股的价格。解释变量 TSH 表示 A + B 股（或 A + H 股）双重上市公司总股本［包括流通 A 股、非流通 A 股和 B 股（或 H 股）］的自然对数，用于表征信息不对称性；RSH 表示上市公司 B 股本（或 H 股）与流通 A 股股本的比值，用于表征外国投资者与国内投资者之间的需求差异；RAV 表示上市公司流通A股市值占同期总市值的比重，用于表征B股（或H股）和A股之间的流动性差异；*RISK* 表示B股（或H股）的Beta系数值与A股的Beta系数值之比，用于表征国内外投资者面临风险程度的差异。Beta值系数是通过如下CAPM回归模型的估计得到：

$$(r_{it}-fr_t)=\gamma+\beta(R_t-fr_t)+u_{it} \tag{7-8}$$

其中，r_{it}表示第i只A股、B股（或H股）在时间t的当日收益率（当日收盘价减去上一日收盘价再除以上一日收盘价），fr_t表示无风险收益率，对A股来说，无风险收益率用中国人民银行规定的一年期定期存款基准利率表示，对B股（或H股）来说，无风险利率用同期一年到期的香港国债市场收益率表示。R_t表示市场指数当日收益率（当日收盘指数减去上一日收盘指数再除以上一日收盘指数），其中，在上海证券交易所上市的A股市场收益率是根据上证A股综合指数来计算，在深圳证券交易所上市的A股市场收益率根据深证A股指数来计算，B股（或H股）的市场收益率根据恒生国企股指来计算。分别利用85家A+B股双重上市公司的各年数据，26家A+H股双重上市公司的各年数据，通过OLS方法对方程（7-8）回归得到每年的Beta系数。

$RLIQ_{it}$用于表征A股和B股（或H股）两个市场投资者心理差异，主要是投资者投资理念的差异。这个变量是用流通A股与B股（或H股）股本之和除以总股本，即流通股股本在总股本中的比重。

为了检验政策变动对A+B股、A+H股股价差的影响，在模型（7-7）中引入虚拟变量QFII，在开放QFII之前的数值取值为0，QFII实施后的数值取值为1。如果QFII制度的实施有利于缩小A股和B股（或H股）价格差异，那么虚拟变量的系数应该是正的。考虑到宏观经济冲击的影响，因此在模型中加入2000—2013年的时间虚拟变量，X就代表这些控制变量。

模型（7-7）还考虑A+B股或A+H股交易价格差异的自相关性，是一个典型的动态面板模型。

表7-18、表7-19分别反映A+B股、A+H股双重上市公司各变量月交易数据的统计特征。相对而言，A+B股双重上市公司的平均相对价格大于A+H股双重上市公司的平均相对价格，说明H股比B股具有更大折价。这是因为A股和B股都在同一个市场上市，信息不对称、流动性、需求差异以及投资者的风险偏好的差异要小于A+H股双重上市公

司，因此，在 A + H 股双重上市公司中 H 股相对于 A 股价格更低。

表 7 – 18　A + B 股双重上市公司各变量的统计特征（月交易数据）

变量值	均值	标准差	最小值	最大值	观察值个数
RP	0. 6916	0. 2697	0. 0000	0. 9887	13359
TSH	20. 4004	0. 7011	19. 0312	23. 4219	13359
RSH	0. 6698	0. 6924	0. 0111	6. 2448	13359
RAV	0. 7355	0. 2877	0. 1309	2. 1903	13359
RISK	0. 9668	0. 4689	0. 1268	2. 3668	13359
RLIQ	0. 7086	0. 1871	0. 1684	1. 0000	13359

表 7 – 19　A + H 股双重上市公司各变量的统计特征（月交易数据）

变量值	均值	标准差	最小值	最大值	观察值个数
RP	0. 4863	0. 3082	0. 0291	1. 4107	4115
TSH	21. 4643	1. 2792	19. 3168	25. 4817	4117
RSH	0. 4676	0. 1423	0. 1766	1. 0239	4117
RAV	0. 1839	0. 1909	0. 0128	1	4117
RISK	0. 7849	0. 4724	0. 2197	3. 7653	4117
RLIQ	0. 5945	0. 2433	0. 2113	1	4117

四　面板数据回归结果及分析

为了解决动态面板数据模型中解释变量内生性问题，本节将运用系统 GMM 方法进行估计。A + B 股双重上市公司面板数据模型的估计中，对于 85 家双重上市公司的月度交易数据，由于时期太长，GMM 方法导致过度的工具变量设置，无法产生有效的结果。因此，本节只对 85 家双重上市公司的年度数据进行分析。对于 A + H 股双重上市公司面板数据模型的估计分别用到 26 家公司的年度和月度数据。

（一）A + B 股双重上市公司面板数据模型的估计结果及其分析

A + B 股双重上市公司面板数据模型的估计结果见表 7 – 20。

表 7－20　　A＋B 股双重上市公司面板数据模型回归结果

变量	年度数据结果系数	标准差	P 值
RP 的滞后一期	0.2286	0.0058	0.0000
TSH	0.1437	0.0071	0.0000
RSH	0.0096	0.0020	0.0000
RAV	－0.0023	0.0028	0.0000
RISK	0.0019	0.00026	0.0000
RLIQ	0.0601	0.0105	0.0000
QFII	0.0271	0.0036	0.0000

TSH 的估计系数在 1% 水平上显著为正，与假设相符合，上市公司总股本越大，说明公司资本化程度越强，信息不对称程度越低，B 股价格相对于 A 股的折价程度也越低。由于 TSH 是自然对数，总股本每增加 1%，则会导致股价差缩小 0.143%。系数 RSH 在 1% 水平上显著为正，这与假设正好相同，回归结果表明，B 股股本与流通 A 股股本的比值每增加 1 个单位，会导致 B 股相对于 A 股的价格提高 0.9%。变量 RAV 的系数在 1% 水平上显著为负，与流动性差异假设一致，即流通 A 股流通市场相对于总市值增加，会导致 B 股相对价格下降。这说明 A 股的相对流动性越高，B 股相对于 A 股价格越低，即 B 股折价率越高，A 股、B 股的交易价格差异就越大。RLIQ 的估计系数也在 1% 水平上显著为正，意味着总股本中流通股本数量占比越高，B 股相对于 A 股价格也就越高。这验证了投资者心理差异因素对于股价差异的显著性影响。流通性股本比重每增加 1 单位，会导致 B 股相对于 A 股价格提高 0.6%。虚拟变量 QFII 的系数在 1% 的水平上显著为正，即 QFII 制度的实施明显提高了 B 股相对于 A 股的价格，表明制度因素对于缓解 A 股、B 股价格差异起到了重要的作用。

从表 7－20 可以发现各种因素对 A 股、B 股价格差异的影响程度是不一样的，信息不对称因素、风险偏好和制度（QFII）的影响程度比较小，投资者心理或态度（RLIQ）、需求差异（RSH）和流动性差异（RAV）的影响程度比较大。后三个方面主要反映了市场行为或投资者心理方面的差异，因此也可以判断，目前，产生 A 股、B 股市场的分割性的主要因素还是一些“软分割”因素。

（二）A+H 股双重上市公司面板数据模型的估计结果及其分析

A+H 股双重上市公司面板数据模型的估计结果见表 7-21。

表 7-21　A+H 股双重上市公司面板数据模型回归结果

变量	年度数据结果系数	月度数据结果
RP 的滞后一期	0.0355*** (0.0011)	0.10600*** (0.0106)
TSH	0.5352*** (0.1929)	0.2311** (0.2873)
RSH	0.0244** (0.0511)	0.0619** (0.3553)
RAV	-27.8121*** (0.7657)	-26.9397*** (1.5429)
RISK	0.0346*** (0.0045)	0.0452* (0.0087)
RLIQ	13.6534*** (0.5312)	16.2062*** (1.5629)
QFII	1.0739*** (0.0329)	0.6887* (0.4057)

说明：***/**/* 分别代表估计值在 1%、5% 和 10% 水平上显著，括号内为估计系数的标准差。

从回归结果来看，月度和年度回归结果相似，差异主要体现在估计值的大小。价格差异的一阶滞后项的月度估计系数绝对值高于年度数据，这说明月度数据的 A+H 股价格差异具有更大的自相关性，这与股票价格波动的聚集效应有关，在比较短的时间内，股票价格波动往往具有较强的自相关性。除了需求差异 RSH、相对风险差异 RISK 、投资者心理差异 RLIQ 的系数外，其他解释变量的月度估计系数的绝对值都低于年度数据的估计系数，这说明需求差异、风险差异以及投资者心理状态差异在短期内对 H 股价格折价率的影响更大一些。

TSH 估计系数在 1% 水平上显著为正，与信息不对称假设相符合，A 股和 H 股的总股本越大，说明公司的资本化程度越强，信息不对称程度越低，H 股相对于 A 股价格越高，即 H 股价格相对于 A 股的折价程度也越低。由于 TSH 是自然对数，总股本每年增加 1%，则会导致 H 股相对 A 股的价格每年上升 0.53%。系数 RSH 在 1% 水平上显著为正，这也与需求差异假设相同，H 股股份相对于流通 A 股股本越高，H 股的相对价格也越高，即 H 股的折价率越小。回归结果表明，H 股股份占流通 A 股股本的比重每年增加 1% 时，会导致 H 股相对于 A 股的价格上升 0.06%。变量 RAV 的系数在 1% 的水平上显著为负，这说明 A 股的相对流动性越高，H 股相对于 A 股价格越低，即 H 股折价率越高。这与流动性假说一致，即流通 A 股流通市场相对于总市值增加，会导致 H 股相对价格下降。变量 *RISK* 表的估计系数在 1% 的水平上显著为正，与风险偏好差异假设一致，当 H 股相对于 A 股的 Beta 系数每年增加 1 个单位时，即 H 股相对于 A 股的风险增加一个单位时，H 股的相对价格增加 0.0346 个单位，即 H 股的折价率降低。RLIQ 的估计系数也在 1% 的水平上显著为正，意味着总股本中流通股本数量占比越高，H 股相对于 A 股价格也就越高，A 股、H 股价格差异缩小。这验证了投资者心理差异因素对于股价差异的显著性影响。虚拟变量 QFII 的系数在 1% 的水平上显著为正，即 QFII 制度的实施明显提高了 H 股相对于 A 股的价格，表明制度因素对于缓解 A 股、H 股价格差异起到了重要作用。

从表 7－21 中可以发现各种因素对 A 股、H 股价格差异的作用程度是不一样的，需求差异（RSH）、风险偏好和制度（QFII）的作用程度比较小，投资者心理或态度（RLIQ）、信息不对称因素（TSH）和流动性差异（RAV）的作用程度比较大。后三个方面主要反映了市场行为或投资者心理方面的差异，因此也可以判断，目前，产生 A 股、H 股市场的分割性的主要因素还是一些“软分割”因素。

（三）影响双重上市公司股价差异的“软分割”因素分析

从表 7－20 和表 7－21 可以发现，影响 AB 股、AH 股市场分割性的主要因素还是一些“软分割”因素。

RLIQ 反映了投资者的投资理念，中国 A 股中法人股和国有股体现了有中国特色的资本市场，相对于 A 股总股本，市场上流通的 A 股比重越小，投资者的投机心理越严重，流通股本越小的股市也越容易被庄家操作，从而导致股票价格的大起大落，上市公司市值较易偏离企业价值。从这一方面可以解释双重上市公司 B 股（或 H 股）相对于 A 股价格的折价现象。实际上，相对需求差异也体现了 A 股流通股份额较少的特点，当 A 股流通股份额减少，或者对 B 股（H 股）相对需求上升时，B 股（H 股）相对于 A 股价格反而出现下降，这与刘昕（2004）的结论相反。流动性可以反映投资者对市场的热情程度，它的作用也证明情绪因素对于股票价格的影响程度。市场上一只股票换手率越高，市场资金也越充沛，导致成交金额越高，市值也就越大，最终投资者热情推动了股票价格上涨。A 股市场相对于 B 股（H 股）市场投资者价值投资理念不如投机理念普遍，市场上这种普遍的投机心态导致 A 股换手率高于 B 股（H 股），从而也导致 A 股高于 B 股（H 股）价格。即使实施 QFII 制度，但是由于人的心理因素不是在短期内可以完全改变的，中国股市 B 股（H 股）相对于 A 股的折价现象在短期内不会消失。

第三节　本章主要结论

不同于其他发展中国家股票市场，中国双重上市公司在 B 股和 H 股市场上的定价一般低于相应 A 股价格，被称为“中国股票之谜”，引出了许多文献讨论产生这一现象的原因，最主要的解释是市场分割的因素导致了股票价格的差异。本书从这个角度研究股票价格差异的原因和表现。主要结论如下：

（1）对一级市场上双重上市公司 A + B 股之间的首日抑价率差异实证分析表明，反应投资者情绪因素的“*hot issue*”因素与首日抑价率差异显著负相关，这反映了投资者需求因素对于股票定价有很大影响，需求越大，股票定价越高，从而首日抑价率越低。另外，反映信息不对称性和事前不确定性的招股说明书发布到上市时间间隔因素之差对于首日抑价率之差有显著的正向作用，这可能是因为时间间隔越长，投资者会面临更大的不确定性，同时机会成本也越大，因而要求更大的溢价。

（2）交易价格差异影响因素可以从信息不对称、需求差异、流动性差异、投资者风险偏好差异和投资者心理差异假设等角度来解释。研究发现，各种因素对 A 股、B（H）股价格差异的影响程度是不一样的，在影响 A 股、B 股价格差异的因素中，信息不对称因素、风险偏好和制度（QFII）的影响程度比较小，投资者心理或态度（RLIQ）、需求差异（RSH）和流动性差异（RAV）的影响程度比较大；而影响 A 股、H 股价格差异的因素中，需求差异（RSH）、风险偏好和制度（QFII）的作用程度比较小，投资者心理或态度（RLIQ）、信息不对称因素（TSH）和流动性差异（RAV）的作用程度比较大。这说明，目前产生 A 股、B（H）股市场的分割性的主要因素还是一些“软分割”因素。

第八章　中国股市与国际股市间的相关性与反馈交易行为

上两章基于中国股票市场上双重上市公司的特征，研究中国 A 股市场与 B 股市场、H 股市场股票价格的差异以及产生价格差异的原因。本章将从国际视角，基于“反馈交易”行为理论，以中国、中国香港、美国三个地区代表性股票指数收益率为研究对象，分析各个地区股市的相关性特征和反馈交易行为，以探讨中国股市的一体化进程。为了探究 2007 年美国次贷危机对我国股市交易者行为的影响，本章还把中国、中国香港、美国三个市场股票指数数据分为 2007 年金融危机前及危机后两个阶段，分别对其相关性和反馈交易行为进行研究。

在金融实证研究中，股票收益率自相关的问题一直广受关注，被很多学者研究过。Cutler 等在 1990 年正式提出了“正反馈交易”（Postive Feedback Trading）模型，强调了“反馈交易”行为与市场自相关性的关系，开创了股票收益率自相关性问题研究的新视角。反馈交易者（Feedback Trader）是指他们的投资行为不是根据股票未来预期的基本价值来决定，而是对市场历史收益率的反应，即根据当前市场或相关市场瞬间价格的变化买入或卖出股票，其中当价格（收益率）上升时买入股票，价格下降时卖出股票的称为正反馈交易者；反之，当价格上升时卖出股票，价格下降时买入股票的称为负反馈交易者（Negative Feedback Trader）。一般情况下，负反馈交易是一种正常的市场趋势。正反馈交易者在价格上涨（下降）时买入（卖出）股票，这样会引起新一轮价格上涨（下降），这种对市场价格的过度反应形成一种恶性循环，使价格超过由公众可用所有信息所形成的合理价值，是一种不理性的投资行为，当市场在下一个交易日纠正这种过度反应行为时，价格将沿着相反方向移动。因此，正反馈交易行为导致市场收益率呈现出负自相关关系，相反，负反馈交易行为导致市场收益率呈现出正自相关关系。由此可见，通过单个股票市场的条件自相关性可以研究是否存在市场正反馈交易行为。

在多个市场之间进行的反馈交易又称为交叉市场反馈交易（Cross - Market Feedback Trading），该交易策略指的是投资者根据相关市场的行情变化决定当前市场的投资方向。例如，如果美国股票市场与中国股票市场之间存在着正反馈交易行为，则投资者根据美国股票市场上个交易日的价格上涨（或下降）变化来决定买入（或卖出）本期的中国市场的股票；相反，如果美国股票市场与中国股票市场之间存在着负反馈交易，那么投资者根据美国股票市场上个交易日的价格上涨（或下降）的变化来决定卖出（或买入）本期的中国市场的股票。因此，交叉市场反馈交易就与不同市场之间的交叉相关性联系起来。

从反馈交易的角度深入研究中国股市的一体化进程具有重要的理论意义。金融风险溢出问题一直是金融学家和计量经济学家关注的重要课题之一。由于反馈交易行为与市场之间的波动溢出效应和相关性紧密相连，因此，通过市场的相关性就能进一步了解市场一体化特征。

作为世界上规模最大的新兴证券市场之一的中国股市，与世界上规模最大的发达证券市场之一的美国股市、全球成熟证券市场之一的中国香港股市之间是否存在着密切的交叉相关性？三个市场是否存在着波动溢出效应与反馈交易行为？中国股市、中国香港股市、美国股市之间的一体化程度如何？这些问题的研究不仅能了解股市间相关性特征，更具有现实意义。

另外，研究 2007 年金融危机对我国反馈交易者的影响，对完善我国资本市场体系的建设以及促进经济的稳定发展有着重要的意义，通过对中国、中国香港、美国市场的自相关与交叉自相关的研究，提出符合我国具体情况的完善资本市场的策略，对促进我国经济的稳定发展具有一定的现实意义。

本章在现有研究的基础上，从如下几个方面进行拓展：（1）在 SW 反馈交易行为理论模型的基础上，把各市场的交易者分类为信息交易者和反馈交易者，利用二元 GARCH - M 模型得到股票收益率的条件方差和条件自相关系数，分析三个股票市场的自相关性和反馈交易行为。（2）进一步拓展反馈交易行为模型，把各市场的交易者分类为信息交易者、国内市场反馈交易者以及市场间交叉反馈交易者，通过二元 GARCH - M 模型得到两个市场之间的股票收益率条件交叉相关系数以及相应的条件方差，来分析各个市场之间的交叉相关性和反馈交易行为。（3）把数据分为 2007

年美国金融危机前和危机后两段，研究2007年美国金融危机对这三个市场的反馈交易行为的影响，尤其是此次金融危机对中国交易者行为的影响。

第一节　股票收益率相关性和反馈交易行为模型

为了更好地分析各个市场股票收益率的相关性，首先了解反馈交易行为的基本思想与模型，本节介绍反馈交易行为的理论模型，并运用股票收益率自相关系数与反馈交易行为的思想，构建了一个股票收益率自相关系数与反馈交易行为的实证模型。实证过程首先利用二元GARCH－M模型得到条件自相关系数或条件交叉自相关系数，然后利用“微笑曲线”和“不对称性”特征设计条件自相关系数或条件交叉自相关系数与条件方差之间的回归方程，以更准确的描述反馈交易特征。

一　股票收益率反馈交易行为理论模型

沿用Sentana和Wadhwani（1992）的思想，对其反馈交易模型进行扩展，把交易者分成信息交易者和反馈交易者。第一类信息交易者，即理性交易者，其交易原则根据CAPM模型来制定，需求函数所占比例可表示为：$I_t=\frac{E_{t-1}(r_t)-\alpha}{\mu_t}$。其中，$I_t$为交易者持有股票的份额；$r_t$为$t$期收益率；$\alpha$为无风险收益率；$E_{t-1}$为到$t-1$期基于当时信息的条件期望；$\mu_t$为投资风险资本的风险补偿。信息交易者都是风险厌恶的，风险越大，补偿越大，因此μ_t是关于条件方差σ_t^2的增函数，用公式表示为$\mu_t=\mu(\sigma_t^2)$。此时，$I_t=1$，由此可表示为：$E_{t-1}(r_t)-\alpha=\mu(\sigma_t^2)$。

第二类反馈交易者的交易原则不是根据股票的基本价值，而是根据瞬时价格与收益率的变化而决定。其需求函数所占比例表示为：$F_t=\gamma r_{t-1}$。其中，γ为反馈交易系数，F_t为反馈交易者所持股票份额。当上一期价格上升（下降）时，正反馈交易者会买入（卖出）股票，这又会引起新一轮价格上涨（下降），这种对市场价格过度反应的不理性投资行为使得F_t与前一期的收益率r_{t-1}呈正相关关系，即正反馈交易者所持股票份额增加。因此当γ为正时，反映的是正反馈交易行为；反之，当γ为负时，反映的是负反馈交易行为。此时，$I_t+F_t=1$，因此可表示为：E_{t-1}（r_t）$-\alpha=\mu$

$(\sigma_t^2)-\gamma\mu(\sigma_t^2)r_{t-1}$。系数 $\gamma\mu(\sigma_t^2)$ 为股市收益的自相关系数。正反馈交易行为导致 γ 为正数，也就是股市收益的自相关系数 $\gamma\mu(\sigma_t^2)$ 为负数。这是因为正反馈交易行为引起市场的虚高（低）后，市场会在下一个交易日纠正正反馈交易的这种过度反应行为，价格将沿着相反的方向移动，因此，正反馈交易行为导致市场收益率为负自相关关系；反之，负反馈交易行为导致市场收益率为正自相关关系。

交叉市场反馈交易者根据相关市场瞬时价格的变化而作出交易决定。类似于单个市场的反馈交易者模型，定义交叉市场反馈交易者的需求函数所占比例为 $F_t^c=\gamma^c r_{t-1}^c$，定义本国市场反馈交易者的需求函数所占比例为 $F_t^o=\gamma^o r_{t-1}^o$，此时有 $I_t+F_t^c+F_t^o=1$，因此可表示为：$E_{t-1}(r_t)-\alpha=\mu(\sigma_t^2)-\gamma^o\mu(\sigma_t^2)r_{t-1}-\gamma^c\mu(\sigma_t^2)r_{t-1}^c$。

二　股票收益率反馈交易行为实证模型

为了检验交易模型的反馈效应，Sentana 和 Wadhwani（1992）构建了一个 GARCH－M 模型：

$$r_{it}=\lambda_0+\lambda_1 h_{it}+(\theta_0+\theta_1 h_{it})r_{it-1}+\varepsilon_{it} \tag{8-1}$$

式中，r_{it}是股票指数 i 在 t 时点的资产收益率，h_{it}是股票指数 i 在 t 时点的条件方差。Koutmos（1997）、Booth 和 Koutmos（1998）构建了一个类似的实证模型来研究市场的自相关性。该模型定义条件自相关系数（ρ_{it}）如下：

$$\rho_{it}=\theta_0+\theta_1 h_{it} \tag{8-2}$$

本节所用的方法与以上 GARCH－M 模型的主要区别体现在两步研究的思想：第一步，类似于 McKenzie 和 Faff（2003）所使用的方法，利用修改后的 Bollerslev 多元 GARCH 模型得到条件自相关系数或条件交叉自相关系数。第二步，把条件方差加入自相关模型中，再加上误差项，就把（8－2）式转化成一个简单的回归方程，将第一步所估计到的条件自相关系数（或条件交叉相关系数）作为因变量，条件方差作为自变量。但是，条件方差与条件自相关系数之间的关系远远比一个简单的回归方程复杂。因此，在估计之前，根据已经被一些文献（McKenzie and Faff，2003）论证的条件方差与条件自相关系数之间的两个特点——“微笑曲线”和“不对称性”来设计一个稍微复杂的回归方程，以更准确地描述两者之间的关系。

“微笑曲线”特征是指在波动比较低的时候，条件自相关系数为较高的正值，随着条件方差的增大，条件自相关系数以一个递减速度降低。“不对称性”指的是对“好消息”、“坏消息”的反映是不对称的。下面分别讨论两步过程中所需的模型以及估计方法。

（一）双变量 GARCH－M 模型设定及估计方法

为了探讨反馈交易行为，必须先估计出各市场指数收益率的条件方差、条件自相关系数，对于交叉市场反馈交易行为的研究，必须先估计出各市场间指数收益率的条件交叉自相关系数以及对应的条件方差。因此，第一步利用修改后的 Bollerslev 二元 GARCH－M 模型得到条件自相关系数或条件交叉自相关系数，由双变量 GARCH－M 模型分析两个股市的溢出效应。

GARCH－M 模型描述了股票的期望收益与风险之间的关系，且收益率均值方程中的风险变量由方差协方差矩阵方程联系起来，即把市场相关性包含的有效信息联系起来。从实证角度看，检验收益溢出效应是通过判断一个股市的滞后收益率对另一个股市预期收益率是否有解释力，如果检验结果发现存在这种解释力，则说明该股市对另一股市存在收益率的溢出效应；反之则说明这种溢出效应不存在。

基于以上分析，本节利用二元 GARCH－M 模型从股票收益和波动两个角度分析中国香港、美国股市之间是否存在溢出效应，由此得到条件自相关系数与条件交叉相关系数。

双变量 GARCH－M 模型为：

$$\begin{pmatrix} r_{1t} \\ r_{2t} \end{pmatrix} = \begin{pmatrix} \mu_1 + \delta_1 h_{11,t} \\ \mu_2 + \delta_2 h_{22,t} \end{pmatrix} + \begin{pmatrix} \theta_{11} & \theta_{12} \\ \theta_{21} & \theta_{22} \end{pmatrix} \begin{pmatrix} e_{1,t-1} \\ e_{2,t-1} \end{pmatrix} + \begin{pmatrix} e_{1t} \\ e_{2t} \end{pmatrix} \tag{8-3}$$

$$e_t \mid \Omega_{t-1} \sim N\ (0,\ H_t) \tag{8-4}$$

$$H_t = C'C + D'e_{t-1}e'_{t-1}D + E'H_{t-1}E \tag{8-5}$$

其中：

$$C = \begin{pmatrix} \omega_{11} & \omega_{12} \\ 0 & \omega_{22} \end{pmatrix}, \qquad D = \begin{pmatrix} \alpha_{11} & \alpha_{12} \\ \alpha_{21} & \alpha_{22} \end{pmatrix}, \qquad E = \begin{pmatrix} \beta_{11} & \beta_{12} \\ \beta_{21} & \beta_{22} \end{pmatrix}$$

这里，$(r_{1t},\ r_{2t})'$为收益率向量，r_{1t}、r_{2t}分别为上证综合指数和恒生指数的日对数收益率（或上证综合指数和道琼斯指数的日对数收益率、道琼斯指数和恒生指数的日对数收益率）。随机扰动项向量为$(e_{1t},\ e_{2t})'$，其基于$t-1$期信息集Ω_{t-1}的条件方差—协方差矩阵为H_t，假定残差向量服从（0，H_t）的正态分布。$\mu_1+\delta_1 h_{11,t}$和$\mu_2+\delta_2 h_{22,t}$分别为上证综合指数和恒生指数（或上证综合指数和道琼斯指数的日对数收益率、道琼斯指数和恒生指数的日对数收益率）的预期收益率，δ 测度上证综合指数和恒生指数（或上证综合指数和道琼斯指数的日对数收益率、道琼斯指数和恒生指数的日对数收益率）的风险—收益之间的相关关系。参数 θ_{11}、θ_{22} 分别代表上证综合指数和恒生指数（或上证综合指数和道琼斯指数的日对数收益率、道琼斯指数和恒生指数的日对数收益率）的对自身未预期信息的滞后反应，θ_{12}、θ_{21}则分别代表恒生指数（或道琼斯指数、上证指数）对上证综合指数（恒生指数、道琼斯指数）、上证综合指数（恒生指数、道琼斯指数）对恒生指数（或道琼斯指数、上证指数）的收益溢出效应。

方程（8－5）采用 BEKK 设定方式刻画条件方差—协方差矩阵 H_t 的动态特征，H_t 是滞后一期的 H_{t-1}和残差平方（$e_{t-1}e_{t-1}'$）的线性函数。参数矩阵 C 三角形的设定是为了保证条件方差—协方差矩阵 H_t 正定的。h_{11} 为上证（或恒生、道琼斯指数）日对数收益率的条件方差，h_{22}为恒生指数（或道琼斯、上证综合指数）的日对数收益率条件方差，h_{12}为上证综合指数和恒生指数（或上证与道琼斯指数、恒生与道琼斯指数）的日对数收益率条件协方差。上证指数与恒生指数（或上证与道琼斯指数、恒生与道琼斯指数）间的条件方差相互关系通过矩阵 D 和 E 的非对角元素反映，具体说来，参数 β_{12}、α_{12}代表上证指数（或恒生指数、道琼斯指数）对恒生指数（或道琼斯指数、上证指数）的波动溢出效应，β_{21}、α_{21} 代表恒生指数（或道琼斯指数、上证指数）对上证指数（或恒生指数、道琼斯指数）的波动溢出效应。

当假定残差向量为二元正态分布时，模型的对数似然函数可以表示为：

$$l=-N\ln(2\pi)-\frac{1}{2}\sum_{t=1}^{N}(\ln|H_t|+e'_t H_t^{-1}e_t) \quad (8-6)$$

为了保证模型估计的稳健性，首先要得到各个参数的初始值。因此，先分别估计如下单变量 GARCH（1，1）－M 模型：

$$r_{1,t}=\mu_1+\delta_1 h_{11,t}+\theta_{11}e_{1,t-1}+e_{1,t} \quad (8-7)$$

$$r_{2,t}=\mu_2+\delta_2 h_{22,t}+\theta_{22}e_{2,t-1}+e_{2,t} \quad (8-8)$$

方程（8－7）和方程（8－8）中，μ_1、μ_2、δ_1、δ_2、θ_{11}、θ_{22}的估计值

为各二元 GARCH－M 模型中对应系数的初始值，取方程（8－7）和（8－8）中对应的条件方差参数估计值的正平方根作为二元 GARCH 模型中矩阵 C、D 和 E 对角元素的初始值，其余参数的初始值取值为零。然后基于最大似然估计原理对二元 GARCH（1，1）－M 模型进行估计，估计方法为 BHHH 算法。

通过估计双变量 GARCH－M 模型，分别得到上证指数、恒生指数、道琼斯指数各自的收益率条件方差，以及相互的条件协方差，由此得到条件交叉相关系数 ρ_{ijt}。

为了得到条件自相关序列，在收益率向量（r_{1t}，r_{2t}）′中，r_{1t}、r_{2t}分别为上证综合指数（或恒生指数、道琼斯指数）的日对数收益率、上证综合指数（或恒生指数、道琼斯指数）滞后一期的日对数收益率。条件方差—协方差矩阵 H_t 中，h_{11}为上证（或恒生、道琼斯指数）日对数收益率的条件方差，h_{22}为滞后一期上证（或恒生、道琼斯指数）综合指数对数收益率的条件方差，h_{12}为上证综合指数（或恒生、道琼斯指数）和滞后一期的上证综合指数（或恒生、道琼斯指数）的日对数收益率条件协方差。通过估计这种双变量的 GARCH－M 模型，就可以分别得到上证指数、道琼斯指数、恒生指数各自的条件方差、以及上证综合指数（或恒生、道琼斯指数）和滞后一期的上证综合指数（或恒生、道琼斯指数）的日对数收益率条件协方差，由此得到各市场的条件自相关系数 ρ_{it}。

（二）相关分析模型

正如前面介绍的，条件自相关系数与条件方差之间的关系表现为“微笑曲线”的特征，即在波动比较低的时候，条件自相关系数为较高的正值，随着条件方差的增大，条件自相关系数以一个递减速度降低。为了刻画条件自相关系数与条件方差之间的“微笑曲线”的特征，本节通过条件方差中位数把条件方差分为高波动与低波动两组，构建如下回归方程：

$$\rho_{it} = \varphi_{L0} D_{LowV} + \varphi_{H0} D_{HighV} + \varphi_{L1} D_{LowV} h_{it-1} + \varphi_{H1} D_{HighV} h_{it-1} + \varepsilon_{it} \qquad (8-9)$$

式中，D_{LowV}（D_{HighV}）为虚拟变量，通过第一步 GARCH－M 得到的条件方差后计算出条件方差的中位数，当每个条件方差低于（高于）该中位数时，虚拟变量取值为 1，否则取值为 0。

不对称性是指相较于价格上涨阶段，当价格大幅度下降时，正反馈交易效应更加突出。因此，波动性与自相关系数不光有“微笑曲线”特征，它们更呈现了不对称性特征。为了研究这种不对称性，构建如下方程：

$$\rho_{it}=\varphi_0.+\varphi_{AAP0}D_{AAP}+\varphi_{BAN0}D_{BAN}+\varphi_1 h_{it-1}+\varphi_{AAP1}D_{AAP}h_{it-1}+\varphi_{BAN1}D_{BAN}h_{it-1}+\varepsilon_{it} \qquad (8-10)$$

式中，D_{AAP}（D_{BAN}）是虚拟变量，先把每个指数收益率分为正收益率和负收益率，并各自求均值，当每个收益率大于正收益率均值（小于负收益率均值）时，虚拟变量的值为1，否则为0。这样其实是把数据分为三类：一是收益率大于正收益率均值；二是收益率小于负收益率均值；三是收益率大于负收益率均值，小于正收益率均值。

考虑交叉市场的交叉相关系数和它们条件方差之间关系，为了分析“微笑曲线”特征，定义方程如下：

$$\rho_{ijt}=\psi_{L0}D_{LowVj}+\psi_{H0}D_{HighVj}+\psi_{L1}D_{LowVj}h_{jt-1}+\psi_{H1}D_{HighVj}h_{jt-1}+\varepsilon_{it} \qquad (8-11)$$

其中ρ_{ijt}表示从第一步 GARCH－M 模型中估计出来的地区 i 与地区 j 之间的交叉自相关系数；D_{LowVj}和D_{HighVj}分别为 j 地区的D_{LowV}和D_{HighV}虚拟变量；h_{jt-1}为 j 地区滞后一期的条件方差。

第二节　中国、中国香港、美国股市的条件自相关和交叉相关系数估计

上节介绍了股市收益率相关性与反馈交易理论与实证模型以后，本节将以中国上证指数、中国香港恒生指数、美国道琼斯指数为研究对象，利用二元 GARCH－M 模型，估计三个市场的股票指数的条件自相关、条件交叉相关系数，探讨三个股市的波动溢出效应特征、自相关性以及三个市场之间的交叉相关性。

一　数据选取与分析

分别用具有代表性的上证指数、恒生指数、道琼斯指数代替中国、中国香港、美国三个股票市场指数，样本区间为 2002 年 1 月 8 日至 2012 年 5 月 25 日每个交易日的股票指数（只保留了三个市场共同交易日的数据），每个股市 2373 个观测值。数据源于 Wind 资讯金融，估计均采用 EViews 6 软件，二元 GARCH－M 估计方法为 BHHH 算法。各指数整个样

本时期日收益率的描述性统计特征见表 8－1。

表 8－1　　三市场各指数样本期日收益率的描述性统计特征

市场指数	观察值个数	均值	中值	最大值	最小值	标准差	偏度	峰度	J—B 检验值
上证综指	2373	0.021	0.057	9.035	－9.256	1.709	－0.155	6.654	1330.610***
恒生指数	2373	0.005	0.030	13.407	－13.582	1.606	0.110	12.439	8821.008***
道琼斯指数	2373	0.002	0.002	10.508	－8.201	1.275	0.156	11.224	6701.758***

注：* 表示在 10% 的显著性水平下显著；** 表示在 5% 的显著性水平下显著；*** 表示在 1% 的显著性水平下显著。

从表中第三列可以看出，上证指数的平均收益比恒生指数、道琼斯指数的大，而恒生指数的平均收益率又要大于道琼斯指数。上证指数收益率的标准差也均比恒生指数、道琼斯指数收益率的标准差大，表明中国股市的波动性比美国股市、中国香港股市的波动性要大。上证指数收益率的偏度为负值，说明上证指数收益率分布具有长的左尾；恒生和道琼斯指数收益率的偏度均为正值，说明恒生指数和道琼斯指数收益率具有较长的右尾。三个市场的指数收益率的峰度都显著大于 3，说明其分布都具有明显的厚尾特征。无论是从偏度值还是峰度值看，三个市场指数的收益率都不服从正态分布，J—B 统计量在 1% 水平下高度显著也进一步证明三个市场指数收益率的非正态性。

从表 8－2 各指数收益率自相关函数、偏自相关函数以及 Ljung－Box Q 检验可以看出，上证指数收益率的一阶自相关系数较小，为－0.008，1 阶到 12 阶 Ljung－Box Q 统计量不显著，说明自相关现象较弱。恒生、道琼斯指数平方收益率的一阶自相关系数分别为－0.050、－0.1091，且 1 阶到 12 阶 Ljung－Box Q 统计量都高度显著。从表 8－3 各指数平方收益率自相关函数、偏自相关函数以及 Ljung－Box Q 检验可以看出，上证、恒生、道琼斯指数平方收益率 1 阶到 12 阶 Ljung－Box Q 统计量都在 1% 的显著水平下显著异于 0，说明三个股市指数平方收益率存在明显的自相关性，ARCH 效应明显，因此可通过 GARCH－M 模型来刻画股票指数收益率波动的时变性和聚类性。

表 8－2　　各指数收益率的相关性检验

	上证指数收益率				恒生指数收益率				道琼斯指数收益率			
滞后期数	AC	PAC	Q－Stat	Prob.	AC	PAC	Q－Stat	Prob.	AC	PAC	Q－Stat	Prob.
1	－0.008	－0.008	0.171	0.679	－0.050	－0.050	5.873	0.015	－0.109	－0.109	28.460	0.000
2	0.011	0.011	0.463	0.793	0.036	0.034	8.950	0.011	－0.055	－0.068	35.716	0.000
3	0.028	0.028	2.345	0.504	－0.025	－0.021	10.392	0.016	0.019	0.005	36.594	0.000
4	0.014	0.014	2.782	0.595	－0.047	－0.051	15.725	0.003	－0.013	－0.014	37.003	0.000
5	－0.016	－0.017	3.427	0.635	0.014	0.011	16.184	0.006	－0.043	－0.045	41.375	0.000
6	－0.040	－0.041	7.163	0.306	－0.047	－0.044	21.524	0.001	0.043	0.031	45.715	0.000
7	0.028	0.027	9.091	0.246	0.024	0.017	22.901	0.002	－0.048	－0.046	51.293	0.000
8	－0.010	－0.008	9.341	0.314	0.023	0.026	24.148	0.002	0.002	－0.004	51.301	0.000
9	0.018	0.020	10.091	0.343	－0.020	－0.021	25.138	0.003	－0.053	－0.063	58.114	0.000
10	－0.011	－0.011	10.361	0.409	－0.038	－0.046	28.651	0.001	0.073	0.061	70.852	0.000
11	0.039	0.037	13.916	0.238	0.017	0.018	29.305	0.002	0.011	0.021	71.125	0.000
12	0.024	0.023	15.255	0.228	0.013	0.017	29.726	0.003	0.012	0.021	71.478	0.000

表 8－3　　各指数平方收益率相关性检验

	上证指数				恒生指数				道琼斯指数			
滞后期数	AC	PAC	Q－Stat	Prob.	AC	PAC	Q－Stat	Prob.	AC	PAC	Q－Stat	Prob.
1	0.122	0.122	35.2	0.000	0.393	0.393	367.7	0.000	0.184	0.184	80.4	0.000
2	0.068	0.054	46.3	0.000	0.374	0.259	699.7	0.000	0.400	0.380	462.0	0.000
3	0.176	0.164	119.6	0.000	0.364	0.194	1014.6	0.000	0.196	0.097	553.2	0.000
4	0.127	0.090	158.2	0.000	0.226	－0.018	1136.3	0.000	0.286	0.128	747.5	0.000
5	0.077	0.040	172.3	0.000	0.194	－0.004	1226.3	0.000	0.292	0.189	951.1	0.000
6	0.148	0.106	224.8	0.000	0.175	0.021	1299.1	0.000	0.282	0.125	1141.0	0.000
7	0.130	0.074	265.3	0.000	0.217	0.122	1411.6	0.000	0.275	0.088	1321.6	0.000
8	0.092	0.042	285.3	0.000	0.251	0.136	1562.1	0.000	0.177	－0.034	1395.9	0.000
9	0.090	0.029	304.6	0.000	0.205	0.021	1662.0	0.000	0.300	0.122	1610.4	0.000
10	0.115	0.052	336.1	0.000	0.309	0.145	1889.4	0.000	0.175	0.008	1683.8	0.000
11	0.102	0.044	361.0	0.000	0.265	0.044	2057.2	0.000	0.426	0.253	2117.8	0.000
12	0.072	0.011	373.5	0.000	0.200	－0.028	2153.3	0.000	0.249	0.105	2265.5	0.000

二　条件自相关系数估计

（一）双变量 GARCH－M 模型估计

为了能得到条件自相关序列，估计如下的双变量 GARCH－M 模型：

$$\begin{pmatrix} r_t \\ r_{t-1} \end{pmatrix} = \begin{pmatrix} \mu_1 + \delta_1 h_t \\ \mu_2 + \delta_2 h_{t-1} \end{pmatrix} + \begin{pmatrix} e_t \\ e_{t-1} \end{pmatrix} \tag{8-12}$$

$$e_t \mid \Omega_{t-1} \sim N(0,\ H_t) \tag{8-13}$$

$$H_t = C'C + D'e_{t-1}e'_{t-1}D + E'H_{t-1}E \tag{8-14}$$

其中：

$$C = \begin{pmatrix} \omega_{11} & \omega_{12} \\ 0 & \omega_{22} \end{pmatrix},\ D = \begin{pmatrix} \alpha_{11} & \alpha_{12} \\ \alpha_{21} & \alpha_{22} \end{pmatrix},\ E = \begin{pmatrix} \beta_{11} & \beta_{12} \\ \beta_{21} & \beta_{22} \end{pmatrix}$$

式中，收益率向量 $(r_t,\ r_{t-1})'$中的 r_t 为上证综合指数（或恒生指数、道琼斯指数）的日对数收益率，r_{t-1}为上证综合指数（或恒生指数、道琼斯指数）滞后一期的日对数收益率。由于考虑的是各市场股票指数收益率与自己滞后一期收益率的自相关性，因此，收益率方程（8－12）没有考虑扰动项的一阶自相关性。[①] 条件方差—协方差矩阵 H_t 中，h_t 为上证综合指数（或恒生、道琼斯指数）日对数收益率的条件方差，h_{t-1}为滞后一期上证综合指数（或恒生、道琼斯指数）日对数收益率的条件方差，$h_{t,t-1}$为上证综合指数（或恒生、道琼斯指数）和滞后一期上证综合指数（或恒生、道琼斯指数）的日对数收益率条件协方差。

利用最大似然估计，双变量 GARCH－M 模型的估计结果见表 8－4。从参数估计结果表 8－4 可以看出，大多数参数显著异于零，双变量 GARCH－M 模型较好地模拟了中国、中国香港、美国股市自相关性的特征。

表 8－4　　　　双变量 GARCH－M 模型系数的估计结果

参数	上证与上证滞后一期	恒生与恒生滞后一期	道琼斯与道琼斯滞后一期
μ_1	－0.0412**	－0.0037***	0.0550***
μ_2	－0.0243***	0.0445***	0.0518***
δ_1	0.0086*	0.0441***	－0.0047***
δ_2	0.0625***	－0.0456***	－0.0300

① 本书也利用模型（8－3），估计过考虑扰动项一阶自相关的二元 GARCH－M 模型，但都无法得到估计系数。

续表

参数	上证与上证滞后一期	恒生与恒生滞后一期	道琼斯与道琼斯滞后一期
ω_{11}	0.1328***	0.0563	0.1295***
ω_{12}	0.0069	0.0403	0.0013
ω_{22}	-0.0254	-0.0505	-0.0013
β_{11}	0.9752***	0.9654***	0.9447***
β_{12}	0.0718**	-0.2106***	-0.2310***
β_{21}	-0.0007	-0.0081	0.0017
β_{22}	0.0299***	0.2599***	0.0013
α_{11}	0.0890***	0.2451***	0.0751***
α_{12}	0.2173***	0.2748***	0.0286*
α_{21}	-1.0198***	-0.8229***	-1.0129***
α_{22}	-0.0142*	0.0659***	0.0013
对数似然值	-7023.435	-6743.878	-4826.56

说明：* 表示在10%的显著性水平下显著；** 表示在5%的显著性水平下显著；*** 表示在1%的显著性水平下显著。

通过估计双变量 GARCH－M 模型参数后，就可以分别得到上证指数、恒生指数、道琼斯指数各自的条件方差，以及上证综合指数（或恒生、道琼斯指数）和滞后一期的上证综合指数（或恒生、道琼斯指数）的日对数收益率条件协方差，由此得到条件自相关系数 ρ_{it}。

（二）各市场风险—收益之间关系

首先，分析上证指数收益率与上证指数滞后一期收益率之间的风险—收益关系。从表8－4第二列发现，上证指数当期和滞后一期风险—收益之间的相关关系为 $\delta_1=0.0086$、$\delta_2=0.0625$，在10%显著性水平下显著。参数 $\beta_{12}=0.0718$、$\alpha_{12}=0.2173$ 代表上证指数对上证指数滞后一期的波动溢出效应，且至少在5%的显著性水平下均显著。$\beta_{21}=-0.0007$、$\alpha_{21}=-1.0198$ 代表上证指数滞后一期对上证指数的波动溢出效应。α_{21} 在1%的显著性水平下显著异于零，说明波动溢出效应具有一定的双向性。

类似分析恒生指数收益率与恒生指数滞后一期收益率之间的风险—收益关系。从表8－4第三列看出，恒生与恒生滞后一期风险—收益之间的相关关系为 $\delta_1=0.0441$、$\delta_2=0.0456$，均在1%显著性水平下显著。参数 $\beta_{12}=-0.2106$、$\alpha_{12}=0.2748$ 代表恒生指数对恒生指数滞后一期收益率的波动溢出效应；且均在1%的显著性水平下显著。$\beta_{21}=-0.0081$、$\alpha_{21}=-0.8229$代表恒生指数滞后一期收益率对恒生指数收益率的波动溢出效应。α_{21}在1%的显著性水平下显著异于零，说明波动溢出效应具有一定的双向性。

从表8-4第四列看出，道琼斯指数和道琼斯指数滞后一期风险—收益之间的相关关系为$\delta_1=-0.0047$、$\delta_2=-0.0300$，δ_1在1%显著性水平下显著。但δ_2不显著。参数$\beta_{12}=-0.2310$、$\alpha_{12}=0.0286$代表道琼斯指数对道琼斯指数滞后一期收益率的波动溢出效应，且都至少在10%显著性水平下显著。$\beta_{21}=0.0017$、$\alpha_{21}=-1.0129$代表道琼斯指数滞后一期对道琼斯指数收益率的波动溢出效应，α_{21}在1%的显著性水平下显著异于零，说明波动溢出效应具有一定的双向性。

总之，上证、恒生、道琼斯指数与各自滞后一期收益率之间都存在波动溢出效应。

三 条件交叉相关系数估计

（一）双变量GARCH-M模型参数估计

为了得到中国、中国香港、美国股市之间的条件交叉相关系数，估计如下双变量GARCH-M模型：

$$\begin{pmatrix} r_{1t} \\ r_{2t} \end{pmatrix}=\begin{pmatrix} \mu_1+\delta_1 h_{11,t} \\ \mu_2+\delta_2 h_{22,t} \end{pmatrix}+\begin{pmatrix} \theta_{11} & \theta_{12} \\ \theta_{21} & \theta_{22} \end{pmatrix}\begin{pmatrix} e_{1,t-1} \\ e_{2,t-1} \end{pmatrix}+\begin{pmatrix} e_{1t} \\ e_{2t} \end{pmatrix} \tag{8-15}$$

$$e_t \mid \Omega_{t-1} \sim N\ (0,\ H_t) \tag{8-16}$$

$$H_t=C'C+D'e_{t-1}e'_{t-1}D+E'H_{t-1}E \tag{8-17}$$

其中：

$$C=\begin{pmatrix} \omega_{11} & \omega_{12} \\ 0 & \omega_{22} \end{pmatrix},\ D=\begin{pmatrix} \alpha_{11} & \alpha_{12} \\ \alpha_{21} & \alpha_{22} \end{pmatrix},\ E=\begin{pmatrix} \beta_{11} & \beta_{12} \\ \beta_{21} & \beta_{22} \end{pmatrix}$$

其中，$(r_{1t},\ r_{2t})'$为收益率向量，r_{1t}、r_{2t}分别为上证综合指数和恒生指数的日对数收益率（或上证综合指数和道琼斯指数的日对数收益率、道琼斯指数和恒生指数的日对数收益率）。基于$t-1$期信息集Ω_{t-1}的条件方差—协方差矩阵为H_t，假定残差向量服从（0，H_t）的正态分布。与前面分析类似，H_t是滞后一期的H_{t-1}和残差平方（$e_{t-1}e_{t-1}'$）的线性函数，h_{11}为上证（或恒生、道琼斯指数）日对数收益率的条件方差，h_{22}为恒生指数的日对数收益率条件方差（或道琼斯、上证综合指数），h_{12}为上证综合指数和恒生指数（或上证与道琼斯指数、恒生与道琼斯指数）的日对数收益率条件协方差。上证指数与恒生指数（或上证与道琼斯指数、恒生与道琼斯指数）间的条件方差相互影响通过矩阵 D 和 E 的非对角元素表示。

利用最大似然估计，双变量 GARCH－M 模型的估计结果见表 8－5。从参数估计结果表 8－5 来看，大多数参数显著异于零，双变量 GARCH－M 模型较好地模拟了中国、美国、中国香港股市自相关性的特征。

表 8－5　　　　双变量 GARCH－M 模型系数的估计结果

参数	上证与道琼斯	上证与恒生	道琼斯与恒生
μ_1	－0. 0587	－0. 0615	0. 0229
μ_2	0. 0198	－0. 0152	0. 0118
δ_1	0. 0383 *	0. 0400 **	0. 0253 *
δ_2	0. 0215	0. 0287 *	0. 0264
ω_{11}	0. 1611 ***	0. 1678 ***	0. 1190 ***
ω_{12}	0. 0262	－0. 0305	0. 0529 **
ω_{22}	0. 1205 ***	0. 1179 ***	0. 1075 ***
θ_{11}	－0. 0115	0. 0096	－0. 1121 ***
θ_{12}	0. 0107	－0. 0212	0. 4901 ***
θ_{21}	0. 1206 ***	0. 0145	0. 0243 *
θ_{22}	－0. 0806 ***	－0. 0007	－0. 1122 ***
β_{11}	0. 9332 ***	0. 9636 ***	0. 9538 ***
β_{12}	－0. 0068	0. 0112 **	－0. 0049
β_{21}	－0. 0041	0. 0077 **	－0. 0100 *
β_{22}	0. 9503 ***	0. 9646 ***	0. 9696 ***
α_{11}	0. 3492 ***	0. 2451 ***	0. 2877 ***
α_{12}	0. 0138	－0. 0334 **	0. 0004
α_{21}	0. 0233	－0. 0182	0. 0475 **
α_{22}	0. 2906 ***	0. 2441 ***	0. 222697 ***
对数似然值	－7748. 633	－8166. 562	－7057. 407

说明：* 表示在 10% 的显著性水平下显著；** 表示在 5% 的显著性水平下显著；*** 表示在 1% 的显著性水平下显著。

将估计双变量 GARCH－M 模型分别得到的上证指数、道琼斯指数、恒生指数各自的条件方差，以及相互的条件协方差，根据相关系数计算得到条件交叉相关系数 ρ_{ijt}。

（二）市场之间的风险—收益关系

首先，分析上证指数收益率与道琼斯指数收益率之间的风险—收益关系。从表 8－5 第二列可以看出，上证指数和道琼斯指数风险—收益之间相关关系为 $\delta_1 = 0.0383$，在 10% 显著性水平下显著。道琼斯指数与上证指数和风险—收益之间的相关关系为 $\delta_2 = 0.0215$，但不显著。$\theta_{12} = 0.0107$、$\theta_{21} = 0.1206$ 分别代表道琼斯指数对上证指数、上证指数对道琼斯指数的收益溢出效应。θ_{21} 在 1% 的显著性水平下显著异于零，说明收益溢出效应是从上证指数到道琼斯指数。参数 $\theta_{11} = -0.0115$、$\theta_{22} = -0.0806$ 分别代表上证指数和道琼斯指数对自身未预期信息的滞后反应，且 θ_{22} 在 1% 的显著性水平下显著异于零，说明道琼斯指数对自身未预期信息的滞后反应显著。参数 $\beta_{12} = -0.0068$、$\alpha_{12} = 0.0138$ 代表上证指数对道琼斯指数的波动溢出效应；且均不显著。$\beta_{21} = -0.0041$、$\alpha_{21} = 0.0233$ 代表道琼斯指数对上证指数的波动溢出效应。α_{21} 在 1% 的显著性水平下显著异于零，说明波动溢出效应是从道琼斯指数到上证指数，而不是相反。

类似的，上证指数收益率与恒生指数收益率之间的风险—收益关系见表 8－5 第三列。上证指数和恒生指数风险—收益之间的相关关系为 $\delta_1 = 0.0400$，在 5% 显著性水平下显著。恒生指数与上证指数风险—收益之间的相关关系为 $\delta_2 = 0.0287$，在 10% 显著性水平下显著。$\theta_{12} = -0.0212$、$\theta_{21} = 0.0145$ 分别代表恒生指数对上证指数、上证指数对恒生指数的收益溢出效应，但均不显著，说明两者之间的收益溢出效应不明显。参数 $\theta_{11} = 0.0096$、$\theta_{22} = -0.0007$ 分别代表上证指数和恒生指数对自身未预期信息的滞后反应，在 10% 的显著性水平下均不显著异于零，说明上证指数和恒生指数对自身未预期信息的滞后反应不显著。参数 $\beta_{12} = 0.0112$、$\alpha_{12} = -0.0334$ 代表上证指数对恒生斯指数的波动溢出效应；且均在 5% 的显著性水平下显著。$\beta_{21} = 0.0077$、$\alpha_{21} = -0.0182$ 代表恒生指数对上证指数的波动溢出效应。β_{21} 在 5% 的显著性水平下显著异于零，说明波动溢出效应具有一定的双向性，但主要是从上证指数到恒生指数。

对于道琼斯指数收益率与恒生指数收益率之间的风险—收益关系见表 8－5 第四列。道琼斯指数和恒生指数风险—收益之间的相关关系为 $\delta_1 = 0.0253$，在 10% 显著性水平下显著。恒生指数和道琼斯指数风险—收益之间的相关关系为 $\delta_2 = 0.0264$，但不显著。$\theta_{12} = 0.4901$、$\theta_{21} = 0.0243$ 分别代表恒生指数对道琼斯指数、道琼斯指数对恒生指数的收益溢出效应，都至少在10%显著性水平下显著异于零，说明两者之间的收益溢出效应明显。参数 $\theta_{11}=-0.1121$、$\theta_{22}=0.0243$ 分别代表道琼斯指数和恒生指数对自身未预期信息的滞后反应，都至少在10%显著性水平下显著异于零，说明道琼斯指数、恒生指数对自身未预期信息的滞后反应显著。参数 $\beta_{12}=-0.0049$、$\alpha_{12}=0.0004$ 代表道琼斯指数对恒生指数的波动溢出效应，且均不显著。$\beta_{21}=-0.0100$、$\alpha_{21}=0.0475$ 代表恒生指数对道琼斯指数的波动溢出效应，至少在10%的显著性水平下显著异于零，说明两个市场之间的联动性较强。

反映上证、恒生、道琼斯指数之间波动溢出效应的估计系数 $\hat{\alpha}_{12}$ 和 $\hat{\beta}_{12}$、$\hat{\alpha}_{21}$ 和 $\hat{\beta}_{21}$ 有的显著，有的不显著，因此，对上证、恒生、道琼斯指数两两之间收益和波动溢出效应需要进一步检验。

（三）溢出效应与信息流动的检验

本节采用了 Wald 检验进一步检验市场之间的收益和波动性溢出效应。

检验上证指数（恒生指数、道琼斯指数）对恒生指数（或道琼斯指数、上证指数）的收益溢出效应的原假设为：H_0：$\theta_{21}=0$，即上证指数（恒生指数、道琼斯指数）的收益仅受自身过去残差的影响，与恒生指数（或道琼斯指数、上证指数）的收益无关。恒生指数（或道琼斯指数、上证指数）对上证综合指数（恒生指数、道琼斯指数）的收益溢出效应检验的原假设为：H_0：$\theta_{12}=0$。

上证指数、恒生指数、道琼斯指数分别对恒生指数、道琼斯指数、上证指数的波动溢出效应检验的原假设为：H_0：$\beta_{12}=0$，$\alpha_{12}=0$。恒生指数、道琼斯指数、上证指数分别对上证指数、恒生指数、道琼斯指数的波动溢出效应检验的原假设为：H_0：$\beta_{21}=0$，$\alpha_{21}=0$。股票指数收益率溢出效应的检验统计量服从自由度为1的卡方分布，股票指数波动溢出效应的检验统计量服从自由度为2的卡方分布。

从上证指数与道琼斯指数间收益和波动溢出效应的检验结果表8－6来看，上证指数向道琼斯指数的收益溢出、波动溢出效应均不显著，而道琼斯指数向上证指数的收益溢出效应、波动溢出效应均显著，说明收益溢出、波动溢出均是由美国市场向中国市场。

表 8－6　　上证指数与道琼斯指数间收益和波动溢出效应检验

溢出效应检验	Wald 检验统计量（P 值）
不存在上证指数向道琼斯指数的收益溢出效应 H_0：$\theta_{21}=0$	1.017587（0.3131）
不存在上证指数向道琼斯指数的波动溢出效应 H_0：$\beta_{12}=\alpha_{12}=0$	2.24148（0.3260）
不存在道琼斯指数向上证指数的收益溢出效应 H_0：$\theta_{12}=0$	19.56236***（0.0000）
不存在道琼斯指数向上证指数的波动溢出效应 H_0：$\beta_{21}=\alpha_{21}=0$	9.525444***（0.0085）

从上证指数与恒生指数间收益和波动溢出效应的检验结果表 8－7 来看，上证指数向恒生指数的收益溢出不显著，而波动溢出效应在 10% 的显著性水平下显著，而恒生指数向上证指数的收益溢出效应、波动溢出效应均不显著。说明波动溢出是中国大陆市场向香港市场。

表 8－7　　上证指数与恒生指数间收益和波动溢出效应检验

溢出效应检验	Wald 检验统计量（P 值）
不存在上证指数向恒生指数的收益溢出效应 H_0：$\theta_{21}=0$	2.143534（0.1432）
不存在上证指数向恒生指数的波动溢出效应 H_0：$\beta_{12}=\alpha_{12}=0$	5.914678*（0.0520）
不存在恒生指数向上证指数的收益溢出效应 H_0：$\theta_{12}=0$	0.570820（0.4499）
不存在恒生指数向上证指数的波动溢出效应 H_0：$\beta_{21}=\alpha_{21}=0$	4.456638（0.1077）

从道琼斯指数与恒生指数间收益和波动溢出效应的检验结果表 8－8 来看，道琼斯指数向恒生指数的收益溢出在 10% 显著性水平下显著，而波动溢出效应不显著，而恒生指数向道琼斯指数的收益溢出效应、波动溢出效应至少在 10% 的显著性水平下均显著，说明两个市场的联动性较强。

表 8－8　　道琼斯指数与恒生指数间收益和波动溢出效应检验

溢出效应检验	Wald 检验统计量（P 值）
不存在道琼斯指数向恒生指数的收益溢出效应 H_0：$\theta_{21}=0$	620.0847***（0.0000）
不存在道琼斯指数向恒生指数的波动溢出效应 H_0：$\beta_{12}=\alpha_{12}=0$	3.644439（0.1617）
不存在恒生指数向道琼斯指数的收益溢出效应 H_0：$\theta_{12}=0$	3.604085*（0.0576）
不存在恒生指数向道琼斯指数的波动溢出效应 H_0：$\beta_{21}=\alpha_{21}=0$	12.52801***（0.0019）

检验结果进一步验证了前面的结论。首先，相对而言，美国股票市场

与中国香港股票市场的联动性较强，这是因为美国和中国香港股票市场都是国际化金融市场，一体化程度高。其次，中国内地股票市场与中国香港股票市场之间也具有一定的相关性，这是因为香港回归中国以后，两地的经济联系越来越密切，特别是随着越来越多的国内公司到中国香港市场上市，使得中国香港股市与中国股市的联系越来越强。最后，中国股票市场在一定程度上受美国股票市场的影响，这是因为，随着中国金融市场的逐步开放，一体化程度逐步加强，与世界股市的联系越来越密切，美国作为全球经济的领头羊，其股市的波动会在一定程度上影响到中国股市。总之，相对于国际化金融市场的美国和中国香港股票市场而言，中国股票市场还处于新兴市场阶段，金融市场比较封闭，而中国香港股票市场相对于中国股市而言更加开放。

第三节 中国、中国香港、美国股市的条件自相关性分析

一 条件自相关系数的基本特征

为了进一步了解各个市场的自相关性，首先分析各个市场的无条件方差系数。如表8－9所示，无条件自相关系数是通过$r_{it}=\alpha+\beta r_{i-1}+\varepsilon_{it}$这个方程估计得到，其中，$r_{it}$表示$i$市场股票指数当期的收益率，$r_{i-1}$表示$i$市场股票指数滞后一期的收益率，$\beta$即为无条件自相关系数。而条件自相关系数是由前面二元GARCH（1，1）－M模型估计得到。

表8－9　　中国、美国、中国香港各个市场相关性分析

自相关系数	中国	中国香港	美国
无条件自相关系数	－0.0089	－0.0497	－0.1094
条件自相关系数均值	－0.060437	－0.0069	－0.0453
条件自相关系数最大值	0.7879	0.6876	0.4421
条件自相关系数最小值	－0.7594	－0.6977	－0.4309

从表8－9得到的结果来看，条件自相关系数均值与无条件自相关系数均值比较接近，因此可以用无条件自相关系数结果来描述各个市场整体

的自相关性特征。中国股票市场收益率的无条件自相关系数均值为负值，且其绝对值很小，接近于0，这说明中国股票市场自身的正反馈交易效应不明显，这在一定程度上表现出了新兴金融市场国家的特点；香港股票市场收益率的无条件自相关系数也为负值，但其绝对值比上证中国股票市场收益率的无条件自相关系数的绝对值要大得多，也就是说，与中国上证股票市场相比，香港股票市场表现出更显著的正反馈交易效应，这是因为较中国股票市场而言，香港股票市场更发达；美国股票市场收益率的无条件自相关系数也为负值，且其绝对值比中国上证和香港股票市场收益率的无条件自相关系数的绝对值要大很多，说明美国股票市场的正反馈交易占主导地位，这更证明了越成熟的金融市场正反馈交易效应越明显的理论。

再观察各个市场条件自相关系数范围，我们注意到中国上证市场条件自相关系数最大值为0.7879，最小值为-0.7594，则其条件自相关系数的变化范围（最大值—最小值）为1.5473，中国香港市场条件自相关系数最大值为0.6876，最小值为-0.6977，其条件自相关系数的变化范围为1.3853，美国市场条件自相关系数最大值为0.4421，最小值为-0.4309，其条件自相关系数的变化范围为0.873。这些结果证明了相较于成熟的金融市场，新兴金融市场的条件自相关系数波动的范围更大。

二　条件自相关系数与条件方差之间的关系

之前已经很清楚介绍了各个市场的自相关性。正如前面所说，从正反馈交易行为的角度来看，条件方差在式（8-9）中对于解释自相关模型起着重要的作用。因此，根据中国、中国香港、美国三个股票市场从2002年1月8日至2012年5月25日每个交易日的股票指数（只保留了三个市场共同交易日的数据），每个股市2373个观测值分别对式（8-9）作回归分析：

$$\rho_{it} = \phi_{L0} D_{LowV} + \phi_{H0} D_{HighV} + \phi_{L1} D_{LowV} h_{it-1} + \phi_{H1} D_{HighV} h_{it-1} + \varepsilon_{it}$$

式中，D_{LowV}（D_{HighV}）是虚拟变量，通过第一步GARCH-M得到的条件方差后计算出条件方差中位数，当每个条件方差低于（高于）该中位数时，虚拟变量取值为1，否则取值为0。

如第二节介绍，根据中位数把市场划分为高条件方差（高波动性）和低条件方差（低波动性）两个阶段，φ_{L0}和φ_{H0}分别为低条件方差和高条件方差阶段的截距项，φ_{L1}和φ_{H1}分别为低条件方差和高条件方差阶段条件方差滞后一期的系数。回归方程（8-9）的估计结果如表8-10所示。

表 8-10　　条件自相关系数与条件方差之间的回归分析（1）

地区	φ_{L0}	φ_{H0}	φ_{L1}	φ_{H1}	DW
中国	-0.0329***	-0.0429***	-0.0154***	-0.0047***	1.807467
中国香港	-0.0334***	-0.0198***	0.0355***	0.0046***	1.33451
美国	-0.0137***	-0.0374***	-0.0571***	-0.0042***	2.071309

注：* 表示在 10% 的显著性水平下显著；** 表示在 5% 的显著性水平下显著；*** 表示在 1% 的显著性水平下显著。

从上表结果来看，不管是低波动性阶段还是高波动性阶段，三个市场的截距项在 1% 的显著性水平都是统计显著的且都为负值。通过观察条件方差滞后一期的系数项，不管是低波动性阶段还是高波动性阶段，中国和美国的系数在 1% 的显著性水平都是统计显著的且都为负值，这说明在这两个市场上，上一期市场波动性的增加会刺激正反馈交易者的投资，从而更增加了当期市场的波动性，如此反复形成恶性循环，导致市场价值的泡沫化。相反，不管是低波动性阶段还是高波动性阶段，中国香港股票市场的系数在 1% 的显著性水平都是统计显著的且为正值，这说明中国香港股票市场在这一阶段没有正反馈交易效应。从表 8-10 中，我们还观察到，三个市场高波动性阶段的斜率系数的绝对值均小于其各自低波动性阶段的斜率系数的绝对值，这就验证了学者们所研究的“微笑曲线”特征。

波动性与自相关系数不光有“微笑曲线”特征，更呈现不对称性特征。不对称性是指相较于价格上涨阶段，当价格大幅度下降时，正反馈交易效应更加突出。因此，为了更深入研究各个市场的这种不对称性，先把收益率分为正收益率和负收益率，并各自求均值，这样就可以把各个市场的数据划分为三个阶段：第一阶段是收益率小于负收益率均值（简称为低的负收益阶段）；第二阶段是收益率大于负收益率均值，小于正收益率均值（简称为中间收益阶段）；第三阶段是收益率大于正收益率均值（简称为高的正收益阶段）。对模型（8-10）进行估计：

$$\rho_{it} = \phi_0 + \phi_{AAP0} D_{AAP} + \phi_{BAN0} D_{BAN} + \phi_1 h_{it-1} + \phi_{AAP1} D_{AAP} h_{it-1} + \phi_{BAN1} D_{BAN} h_{it-1} + \varepsilon_{it}$$

式中，D_{AAP}（D_{BAN}）是虚拟变量，当收益率大于正收益率均值（小于负收益率均值）时，虚拟变量取值为 1，否则为 0。得到的估计结果如表 8-11。

表 8-11　　条件自相关系数与条件方差之间的相关性分析（2）

地区	φ_0	φ_{AAP0}	φ_{BAN0}	φ_1	φ_{AAP1}	φ_{BAN1}	DW
中国	-0.0571***	0.0226**	0.0270***	-0.0090***	0.0042***	0.0044***	1.804016
中国香港	-0.0283***	0.0221**	0.0084	0.0129***	-0.0093***	-0.0090***	1.384896
美国	-0.0345***	-0.0030	0.0035	-0.0125***	0.0075***	0.0090***	1.966731

说明：* 表示在 10% 的显著性水平下显著；** 表示在 5% 的显著性水平下显著；*** 表示在 1% 的显著性水平下显著。

从上表结果看，除了中国香港股市低的负收益阶段的截距项以及美国股市高的正收益阶段和低的负收益阶段的截距项结果不显著以外，其他的结果都在 1% 或者 5% 显著性水平下统计显著。三个市场的高的正收益阶段和低的负收益阶段的截距项都比中间收益阶段的截距项大（除了美国股票市场高正收益率阶段的截距项为 -0.0030 - 0.0345 = -0.0375 之外）。

从观察条件方差滞后一期的斜率系数的估计结果发现，中国股市和美国股市的中间收益阶段的斜率系数为负，中国香港股市为正；相反，中国和美国股市在高的正收益阶段和低的负收益阶段的斜率系数为正，香港股市则为负，这说明在收益率处于中间水平的时候，中国股票市场和美国股票市场有正反馈交易效应，而香港股票市场则在其收益率特别高或收益率特别低的时候更容易出现正反馈交易效应。再通过比较香港股票市场高的正收益阶段和低的负收益阶段的斜率系数估计结果，我们发现，高的正收益阶段（斜率系数为 -0.0093）相比于其低的负收益阶段（斜率系数为 -0.0090）而言，条件自相关系数与条件方差之间负相关性更强，这就说明在所观察的阶段，中国香港股市在收益率为正且比较高的时候存在着更显著的正反馈交易效应。

另外，从上表结果看，三个市场低的负收益阶段条件方差滞后一期的斜率系数均大于其高正收益率阶段，这验证了一些学者所提出的“不对称性”（inter alia，Nelson，1991；Glosten et al.，1993），即相对于股票收益上升阶段，当股票收益处于下降通道时，市场对其反应更强烈。

第四节 中国、中国香港、美国股市的条件交叉相关性分析

一 条件交叉相关系数的基本特征

前面已经分析了单个市场相关性，在这三个市场中都存在一定程度的正反馈交易，那么这三个市场间会不会存在着交叉市场相关性呢？交叉市场间的反馈交易行为是否在这三个市场间存在呢？

交叉市场反馈交易行为是指投资者根据相关市场行情变化来决定当前市场的投资方向。例如，如果美国股票市场与中国股票市场之间存在着正反馈交易，则投资者根据美国股票市场上个交易日的价格上涨（或下降）的变化来决定买入（或卖出）本期的中国市场的股票；相反，如果美国股票市场与中国股票市场之间存在着负反馈交易，那么投资者根据美国股票市场上个交易日的价格上涨（或下降）的变化来决定卖出（或买入）当期的中国市场的股票。

与单个市场的分析方法类似，先分析各个市场间的无条件交叉相关系数与条件交叉相关系数特征。同样，无条件交叉相关系数是通过 $r_{it}=\alpha+\beta r_{j-1}+\varepsilon_{it}$ 这个方程估计得到，其中，r_{it} 表示被影响股市当期的收益率，r_{jt-1} 表示影响股市滞后一期的收益率，β 即为无条件交叉相关系数。而条件交叉相关系数是由二元 GARCH 模型估计得到。估计结果见表 8－12。

表 8－12　无条件交叉相关与条件交叉相关特征

被影响股市/影响股市	无条件交叉自相关系数	条件交叉自相关系数均值	条件交叉自相关系数最大值	条件交叉自相关系数最小值
中国/中国香港	－0.0031	0.3308	0.7810	－0.3765
美国/中国香港	－0.0336*	0.1797	0.7687	－0.3273
中国/美国	0.1593*	0.0710	0.7916	－0.3203
中国香港/美国	0.4802*	0.1797	0.7687	－0.3273
美国/中国	－0.0131	0.0710	0.7916	－0.3203
中国香港/中国	－0.0877*	0.3308	0.7810	－0.3765

说明：* 表示在 10% 的显著性水平下显著；** 表示在 5% 的显著性水平下显著；*** 表示在 1% 的显著性水平下显著。

从上表结果看，除了“中国/美国”和“中国香港/美国”两组外，其他无条件交叉自相关系数都为负值；“中国/中国香港”无条件交叉自相关系数为负数，但其绝对值很小，接近于0，这说明中国香港股票市场对中国股票市场的影响是微乎其微的；“中国/美国”无条件交叉自相关系数为0.1593，说明中国股票市场与美国股票市场不存在正反馈交易效应，即美国股票市场对中国股票市场没有影响，这是因为中国金融市场一直处于比较封闭阶段；“中国香港/中国”无条件交叉自相关系数为负值，但相较于“中国/中国香港”无条件交叉自相关系数的绝对值而言更大，也就是说，中国股票市场对中国香港股票市场的影响大于中国香港股票市场对中国股票市场的影响；“中国香港/美国”无条件交叉自相关系数为0.4802，说明中国香港股票市场同样对美国股票市场不存在正反馈交易效应；“美国/中国香港”与“美国/中国”无条件交叉自相关系数都为负值，且其绝对值差不多，说明中国香港股票市场和中国股票市场对美国股票市场都有一些微弱的影响。

从以上结论发现，中国香港股票市场与中国股票市场，以及美国股票市场与中国香港股票市场存在一定的正反馈交易效应，为了更深入地分析它们之间的关系，我们把2002年1月至2012年5月的“中国香港/中国”与“美国/中国香港”两组条件交叉自相关系数通过图的形式更直观的列示出来。如图8－1所示，2007年1月之前，“中国香港/中国”条件交叉自相关系数基本上处于－0.1—0.3，偶尔达到负值，但在2007年1月以后，“中国香港/中国”条件交叉自相关系数大幅上升，基本处于0.3—0.7，

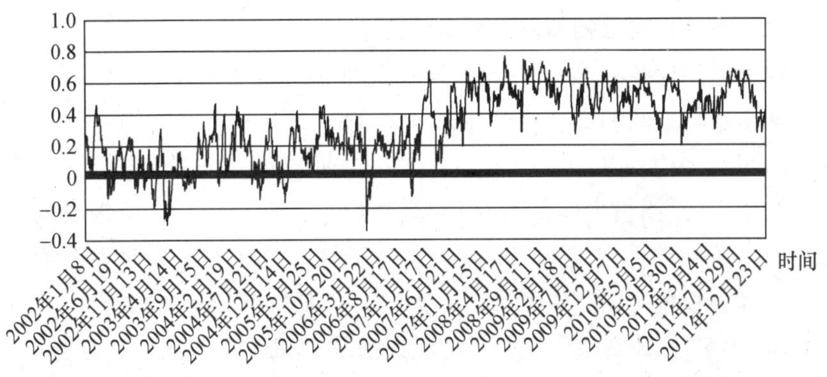

图8－1　“中国香港/中国”条件交叉自相关系数

没有出现负值情况，这说明中国香港股票市场与中国股票市场的正反馈交易效应主要存在于2007年美国金融危机之前，而金融危机以后，表现为负反馈交易效应占主要地位。

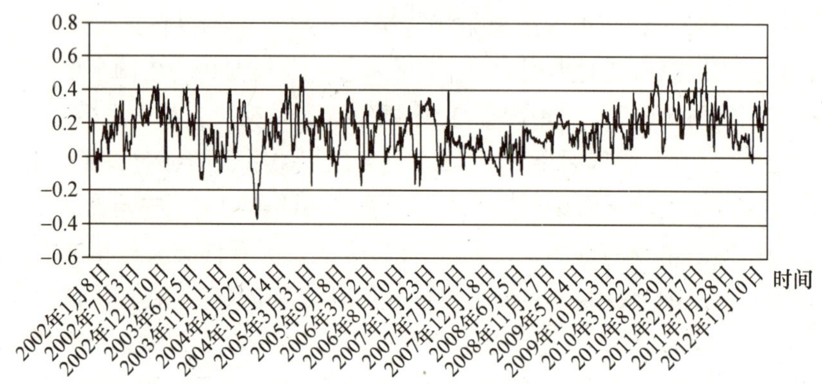

图8－2 “美国/中国香港”条件交叉自相关系数

再观察图8－2，“美国/中国香港”条件交叉自相关系数在2002年1月至2008年5月基本处于－0.1—0.3之间，偶尔达到负值，与中国香港股票市场和中国股票市场的情况相似，之后“美国/中国香港”条件交叉自相关系数大幅上升，在2008年5月中旬超过0.4，甚至到2008年10月底接近0.8，之后一直也没有负值的情况，这同样说明美国股票市场与中国香港股票市场的正反馈交易效应主要存在于美国金融危机之后的2008年5月以前，而2008年5月以后，表现为负反馈交易效应占主要地位。

二 条件交叉自相关系数与条件方差之间的关系

前面已经讨论过各个市场的自相关性，类似于（8－9）式的思想，考虑两个市场之间的交叉相关性，得到（8－11）式

$$\rho_{ijt} = \psi_{L0} D_{LowVj} + \psi_{H0} D_{HighVj} + \psi_{L1} D_{LowVj} h_{jt-1} + \psi_{H1} D_{HighVj} h_{jt-1} + \varepsilon_{it}$$

式中，i是指被影响的股市，j是指影响的股市。从正反馈交易行为角度看，条件方差在（8－11）式中对于解释自相关模型起着重要的作用。同样，根据中国、中国香港、美国三个股票市场从2002年1月8日至2012年5月25日每个交易日的股票指数（只保留了三个市场共同交易日的数据）每个地区2373个观测值分别对（8－11）式作回归分析。这里的虚拟变量跟（8－9）式一样，根据j股市的条件方差中位数把市场划

分为高条件方差（高波动性）和低条件方差（低波动性）两个阶段，ψ_{L0} 和 ψ_{H0} 分别为低波动和高波动阶段的截距项，ψ_{L1} 和 ψ_{H1} 分别为低波动和高波动阶段条件方差滞后一期的斜率系数。估计结果如表8－13所示。

表8－13　　　三市场的交相关系数与条件方差之间关系

被影响股市/影响股市	ψ_{L0}	ψ_{H0}	ψ_{L1}	ψ_{H1}	DW
中国/中国香港	0.1010***	0.3770***	0.1118***	0.0147***	0.0912
中国/美国	0.1038***	0.0431***	－0.0580**	0.0075***	0.1421
中国香港/美国	0.1098***	0.1741***	0.0759**	－0.0029**	0.1357
中国香港/中国	0.0059	0.2730***	0.1684***	0.0273***	0.0605
美国/中国	－0.0814***	0.1127***	0.0738***	－0.0027	0.1456
美国/中国香港	0.1647***	0.1586***	0.0104	－0.0035***	0.1322

说明：* 表示在10%的显著性水平下显著；** 表示在5%的显著性水平下显著；*** 表示在1%的显著性水平下显著。

从上表结果看，除了“中国香港/中国”低波动阶段的截距项和“美国/中国”高波动阶段的滞后一期条件方差斜率系数不显著之外，其他结果都是统计显著的。首先观察其截距项，不管是低波动阶段还是高波动阶段，截距项都是正值（“美国/中国”低条件方差阶段截距项除外）；再观察滞后一期条件方差斜率系数，“中国/中国香港”和“中国香港/中国”不管在低波动阶段还是在高波动阶段都为正值，这说明中国股票市场与香港股票市场之间相互不存在正反馈交易效应。“中国/美国”在美国股市低波动阶段的斜率系数为负值且其绝对值不高，在美国股市高波动阶段的斜率系数为正值，这说明美国股市低波动阶段，中国股市对美国股市反映出一定的正反馈交易效应；美国股市高波动阶段，中国股市对美国股市却没有反映出正反馈交易效应。相反，“美国/中国”在中国高波动阶段的斜率系数为负值且其绝对值非常小，在中国低波动阶段为正值，这说明在中国股市高波动阶段，美国股市对中国股市反映出有非常细微甚至可以忽略的正反馈交易效应，在中国股市低波动阶段，美国股市对中国股市没有反映出正反馈交易效应。而“中国香港/美国”和“美国/中国香港”在低波动阶段的斜率系数都为正值，高波动阶段的斜率系数为负值且其绝对值非常小，这说明两个国家的股市在低波动阶段都互相不存在正反馈交易效应，而在高波动阶段，相互有很微小甚至可以忽略的正反馈交易效应。

为了分析 2007 年美国金融危机前后各个市场间的交叉相关性的变化，本节把中国、中国香港、美国三个股票市场从 2002 年 1 月 8 日至 2012 年 5 月 25 日期间每个交易日的股票指数（只保留了三个市场共同交易日的数据）分为两个阶段，即金融危机前和金融危机后。2002 年 1 月 8 日至 2006 年 12 月 29 日共 1132 个观测值为金融危机前期阶段，2007 年 1 月 4 日至 2012 年 5 月 25 日共 1241 个观测值为金融危机后期阶段，然后分别利用两个时期的数据对（8 - 11）式作回归分析，估计结果如表 8 - 14 以及表 8 - 15。

表 8 - 14　三市场交相关系数与条件方差之间的关系（金融危机前）

被影响股市/影响股市	ψ_{L0}	ψ_{H0}	ψ_{L1}	ψ_{H1}	DW
中国/中国香港	0.2559 ***	0.0426 **	-0.1153 ***	0.0547 ***	0.1258
中国/美国	0.0127	0.0295 ***	0.1189 **	-0.0173 ***	0.1867
中国香港/美国	0.2024 ***	0.2091 ***	-0.1430 ***	-0.0042	0.1658
中国香港/中国	0.0735 **	0.2205 ***	0.0510 **	-0.0261 ***	0.1257
美国/中国	0.0174	-0.0441 ***	0.0112	0.0345 ***	0.1775
美国/中国香港	0.1668 ***	0.0441	-0.0076	0.0577 **	0.1373

表 8 - 15　三市场交相关系数与条件方差之间的关系（金融危机后）

被影响股市/影响股市	ψ_{L0}	ψ_{H0}	ψ_{L1}	ψ_{H1}	DW
中国/中国香港	0.2701 ***	0.5049 ***	0.1264 ***	0.0058 ***	0.1448
中国/美国	0.0939 ***	0.0391 ***	0.0373	0.0111 ***	0.1560
中国香港/美国	0.1148 ***	0.1313 ***	0.1107 ***	0.0010	0.1635
中国香港/中国	0.3345 ***	0.4329 ***	0.0832 ***	0.0103 ***	0.1410
美国/中国	-0.1041 ***	0.0959 ***	0.1085 ***	0.0001	0.1568
美国/中国香港	0.2709 ***	0.1125 ***	-0.0418 ***	-0.0003	0.1558

比较表 8 - 14 与表 8 - 15 的结果，首先，不管是金融危机前还是金融危机后，“美国/中国”在中国股票市场高波动性阶段和低波动性阶段，其滞后一期条件方差的斜率系数都为正值，说明不管是在金融危机前还是金融危机后，美国股票市场对中国股票市场都没有反映出正反馈交易效应。再从总体上看，金融危机以前，在影响股市处于市场低波动性阶段，

表现出对被影响股市的正反馈交易效应的市场在金融危机以后都不存在正反馈交易效应，如“中国/中国香港”、“中国香港/美国”：在金融危机之前，影响股市处于低波动阶段的滞后一期条件方差斜率系数分别为 -0.1153 和 -0.1430，但在金融危机后，分别变为 0.1264 和 0.1107，且都在 1% 的显著性水平下显著异于零。同样，金融危机以前，在影响股市处于高波动性阶段，表现出对被影响股市的正反馈交易效应的市场在金融危机以后都不存在正反馈交易效应，如“中国/美国”、“中国香港/中国”。在金融危机之前，影响股市处于高波动阶段的滞后一期条件方差斜率系数分别为 -0.0173 和 -0.0261，但在金融危机后，分别变为 0.0111 和 0.0103，且都在 1% 显著性水平下显著异于零，说明 2007 年美国次贷危机所引发的全球金融危机对这三个地区股市之间的正反馈交易效应影响较大，使得正反馈交易投资者变得更加理智。

第五节 本章的主要结论

本章以中国、中国香港、美国三个地区股票市场指数收益率为研究对象，通过理论与实证分析相结合方式，对各个股市的自相关性、交叉相关性和正反馈交易行为进行了研究。本章拓展了反馈交易行为模型，把各市场的交易者分类为信息交易者、国内市场反馈交易者以及市场间交叉反馈交易者。通过二元 GARCH - M 模型，探讨各个地区股市的波动溢出效应特征和正反馈交易行为。为了探究 2007 年美国次贷危机对我国股市交易者行为的影响，特别地，本章把中国、中国香港、美国三个股市指数数据分为 2007 年金融危机前及危机后两个阶段，分别对其相关性和正反馈交易行为进行了研究。主要结论如下：

（1）从描述性统计结果来看，上证指数的平均收益比恒生指数、道琼斯指数大，上证指数收益率的标准差也比恒生指数、道琼斯指数收益率的标准差大，表明中国股市的波动性比美国股市、香港股市的波动性大。上证指数收益率的偏度为负值，恒生和道琼斯指数收益率的偏度均为正值，说明上证指数收益率分布具有长的左尾、恒生指数和道琼斯指数收益率具有较长的右尾。三个市场的指数收益率的分布具有显著的厚尾特征。无论是从偏度值还是峰度值看，三个市场指数的收益率均不服从正态分布。各指数平方收益率的 Ljung – Box Q 检验都说明，三个市场指数存在明显的 ARCH 效应，因此可通过 GARCH – M 模型来刻画股票市场收益率波动的时变性和聚类性。

（2）双变量 GARCH – M 模型较好模拟了中国、美国、中国香港股市自相关性、交叉相关性特征。对于上证指数、恒生指数、道琼斯指数而言，测度各市场指数收益率与滞后一期市场收益率之间风险—收益关系的系数 δ 均显著，另外，各市场指数收益率与滞后一期收益率的波动溢出效应均显著，且具有一定的双向性，说明三个市场具有明显的自相关特征。对于两两指数收益率之间的风险—收益的相关关系，除了道琼斯指数与上证指数、恒生指数和道琼斯指数之外，其他的均显著。对于两两市场指数之间收益和波动溢出效应，上证指数向道琼斯指数的收益溢出、波动溢出效应均不显著，而道琼斯指数向上证指数的收益溢出效应、波动溢出效应均显著，说明收益和波动溢出均是美国市场向中国市场。上证指数向恒生指数的收益溢出不显著，波动溢出效应显著，而恒生指数向上证指数的收益和波动溢出效应均不显著，说明波动溢出是中国内地市场向中国香港市场。道琼斯指数向恒生指数的收益溢出效应显著，波动溢出效应不显著，而恒生指数向道琼斯指数的收益和波动溢出效应均显著，说明两个市场的联动性较强。相对而言，美国市场与香港市场的联动性较强，中国内地市场与香港市场之间也具有一定的相关性，中国市场在一定程度上受美国市场影响。

（3）波动性与自相关系数具有“微笑曲线”的特征。根据中位数把市场划分为高条件方差（高波动性）和低条件方差（低波动性）两个阶段，各市场指数收益率条件自相关系数与条件方差之间的回归分析结果发现，不管是低波动性阶段还是高波动性阶段，三个市场的截距项在 1% 的显著性水平都是统计显著的且都为负值，中国和美国的条件方差滞后一期系数都是显著为负，而香港市场的条件方差滞后一期系数显著为正，说明中国市场和美国市场存在着正反馈交易效应，中国香港股票市场在这一阶段没有正反馈交易效应。

（4）波动性与自相关系数不光有“微笑曲线”的特征，也具有不对称性特征。通过把收益率分为低的负收益阶段、高的正收益阶段、中间收益率阶段，条件自相关系数与条件方差之间的回归估计发现，在收益率处于中间水平时，中国股票市场和美国股票市场有正反馈交易效应，而中国香港股票市场则在其收益率特别高或收益率特别低的时候更容易出现正反馈交易效应。比较中国香港股票市场高正收益率阶段和低负收益率阶段的斜率系数估计结果发现，高正收益率阶段比其低负收益率阶段在条件自相关系数与条件方差之间产生更强的负相关，这就说明在本书所观察的这个阶段，中国香港股票市场在收益率为正且比较高的时候存在着更显著的正反馈交易效应。

（5）中国、美国、中国香港市场之间存在一定的交叉相关性。通过条件交叉自相关系数与条件方差之间的回归估计发现，中国股票市场与中国香港股票市场相互之间不存在正反馈交易效应；在美国股市低波动阶段，中国股市对美国股市反映出一定的正反馈交易效应，在美国股市高波动阶段，中国股市对美国股市却没有反映出正反馈交易效应；相反，在中国股市高波动阶段，美国股市对中国股市反映出有非常细微甚至可以忽略的正反馈交易效应，在中国股市低波动阶段，美国股市对中国股市没有反映出正反馈交易效应。而中国香港股市与美国股市在低波动阶段都互相不存在正反馈交易效应，在高波动阶段，其相互有很微小甚至可以忽略的正反馈交易效应。

（6）2007 年次贷危机对中国、美国、中国香港市场的反馈交易效应产生了一定影响。通过分别估计金融危机前和金融危机后条件交叉自相关系数与条件方差之间的回归发现，不管是金融危机前还是金融危机后，美国股票市场对中国股票市场都没有反映出正反馈交易效应。另外，从总体上看，金融危机以前，在影响股市处于市场低波动性阶段，表现出对被影响股市的正反馈交易效应的市场在金融危机以后都不存在正反馈交易效应，如“中国/中国香港”、“中国香港/美国”；而在影响股市市场处于高波动性阶段，表现出对被影响股市的正反馈交易效应的市场在金融危机以后都不存在正反馈交易效应，如“中国/美国”、“中国香港/中国”，这说明 2007 年美国次贷危机引发的全球金融危机对这三个股市之间的正反馈交易效应影响颇大，使得正反馈交易投资者变得更加理智。

第九章　结论

第一节　本书主要发现和结论

一　中国股票市场“分割——体化”程度的度量

从理论上看，股市分割与一体化问题与其他问题研究一样，遵循着相同的现代经济学基本分析框架，即界定经济环境、设定行为假设、给出制度安排、选择均衡结果、进行评估比较（田国强，2005）。中国股市分割与一体化问题的研究，也应遵照现代经济学基本分析框架，根据中国股市具体情况，界定市场经济环境、假定投资行为，选择适合中国股票市场实际发展情况的模型，以是否遵循相同的定价模式作为市场分割与一体化的判断标准；假定市场尤其是新兴国家市场是部分分割更符合实际；域变模型对市场一体化程度有较好的度量。其主要思想是，如果一国股市与世界股市是完全一体化的，则其预期收益率主要由该国股票收益率与世界股票收益率的协方差解释；如果一国股市与世界股市是完全分割的，则其预期收益率主要由该国股票收益率的方差解释；如果市场既非完全分割又非完全一体化，或者市场分割程度在不断变化，则该国股票预期收益率是上述两种极端情况的一种加权平均。通过对次贷危机前的中国 A 股、B 股市场一体化程度的测度发现：

（1）中国股票市场呈现两种不同的演进轨迹，沪市总体平均一体化程度相对较低，而深市一体化程度则相对较高，但与完全一体化仍还有一定的距离。

（2）1999 年 1 月至 2007 年 2 月期间沪深 A 股、B 股市场一体化程度有所不同，沪市 A 股、B 股市场平均一体化程度为 0. 4733，沪市 A 股、B 股市场处于完全一体化状态的延续性强于完全分割状态，完全一体化状态得以维持的概率是 0.7404，则完全一体化状态的平均持续期约 3.85 个月；市场完全分割状态得以维持的概率是 0.6202，所以完全分割状态的平均持续期约为 2.63 个月。而深市在整个样本期内，与分割状态相关的参数基本不显著，总体平均一体化程度为 0.7888，深市总体而言，A 股、B 股市场处于完全一体化状态的延续性强于完全分割状态，完全一体化状态得以维持的概率是 0.8205，平均持续期约为 5.57 个月；而市场完全分割状态得以维持的概率是 0.2701，平均持续期约 1.37 个月。将样本区间扩大到 1997 年 1 月至 2008 年 4 月，得到的结论基本相似。沪市在整个样本期内平均一体化程度为 0.255，完全一体化状态平均持续期与完全分割状态平均持续期的比值为 1.385（ 4.016 ÷2.899 ）。而深市一体化程度平均值为 0.551，完全一体化状态平均持续期与完全分割状态平均持续期的比值为 2.440（3.257 ÷1.335）。由此可见，无论是从估计参数的显著性，还是从状态维持概率和平均持续时间大小看，深市 A 股、B 股市场间的一体化程度高于沪市。两市与完全一体化仍有一定的距离。沪深两市一体化程度的不同可能与两市的地理位置有关，即所谓的“国内偏好”现象。

（3）从整个样本期市场一体化程度的变化趋势来看，沪市和深市变动趋势基本相同，说明两市所受到的市场驱动力量基本相同。B 股对境内居民开放，对沪市和深市市场一体化程度影响大体相同，均是短期影响较大，长期影响较小。但在此期间，B 股对境内居民开放这一事件对沪市一体化影响程度要大于深市。值得注意的是，在 2001 年 4—9 月间，沪市市场一体化程度较高，平均值为 0.53565，高于样本期平均值 0.473303，且变化剧烈；此后市场一体化程度变化趋缓，一体化程度与样本期平均值接近。与这一现象相对应现实背景是，2001 年 2 月 19 日中国政府宣布，B 股开始对境内居民开放，境内居民正式开始购买 B 股是稍后的 6 月 1 日。虽然正式境内居民正式交易的时间是 6 月 1 日，但是由于信息的预期效应，市场在此之前已作出了反映。由此可见，B 股对外开放后，沪市市场一体化程度在短期内有明显增强，但长期影响不大。

二　中国股票市场间的信息流动与一体化演进

溢出效应和信息流动反映了市场分割与一体化的状况，如果两个市场是完全一体化的，则彼此间溢出效应存在，信息在两个市场相互流动；如果两个市场是完全分割的，则相互间溢出效应不存在，信息互不流动。因此，本书研究的一个自然延伸就是同时考虑 A 股、B 股间的收益和波动溢出效应，检验信息流动的状况，通过比较不同时期的溢出效应和信息流动的差异来分析 A 股、B 股市场一体化进程。考虑非 A 股市场的多样性，在 A 股、B 股市场间信息流动探讨的基础上，还进一步分析了非 A 股市场之间，即 B 股与 H 股及红筹股之间的信息流动情况，研究发现：

（1）在中国股市发展的初期，A 股市场相当于 B 股市场而言是一个相对封闭的市场，走势与周边市场的关联度不大，长期以来 A 股、B 股价格存在较大差距，B 股价格偏低，A 股价格偏高。随着 B 股的对内开放、A 股对外开放以及股权分置改革的实施和顺利推进，改善了中国股市的投资者结构、增强了信息的透明度，A 股市场估值水平、市场监管等与国际市场进一步接轨，加快了股票市场一体化程度的步伐。A 股走势受 B 股影响较大。从 B 股价格的大幅度上升到进入震荡整理阶段，A 股走势均难以摆脱其影响，A 股、B 股市场出现前所未有的联动性，使 A 股、B 股价格差距大幅缩小，这也使得 A 股与 B 股之间的收益溢出效应主要是由 B 股向 A 股的单向溢出，即 B 股市场的收益率对 A 股市场收益率具有先导作用。

（2）沪市和深市呈现出两种不同的分割状况和一体化演进轨迹，沪市 A 股、B 股之间的波动溢出效应主要是 A 股向 B 股的单向溢出，信息是从 A 股向 B 股单向流动的；而深市相对于沪市而言，存在着明显的 A 股与 B 股之间的相互波动溢出效应，反映了深市 A 股、B 股市场的相互信息传导作用。沪深市 A 股、B 股市场一体化程度总体上有不断增强的趋势，但与完全一体化还有一定的距离。

（3）在 B 股、H 股和红筹股中，红筹股和 H 股对 B 股均有信号引导作用，红筹股始终处于信息领先地位，是市场信息的“风向标”；且红筹股也会受深市 B 股信息的影响。B 股对 H 股的收益和波动溢出效应在沪深两个市场上均不存在，而 H 股对 B 股的收益溢出效应和波动溢出效应均存在，表明信息是从 H 股向 B 股单向流动的；B 股与红筹股间的溢出效应和信息流动情况对沪市来说，仅存在 B 股对红筹股有波动溢出效应，但对深市来说则不同，深市 B 股与红筹股相互间的收益和波动溢出效应均存在，沪深两市不同的溢出效应可能与两市地理位置有关，即所谓的“国内偏好”现象。

三　中国股市与国际股市间的信息流动和一体化演进

中国股市一体化进程除了反映在中国各股票市场之间的信息流动和溢

出效应之外，还体现在中国股市和国际股市之间的信息流动和溢出效应。随着中国加入世界贸易组织，市场开放程度的加大，中国股市的一体化进程亦在不断演化，特别是在经历了全球次贷危机的冲击后，中国的国际经济地位逐渐提高，使得研究中国股市与国际股市的联动效应越来越重要。除此之外，由于金融市场受到不同时期经济体制的影响以及重大事件的冲击，使得相关系数往往是时变的。因此，本书从国际股票市场的层面出发，研究中国沪深股市与中国香港、日本、英国和美国等主要国际股市之间的联动效应，探讨中国沪深股市与主要国际股市之间是否存在长期稳定的均衡关系、短期波动的相关性和溢出效应；从时变的动态相关系数角度，研究同一国家内两个不同股市之间、不同国家股市之间两个层次的一体化问题，进而分析中国股市与国际股市间的信息流和一体化演进过程。从“反馈交易”行为理论，研究中国、中国香港、美国三个代表性股票指数的相关性特征。研究发现：

（1）中国股市和国际股市间确实存在着一定的联动效应，在股指价格上也和成熟股市间存在着长期均衡关系，但当这种长期均衡在短期内受到干扰时，会迅速显著影响中国香港、日本和英国股市的短期波动，却对中国内地和美国股市在短期内不会产生多大影响。此外，中国上证和深证股市间的短期波动相互影响显著，中国香港、日本和英国股市间的短期波动也存在着显著的相互影响。然而美国股市的短期波动只会单向显著影响其他各股市（上证除外），却不受其他各股市的影响。中国沪深股市间存在双向的收益波动溢出效应，中国香港、日本、英国、美国四个成熟股市彼此间也存在双向收益波动溢出效应，四个成熟股市对中国沪深股市多表现为短期单向溢出。中国香港和日本、英国、美国等世界主要股市相互间的联动效应非常明显，表现出成熟股市共有的特征，其中美股处于明显的领头羊地位。这一切说明目前中国内地股市毕竟还属于新兴股市，和国际股市接轨的程度还远远不够，对世界股市的影响更是微乎其微，即使有也是极其短暂的。所以说，中国股市的国际化发展还有很长的路要走。

（2）开盘后 30 分钟的上证综指指数价格为完全反映了隔夜消息的“开盘”价格；开盘后 60 分钟的 S&P500 指数价格为完全反应隔夜信息的“开盘”价格，以这种每日内 30 分钟频率的高频数据构建的“开盘”价格研究同样表明，中国和国际股市之间存在着溢出效应。从收益率的溢出效应看，纽约股市对上海股市的影响比上海股市本身要显著；从波动率的溢出效应来看，纽约股市对上海股市的影响也非常显著，且上海股市指数的变化有 15% 能够被美国和自身市场的先前信息所预测；上海股市对纽约股市隔夜收益率的解释能力不显著，而对波动率的解释能力有所加强，S&P500 指数的开盘价格 13% 的部分能被中国和美国股市先前的信息所预测。

（3）中国、中国香港、美国三地股市间的收益波动冲击具有时变性，DCC - MVGARCH 模型较好的系统性度量了动态相关性。2000—2008 年 6 月，不同股票市场之间的动态相关系数随着时间的推移而不断变化，但总体来看大部分时间在 -0. 2—0. 8 之间波动。其中表现最为突出的是上海—深圳指数收益率的动态相关系数绝大多数时间都大于 0，而恒生—道琼斯指数收益率的动态相关系数在次贷危机发生之前的绝大多数时间都大于 0. 2。这显示了这两对市场之间股票指数收益率的波动相关性非常高，上海和深圳市场一体化程度和一体化速度远远超过道琼斯指数和标准普尔 500 指数。而其他几对市场之间的动态相关系数一般在 [-0. 2，0. 4] 的区间范围内波动。随着股权分置改革和人民币汇率改革的实施，内地市场和香港市场以及美国市场的关联程度逐渐提高，虽然国内股市与美国股市的相关性有所提高，但次贷危机影响中国内地股市的方式并不是直接的，而是通过对香港股市的风险溢出而间接传递了次贷危机的风险至内地市场。

（4）中国、中国香港、美国三个代表性股票指数存在明显的 ARCH 效应，双变量 GARCH - M 模型较好地模拟了中国、美国、中国香港地区股市自相关性、交叉相关性的特征。中国股市波动性比美国、中国香港地区股市的波动性要大。相对而言，美国股市与香港股市的联动性较强，中国内地市场与香港股市之间也具有一定的相关性，中国股市在一定程度受美国股市影响。波动性与自相关系数之间不仅有“微笑曲线”特征，也具有不对称性特征。2007 年金融危机对中国、美国、中国香港市场的反馈交易效应产生了一定影响，使得正反馈交易投资者变得更加理智。

四　中国双重上市公司股票价格差异

许多对中国股票市场分割性的研究是用市场指数来进行的，相对于市场指数数据，运用双重上市公司数据来研究市场分割的优点是，它剔除了与上市公司本身特征有关的影响股票价格和收益率的因素，因此收益率和价格差异仅仅反映了市场本身的差异。信息流动模型是通过信息在不同市场间的对收益率均值和风险程度的“溢出效应”来判断市场的分割性。根据国际资本资产定价模型，一个市场上股票“开盘价—收盘价”收益率对于另一个市场股票“收盘价—开盘价”收益率的影响反映了两个市场之间的“分割——一体化”特征。因此，本书从双重上市公司的角度，将收盘价到收盘价计算的日间收益率分为两部分，第一部分是“收盘价—开盘价”收益率，反映了上一个交易日收盘价到当日开盘价的变化率；另一部分是“开盘价—收盘价”收益率，也称日内收益率，反映了一个交易日内股票价格的变化率。结合资产定价模型和信息流动性模型，通过两类收益率之间的溢出效应来判断市场的分割性。并利用 A + H 股双重上市个股的股价、收益、波动、成交量等信息，分析两者的领先滞后关系、流动性差异、折价率的发展趋势、彼此收益—风险的不同特征，并首次尝试使用内生性结构突变 BLS 分析法，探究 A 股和 H 股目前的分割程度及未来的一体化演变进程。研究发现：

（1）中国 A 股、B 股市场以及 A 股、H 股市场之间分别存在一定程度的分割性，这种分割性主要体现在信息传递的不对称和投资者对风险偏好等方面。双重上市公司 A 股收益率对下一期 B 股收益率的影响显著为负，但 B 股收益率对下一期 A 股收益率的影响却显著为正，这说明 A 股与 B 股市场之间具有一定的信息不对称性。虽然双重上市公司 A 股与 B 股收益率波动之间的信息溢出效应方向一致，但 A 股对 B 股的溢出效应不显著，而 B 股对 A 股的波动溢出效应则较强，这反映了市场信息的传导途径是从 B 股到 A 股。A 股和 H 股市场之间通过“开盘价—收盘价”收益率的溢出效应显示两个市场也不是完全一体化的，因为 H 股对 A 股通过“开盘价—收盘价”收益率的“溢出效应”并不显著，说明对于市场上的信息冲击首先会传递到 A 股市场，然后再传递到 H 股市场。

（2）A + H 股双重上市个股具有不同的收益—风险特征。对 A + H 股双重上市个股的 Granger 检验揭示出 A 股与 H 股的领先滞后关系。在 47 对 A + H 股双重上市样本公司中，94% 的 H 股比 A 股率先上市，虽然超过半数（51%）从香港回归内地 A 股，依旧会受 H 股的风向作用，但这种领先滞后关系在众多开放性政策的推动下已经发生变化，大约已有 15% 的 A 股不仅不再受 H 股的引领，还反过来变成 H 股的风向标，这说明 A 股的影响能力与日俱增。47 对 A + H 股双重上市样本公司中 51% 的 A 股和 55% 的 H 股具有显著的波动集聚性，两者数量相当；17% 的 A 股和32%的H股呈现波动持久性，H股的数量明显多于A股；13%的A股和26%的H股具有“利空消息”会比“利好消息”产生更大波动的“杠杆效应”，H股数量不仅明显多于A股，甚至是后者的两倍。60%的A股Beta值高于H股Beta值，且大多数表现为A股为进攻型（Beta >1），H股为防守型（Beta <1）。同一家公司在两地上市却拥有不同的个股风险系数，这显然与其上市地点的市场成熟程度、投资者类型有关。

（3）借助Panel Data - AR①扰动模型揭示出预期与未预期的流动性差异对A+H股双重上市股折价率的不同影响。A股与H股的流动性差异存在高度自相关，并且流动性差异的扩大，无论是预期到的还是未预期到的，都会显著增加当期H股对A股的折价率。在其他条件不变情况下，未预期流动性冲击对折价率的影响，要大于预期到的流动性差异的等量变化所带来的对折价率的影响。

（4）BLS（Bai，Lumsdaine，Stock，1998）估计法分析A股和H股从分割到一体化的内生性结构突变的结果显示，47家双重上市个股中，只有广船国际、昆明机床、东方航空、大唐发电4家显著存在内生性结构突变点，说明A股和H股的分割状态仍然存在，其一体化突变点即使存在也只是发生在2009年3月31日之后，同时对市场整体收益做出的结果与此结论相一致。对4家发生突变的公司研究发现，在内生性突变区间前后，均发生了或香港与内地之间，或内地与国外之间不同类型的股权合作事宜，说明两地之间实体经济的密切合作往来，会加速A股和H股两市之间一体化的进程。另外，4家A+H股双重上市公司上市的起始时间，彼此最远相距13年之久，而它们从分割到一体化的突变时间却集中在2005年10月到2007年10月，不得不说是和整个经济环境和股市发展政策分不开的。这一结论也与此前Panel Data部分所揭示的“A股和H股的分割程度在牛市中有明显减弱”的现象正好一致。

五　中国双重上市公司股票价格差异原因分析

基于市场分割假设检验双重上市公司股票价格差异原因，可以从一级发行市场和二级交易市场分别研究。在一级发行市场上，A股市场与B股、H股市场首日抑价率的差异反映了不同市场交易制度和投资者偏好和认同等因素对于股票价格的影响程度和发行价格扭曲的程度。在二级市场上，信息不对称性、需求差异、流动性差异和投资者风险偏好差异等都会影响到双重上市公司股票价格的差异。本书通过双重上市公司的数据，基于市场分割性假说，研究A股价格与相应B股和H股价格的差异原因。研究发现：

（1）对A股、B股之间的首日抑价率差异的实证分析表明，反应投资者情绪的“抱手”因素对于A股、B股首日抑价率差异的影响比较显著，由于A股比B股更频繁地处于“抱手”周期，因此，它的首日抑价率要比B股的低。另外，反映信息不对称性和事前不确定性的招股说明书发布到上市时间间隔因素对于首日抑价率之差有显著的正向作用，这可能是因为时间间隔越长，投资者会面临更大不确定性，同时机会成本也越大，因而要求更大的溢价。上市公司上市首日的表现对首日抑价率也有一定的影响，A股、B股上市首日市盈率的差异对A股、B股首日抑价率的差异有显著的正向作用，而A股、B股上市首日换手率的差异对A股、B股首日抑价率的差异有正的作用，但效果不显著。

（2）交易价格差异的影响因素可以从信息不对称、需求差异、流动性差异和投资者风险偏好差异四个角度解释。在二级市场上，信息不对称程度越高，双重上市公司交易价格差异越大；流动性差异越大，双重上市公司价格差异越大；投资者风险偏好差异越大，股票价格差异越大，价格差异也越大，但是沪市风险偏好差异的因素不显著。

第二节 启示与建议

虽然B股对内开放、A股对外开放以及股权分置改革等政策的顺利推进在一定程度上提高了市场一体化程度，但从测定一体化程度改变情况看，提高的程度并不太大。B股市场还未与A股市场完全融合；B股市场与H股和红筹股市场存在一定的关联性；沪市和深市呈现两种不同的一体化演进轨迹，沪市与深市与完全一体化还有一定的距离。由此得到的基本启示和建议是：

（1）由于B股对内开放和A股对外开放等政策实施的本质作用是改善了中国股市的投资者结构、增强了信息的透明度，因此应在此基础上加大开放力度，深化和完善QFII、RQFII制度，积极推进QDII制度的具体实施。同时，还要注意A股市场内部生态环境建设，如IPO制度改革、回购制度变化等，以进一步改善中国股市的投资者结构。

（2）为促进中国股票市场一体化进程，除了继续减小制度壁垒、改进市场交易机制、改善投资者结构之外，还应重点考虑沪市和深市的协调发展，在政策的制定和实施中参照两市的实际情况，对沪市和深市区别对待。上海是中国资本市场对外开放最重要的市场，为了进一步推进上海国际金融中心建设，巩固和提升香港的国际金融中心地位，应积极稳步推进沪港股票市场交易互联互通机制——沪港通，在交易结算制度、跨境监管协调、信息披露和应急处置方案等方面两地要共同协商、达成一致，防范两地交易规则、结算时间不同等导致的潜在风险。借助沪港通，A 股将引入成熟市场的监管制度和投资理念，逐步实现 AH 股估值的并轨，加快 A 股市场一体化进程，推动人民币国际化。

（3）对中国股票市场一体化的发展应采用渐进、分阶段思路。A 股与 B 股的分割很大程度是历史的产物，其产生具有特定时代背景，但随着越来越多的国内企业倾向于在中国香港、美国等地区上市，B 股在中国股市中的重要性地位逐渐下降，因此在适当的时机可以合并 A 股和 B 股市场，这样既便于监管，也会从根本上消除 A 股与 B 股的市场分割性。

（4）加快新股上市发行定价制度与国际接轨步伐。中国新股改革走过了漫长的道路，从审批制到核准制，从新股认购证到网上网下发行，从固定价格到询价发行……自 2006 年 5 月以来，我国对新股发行定价进行重大改革，结束行政色彩浓厚的审批制，推出询价制度，基本上做到了发行人和承销商在机构投资者询价的基础上自行定价。为了进一步健全新股发行体制、强化市场约束机制，2009 年 6 月 10 日，证监会发布了《关于进一步改革和完善新股发行体制的指导意见》，推出了新股发行体制改革。在具体实施方式上，改革采取分步实施、逐步完善的方式，分阶段逐步推出各项改革措施。完善询价和申购报价约束机制。但是，由于新上市公司股权结构仍然极不合理，市场追逐新股的热情以及供不应求的市场环境等原因，A 股首日溢价率仍然比较高。因此，需要进一步完善新股价格形成机制和市场规则，让新股价格更多体现公司本身质地和市场供需状况，尽快推行股票注册制，解决新股价格严重扭曲的不合理现象，监管层应该把更多精力放在完善新股价格形成机制和市场规则上，建立相关的配套机制，如《证券法》的修改、民事赔偿制度的改革、信息披露标准的进一步完善、发行人和承销商以及会计师事务所、律师事务所等中介机构诚信自律能力的完善，等等，充分发挥市场在资源配置中的决定性作用。

(5) 完善监管制度，培养良好的投资习惯和理念也是政府的一项重要职责。研究表明，国内A股市场还具有较大的投机性，投资者缺乏价值投资理念。鉴于此，应加快A股和B股（H股）上市和交易制度的一体化，引入更加严格的会计信息披露标准，避免政府政策的短期化，避免市场忽冷忽热。政府要按照市场规则出牌，尽量减少行政化的干预和暗示。

(6) 大力培育机构投资者，促进QFII、RQFII和QDII对国内投资者的导向作用，减少市场投机行为，引导国内投资者树立正确的投资风险观。QFII、RQFII和QDII是我国已有的两个制度平台，在加大外国投资者直接投资中国股市的同时，积极将国内投资者推向国际市场。但是，在具体实施的过程中，仍存在一定问题，一个问题是如何建立和保持QFII与国内投资者信息的交流和联系，另一个问题是如何正确看待QDII的亏损，从中得到什么教训。培育成熟的投资者是一个长期的、循序渐进的过程，建立一个良好的市场制度才是关键。

第三节 本书不足及后续研究方向

(1) 本书虽然运用域变模型定量描述了中国股票市场的一体化程度演进轨迹，采用向量GARCH模型分析了不同股票市场间的溢出效应与信息流通，检验了B股对内开放和A股对外开放事件对中国股市一体化进程的影响，但限于数据的可获得性以及我们研究的阶段性，使得全书前后有些实证研究的时间段还不能完全一致。本书在测定中国股市一体化程度时样本期截止于次贷危机之前，与后文检验股市间溢出效应与信息流动的样本期不相匹配；如能将样本期扩展到2013年，则能对中国股市一体化程度的演进轨迹有一个更全面的度量。

(2) 本书虽然运用DCC－MVGARCH模型较好度量了沪深港三地股市间的收益波动冲击和动态相关性，并使用PSTR模型对这三地的股票市场的一体化程度和市场间的一体化速度进行了度量，拓展了现有中国金融市场与国外主要金融市场之间一体化进程的研究层面，但由于研究的阶段性，本书在测定动态相关系数和一体化进程时，数据只是从2000年1月到2008年6月为止，如果能将样本范围进一步扩大，或许能得到更多有价值的信息。

（3）本书虽然利用 Panel Data－AR（1）扰动模型揭示出预期与未预期的流动性差异对 A＋H 股折价率的不同影响，但还缺乏根据折价率自身的自相关性，建立动态的 Panel Data。本书曾做过这方面的尝试，但由于数据量过于庞大，用外生变量和先决变量的滞后值所形成的工具变量矩阵阶数过高，对软件处理时电脑内存的单进程限制提出了更高要求，不得已而放弃。未来可以考虑在大样本下对折价率建立动态 Panel Data 模型，可在工具变量的选取上做进一步研究。再者，本书的 Panel Data－AR（1）扰动模型，其外生解释变量只涉及一种“软分割”因素，流动性差异。在以后的研究中，还可加入其他“硬分割”或“软分割”因素中可以量化的指标，从多方面探讨折价的原因。

（4）对于内生性结构突变方面，本书首次尝试将这一方法应用于双重上市个股的研究中，但是，只采用了一种类型的解释变量做 VAR（1）模型，即 A 股和 H 股各自的收益率。其实，还可以从个股的其他方面引入解释变量，形成多变量的内生性结构突变分析。国外研究显示，多变量不仅能显著增加模型的解释力度，而且会提高 Pseudo－Gaussian MLE 的估计精度，增加突变点估计的显著性，缩小突变点的置信区间。后续研究不仅对个股作此分析，还可以对股票指数以及一些如利率等宏观经济变量做内生突变分析，看看个股的突变区间是否会和宏观突变区间有部分重合，从而对突变原因进行更全面更深入地分析。当然，这些进一步的研究工作也会相应带来对软件编程更高的要求。

（5）在双重上市公司价格差异研究方面，本书对于 A 股和 H 股一级市场上首日溢价率没有进行研究。另外，在方法的选择上还有些不成熟，尤其利用 PP－GARCH 模型研究市场分割的时候，没有考虑到固定效应和随机效应的影响，这主要是因为考虑到选择样本的个体过多，运用固定效应或者随机效应模型可能会导致参数过度的问题，如果在研究国内外市场分割的时候，选择少数有代表性的双重上市公司作为样本将会使该方法有更大的利用空间。

（6）在研究中、港、美股票市场的相关性与反馈交易行为时，仅仅考虑了市场指数收益率波动的非对称性，而没有考虑收益率与风险之间关系的非对称性。另外，本书仅仅考虑了三个市场之间的自相关、交叉相关性的问题，后续研究可以扩展到多个国家或地区。

参考文献

[1] Adler, M., and B. Dumas, International Portfolio Selection and Corporation Finance: A Synthesis. *Journal of Finance*, 1983 (38): 925 -984.

[2] Aggarwal, R., B. Lucey, and C. Muckley, Dynamics of Equity Market Integration in Europe: Evidence of Changes over Time and with Events. Trinity College Dublin IIIS Discussion Paper No. 19, 2004.

[3] Akdogan, H., A Suggested Approach to Country Selection in International Portfolio Diversification. *Journal of Portfolio Management*, 1996 (23): 33 -40.

[4] Alexander, G. J., C. S. Eun, and S. Janakiramanan, International Listings and Stock Returns: Some Empirical Evidence. *Journal of Financial and Quantitative Analysis*, 1988 (23): 135 -151.

[5] Alexander, Gorgon J., S. Eun Cheol, and S. Janakiramanan, Asset Pricing and Dual Listing on Foreign Capital Markets: A Note. *Journal of Finance*, 1987 (42): 151 -158.

[6] Allen, D., and G. Macdonald, The Long Run Gains from International Equity Diversification: Australian Evidence from Cointegration Tests. *Applied Financial Economics*, 1995 (5): 33 -42.

[7] Allen, F., and D. Gale, Limited Market Participation and Volatility of Asset Prices. *American Economic Review*, 1994 (84): 933 -955.

[8] Amihud, Yakov, and H. Mendelson, Asset Pricing and the Bid - Ask Spread. *Journal of Financial Economics*, 1986 (17): 223 -249.

[9] Andres Gonzalez, Timo Terasvirta, Dick van Dijk, Panel Smooth Transition Regression Models. SSEPEFI Working Paper Series in Economics and Finance, 2005, No. 6041.

[10] Ang, Andrew, and Geert Bekaert, International Asset allocation under re-

gime switching. *Review of Financial Studies*, 2002, (15): 1137 -87.

[11] Ang Andrew, and J. Chen, Asymmetric Correlations of Equity Portfolios. *Journal of Financial Economics*, 2002 (63): 443 -494.

[12] Ang, Andrew and G. Bekaert, International Asset Allocation under Regime Switching. *Review of Financial Studies*, 2002 (15): 1137 -1187.

[13] Ayuso, J., and Blanco, R., Has Financial Market integration increased during the 1990's? Banco De Espana Working Paper 9923, 1999.

[14] Baba, Y., R. Engle et al., Multivariate Simultaneous Generalized ARCH, UCSD Discussion Paper , 1989: 89 -57.

[15] Bachman, D., J. J. Choi et al., Common Factors in International Stock Prices: Evidence from a Cointegration Study. *International Review of Financial Analysis*, 1996 (5): 39 -53.

[16] Backus, D., P. Kehoe, and F. Kydland, International Real Business Cycles. *Journal of Political Economy*, 1992 (100): 745 -775.

[17] Bae, KeeHong, G. , A. Karolyi, and R. M. Stulz, A New Approach to Measuring Financial Contagion. *Review of Financial Studies*, 2003 (16): 717 -763.

[18] Baele, Lieven, Volatility Spillover Effects in European Equity Markets, *Journal of Financial and Quantitative Analysis*, 2005 (40): 373 -401.

[19] Baig, T., and I. Goldfajn, Financial Market Contagion in the Asian Crisis. IMF Staff Papers, 1999, 46 (2): 167 -195.

[20] Bailey, W., P. Chung, and J. Kang, Foreign Ownership Restrictions and Equity Price Premiums: What Drives the Demand for Cross - Border Investments? *Journal of Financial and Quantitative Analysis*, 1999 (34): 489 -511.

[21] Bailey, Warren and Peter Chung, Exchange Rate Fluctuations, Political Risk and Stock Returns: Some Evidence from an Emerging Market, *Journal of Financial and Quantitative Analysis*, 1995 (30): 541 -562.

[22] Bailey, Warren, and Julapa Jagtiani, Foreign Ownership Restrictions and Premiums for International Investment: Some Evidence from the Thai Capital Market. *Journal of Financial Economics*, 1994 (36): 57 -88.

[23] Bailey, Warren, Risk and Return on China's New Stock Markets: Some

Preliminary Evidence. *Pacific – Basin Finance Journal*, 1994 (2): 243 -260.

[24] Bartram, S. M., and G. A. Karolyi, The Impact of the Introduction of the Euro on Foreign Exchange Risk Exposures. Working Paper, Ohio State University, 2003.

[25] Basak, S., A Model of Dynamic Equilibrium Asset Pricing with Heterogeneous Beliefs and Extraneous Risks, *Journal of Economic Dynamics and Control*, 2000 (24): 63 -95.

[26] Basak, S., An Intertemporal Model of International Capital Market Segmentation, *Journal Financial and Quantitative Analysis*, 1996 (31): 161 -188.

[27] Basak, S., and B. Croitoru, Equilibrium Mispricing in a Capital Market with Portfolio Constraints, *Review of Financial Studies*, 2000 (133): 715 -748.

[28] Basak, S., and D. Cuoco, Equilibrium Mispricing in a Capital Market with Portfolio Constraints, *Review of Financial Studies*, 1998 (112): 309 -341.

[29] Basak, S., and M. Gallmeyer, Capital Market Equilibrium with Differential Taxation, Working Paper, 1999.

[30] Bekaert, G., and Harvey, C., Foreign Speculators and Emerging Equity Markets. *Journal of Finance*, 2000 (55): 565 -614.

[31] Bekaert, G., and C. R. Harvey, Capital Flows and the Behavior of Emerging Market Equity Returns. NBER Working Paper, No. 6669, 1998.

[32] Bekaert, G., and C. R. Harvey, Emerging Equity Market Volatility. *Journal of Financial Economics*, 1997 (43): 29 -77.

[33] Bekaert, G., and R. Hodrick, Characterizing Predictable Components in Excess Returns on Equity and Foreign Exchange Markets. *Journal of Finance*, 1992 (47): 467 - 509.

[34] Bekaert, G., C. R. Harvey, and C. Lundblad, Growth Volatility and Equity Market Liberalization, Columbia University and Duke University, Working Paper, 2002.

[35] Bekaert, G., C. R. Harvey, C. Lundblad, Does Financial Liberalization Spur Growth? *Journal of Financial Economics*, 2005 (7): 3 – 55.

[36] Bekaert, Geert and C. R. Harvey, Emerging Markets Finance. *Journal of Empirical Finance*, 2003 (10): 3 – 55.

[37] Bekaert, Geert and C., R. Harvey, Time – varying World Market Integration. *Journal of Finance*, 1995 (50): 403 – 444.

[38] Bekaert, Geert and Guojun Wu, Asymmetric Volatility and Risk in Equity Markets. *Review of Financial Studies*, 2000 (13): 1 – 42.

[39] Bekaert, Geert, C. R. Harvey, and Angela Ng, Market Integration and Contagion. *Journal of Business*, 2005 (78): 39 – 69.

[40] Bekaert, Geert, Market Integration and Investment Barriers in Emerging Equity Markets. World Bank Economic Review, 1995 (9): 75 – 107.

[41] Bekaert, G., C. R. Harvey, and R. Lumsdaine, Dating the Integration of World Equity Markets. *Journal of Financial Economics*, 2003 (65): 203 – 248.

[42] Bergstrom, C., K. Rydqvist, and P. Sellin, Asset Pricing with in – and Outflow Constraints: Theory and Empirical Evidence from Sweden. *Journal of Business Finance and Accounting*, 1993 (20): 865 – 879.

[43] Bhamra, Harjoat S., International Stock Market Integration: A Dynamic General Equilibrium Approach, University of British Columbia Working paper, 2005.

[44] Black, F., International Capital Market Equilibrium with Investment Barriers. *Journal of Financial Economics*, 1974 (1): 337 – 352.

[45] Black, F., M. C. Jensen and M. Scholes, The Capital Asset Pricing Model: Some Empirical Finding, in: M. C. Jensen, ed., Studies in the Theory of Capital Markets. Praeger, New York, 1972: 79 – 121.

[46] Bodurtha, J. N., D. C. Cho, and L. W. Senbet, Economic Forces and the Stock Market: An International Perspective. *Global Finance Journal*, 1989 (1): 21 – 46.

[47] Bollerslev, T., Generalized Autoregressive Conditional Heteroskedasticity. *Journal of Econometrics*, 1996 (31): 307 – 327.

[48] Bollerslev, T., and J. M. Wooldridge, Quasi – Maximum Likelihood

Estimation and Inference in Dynamic Models with Time – Varying Covariance. *Econometric Reviews*, 1992 (11): 143 – 172.

[49] Bollerslev, T., Generalized Autoregressive Conditional Heteroskedasticity. *Journal of Econometrics*, 1986 (31): 307 – 327.

[50] Bollerslev, T., R. Engle, and J. Wooldrige, A Capital Asset Pricing Model with Time – Varying Covariance. *Journal of Political Economy*, 1998 (96): 116 – 131.

[51] Bollerslev, T., Y. R. Chou, and F. K. Kroner, ARCH Modeling in Finance: A Review of the Theory and Empirical Evidence. *Journal of Econometrics*, 1992 (52): 5 – 59.

[52] Boyer, M. S., B. H. Gibson, and M. Loretan, Pitfalls in Tests for Changes in Correlations, International Finance Discussion Paper, 597, Board of Governors of the Federal Reserve System, Washington D. C., 1999.

[53] Bracker, K., and P. D. Koch, Economic Determinants of the Correlation Structure across International Equity Markets. *Journal of Economics and Business*, 1999 (51): 443 – 471.

[54] Bradley, D., Jordan, B., Partial adjustment to public information and IPO underpricing. *Journal of Financial and Quantitative Analysis*, 2002 (37): 595 – 616.

[55] Bris, Arturo, S. Cantale, and G. Nishiotis, A Breakdown of the Valuation Effects of International Cross – Listing, 2005.

[56] Brown, S. J., and J. B. Warnetr, Using Daily Stock Returns the Case of Event Studies. *Journal of Financial Economics*, 1985 (14): 3 – 31.

[57] Buckberg, E., Emerging Stock Markets and International Asset Pricing. *World Bank Economic Review*, 1995 (9): 51 – 74.

[58] Campbell, J. Y., and Y. Hamao, Predictable Stock Returns in the United States and Japan: A Study of Long term Capital Market Integration. *Journal of Finance*, 1992 (47): 43 – 70.

[59] Campbell, J. Y., A Variance Decomposition for Stock Returns. *Economic Journal*, 1991 (101): 157 – 179.

[60] Carrieri, F. V., and Sergei Sarkissian, Industry Risk and Market Inte-

gration, *Management Science*, 2004, Vol. 50, No. 2 (Feb., 2004: 207 – 221.

[61] Carrieri, F., V. Errunza, and K. Hogan, Characterizing World Market Integration through Time, Working paper, McGill University, 2005.

[62] Cashin, P., M. S. Kumar, and J. C. McDermott, International Integration of Equity Markets and Contagion Effects. IMF Working Paper, No. 110, 1995.

[63] Chakravarty, S., A. Sarkar, and L. F. Wu, Information Asymmetry, Market Segmentation and Pricing of Cross – listed Shares: Theory and Evidence from Chinese A and B Shares. *Journal of International Financial Markets*, Institutions and Money, 1998 (8): 325 – 355.

[64] Chan, K. C., G. Andrew Karolyi, and Rene Stulz, Global Financial Markets and the Risk Premium on U. S. Equity. *Journal of Financial Economics*, 1992 (32): 137 – 167.

[65] Chan, K., Gup, B. et al., International Stock Market Efficiency and Integration: A Study of 18 Countries. *Journal of Business*, *Finance and Accounting*, 1997 (24): 803 – 813.

[66] Chan, Y. L., and L. Kogan, Heterogeneous Preferences, Catching up with the Joneses and the Dynamics of Asset Price. *Journal of Political Economy*, 2002, (110): 1255 – 1285.

[67] Chen, G. M, B. C. Lee, and Oliver, Rui, Foreign Ownership Restrictions and Market Segmentation in China's Stock Markets. *The Journal of Financial Research*, 2001 (241): 133 – 155.

[68] Chen, N. F. and F. Zhang, Correlations, Trades and Stock Returns of the Pacific Rim Markets. *Pacific Basin Finance Journal*, 1997 (5): 559 – 577.

[69] Chen, Z., and Peter J. Knez, Measurement of Market Integration and Arbitrage. *The Review of Financial Studies*, 1995 (8): 287 – 325.

[70] Chen, G., Firth, M., Kim, J, The post – issue market performance of initial public offerings in China's new stock markers. *Review of Quantitative Finance and Accounting*, 2000 (14): 319 – 339.

[71] Chen, G. M., Lee, B., Rui, O., Foreign ownership restrictions and

market segmentation in China's stock Markets. *Journal of Financial Research*, *2001* (*24*): *133 – 155.*

[72] Cho, D. C., Cheol Eun and Lemma Senbet, International Arbitrage Pricing Theory: An Empirical Investigation. *Journal of Finance*, 1986 (41): 313 – 329.

[73] Chui., A. C. and C. Y. Kwok, Cross – autocorrelation between A Shares and B Shares in Chinese Stock Market. *Journal of Financial Research*, 1998 (21): 333 – 353.

[74] Connolly, Robert A. and F. Wang, Albert International Equity Market Co – movements: Economic Fundamental or Contagion. *Pacific Basin Finance Journal*, 2003 (11): 23 – 43.

[75] Cooper, I., and E. Kaplanis, Partially Segmented International Capital Markets and International Capital Budgeting. *Journal of International Money and Finance*, 2000 (43): 287 – 307.

[76] Cumby, Robert and Anya Khanthavit, A Markov Switching Model of Market Integration in Emerging Market Capital Flows, Richard M. Levich, ed., London: Kluwer Academic Publishers, 1998: 237 – 257.

[77] De Jong, Frank and De Roon, Frans, Time – varying Market Integration and Expected Returns in Emerging Markets. *Journal of Financial Economics*, 2005 (78): 583 – 613.

[78] De Santis, G., and B. Gerard, International Asset Pricing and Portfolio Diversification with Time – varying Risk. *Journal of Finance*, 1997 (52): 1881 – 1912.

[79] De Santis, G., and S. Imrohoroglu, Stock Returns and Volatility in Emerging Financial Markets. *Journal of International Money and Finance*, 1997 (16): 561 – 579.

[80] De Jong, Frank and de Roon, Frans, Time – varying Market Integration and Expected Returns in Emerging Markets. *Journal of Financial Economics*, 2005, Volume 78, Issue 3, December, 583 – 613.

[81] Detemple, J., and S. Murthy, Equilibrium Asset Prices and No Arbitrage with Portfolio Constraints. *Review of Financial Studies*, 1997 (10): 1133 – 1174.

[82] Detemple, J., and S. Murthy, Dynamic equilibrium with liquidity constraints, *Review of Financial Studies*, 2003 (16): 597-629.

[83] Dimson, E., Risk Measurement When Shares are Subject to Infrequent Trading. *Journal of Financial Economics*, 1979 (7): 197-226.

[84] Domowitz, Ian, Jack Glen, and Ananth Madhavan, Country and Currency Risk Premia in an Emerging Market. *Journal of Financial and Quantitative Analysis*, 1998 (33): 189-216.

[85] Domowitz, Ian, Jack Glen, and Ananth Madhavan. Market Segmentation and Stock Prices: Evidence from an Emerging Market. *Journal of Finance*, 1997 (52): 1059-1085.

[86] Doukas, J., and L. N. Switzer, Common Stock Returns and International Listing Announcements Conditional Tests of the Mild Segmentation Hypothesis. *Journal of Banking and Finance*, 2000 (24): 471-502.

[87] Duffie, D., and W. Zame, The Consumption-based Capital Asset Pricing Model. *Econometrica*, 1989 (57): 1279-1297.

[88] Dumas, B. and R. Uppal, Global Diversification, Growth, and Welfare with Imperfectly Integrated Markets for Goods. *Review of Financial Studies*, 2001 (14): 277-305.

[89] Dumas, B., and B. Solnik, The World Price of Foreign Exchange Risk. *Journal of Finance*, 1995 (50): 445-479.

[90] Engel, C., and A. P. Rodrigues, Tests of International CAPM with Time Varying Covariance. *Journal of Applied Econometrics*, 1989 (4): 119-138.

[91] Engle, R. F., and K. F. Kroner, Simultaneous Generalized ARCH, *Econometric Theory*, 1995 (11): 122-150.

[92] Engle, R. F., Autoregressive Conditional Heteroskedasticity with Estimates of the Variance of U. K. Inflation. *Econometrica*, 1982 (50): 987-1008.

[93] Engle, R. F., D. M. Lilien, and R. P. Robins, Estimating Time-varying Risk Premia in the Term Structure: The ARCH-M Model. *Econometrica*, 1987 (55): 391-407.

[94] Engle, R. F., and K. F. Kronner, Multivariate Simultaneous GARCH.

Econometric Theory, 1995 (11): 22 -150.

[95] Errunza, V. R., F. Losq, and P. Padmanabhan, Tests of Integration, Mild Segmentation and Segmentation Hypotheses. *Journal of Banking and Finance*, 1992 (16): 949 -972.

[96] Errunza, Vihang and Etienne Losq, Capital Flow Controls, International Asset Pricing and Investors' Welfare: A Multi Country Framework. *Journal of Finance*, 1989 (44): 1025 -1037.

[97] Errunza, Vihang and Etienne Losq, International Asset Pricing Under Mild Segmentation: Theory and Test. *Journal of Finance*, 1985 (40): 105 -124.

[98] Errunza, Vihang, H. Kenneth and M. W. Hung, Can the Gains from International Diversification be Achieved Without Trading Abroad? *Journal of Finance*, 1999 (54): 2075 -2107.

[99] Eun, C., and S. A Jarakiramanan, Model of International Asset Pricing with a Constraint on the Foreign Equity Ownership. *Journal of Finance*, 1986 (41): 1025 -1037.

[100] Fama, E. F., and J. D. Macbeth, Risk, Return and Equilibrium: Empirical Tests. *Journal of Political Economy*, 1973 (81): 607 -636.

[101] Fama, E., and K. French, Business Conditions and Expected Returns on Shares and Bonds. *Journal of Financial Economics*, 1989 (25): 23 -50.

[102] Fama, E., and K. French, Dividend Yields and Expected Stock Returns. *Journal of Financial Economics*, 1988 (22): 3 -26.

[103] Fama, E., and K. French, The Equity Premium. *Journal of Finance*, 2002 (57): 637 -659.

[104] Fama, Eugene F., The Behavior of Stock - market Prices. *Journal of Business*, 1965: 34 -105.

[105] Fang, Hsing, Foreign Investment Barriers and International Asset Pricing. *Journal of Business Finance & Accounting*, 1991, 18 (4): 531 - 540.

[106] Ferson, W. E., and Harvey, C. R., The Risk and Predictability of International Equity Returns. *Review of Financial Studies*, 1993 (6):

527 - 566.

[107] Foerster, S. R. and G. Karolyi, The Effects of Market Segmentation and Investor Recognition on Asset Prices: Evidence from Foreign Stocks Listing in the United States. *Journal of Finance*, 1999 (54): 981 - 1013.

[108] Foerster, S. R., G. A. Karolyi, International Listings of Stocks the Case of Canada and the U S. *Journal of International Business Studies*, 1993 (24): 763 - 784.

[109] Fratzscher, M., Financial Market Integration in Europe: On the Effects of EMU on Stock Markets. European Central Bank Working Paper 48, 2001.

[110] French, K. and J. M. Poterba, Investor Diversification and International Equity Markets, *American Economic Review*, 1991 (81): 222 - 226.

[111] French, K. R., G. W. Schwert, and R. F. Stambaugh, Expected Stock Returns and Volatility. *Journal of Financial Economics*, 1987 (19): 3 - 9.

[112] Froot, K., P., Oconnell, and M. Seasholes, The Portfolio Flows of International Investors. *Journal of Financial Economics*, 2001 (59): 151 - 193.

[113] Fung, H. G., W. Lee, and W. K. Leung, Segmentation of the A - and B - Share Chinese Equity Markets. *Journal of Financial Research*, 2000 (23): 179 - 195.

[114] Gérard, Bruno, Kessara Thanyalakpark, and A. Batten Jonathan, Are the East Asian Market Integration? Evidence from the ICAPM. *Journal of Economics and Business*, 2003 (55): 585 - 607.

[115] Giannetti, M., L. Guiso et al., Financial Market Integration, Corporate Financing and Economic Growth. *European Commission Economic Paper*, No. 179. 2002.

[116] Gibbons, M. R., Multivariate Tests of Financial Models: A New Approach. *Journal of Financial Economics*, 1982 (10): 3 - 27.

[117] Giovannini, A., and P. Jorion, The Time - Varying of Risk and Return in the Foreign Exchange and Stock Markets. *Journal of Finance*,

1989 (44): 307 -325.

[118] Glosten, Lawerence R. , Ravi Jagannathan, and David Runkle. On the Relation between the Expected Value and the Volatility of the Nominal Excess Return on Stocks. *Journal of Finance*, 1989 (48): 1770 - 1801.

[119] Goetzmann, W. N. , L. F. Li, and G. Rouwenhorst, Long - Term Global Market Correlations. *Journal of Business*, 2005 (78): 1 -38.

[120] Gourinchas, P. O. , and O. Jeanne, The Elusive Gains from International Financial Integration. *Review of Economic Studies*, 2006 (73): 715 -741.

[121] Grauer, Robert R. and H. Nils, Gains from International Diversification: 1968 -1985 Returns on Portfolios of Stocks and Bonds. *Journal of Finance*, 1987 (42): 721 -741.

[122] Gray, Stephen F. , An Analysis of Conditional Regime Switcbing Models. 1995, Working Paper, Duke University.

[123] Gregory, A. W. , and B. E. Hansen, Residual - based Tests for Cointegration in Models with Regime Shifts. *Journal of Econometrics*, 1996 (70): 99 -126.

[124] Gultekin, N. Bulent, Mustafa Gultekin, and Alessandro Penati, Capital Controls and International Capital Market Segmentation: Evidence from Japanese and American Stock Markets. *Journal of Finance*, 1989 (44): 849 -869.

[125] Hamao, Yasushi, Ronald W. Masulis and Victor Ng, Correlations in Price Changes and Volatility Across International Stock Markets. *Review of Financial Studies*, 1990 (3): 281 -307.

[126] Hamilton, J. D. , Time Series Analysis, Princeton: Princeton University, 1994.

[127] Hamilton, J. D. , A New Approach of Economic Analysis of Nonstationary Time Series and the Business Cycle. *Econometrica*, 1989 (57): 357 -384.

[128] Hamilton, J. D. , Analysis of Time Series Subject to Change in Regime. *Journal of Econometrics*, 1990 (45): 39 -70.

[129] Hansen, L., Large Sample Properties of the Generalized Method of Moments Estimators. *Econometrica*, 1982 (50): 1029 - 1054.

[130] Hardouvelis, G., D. Kim, and T. Wizman, Intertemporal Asset Pricing Models with and without Consumption: An Empirical Evaluation. *Journal of Empirical Finance*, 1996 (3): 267 - 301.

[131] Hardouvelis, G., Demetrios Malliaropulos and Richard Priestley, EMU and European Stock Market Integration. *Journal of Business*, 2005 (78): 39 - 70.

[132] Harvey, C., The Risk Exposure of Emerging Equity Markets. *The World Bank Economic Review*, 1995 (9): 19 - 30.

[133] Harvey, C., The World Price of Covariance Risk. *Journal of Finance*, 1991 (46): 111 - 157.

[134] Harvey, C., Time Varying Conditional Covariances in Tests of Asset Pricing Models. *Journal of Financial Economics*, 1989 (24): 389 - 317.

[135] Harvey, C., Predictable Risk and Returns in Emerging Markets. *Review of Financial Studies*, 1995 (7): 773 - 816.

[136] Heaton, J., and D. Lucas, Evaluating the Effects of Incomplete Markets on Risk Sharing and Asset Pricing. *Journal of Political Economy*, 1996, 104 (3): 443 - 487.

[137] Hietala, Pekka T., Asset Pricing in Partially Segmented Markets: Evidence from the Finnish Market. *Journal of Finance*, 1989 (44): 697 - 718.

[138] Huang, C. F., An Intertemporal General Equilibrium Asset Pricing Model: The Case of Diffusion Information. *Econometrica*, 1987 (55): 117 - 142.

[139] Johansen, Soren, Estimation and Hypothesis Testing of Cointegration Vectors in Gaussian Vector Autoregressive Models. *Econometrica* 1991 (59): 551 - 580.

[140] Jorion, Phillippe, and S. Eduardo, Integration Versus Segmentation in the Canadian Stock Market. *Journal of Finance*, 1986 (41): 603 - 616.

[141] Kadlec, Gregory B., and John J. McConnell, The Effect of Market Segmentation and liquidity on Asset Prices: Evidence from Exchange

Listings. *Journal of Finance*, 1993 (49): 611 – 636.

[142] Kanas, A., Linkages between the US and European Equity Markets: Further Evidence from Cointegration Tests. *Applied Financial Economics*, 1988 (8): 607 – 614.

[143] Kandel, S., and R. F. Stambaugh, A Mean – Variance Framework for Tests of Asset Pricing Models. *Review of Financial Studies*, 1989 (2): 125 – 156.

[144] Karolyi, Andrew, The Role of ADRs in the Development and Integration of Emerging Equity Markets, Ohio State University Working Paper, 2003.

[145] Karolyi, G. A., and R. Stulz, Are Assets Priced Globally or Locally? In: Constantinides, G., Harris, M., Stulz, R. (eds.), The Handbook of the Economics of Finance, Amsterdam: North – Holland, 2003.

[146] Karolyi G. Andrew and M. Stulz René, Why do Markets Move Together? An Investigation of US – Japan Stock Return Comovements. *Journal of Finance*, 1996 (51): 951 – 986.

[147] Karolyi G. Andrew, A Multivariate GARCH Model of International Transmissions of Stock Returns and Volatility: The Case of the United States and Canada. *Journal of Business and Economic Statistics*, 1995 (13): 11 – 25.

[148] Kearney, C., and B. M. Lucey, International Equity Market Integration: Theroy, Evidence and Implications. *International Review of Financial Analysis*, 2004 (13): 571 – 583.

[149] Kearney, C., Uses of Volatility in a Small Integrated Stock Market: Ireland 1975 – 1994. *Journal of Financial Research*, 1998 (11): 85 – 105.

[150] Khan W. A., H. K. Baker et al., Dual Domestic Listing Market Structure and Share holder Wealth. *The Financial Review*, 1994 (28): 371 – 383.

[151] Kim Chang – jin, Dynamic Linear Models with Markov – switching. *Journal of Econometrics*, 1993 (60): 1 – 22.

[152] Kim, E. H., and V. Singal, Stock Market Openings: Experience of Emerging Economies. *Journal of Business*, 2000 (73): 25 – 66.

[153] Kim, S. W., and J. H. Rogers, International Stock Price Spillovers and Market Liberalization: Evidence From Korea, Japan, and the United States. *International Finance Discussion Papers*, No. 499, 1995.

[154] Koch, P. D., and T. W. Koch, Evolution in Dynamic Linkages across Daily National Stock Indexes. *Journal of International Money and Finance*, 1991 (102): 231 – 251.

[155] Korajczyk, R., A Measure of Stock Market Integration for Developed and Emerging Markets. *The World Bank Economic*, 1996 (10): 267 – 289.

[156] Korajczyk, R. A., and C. J. Viallet, An Empirical Investigation of International Asset Pricing. *Review of Financial Studies*, 1989 (2): 553 – 586.

[157] Kraus, A., and R. H. Litzenberger, Market Equilibrium in a Multiperiod State Preference Model with Logarithmic Utility. *Journal of Finance*, 1975 (30): 1213 – 1229.

[158] Lewis, K., Trying to Explain Home Bias in Equities and Consumption. *Journal of Economic, Literature*, 1999 (37): 571 – 608.

[159] Lin Shao Kung, D. Li, The Impact of Domestic on the H Shares: an Event Study Approach. *Chinese Journal of Applied Probability and Statistics*, 1997 (13): 45 – 52.

[160] Lintner, John, The Valuation of Risk Assets and the Selection of Risky Investments in Stock Portfolios and Capital Budgets. *Review of Economics and Statistics*, 1965 (47): 13 – 37.

[161] Levine, R., Schmukler, S. L. Migration, Spillovers, and Trade Diversion: The Impact of Internationalization on Domestic Stock Market Activity. *Journal of Banking & Finance*, 2007, Volume 31, Issue 6, June, 1595 – 1612.

[162] Ljungqvist, A. P., Wilhelm, W. J., IPO pricing in the dot – com bubble. *Journal of Finance*, 2007 (58): 723 – 752.

[163] Loughran, T., Ritter, J. R., Why don't issuers get upset about leaving money on the table in IPOs? *Review of Financial Studies*, 2002 (15): 413 – 443.

[164] Lowry, M., Schwert, W., IPO market cycles: Bubbles or sequential

learning. *Journal of Finance* , 2002 (57): 1171 – 1200.

[165] Luo, B. , L. Sun, and R. Mweene, The evolvement and relevant factors of price discovery: A case study of cross – listed stocks in China. *Expert Systems with Applications*, 2005 (29): 463 – 471.

[166] Ma, X. , Capital Controls, Market Segmentation and Stock Prices: Evidence from the Chinese Stock Market. *Pacific – Basin Finance Journal*, 1996 (4): 219 – 239.

[167] Maldonado, R. and A. Saunders, Foreign Exchange Restrictions and the Law of One Price. *Financial Management*, 1983 (12): 19 – 23.

[168] Manning, N. , Common Trends and Convergence? South East Asian Equity Markets, 1988 – 1999. *Journal of International Money and Finance*, 2002 (212): 183 – 202.

[169] Martell, T. F. , Luis Rodrigue, and G. P. Webb, The Impact of Listing Latin American ADRs on the Risks and Returns of the Underlying Shares. *Global Finance Journal*, 1999 (10): 147 – 160.

[170] Martin, P. , and H. Rey, Financial Integration and Asset Returns. *European Economic Review*, 2000 (44): 1327 – 1350.

[171] Mayers, D. , Non – Marketable Assets, Market Segmentation, and the Level of Asset Prices. *Journal of Financial and Quantitative Analysis*, 1976 (11): 1 – 12.

[172] Mehra, E. , and E. Prescott, The Equity Premium Puzzle. *Journal of Monetary Economics*, 1985 (15): 145 – 161.

[173] Merton, R. C. , On Estimating the Expected Return on the Market: An Exploratory Investigation. *Journal of Financial Economics* , 1980 (8): 323 – 361.

[174] Merton, Robert C. , Presidential Address: A Simple Model of Capital Market Equilibrium with Incomplete Information. *Journal of finance*, 1987 (42): 483 – 510.

[175] Mittoo, Usha, Additional Evidence on Integration in the Canadian Stock Market. *Journal of Finance*, 1992 (47): 2035 – 2054.

[176] Ng, Angela, Volatility Spillover Effects from Japan and the U. S. to the Pacific – Basin. *Journal of International Money and Finance*, 2000

(19): 207 – 233.

[177] Ng, L., Tests of the CAPM with Time – Verying Covariances: A Multivariate GARCH Approach. *Journal of Finance*, 1991 (46): 1507 – 1521.

[178] Padmanabhan, Prasad, Investment Barriers and International Asset Pricing. *Review of Quantitative Finance and Accounting*, 1992 (2): 299 – 319.

[179] Pagan, A. R., and G. W. Schwert, Alternative Models for Conditional Stock Volatility. *Journal of Econometrics*, 1990 (45): 267 – 290.

[180] Phylaktis, K., and F. Ravazzolo, Measuring Financial and Economic Integration with Equity Prices in Emerging Markets. *Journal of International Money and Finance*, 2002 (216): 879 – 903.

[181] Phylaktis, K., Captial Market Integration in the Pacific – Basin Region: An Analysis of Real Interest Rate Linkages. *Pacific – Basin Finance Journal*, 1997 (5): 195 – 213.

[182] Poon, W., and H. Fung, Red chips or Shares: Which China – backed Securities Process Information the Fastest? *Journal of Multinational Financial Management*, 2000 (10): 315 – 343.

[183] Poon, W., and H. Fung, Asset Pricing in Segmented Capital Markets: Preliminary Evidence from China – Domiciled Companies. *Pacific – Basin Finance Journal*, 1998 (6): 307 – 319.

[184] Qu, Z., Perron, P., Estimating and testing for structural changes in multivariate regression. *Econometrica*, 2007 (75): 459 – 502.

[185] Qu, Z., Testing for structural change in regression quantiles. *Journal of Econometrics*, 2008 (146): 170 – 184.

[186] Ratanapakorn, O., and Sharma, S. C., Interrelationships among Regional Stock Indices. *Review of Financial Economics*, 2002 (12): 91 – 108.

[187] Ross, S. A., Information and Volatility: the No – arbitrage Martingale Approach to Timing and Resolution Irrelevancy. *Journal of Finance*, 1989 (44): 1 – 17.

[188] Sarkissian, Sergei and Michael Schill, The Overseas Listing Decision:

New Evidence of the Proximity Preference. *Review of Financial Studies*, 2004 (17): 769 - 809.

[189] Schreiber, P. , and A. Robert Schwartz, Price Discovery in Securities Markets. *Journal of Portfolio Management*, 1986: 43 - 48.

[190] Sellin, P. , and I. Werner, International Barriers in General Equilibrium. *Journal of International Economics*, 1993 (34): 2107 - 2138.

[191] Shanno, D. F. , On Broyden - Fletcher - Goldfarb - Shanno Method. *Journal of Optimization Theory and Applications*, 1985 (46): 87 - 94.

[192] Sharpe, William, Capital Asset Prices: A Theory of Market Equilibrium under Conditions of Risk. *Journal of Finance*, 1964 (19): 425 - 442.

[193] Solnik, B. , International Arbitrage Pricing Theory. *Journal of Finance*, 1983 (38): 449 - 457.

[194] Solnik, Bruno H. , An Equilibrium Model of the International Capital Market. *Journal of Economic Theory*, 1974b (8): 500 - 524.

[195] Solnik, Bruno H. , Testing International Asset Pricing: Some Pessimistic Views. *Journal of Finance*, 1977 (32): 503 - 512.

[196] Solnik, Bruno H. The International Pricing of Risk: An Empirical Investigation of the World Capital Market Structure. *Journal of Finance*, 1974a (29): 365 - 378.

[197] Solnik, Bruno H. , Why Not Diversify Internationally Rather than Domestically? *Financial Analysts Journal*, 1974c (30): 48 - 54.

[198] Song, H. , X. Liu, and P. Romilly, Stock Returns and Volatility: An Empirical Study of Chinese Stock Markets, *International Review of Applied Economics*, 1998 (12): 129 - 139.

[199] Stapleton, R. C. , Subrahmnyam, M. G. , Market Imperfections, Capital Market Equilibrium and Corporation Finance. *Journal of Finance*, 1977 (32): 307 - 319.

[200] Stehle, Richard, An Empirical Test of the Alternative Hypotheses of National and International Pricing of Risky Assets. *Journal of Finance*, 1977 (32): 493 - 502.

[201] Stoll, Hans R. , and Robert E. Whaley, Transaction Costs and the Small

Firm Effect. *Journal of Financial Economics*, 1983 (12): 57 –79.

[202] Stultz, R. , The Cost of Capital in Internationally Integrated Markets. *European Financial Management*, 1995 (1): 11 –22.

[203] Stulz, R. , and W. Wasserfallen, Foreign Equity Investment Restrictions, Capital flight, and Shareholder Wealth Maximization: Theory and Evidence. *The Review of Financial Studies*, 1995 (8): 1019 –1057.

[204] Stulz, R. , Globalization, Corporate Finance and the Cost of Capital. *Journal of Applied Corporate Finance*, 1999b (12): 8 –25.

[205] Stulz, R. , International Portfolio Flows and Security Markets, In: Feldstein, M. Ed. , *International Capital Flows*, Chicago: University of Chicago Press, 1999a.

[206] Stulz, R. , Globalization and the Cost of Capital: the Case of Nestle. *European Financial Management*, 1995 (8): 30 –38.

[207] Stulz, R. , Globalization of Equity Markets and the cost of Capital, Dice Center, Ohio State University, Working paper, 1999c.

[208] Stulz, R. , On the Effect of Barriers to International Investment. *Journal of Finance*, 1981a (36): 383 –403.

[209] Stulz, R. , A Model of International Asset pricing. *Journal of Financial Economics*, 1981b (9): 383 –106.

[210] Stulz, R. , International Portfolio Choice and Asset Pricing: An Integrative Survey. NBER Working Paper, No. 4645, 1994.

[211] Su, Dong Wei, Ownership Restrictions and Stock Prices: Evidence from Chinese Markets. *The Financial Review*, 1999 (34): 37 –56.

[212] Subrahmanyam, M. , On the Optimality of International Capital Market Integration. *Journal of Financial Economics*, 1975 (2): 3 –28.

[213] Sun, Qian, and H. S. Tong Wilson, The Effect of Market Segmentation on Stock Prices: The China Syndrome. *Journal of Banking and Finance*, 2000 (24): 1875 –1902.

[214] Telmer, C. , Asset –pricing Puzzles and Incomplete Markets. *Journal of Finance*, 1993 (48): 1803 –1832.

[215] Tesar, L. , Evaluating the Gains from International Risk Sharing, Carnegie –Rochester Conference Series on Public Policy, 1995 (42): 95

-143.

[216] Tesar, L., and I. Werner, Home Bias and High Turnover. *Journal of International Money and Finance*, 1995 (14): 467 - 492.

[217] Van Wincoop, E., Welfare Gains from International Risk Sharing. *Journal of Monetary Economics*, 1994 (34): 175 -200.

[218] Watson, J., The Stationarity of Inter - Country Correlation Coefficients: A Note. *Journal of Business Finance and Accounting*, 1980 (7): 297 -303.

[219] Weil, P., The Equity Premium Puzzle and the Risk free Rate Puzzle. *Journal of Monetary Economics*, 1989 (24): 401 -421.

[220] Wheatley, S., Some Tests of International Equity Integration. *Journal of Financial Economics*, 1988 (21): 177 -212.

[221] White, H. A Heteroskedasticity - consistent Covariance Matrix Estimator and a Direct Test for Heteroskedasticity. *Econamtrica* , 1980 (48): 149 - 170.

[222] White, H., Maximum Likelihood Estimation of Mispecified Models. *Econometrica*, 1982 (50): 1 -25.

[223] Zakoian, J., Threshold Heteroskedastic Models. *Journal of Economic Dynamics and Control*, 1994 (18): 31 -955.

[224] Zeidler, E., *Nonlinear Functional Analysis and its Applications*, New York: Springer - Verlag, 1986.

[225] 陈浪南:《资本资产定价模型的实证研究》,《经济研究》2000 年第 4 期。

[226] 黄奇辅、李兹森伯格:《金融经济学基础》,清华大学出版社 2004 年版。

[227] 胡新明、唐齐鸣:《股票市场分割与一体化研究述评》,《金融研究》(实务版) 2007 年第 4 期。

[228] 胡新明、唐齐鸣:《B 股与 H 股及红筹股之间的溢出效应与信息流动》,《管理工程学报》2008 年第 4 期。

[229] 胡新明:《中国 A 股、B 股市场一体化程度的实证研究》,《广东商学院学报》2009 年第 4 期。

[230] 秦宛顺、王永宏:《中国 A 股与 B 股价格差异的实证分析》,《数

量经济技术经济研究》2000 年第 5 期。

[231] 唐齐鸣、陈健：《中国股市的 ARCH 效应分析》，《世界经济》2001 年第 3 期。

[232] 唐齐鸣、李春涛：《影响上海股市波动的因素分析》，《数量经济技术经济研究》2000 年第 11 期。

[233] 唐齐鸣、李春涛：《中国股市降息效应的统计分析》，《统计研究》2000 年第 4 期。

[234] 唐齐鸣、刘亚清：《市场分割下 A 股、B 股成交量、收益率与波动率之间关系的 SVAR 分析》，《金融研究》2008 年第 2 期。

[235] 唐齐鸣、韩雪：《中国股市与国际股市联动效应的实证研究》，《工业技术经济》2009 年第 1 期。

[236] 唐齐鸣、操威：《沪深美港股市的动态相关性研究：兼论次级债危机的冲击》，《统计研究》2009 年第 2 期。

[237] 田国强：《现代经济学的基本分析框架与研究方法》，《经济研究》2005 年第 12 期。

[238] 吴世农、潘越：《香港红筹股、H 股与内地股市的协整关系和引导关系研究》，《管理学报》2005 年第 2 期。

[239] 吴文锋、朱云等：《B 股向境内居民开放对 A 股、B 股市场分割的影响》，《经济研究》2002 年第 12 期。

[240] 张剑、王一鸣、吕随启：《涨跌停板制度对中国股市影响的实证研究》，《经济科学》2002 年第 4 期。

[241] 张人骥、贾万程：《中国市场分割下的多贝塔资本资产定价模型》，《金融研究》2005 年第 10 期。

[242] 赵留彦、王一鸣：《A 股、B 股之间的信息流动与波动溢出》，《金融研究》2003 年第 10 期。

[243] 邹功达、陈朗南：《中国 A 股与 B 股的市场分割性检验》，《经济研究》2002 年第 4 期。

[244] 陈海燕：《随机影响变截距面板 GARCH（1，1）模型及其应用》，《数量经济技术研究》2007 年第 1 期。

[245] 陈晓、江东：《股权多元化、公司业绩与行业竞争性》，《经济研究》2000 年第 8 期。

[246] 邓召明：《我国股票发行定价效率实证研究》，《南开经济研究》

2001 年第 6 期。

[247] 丁守海：《托宾 q 值影响投资了吗？——对我国投资理性的另一种检验》，《数量经济技术经济研究》2006 年第 12 期。

[248] 韩德宗、陈静：《中国 IPO 定价偏低的实证研究》，《统计研究》2001 年第 4 期。

[249] 何浚：《上市公司治理结构的实证分析》，《经济研究》1998 年第 5 期。

[250] 洪永淼、成思危、刘艳辉、汪寿阳：《中国股市与世界其他股市之间的大风险溢出效应》，《经济学（季刊）》2004 年第 3 卷第 3 期。

[251] 胡继之：《海外主要证券市场发行制度》，中国金融出版社 2001 年版。

[252] 蒋正华、王建伟、陈工孟：《中国股票市场外国投资者所有权投资的限制与市场分割》，《当代经济科学》2004 年第 1 期。

[253] 李大伟、朱志军、陈金贤：《H 股相对于 A 股的折价研究》，《中国软科学》2004 年第 1 期。

[254] 刘培堂、吴文峰、吴冲锋：《证券市场信息流动及其市场分割检验》，《管理评论》1997 年第 4 期。

[255] 刘昕：《中国 A 股、H 股市场分割的根源分析》，《南开管理评论》2004 年第 5 期。

[256] 秦宛顺、王永宏：《中国 A 股与 B 股价格差异的实证分析》，《数量经济技术经济研究》2000 年第 5 期。

[257] 孙永祥、黄祖辉：《上市公司的股权结构与绩效》，《经济研究》1999 年第 12 期。

[258] 田素华：《 境内外交叉上市企业工 PO 价格差异研究》，《世界经济》2002 年第 10 期。

[259] 王晋斌：《新股申购预期超额报酬率的测度及其可能原因的解释》，《经济研究》1999 年第 12 期。

[260] 王维安、百娜：《A 股与 H 股价格差异的实证研究》，《华南金融研究》2004 年第 4 期。

[261] 吴文锋、朱云、吴冲锋、芮萌：《B 股向境内居民开放对 A 股、B 股市场分割的影响》，《经济研究》2002 年第 12 期。

[262] 肖作平：《上市公司资本结构与公司绩效互动关系实证研究》，《管

理科学》2005 年第 3 期。

[263] 徐小庆、朱世武：《中国股票市场 B 股上市对 A 股价格影响的实证研究》，《上海金融》2002 年第 8 期。

[264] 许小年：《以法人机构为主体建立公司治理机制和资本市场》，《改革》1997 年第 5 期。

[265] 张碧琼：《中国股票市场信息国际化：基于 EGARCH 模型的检验》，《国际金融研究》2005 年第 5 期。

[266] 宋军、吴冲锋：《国际投资者对中国股票资产的价值偏好：来自 A－H 股和 A－B 股折扣率的证据》，《金融研究》2008 年第 3 期。

[267] 娄峰：《中国双重上市公司 A 股、B 股、H 股价格差异及协整研究》，博士学位论文，对外经济贸易大学，2005 年。

[268] 胡新明：《中国股票市场分割与一体化演进问题研究》，博士学位论文，华中科技大学，2007 年。

[269] 刘亚清：《市场分割条件下股票价格差异研究》，博士学位论文，华中科技大学，2008 年。

[270] 邹功达：《中国 A 股与 B 股市场分割的实证研究》，博士学位论文，厦门大学，2001 年。

[271] 操巍：《金融危机背景下股票市场分割与一体化研究》，博士学位论文，华中科技大学，2009 年。

[272] 徐小庆：《中国股票市场分割与价格行为》，硕士学位论文，清华大学，2002 年。

后　记

本书是在我主持并完成的国家社科基金资助项目“中国股票市场分割与一体化演进问题研究”（06BJY011）最终成果基础上修改、补充、完善而成的。根据原研究计划，课题基本在2009年之前就已完成，一些主要成果也发表在2006—2009年。自2007年美国次贷危机爆发引起全球金融危机后，为了探讨次贷危机这一重大事件对中国股市一体化的影响，我们对项目研究内容进行了相应调整，对课题结题报告进行了大的修改。项目结题后针对新的变化又多次进行了修改、补充和完善。2013年在学校文科处支持下，我申请到华中科技大学用以资助出版文科著作的自主创新基金，针对我校文科处组织的匿名评审专家评审意见又进行了修改，并将有些实证研究的样本数据扩展到最近几年，最终定稿形成此专著。前后花费了我太多的时间和精力。

随着中国经济的高速发展，金融体制改革步伐加快，在我承担课题期间，一些新的政策连续出台，加大了研究的难度，使得课题研究不断进行调整，其间也断断续续发生了一些重大事件。在本书基本定稿之后，中国金融市场又发生了许多变化，如新股发行制度的改革、IPO的重新启动、沪港通由中国证监会在2014年4月10日正式批复开展互联互通机制试点等，这些改革必然会影响中国股票市场一体化进程。由于条件和时间的限制，使我无法将所有新的变化、新的研究内容尽快融入本书之中，这也是我感到非常遗憾的地方。虽然通过课题的研究培养了多名研究生，但由于课题参加者涉及不同年度的研究生，难于在实证研究的数据选取方面保持连贯性、一致性。另外，由于本人水平有限，对问题研究还缺乏一定的深度和广度，书中难免出现这样和那样的错误。尽快如此，但我还是希望通过本书的出版，为研究中国金融市场一体化起到一些参考和借鉴作用，并能为推动中国金融市场的健康发展有所贡献。

本书的完成与课题组成员的努力是分不开的，衷心感谢华中科技大学经济学院副教授欧阳红兵博士、硕士研究生张晓炜同学，第八章“中国股市与国际股市间的反馈交易行为与相关性”是在原来课题结题报告基础上增加的，由他们帮助完成。特别要感谢我所带的历届博士和硕士研究生，是他们前仆后继的工作使得本课题得以顺利完成。自 2006 年课题立项后，胡新明、刘亚清、操威、韩雪、胡瑞丽等同学相继参与了课题的相关研究，几年来，我们一起完成了许多研究成果，经过多次修改、完善而形成本书的一些章节内容。本书是集体智慧的结晶。2013 年在对本书再次修改过程中，对第四章第一节、第七章第二节实证研究的样本数据区间进行了扩展，直至 2013 年，以便更好地反映数据的实时性以及次贷危机的影响，博士生代昀昊、聂进同学帮助我重新进行了相关计算和整理，硕士生方舟也帮助我收集了一些相关数据。对此我表示深深的谢意。

衷心感谢国内外从事股票市场一体化研究的专家和学者们，他们的研究对于我完成本书具有很大的帮助，使我能充分汲取和借鉴他们的研究精华，补充和丰富我们的研究课题。

衷心感谢华中科技大学文科著作出版基金的资助，本书的出版与他们的鼎力支持和帮助是分不开的。衷心感谢中国中国社会科学出版社经济与管理出版中心主任、编审卢小生先生的信任、支持和帮助。在和他的多次 Email 联系中，他总是不厌其烦、及时地解答我的各种问题，考虑我兼有一定的行政工作，他给予极大的理解和宽容，让我能够在宽松的环境下更好地完成书稿。正是他的认真和细致，为本书添色不少。

衷心感谢家人一直以来对我的理解、包容和呵护，当我碰到各种困难时，当我多次身心疲惫想放弃时，是家人的鼓励和支持使我能再次全身心投入工作之中，家人永远是我坚强的后盾和重要支柱！

衷心感谢所有关心、支持和帮助过我的朋友们！

唐齐鸣

2014 年 8 月 28 日